장유리
한국사능력 검정시험 심화

7일만에 80점넘기기

**Stand by
Strategy
Satisfaction**

새로운 출제경향에 맞춘 수험서의 완벽서

머리말

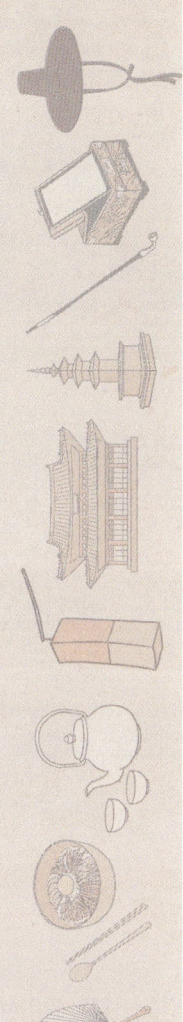

이것저것 주워 담다보면 할 건 많아집니다.
시간과 노력을 많이 투자할 수 있다면야 얼마나 좋겠습니까.
그러나 공무원, 교원, 고등학생 등 한국사능력검정을 응시하는 대다수의 수험생들은 한국사만 여유롭게 공부할 수 있는 여건이 못 됩니다.
이 과목 저 과목 챙기다보면 늘 시간에 쫓기고, 이번에 응시하는 회차에 반드시 합격해야 하는 절박한 상황이 펼쳐지기도 합니다.

그럼 한국사능력검정 대비의 정답은 바로 정해진 시간 내에 집중해서 공부, 80점 넘겨서 합격하기, 더도 덜도 없이 80점을 넘길 수 있는 합격의 전략이 필요합니다.

고득점이 필요합니까? 아닙니다. '합격'이 중요한 것입니다. 전 '합격'에만 집중했습니다.
18시간 커리큘럼을 처음 들고 나왔을 때 주변에서는 '그 시간 안에 과연 될까?' 우려가 많았지만, '합격'에만 집중하니 80점을 넘기기 위해 반드시 알아야 할 알짜 개념만을 간추릴 수가 있었습니다.
또한 80점을 넘기기 위해 꼭 풀어봐야 할 필수 문제만을 간추릴 수가 있었습니다.
이 개념들만 꼼꼼히 알고, 이 문제풀이만 정확히 할 수 있다면 80점은 보장이 됩니다.
다만 꼭 당부할 말은 긴 시간 질질 끌면서 공부하지 말라는 것입니다.

한국사능력검정은 반드시 단기간에, 흐름이 끊기지 않게 집중력을 발휘해야 하는 시험이라는 사실을 잊지 말기를 바랍니다.

서울고시각에서 이번 한국사능력검정 대비 개념서를 출간하여 장유리 한국사 전략의 노하우를 더 많은 수험생들과 나눌 수 있는 기회가 생겨서 기쁩니다.
서울고시각의 식구들과 또 장유리 한국사 연구실 선생님들께 감사의 말씀을 드립니다.
이 책에 있는 개념, 문제풀이에 7일간 집중하셔서 모두 '합격'하시길 기원합니다.

장유리 선생

구성과 특징

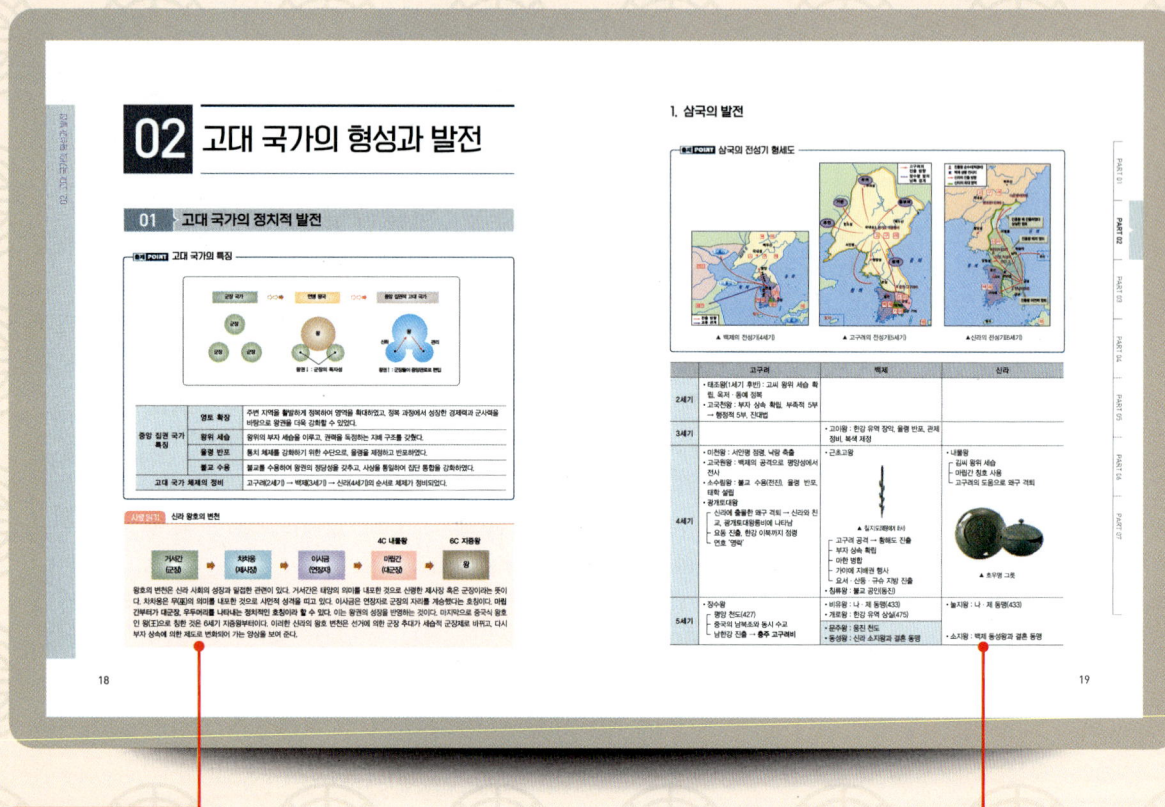

합격을 위한 알짜개념
출제 POINT, 사료 읽기, 역사 더하기 등 시험에 나올만한 개념만 압축하여 수록하였습니다.
시험에 자주 나오는 내용과 헷갈리는 사건, 인물 등을 콕 찝어 정리하였고, 비교적 어렵게 응용되어 출제되는 사료는 '사료 읽기'를 통해 시험에 대비할 수 있도록 간결하게 수록했습니다.

전 개념 표로 정리
한국사는 공부해야 하는 양이 많아서 어렵게 느껴지는 과목입니다. 그래서 한국사 전 개념들을 모두 표로 정리했습니다. 한눈에 파악하기 쉽고, 가독성을 높이는 데 초점을 맞췄으며, 개념을 쉽게 이해할 수 있도록 다양한 그림과 사진 자료를 사용했습니다.

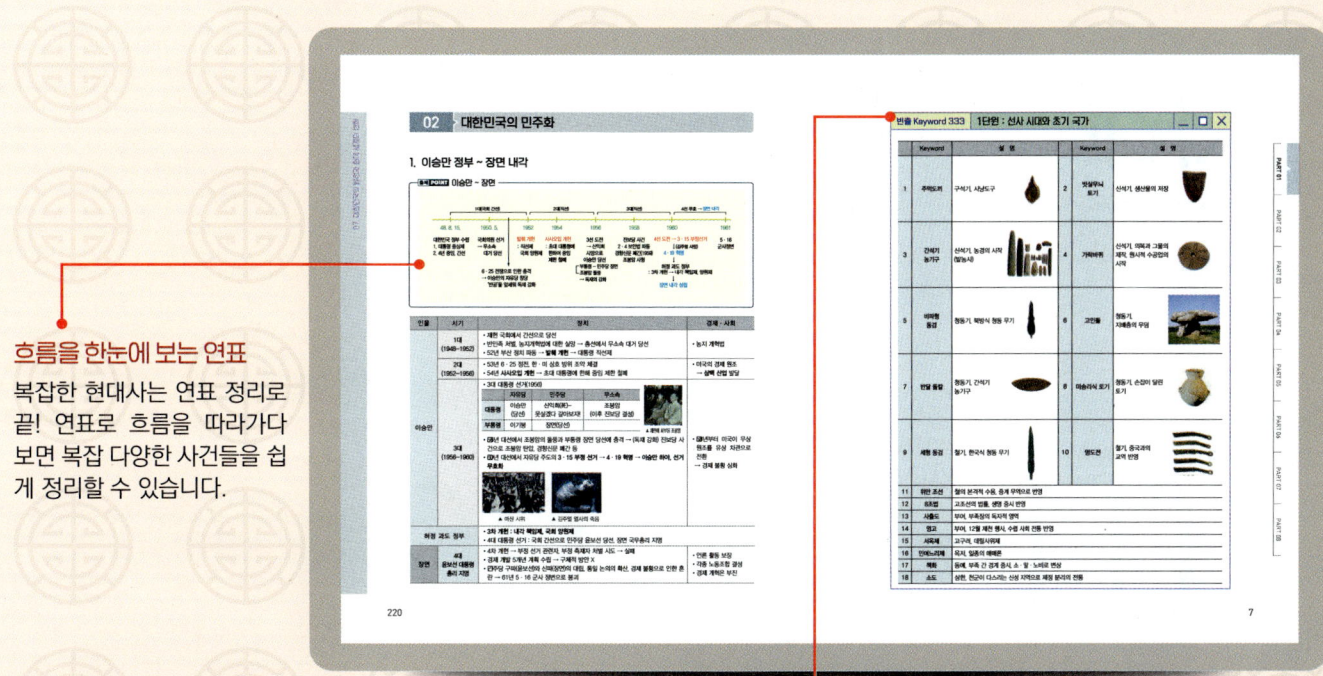

흐름을 한눈에 보는 연표
복잡한 현대사는 연표 정리로 끝! 연표로 흐름을 따라가다 보면 복잡 다양한 사건들을 쉽게 정리할 수 있습니다.

빈출 Keyword 333
시험에 자주 출제되는 키워드를 정리하여 이론학습 마지막 부분에 수록하였습니다.
반드시 기억해야 할 핵심 키워드를 통해 복습과 이론 정리가 가능하도록 했고, 간결하게 정리된 내용을 틈틈이 눈에 익히면 핵심적인 단어와 문구만으로 정답이 보이기 시작할 것입니다.

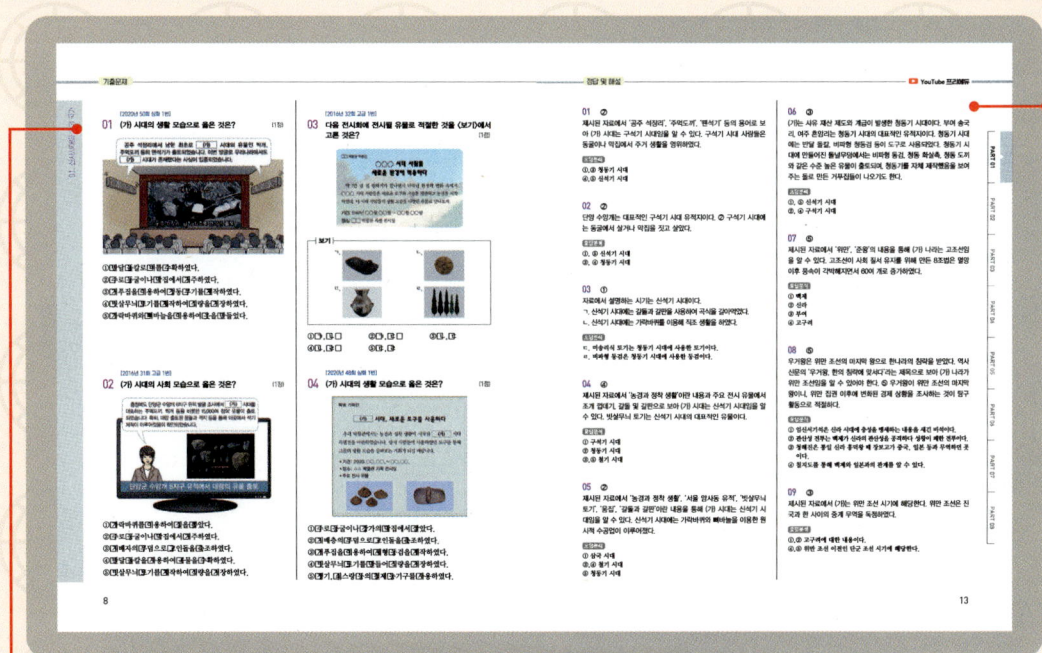

정답 및 해설
읽기만 해도 이해가 되는 상세한 해설과 오답분석을 통해 이론을 다시 한번 정리하여 효율적으로 학습할 수 있도록 하였습니다.

기출문제
80점을 넘기기 위해 꼭 풀어봐야 하는 기출문제만을 엄선·수록하였습니다.

차례

01
선사 시대와 초기 국가

01 선사 시대의 생활	4
02 최초의 국가 고조선	5
03 여러 나라의 성장	6
기출문제	8

02
고대 국가의 형성과 발전

01 고대 국가의 정치적 발전	18
02 남북국의 정치적 발전	23
03 고대 국가의 경제·사회·문화	26
기출문제	33

Contents

03 고려 귀족 사회의 형성과 변천

- 01 고려의 성립과 발전 — 50
- 02 고려 사회의 변화 — 53
- 03 고려의 경제·사회·문화 — 59

기출문제 — 68

04 조선 유교 사회의 성립과 변화

- 01 조선의 정치 — 84
- 02 조선의 대외 관계와 양 난의 극복 — 92
- 03 조선의 경제·사회·문화 — 94

기출문제 — 108

차례

05
국제 질서의 변동과 근대 국가 수립 운동

- 01 흥선 대원군의 정치 ~ 개화 정책 130
- 02 동학 농민 운동 ~ 광무개혁 136
- 03 일제의 국권 피탈 ~ 개항기 경제와 사회 143

기출문제 153

06
일제 강점과 민족 운동의 전개

- 01 일제의 식민지 지배 172
- 02 국내외 민족 운동 177
- 03 일제 강점기 사회 ~ 광복을 위한 노력 188

기출문제 195

Contents

07
대한민국의 발전과 현대 세계의 변화

- 01 대한민국 정부 수립 ~ 6·25 전쟁 … 216
- 02 대한민국의 민주화 … 220
- 03 통일을 위한 노력 … 229

기출문제 … 235

08
부록

- 01 유네스코 세계유산 … 252
- 02 한반도 각지의 역사 … 255
- 03 근현대 역사 인물 … 256
- 04 근현대 기구 및 단체 … 264

PART

01

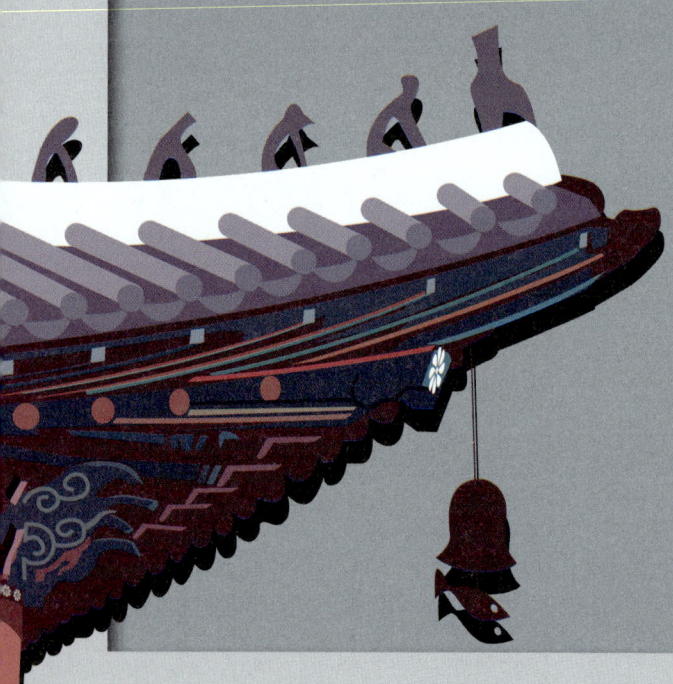

장유리
7일만에
80점 넘기기

선사 시대와 초기 국가

01. 선사 시대의 생활

02. 최초의 국가 고조선

03. 여러 나라의 성장

01 선사 시대와 초기 국가

01 선사 시대의 생활

	약 70만 년 전	B.C. 8,000년경	B.C. 2,000~1,500년경	B.C. 5세기
	구석기	신석기	청동기	초기 철기
의	짐승 가죽	가락바퀴, 뼈바늘 (원시적 수공업) ▲ 가락바퀴		• 청동기 · 철기 복합기 • 한국식 청동의 제작 • 청동의 의기화
식	사냥 · 채집 · 어로	**농경과 목축**의 시작 (밭농사 : 조, 피, 수수)	**벼농사 시작** → 잉여농산물→ 사유재산의 분화 → 계급 등장	
주	• 동굴이나 바위그늘 • 강가 막집	• 큰 강이나 해안에 정착 • 반지하의 원형 움집 (화덕 : 집안 중앙) ▲ 원형 움집터	• 부족 간 전쟁 증가 → 구릉 지대, 배산임수의 집단 취락 • 지상의 직사각형 움집 (화덕 : 가장자리 혹은 바깥)	
사회	• 무리 이동 사회 • **평등** 사회	• 씨족, 부족 사회 • **평등** 사회 • 원시 신앙의 등장 ─ 애니미즘 / 토테미즘 / 샤머니즘	• **계급의 발생** ─ 선민 사상 ─ 고인돌 ─ 돌널무덤 • 군장 국가의 등장 ▲ 고인돌	• 중국과 교역 증가 ─ 명도전, 오수전, 반량전 ─ 붓(한자) ▲ 명도전 • 널무덤, 독무덤

유적 · 유물

구석기	신석기		청동기	초기 철기
• 뗀석기 ▲주먹도끼 ▲슴베찌르개 • 뼈도구	농기구	갈돌, 갈판, 돌보습, 돌낫 등 ▲ 갈돌과 갈판	간석기 농기구 / 반달 돌칼 (청동제 농기구는 없음) ▲ 반달 돌칼	철제 농기구
	토기	**빗살무늬 토기** ▲빗살무늬 토기	민무늬 토기, **미송리식 토기** ▲민무늬 토기 ▲미송리식 토기	덧띠 토기, 검은 간토기
			청동 (거푸집)	북방식 청동 → 한국식 청동 **비파형 동검** 거친무늬 거울 ▲비파형동검 / **세형 동검** 잔무늬 거울 ▲세형동검

02 최초의 국가 고조선

단군 조선	기원전 4~3세기	위만 조선(B.C. 194)
• **청동기** 문화를 기반으로 성립 → 철기 사회로 발달 • 단군의 건국 신화(일연의 「**삼국유사**」 최초 기록) : 선민 사상, 농경 사회, 사유 재산 성립, 계급 분화, 부족 연합, 제정 일치 • 건국 이념 : 홍익인간	• 세력 확대 : 랴오닝 지방 ~ 한반도 북부 • 강력한 권력 구조 : 부왕, 준왕 등의 **권력 부자세습** • 관직의 설치 : **상, 대부, 장군** 등 → 중앙 정치 조직 등장 • **요서 지방을 경계로 연나라와 대립** : 요령 지방 → 연의 장수 진개의 공격 → 대동강 유역의 왕검성으로 중심지 이동	• 단군 조선의 계승 증거 ┬ 1. 상투와 조선옷 　　　　　　　　├ 2. 국명 '조선' 계승 　　　　　　　　└ 3. 토착민 출신 관리 • **철기의 본격적 수용** → 이를 바탕으로 위만은 주변의 소읍을 복속(진번·임둔 등) • 진(辰)과 한(漢) 사이의 중계 무역 → 우거왕 때 한과 대립·멸망(B.C. 108) → 한4군 설치(낙랑·진번·임둔·현도) → 토착민 반발·고구려의 공격으로 소멸 • 8조법 → 멸망 이후 60여 개로 증가(풍속 각박)

▢ 출제 POINT 고조선의 세력 범위

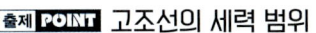

고조선의 세력 범위와 일치하는 유물

비파형 동검　　미송리식 토기　　고인돌

▲ 고조선의 세력 범위

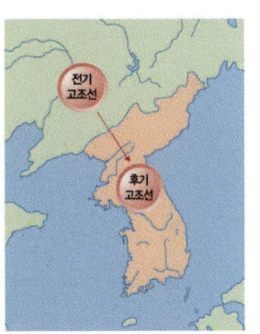
▲ 고조선의 중심지 이동

▢ 출제 POINT 고조선의 8조법

❶ 사람을 죽인 자 즉시 죽이고, ⇨ 생명 중시
❷ 남에게 상처를 입힌 자, 곡식으로 갚는다. ⇨ 노동력 중시, 농경 사회
❸ 도둑질한 자 노비로 삼으며, 용서받고자 하는 자는 50만 전을 내야 한다. ⇨ 사유재산 중시, 노비제의 존재, 화폐 사용
　(법 이외의 기록) 여자들은 모두 정조를 지키고 … ⇨ 가부장적 사회
　　　　　　　　　　　　　　　　　　　　　　　　　　　　　－「한서지리지」－

03 여러 나라의 성장

부여
- 만주 송화강 유역 평야 지대
- 왕 아래 마가·우가·저가·구가 → 사출도의 존재
- 1세기 초에 왕호 사용
- 고구려에 편입(494)
- 반농·반목, 자급자족 경제
- 말·주옥·모피 등
- 순장, 우제점법, 1책 12법
- 영고(12월) → 수렵사회 전통

고구려
- 동가강 유역의 졸본 지방
- 산악 지대로 토지 척박 → 활발한 정복 활동 전개
- 5부족 연맹 → 제가회의
- 왕 아래 대가들이 사자·조의·선인을 거느림
- 약탈 경제 발달
- 서옥제(데릴사위)
- 동맹(10월)

옥저
- 함경도 해안 일대
- 선진 문물 수용 지체 → 고구려에 예속
- 군장 : 읍군·삼로
- 소금·해산물 풍부
- 민며느리제
- 가족공동묘(골장제)

동예
- 강원도 북부 해안 지대
- 선진 문물 수용 지체 → 고구려에 예속
- 군장 : 읍군·삼로
- 방직 기술(명주·삼베)
- 단궁, 과하마, 반어피
- 족외혼, 책화
- 무천(10월)

삼한
- 마한의 목지국이 삼한 영도
  - 마한 → 백제에 통합
  - 진한 → 신라
  - 변한 → 가야
- 제정분리
  - 군장 : 신지·읍차
  - 제사장 : 천군(소도)
- 저수지 축조 - 김제 벽골제
- 철 생산(변한) → 낙랑·일본에 수출
- 두레 조직, 농경 문화 발달
- 수릿날(5월)
- 계절제(10월)

▲ 철(凹)자형 집터   ▲ 여(呂)자형 집터

사료 읽기
『삼국지』 위서 동이전에 실린 초기 국가의 모습

부여	부여는 구릉과 넓은 못이 많아서 동이 지역 중에서 가장 넓고 평탄한 곳이다. 사람들 체격이 매우 크고, 성품이 강직하고 용맹하며, 근엄하고 후덕하여 다른 나라를 노략질하지 않았다.
고구려	고구려에는 좋은 밭이 없어서 힘들여 일구어도 배를 채우기는 부족하였다. 사람들의 성품은 흉악하고 급해서 노략질하기를 좋아하였다.
옥저	그 나라(옥저)의 혼인 풍속은 여자 나이 10살이 되기 전에 혼인을 약속한다. 신랑 집에서는 여자를 맞이하여 성장하면 길러 아내로 삼는다. 여자가 어른이 되면 친정으로 되돌려 보낸다. 친정에서는 돈을 요구하는데, 신랑 집에서 돈을 지불한 뒤 다시 신랑 집으로 돌아온다.
동예	동예는 대군장이 없고, 후, 읍군, 삼로 등의 관직이 있어서 하호를 통치하였다. 예의 풍속은 산천을 중요시하여 산과 내마다 구분이 있어 함부로 들어가지 않았다.
삼한	모든 국가는 각각 별도의 읍이 있었는데, 이 명칭을 소도라 하였다. 큰 나무를 세우고 북을 두드리며 귀신의 일을 보았는데, 설사 죄인이 이곳으로 도망치더라도 모두 잡아올 수 없었다.

| 빈출 Keyword 333 | 1단원 : 선사 시대와 초기 국가 |

	Keyword	설 명		Keyword	설 명
1	주먹도끼	구석기, 사냥도구	2	빗살무늬 토기	신석기, 생산물의 저장
3	간석기 농기구	신석기, 농경의 시작 (밭농사)	4	가락바퀴	신석기, 의복과 그물의 제작, 원시적 수공업의 시작
5	비파형 동검	청동기, 북방식 청동 무기	6	고인돌	청동기, 지배층의 무덤
7	반달 돌칼	청동기, 간석기 농기구	8	미송리식 토기	청동기, 손잡이 달린 토기
9	세형 동검	철기, 한국식 청동 무기	10	명도전	철기, 중국과의 교역 반영
11	위만 조선	철의 본격적 수용, 중계 무역으로 번영
12	8조법	고조선의 법률, 생명 중시 반영
13	사출도	부여, 부족장의 독자적 영역
14	영고	부여, 12월 제천 행사, 수렵 사회 전통 반영
15	서옥제	고구려, 데릴사위제
16	민며느리제	옥저, 일종의 매매혼
17	책화	동예, 부족 간 경계 중시, 소·말·노비로 변상
18	소도	삼한, 천군이 다스리는 신성 지역으로 제정 분리의 전통

[2020년 50회 심화 1번]

01 (가) 시대의 생활 모습으로 옳은 것은? (1점)

공주 석장리에서 남한 최초로 (가) 시대의 유물인 찍개, 주먹도끼 등의 뗀석기가 출토되었습니다. 이번 발굴로 우리나라에서도 (가) 시대가 존재했다는 사실이 입증되었습니다.

① 반달 돌칼로 벼를 수확하였다.
② 주로 동굴이나 막집에서 거주하였다.
③ 거푸집을 이용하여 청동 무기를 제작하였다.
④ 빗살무늬 토기를 제작하여 식량을 저장하였다.
⑤ 가락바퀴와 뼈바늘을 이용하여 옷을 만들었다.

[2016년 31회 고급 1번]

02 (가) 시대의 사회 모습으로 옳은 것은? (1점)

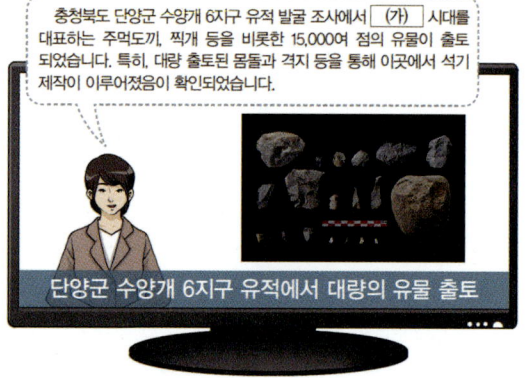

충청북도 단양군 수양개 6지구 유적 발굴 조사에서 (가) 시대를 대표하는 주먹도끼, 찍개 등을 비롯한 15,000여 점의 유물이 출토되었습니다. 특히, 대량 출토된 몸돌과 격지 등을 통해 이곳에서 석기 제작이 이루어졌음이 확인되었습니다.

① 가락바퀴를 이용하여 실을 뽑았다.
② 주로 동굴이나 막집에서 거주하였다.
③ 지배자의 무덤으로 고인돌을 축조하였다.
④ 반달 돌칼을 사용하여 곡물을 수확하였다.
⑤ 빗살무늬 토기를 제작하여 식량을 저장하였다.

[2016년 32회 고급 1번]

03 다음 전시회에 전시될 유물로 적절한 것을 <보기>에서 고른 것은? (1점)

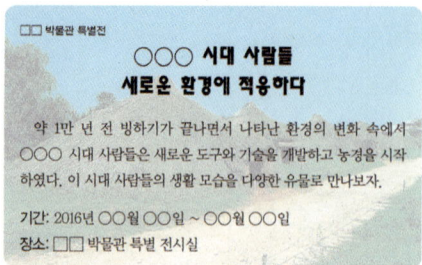

○○○ 시대 사람들 새로운 환경에 적응하다

약 1만 년 전 빙하기가 끝나면서 나타난 환경의 변화 속에서 ○○○ 시대 사람들은 새로운 도구와 기술을 개발하고 농경을 시작하였다. 이 시대 사람들의 생활 모습을 다양한 유물로 만나보자.

기간: 2016 ○○월 ○○일 ~ ○○월 ○○일
장소: □□박물관 특별 전시실

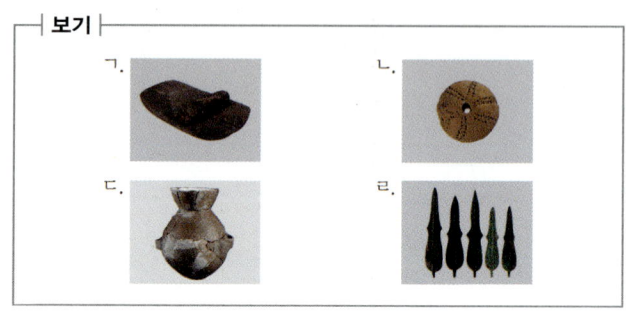

① ㄱ, ㄴ   ② ㄱ, ㄷ   ③ ㄴ, ㄷ
④ ㄴ, ㄹ   ⑤ ㄷ, ㄹ

[2020년 48회 심화 1번]

04 (가) 시대의 생활 모습으로 옳은 것은? (1점)

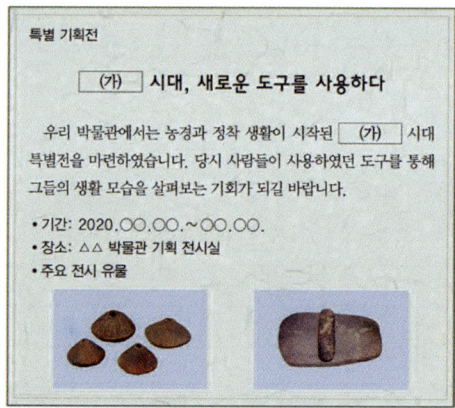

특별 기획전
(가) 시대, 새로운 도구를 사용하다

우리 박물관에서는 농경과 정착 생활이 시작된 (가) 시대 특별전을 마련하였습니다. 당시 사람들이 사용하였던 도구를 통해 그들의 생활 모습을 살펴보는 기회가 되길 바랍니다.

• 기간: 2020.○○.○○.~○○.○○.
• 장소: △△박물관 기획 전시실
• 주요 전시 유물

① 주로 동굴이나 강가의 막집에서 살았다.
② 지배층의 무덤으로 고인돌을 축조하였다.
③ 거푸집을 이용하여 세형 동검을 제작하였다.
④ 빗살무늬 토기를 만들어 식량을 저장하였다.
⑤ 쟁기, 쇠스랑 등의 철제 농기구를 사용하였다.

[2020년 46회 고급 1번]

05 (가) 시대의 생활 모습으로 옳은 것은? (1점)

> <체험 프로그램 기획안>
> 　　　　(가) 시대 생활 체험 교실
> ■ 기획 의도
> 　농경과 정착 생활이 시작된 (가) 시대를 대표하는 서울 암사동 유적에서 당시 사람들의 생활 모습을 재미있게 체험할 수 있는 기회를 마련함.
> ■ 주요 체험 프로그램
> 　○ 빗살무늬 토기 만들어 보기
> 　○ 갈대를 이용하여 움집 짓기
> 　○ 갈돌과 갈판으로 곡식 갈아보기

① 돌방무덤에 시신을 매장하였다.
② 가락바퀴를 이용하여 실을 뽑았다.
③ 명도전, 반량전 등의 화폐를 사용하였다.
④ 쟁기, 쇠스랑 등의 철제 농기구를 사용하였다.
⑤ 거푸집을 이용하여 비파형 동검을 제작하였다.

[2016년 30회 고급 1번]

06 (가) 시대에 처음 등장한 모습으로 옳은 것은? (1점)

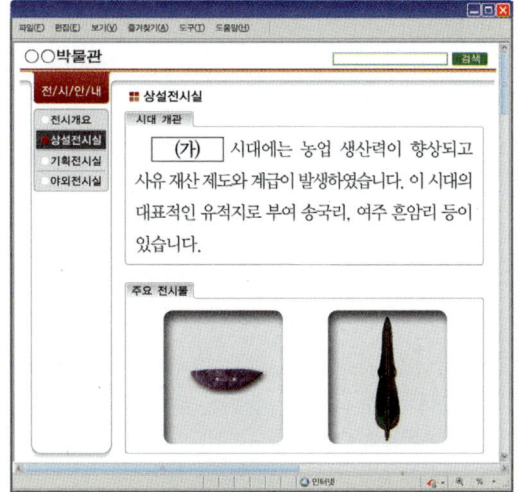

① 가락바퀴를 이용하여 실을 뽑았다.
② 슴베찌르개를 이용하여 사냥을 하였다.
③ 거푸집을 사용하여 도구를 제작하였다.
④ 주로 동굴이나 강가의 막집에서 살았다.
⑤ 빗살무늬 토기를 이용하여 식량을 저장하였다.

[2020년 49회 심화 2번]

07 (가) 나라에 대한 설명으로 옳은 것은? (2점)

> 위만이 망명하여 호복을 하고 동쪽의 패수를 건너 준왕에게 투항하였다. 위만은 서쪽 변경에 거주하도록 해주면, 중국의 망명자를 거두어 (가) 의 번병(藩屛)*이 되겠다고 준왕을 설득하였다. 준왕은 그를 믿고 총애하여 박사로 삼고 …… 백 리의 땅을 봉해 주어 서쪽 변경을 지키게 하였다.
> 　　　　　　　　　　　　　　　　－『삼국지』 동이전 －
> *번병: 변경의 울타리

① 국가 중대사를 정사암에서 논의하였다.
② 마립간이라는 왕의 칭호를 사용하였다.
③ 여러 가(加)들이 다스리는 사출도가 있었다.
④ 빈민을 구제하기 위해 진대법을 시행하였다.
⑤ 사회 질서를 유지하기 위해 범금 8조를 두었다.

[2017년 34회 고급 2번]

08 (가) 나라에 대한 탐구 활동으로 가장 적절한 것은? (2점)

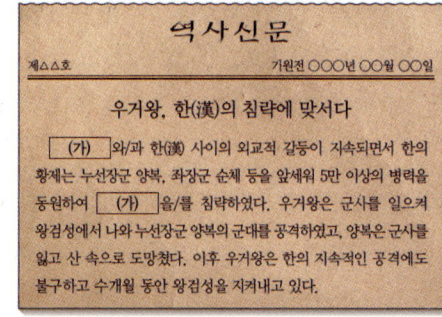

① 임신서기석의 내용을 분석한다.
② 관산성 전투의 원인을 살펴본다.
③ 청해진이 설치된 배경을 알아본다.
④ 칠지도에 새겨진 명문의 내용을 찾아본다.
⑤ 위만 집권 이후 변화된 경제 상황을 조사한다.

기출문제

[2019년 42회 고급 2번]

09 (가)에 들어갈 내용으로 옳은 것은? (2점)

① 지방의 여러 성에 욕살, 처려근지 등을 두었습니다.
② 제가 회의에서 나라의 중요한 일을 결정하였습니다.
③ 한(漢)과 진국(辰國) 사이에서 중계 무역을 하였습니다.
④ 전국 7웅 중 하나인 연과 대적할 만큼 성장하였습니다.
⑤ 부왕(否王) 등 강력한 왕이 등장하여 왕위를 세습하였습니다.

[2016년 30회 고급 3번]

10 (가) 시기에 있었던 사실로 옳은 것을 〈보기〉에서 고른 것은? (2점)

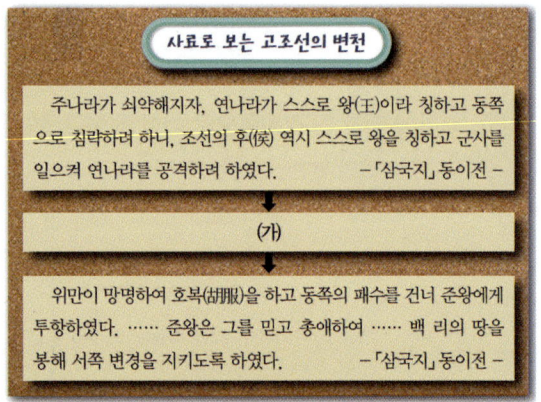

| 보기 |
ㄱ. 연나라 장수 진개가 침략하였다.
ㄴ. 한나라 무제가 군대를 보내 왕검성을 공격하였다.
ㄷ. 부왕(否王) 등 강력한 왕이 등장하여 왕위를 세습하였다.
ㄹ. 조선상 역계경이 무리를 이끌고 진국(辰國)으로 남하하였다.

① ㄱ, ㄴ ② ㄱ, ㄷ ③ ㄴ, ㄷ
④ ㄴ, ㄹ ⑤ ㄷ, ㄹ

[2020년 50회 심화 3번]

11 (가) 나라에 대한 설명으로 옳은 것은? (2점)

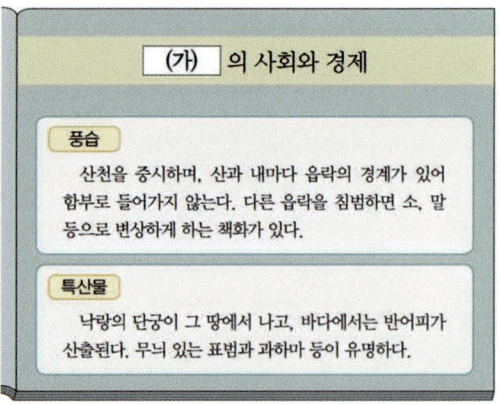

① 신성 지역인 소도가 존재하였다.
② 정사암에 모여 재상을 선출하였다.
③ 읍군이나 삼로라는 지배자가 있었다.
④ 12월에 영고라는 제천 행사를 열었다.
⑤ 도둑질한 자에게 12배로 배상하게 하였다.

[2016년 30회 고급 2번]

12 (가), (나) 나라에 대한 설명으로 옳은 것은? (2점)

(가) 여자의 나이가 10살이 되기 전에 혼인을 약속하고, 신랑 집에서 맞이하여 장성할 때까지 기른다. (여자가) 성인이 되면 다시 여자 집으로 돌아가게 한다. 여자 집에서는 돈을 요구하는데, (신랑 집에서) 돈을 지불한 후에 다시 신랑 집으로 데리고 와서 아내로 삼는다. - 「삼국지」 동이전 -

(나) 산천을 중요시하여 산과 내마다 각기 구분이 있어 함부로 들어가지 않는다. …… 읍락을 침범하면 벌로 노비나 소·말을 부과하였다. - 「삼국지」 동이전 -

① (가) - 10월에 동맹이라는 제천 행사를 열었다.
② (가) - 여러 가(加)들이 별도로 사출도를 다스렸다.
③ (나) - 특산물로 단궁, 과하마, 반어피가 유명하였다.
④ (나) - 제사장인 천군과 신성 지역인 소도가 존재하였다.
⑤ (가), (나) - 철이 많이 생산되어 낙랑, 왜 등에 수출하였다.

13 (가) 나라에 대한 설명으로 옳은 것은? (2점)

[2021년 51회 심화 2번]

 이 유물은 중국 지린성 쑹화강 유역의 둥퇀산 유적에서 출토된 (가) 의 금동제 가면이다. 『삼국지』 동이전에 따르면 (가) 에는 여러 가(加)들이 별도로 관할하는 사출도가 있었으며, 사람을 죽여 순장하는 풍습이 행해졌다고 한다.

① 12월에 영고라는 제천 행사를 열었다.
② 신지, 읍차라고 불린 지배자가 있었다.
③ 제사장인 천군과 신성 지역인 소도가 존재하였다.
④ 대가들이 사자, 조의, 선인 등의 관리를 거느렸다.
⑤ 다른 부족의 영역을 침범하면 소나 말로 변상하였다.

14 (가), (나) 나라에 대한 설명으로 옳은 것은? (2점)

[2021년 52회 심화 4번]

(가) 장사를 지낼 때 큰 나무 곽을 만드는데, 길이가 10여 장이나 되며 한쪽을 열어 놓아 문을 만들었다. 사람이 죽으면 모두 가매장을 해서 …… 뼈만 추려 곽 속에 안치하였다. 온 집 식구를 모두 하나의 곽 속에 넣어 두는데, 죽은 사람의 숫자대로 나무를 깎아 생전의 모습과 같이 만들었다.
- 『삼국지』 동이전 -

(나) 귀신을 믿기 때문에 국읍마다 한 사람을 세워 천신의 제사를 주관하게 하니 천군이라고 하였다. 또 나라마다 별읍이 있으니 소도라 하였다. 그곳에서는 큰 나무를 세우고 방울과 북을 매달아 놓고 귀신을 섬겼다. 그 안으로 도망쳐 온 사람들은 모두 돌려보내지 않았다.
- 『삼국지』 동이전 -

① (가) - 혼인 풍습으로 서옥제가 있었다.
② (가) - 목지국 등 많은 소국들로 이루어졌다.
③ (나) - 신지, 읍차 등의 지배자가 있었다.
④ (나) - 12월에 영고라는 제천 행사를 열었다.
⑤ (가), (나) - 여러 가(加)들이 사출도를 별도로 주관하였다.

15 밑줄 그은 '이 나라'에 대한 설명으로 옳은 것은? (2점)

[2017년 34회 중급 3번]

함경도 해안 지역에 있었던 이 나라에 대해 이야기해 보자.

고구려에 소금과 어물 등의 공물을 바쳤어.

가족이 죽으면 가매장하였다가 뼈를 추려 가족 공동 무덤인 목곽에 안치하는 풍습이 있었지.

① 골품제라는 신분제가 있었다.
② 영고라는 제천 행사를 열었다.
③ 신지, 읍차 등의 지배자가 있었다.
④ 혼인 풍습으로 민며느리제가 있었다.
⑤ 여러 가(加)들이 별도로 사출도를 다스렸다.

16 (가) 인물에 대한 설명으로 옳은 것은? (2점)

[2021년 52회 심화 2번]

연(燕)의 (가) 이/가 망명하여 오랑캐의 복장을 하고 동쪽으로 패수를 건너 준왕에게 항복하였다. …… (가) 이/가 망명자들을 꾀어내어 그 무리가 점점 많아지자, 준왕에게 사람을 보내 "한의 군대가 열 갈래로 쳐들어오니 [왕궁에] 들어가 숙위하기를 청합니다."라고 속이고 도리어 준왕을 공격하였다.
- 『삼국지』 동이전 -

① 한 무제가 파견한 군대와 맞서 싸웠다.
② 진번과 임둔을 복속하여 세력을 확장하였다.
③ 빈민을 구제하기 위해 진대법을 실시하였다.
④ 지방의 여러 성에 욕살, 처려근지 등을 두었다.
⑤ 연의 장수 진개의 공격을 받아 영토를 빼앗겼다.

기출문제

17 [2020년 49회 심화 3번]
(가)에 들어갈 내용으로 옳은 것은? (1점)

① 혼인 풍습으로 민며느리제가 있었습니다.
② 대가들이 사자, 조의, 선인을 거느렸습니다.
③ 제사장인 천군과 신성 지역인 소도가 있었습니다.
④ 남의 물건을 훔쳤을 때는 12배로 갚게 하였습니다.
⑤ 단궁, 과하마, 반어피 등이 특산물로 유명하였습니다.

18 [2016년 31회 중급 3번]
다음 자료에 해당하는 나라에 대한 설명으로 옳은 것은? (3점)

> 나라에는 군왕이 있고 모두 육축(六畜)의 이름으로 관직명을 정하여 마가, 우가, 저가, 구가, 대사, 대사자, 사자가 있다. …… 제가는 별도로 사출도를 주관하는데 큰 곳은 수천 가이고, 작은 곳은 수백 가이다.
> - 「삼국지」 동이전 -

① 영고라는 제천 행사를 열었다.
② 낙랑과 왜에 철을 수출하였다.
③ 신지, 읍차 등의 지배자가 있었다.
④ 단궁, 과하마, 반어피 등의 특산물이 있었다.
⑤ 사회 질서를 유지하기 위해 8조법을 만들었다.

19 [2019년 43회 고급 2번]
다음 자료에 해당하는 나라에 대한 설명으로 옳은 것은? (2점)

> ○ 현도의 북쪽 천 리 쯤에 있다. 남쪽은 고구려와 동쪽은 읍루와 서쪽은 선비와 접해 있고, 북쪽에는 약수(弱水)가 있다. 면적은 사방 이천 리이며, 본래 예(濊)의 땅이다.
> ○ 사람이 죽어 장사 지낼 때는 곽은 사용하나 관은 쓰지 않고, 사람을 죽여서 순장하는데 많을 때는 100명 가량이 된다. 왕의 장례에는 옥갑을 사용하므로 한(漢)의 조정에서는 언제나 옥갑을 미리 현도군에 갖다 두어, 왕이 죽으면 그 옥갑을 취하여 장사 지내게 하였다.
> - 「후한서」 -

① 읍군, 삼로 등의 군장이 있었다.
② 혼인 풍속으로 민며느리제가 있었다.
③ 12월에 영고라는 제천 행사를 열었다.
④ 신성 구역인 소도에서 천군이 제사를 주관하였다.
⑤ 읍락 간의 경계를 중시하는 책화라는 풍습이 있었다.

20 [2018년 38회 중급 3번]
다음 대화에 해당하는 나라에 대한 설명으로 옳은 것은? (3점)

① 빈민 구제를 위해 진대법을 실시하였다.
② 읍락 간 경계를 중시하는 책화가 있었다.
③ 여러 가(加)들이 별도로 사출도를 주관하였다.
④ 5월과 10월에 농경과 관련된 계절제를 지냈다.
⑤ 사회 질서를 유지하기 위해 범금 8조를 만들었다.

정답 및 해설

01 ②
제시된 자료에서 '공주 석장리', '주먹도끼', '뗀석기' 등의 용어로 보아 (가) 시대는 구석기 시대임을 알 수 있다. 구석기 시대 사람들은 동굴이나 막집에서 주거 생활을 영위하였다.

오답분석
①,③ 청동기 시대
④,⑤ 신석기 시대

02 ②
단양 수양개는 대표적인 구석기 시대 유적지이다. ② 구석기 시대에는 동굴에서 살거나 막집을 짓고 살았다.

오답분석
①, ⑤ 신석기 시대
③, ④ 청동기 시대

03 ①
자료에서 설명하는 시기는 신석기 시대이다.
ㄱ. 신석기 시대에는 갈돌과 갈판을 사용하여 곡식을 갈아먹었다.
ㄴ. 신석기 시대에는 가락바퀴를 이용해 직조 생활을 하였다.

오답분석
ㄷ. 미송리식 토기는 청동기 시대에 사용한 토기이다.
ㄹ. 비파형 동검은 청동기 시대에 사용한 동검이다.

04 ④
제시된 자료에서 '농경과 정착 생활'이란 내용과 주요 전시 유물에서 조개 껍데기, 갈돌 및 갈판으로 보아 (가) 시대는 신석기 시대임을 알 수 있다. 빗살무늬 토기는 신석기 시대의 대표적인 유물이다.

오답분석
① 구석기 시대
② 청동기 시대
③,⑤ 철기 시대

05 ②
제시된 자료에서 '농경과 정착 생활', '서울 암사동 유적', '빗살무늬 토기', '움집', '갈돌과 갈판'이란 내용을 통해 (가) 시대는 신석기 시대임을 알 수 있다. 신석기 시대에는 가락바퀴와 뼈바늘을 이용한 원시적 수공업이 이루어졌다.

오답분석
① 삼국 시대
③,④ 철기 시대
⑤ 청동기 시대

06 ③
(가)는 사유 재산 제도와 계급이 발생한 청동기 시대이다. 부여 송국리, 여주 흔암리는 청동기 시대의 대표적인 유적지이다. 청동기 시대에는 반달 돌칼, 비파형 청동검 등이 도구로 사용되었다. 청동기 시대에 만들어진 돌널무덤에서는 비파형 동검, 청동 화살촉, 청동 도끼와 같은 수준 높은 유물이 출토되며, 청동기를 자체 제작했음을 보여주는 돌로 만든 거푸집들이 나오기도 한다.

오답분석
①, ⑤ 신석기 시대
②, ④ 구석기 시대

07 ⑤
제시된 자료에서 '위만', '준왕'의 내용을 통해 (가) 나라는 고조선임을 알 수 있다. 고조선이 사회 질서 유지를 위해 만든 8조법은 멸망 이후 풍속이 각박해지면서 60여 개로 증가하였다.

오답분석
① 백제
② 신라
③ 부여
④ 고구려

08 ⑤
우거왕은 위만 조선의 마지막 왕으로 한나라의 침략을 받았다. 역사 신문의 '우거왕, 한의 침략에 맞서다'라는 제목으로 보아 (가) 나라가 위만 조선임을 알 수 있어야 한다. ⑤ 우거왕이 위만 조선의 마지막 왕이니, 위만 집권 이후에 변화된 경제 상황을 조사하는 것이 탐구 활동으로 적절하다.

오답분석
① 임신서기석은 신라 시대에 충성을 맹세하는 내용을 새긴 비석이다.
② 관산성 전투는 백제가 신라의 관산성을 공격하다 성왕이 패한 전투이다.
③ 청해진은 통일 신라 흥덕왕 때 장보고가 중국, 일본 등과 무역하던 곳이다.
④ 칠지도를 통해 백제와 일본과의 관계를 알 수 있다.

09 ③
제시된 자료에서 (가)는 위만 조선 시기에 해당한다. 위만 조선은 진국과 한 사이의 중계 무역을 독점하였다.

오답분석
①,② 고구려에 대한 내용이다.
④,⑤ 위만 조선 이전인 단군 조선 시기에 해당한다.

10 ②

(가)는 위만 조선 이전 시기인 단군 조선 시기이다.
ㄱ. 단군 조선 시기에는 연나라 장수 진개의 침략을 받았다.
ㄷ. 단군 조선 시기에는 부왕, 준왕과 같은 강력한 왕이 등장하여 왕위를 세습하였다.

오답분석
ㄴ, ㄹ 위만 조선

11 ③

제시된 자료에서 '책화', '단궁', '반어피', '과하마' 등의 내용으로 보아 (가) 나라는 동예임을 알 수 있다. 동예는 강원도 북부 해안 지대에 있던 나라로 읍군, 삼로라는 군장이 있었다.

오답분석
① 삼한   ② 백제   ④ 부여
⑤ 부여, 고구려

12 ③

(가)는 민며느리제가 있었던 옥저, (나)는 책화의 풍속이 있었던 동예이다. 동예는 토지가 비옥하고 해산물이 풍부하여 농경, 어로 등 경제 생활이 윤택하였다. 특히, 명주와 삼베를 짜는 등 방직 기술이 발달하였다. 특산물로는 단궁이라는 활과 과하마, 반어피 등이 유명하였다.

오답분석
① 고구려   ② 부여
④ 삼한   ⑤ 삼한 중 변한

13 ①

제시된 자료에서 '사출도', '순장하는 풍습'의 내용을 통해 (가) 나라는 부여임을 알 수 있다. 부여는 매년 12월에 영고라는 제천 행사를 열었다.

오답분석
②,③ 삼한   ④ 고구려   ⑤ 동예

14 ③

제시문의 (가)에서 '온 집 식구를 모두 하나의 곽 속에 넣어 두는데.'라는 내용을 통해 옥저의 가족공동묘(골장제)에 대한 내용임을 알 수 있다. (나)는 '국읍', '천군', '소도' 등의 내용을 통해 삼한에 대한 내용임을 알 수 있다. 삼한에는 신지, 읍차 등의 군장이 있었다.

오답분석
① 고구려   ② 삼한(마한)   ④,⑤ 부여

15 ④

함경도 해안 지역에 위치하였으며 고구려에 공물을 바쳤고, 가족공동묘 풍습이 있었던 나라는 옥저이다. ④ 어린 여자 아이를 데려와 키우다가 그 아이가 성장하면 남자가 여자 집에 일정한 재물을 주고 신부로 맞는 결혼 형태를 민며느리제라고 부른다. 민며느리제는 옥저의 풍속이다.

오답분석
① 골품제는 신라의 신분 제도이다.
② 영고는 부여의 제천 행사이다.
③ 신지, 읍차 등의 지배자가 있었던 것은 삼한이다.
⑤ 사출도는 부여에 존재하였다.

16 ②

제시문에서 '연(燕)', '준왕에게 항복' 등의 내용을 통해 (가)는 위만임을 알 수 있다. 『사기』 조선열전에 의하면, '위만은 군사의 위세와 재물을 얻고 그 주변의 소읍을 침략해 항복시키니, 진번·임둔이 모두 와서 복속하였고 고조선의 영역은 사방 수천 리가 되었다.'고 하여 위만이 진번과 임둔을 복속하여 영토를 확장했음을 알 수 있다. 진번과 임둔은 고조선이 멸망한 후 낙랑, 현도와 함께 한 군현이 설치된 지역이기도 하다.

오답분석
① 고조선이 한 무제가 파견한 군대와 맞서 싸운 시기는 위만이 아닌 우거왕 때이다.
③ 고구려 고국천왕에 대한 내용이다.
④ 지방에 욕살, 처려근지 등을 설치한 국가는 고구려이다.
⑤ 연의 장수 진개의 공격을 받은 시기는 위만 조선 이전 시기인 기원전 3세기이다.

17 ③

제시된 자료에서 '신지, 읍차', '5월과 10월에 제천 행사'의 내용을 통해 삼한에 대한 내용임을 알 수 있다. 위만 조선은 진국과 한 사이의 중계 무역을 독점하였다. 삼한은 제사장인 천군과 신성 지역인 소도가 있는 제정분리 사회였다.

오답분석
① 옥저   ② 고구려   ④ 부여, 고구려   ⑤ 동예

18 ①

마가, 우가, 저가 등의 사출도로 보아 부여에 대한 설명이다. ① 부여는 영고라는 제천 행사를 열었다.

오답분석
② 삼한의 변한   ③ 삼한   ④ 동예   ⑤ 고조선

19 ③

제시된 자료에서 '남쪽은 고구려와 접해 있고', '순장'의 내용을 통해 부여에 대한 내용임을 알 수 있다. 부여는 12월에 수렵사회의 전통인 영고라는 제천 행사를 열었다.

오답분석
① 옥저, 동예
② 옥저
④ 삼한
⑤ 동예

20 ④

제시된 삽화에서 언급한 '신지'는 삼한의 군장이고, '소도'는 삼한의 종교적 지배자인 천군이 다스리던 신성 지역이다. 소도는 신성 지역이었기 때문에 죄인이 소도로 도망치면 잡을 수 없었다. ④ 삼한은 1년에 두 번 제천 행사를 열었다. 해마다 씨를 뿌리고 난 뒤인 5월(수릿날)과 추수를 한 뒤인 10월(계절제)에 하늘에 제사를 지냈다.

오답분석
① 진대법은 춘대추납의 구휼 제도로 2세기 고구려 고국천왕이 국상 을파소의 건의를 받아 시행하였다.
② 동예는 산천을 중요시해서 각 부족의 생활권을 엄격하게 구분하였다. 다른 부족의 영역을 침범할 때 노비, 소, 말 등으로 배상하게 하는 책화라는 풍습이 있었는데 이는 동예의 폐쇄적인 사회 모습을 보여준다.
③ 부여는 왕 아래에 가축의 이름을 딴 마가, 우가, 저가, 구가의 여러 가(加)들이 별도로 사출도를 주관하였다.
⑤ 고조선은 사회 질서를 유지하기 위해 8조법을 만들었다. 현재는 8조법 중 3개의 조목만 전해지고 있다.

PART
02

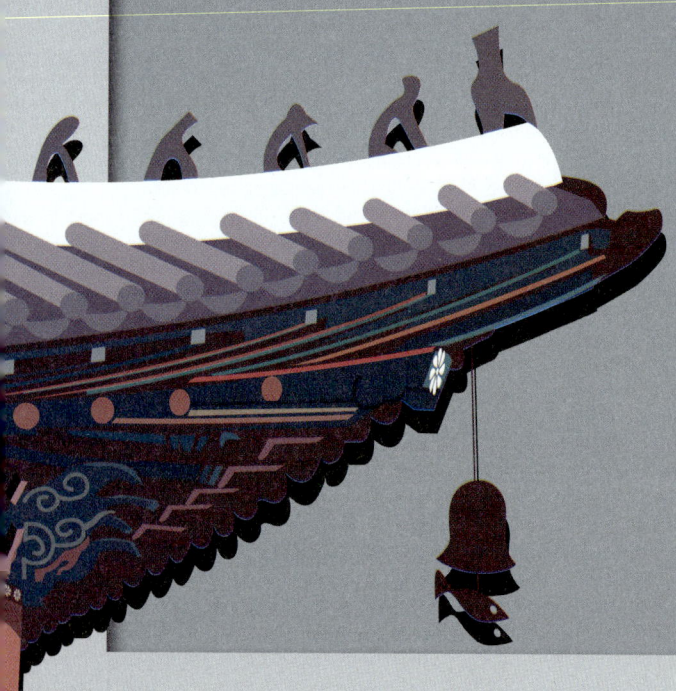

장유리
7일만에
80점 넘기기

고대 국가의 형성과 발전

01. 고대 국가의 정치적 발전

02. 남북국의 정치적 발전

03. 고대 국가의 경제 · 사회 · 문화

02 고대 국가의 형성과 발전

01 고대 국가의 정치적 발전

출제 POINT 고대 국가의 특징

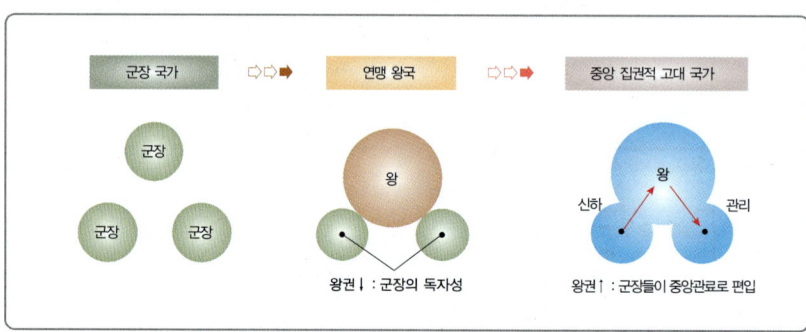

중앙 집권 국가 특징	영토 확장	주변 지역을 활발하게 정복하여 영역을 확대하였고, 정복 과정에서 성장한 경제력과 군사력을 바탕으로 왕권을 더욱 강화할 수 있었다.
	왕위 세습	왕위의 부자 세습을 이루고, 권력을 독점하는 지배 구조를 갖췄다.
	율령 반포	통치 체제를 강화하기 위한 수단으로, 율령을 제정하고 반포하였다.
	불교 수용	불교를 수용하여 왕권의 정당성을 갖추고, 사상을 통일하여 집단 통합을 강화하였다.
고대 국가 체제의 정비		고구려(2세기) → 백제(3세기) → 신라(4세기)의 순서로 체제가 정비되었다.

사료 읽기 신라 왕호의 변천

왕호의 변천은 신라 사회의 성장과 밀접한 관련이 있다. 거서간은 태양의 의미를 내포한 것으로 신령한 제사장 혹은 군장이라는 뜻이다. 차차웅은 무(巫)의 의미를 내포한 것으로 샤먼적 성격을 띠고 있다. 이사금은 연장자로 군장의 자리를 계승했다는 호칭이다. **마립간부터가 대군장, 우두머리를 나타내는 정치적인 호칭이라 할 수 있다.** 이는 왕권의 성장을 반영하는 것이다. 마지막으로 중국식 왕호인 왕(王)으로 칭한 것은 6세기 지증왕부터이다. 이러한 신라의 왕호 변천은 선거에 의한 군장 추대가 세습적 군장제로 바뀌고, 다시 부자 상속에 의한 제도로 변화되어 가는 양상을 보여 준다.

1. 삼국의 발전

출제 POINT 삼국의 전성기 형세도

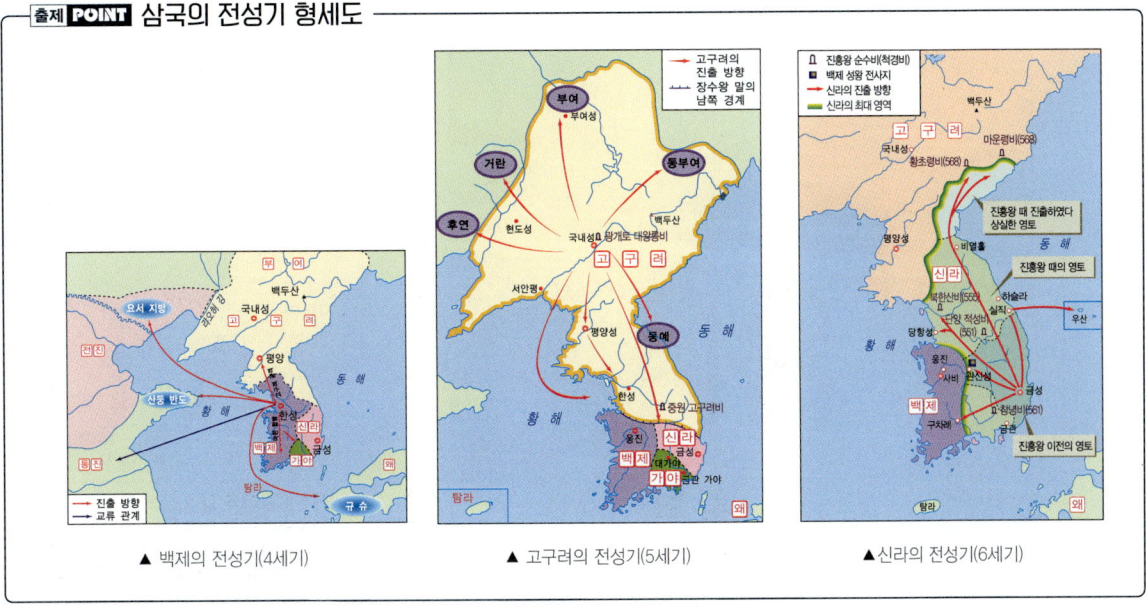

▲ 백제의 전성기(4세기)   ▲ 고구려의 전성기(5세기)   ▲ 신라의 전성기(6세기)

	고구려	백제	신라
2세기	• 태조왕(1세기 후반): 고씨 왕위 세습 확립, 옥저·동예 정복 • 고국천왕: 부자 상속 확립, 부족적 5부 → 행정적 5부, 진대법		
3세기		• 고이왕: 한강 유역 장악, 율령 반포, 관제 정비, 복색 제정	

4세기	• 미천왕: 서안평 점령, 낙랑 축출
	• 고국원왕: 백제의 공격으로 평양성에서 전사
	• 소수림왕: 불교 수용(전진), 율령 반포, 태학 설립
	• 광개토대왕
	  ┌ 신라에 출몰한 왜구 격퇴 → 신라와 친교, 광개토대왕릉비에 나타남
	  ├ 요동 진출, 한강 이북까지 점령
	  └ 연호 '영락'
		• 근초고왕
		
		▲ 칠지도(왜왕에게 하사)
		  ┌ 고구려 공격 → 황해도 진출
		  ├ 부자 상속 확립
		  ├ 마한 병합
		  ├ 가야에 지배권 행사
		  └ 요서·산둥·규슈 지방 진출
		• 침류왕: 불교 공인(동진)
			• 내물왕
			  ┌ 김씨 왕위 세습
			  ├ 마립간 칭호 사용
			  └ 고구려의 도움으로 왜구 격퇴
			
			▲ 호우명 그릇

5세기	• 장수왕
	  ┌ 평양 천도(427)
	  ├ 중국의 남북조와 동시 수교
	  └ 남한강 진출 → **충주 고구려비**
		• 비유왕: 나·제 동맹(433)
		• 개로왕: 한강 유역 상실(475)
		• 문주왕: 웅진 천도
		• 동성왕: 신라 소지왕과 결혼 동맹
			• 눌지왕: 나·제 동맹(433)
			
			• 소지왕: 백제 동성왕과 결혼 동맹

6세기	• 6세기 말~ 7세기 초 국제 형세	• 무령왕 : **22담로** 설치, 중국 양나라와 적극 교류, 도교 적극 장려 ▲ 양직공도 (6C 백제 사신의 모습) • 성왕 ┌ **사비 천도**(538) ├ 국호를 **남부여**로 개칭 ├ 중앙 22부 설치 ├ 한강 하류 수복 → 신라의 배신으로 나·제 동맹 결렬 → **관산성 전투**에서 전사(554)	• 지증왕 ┌ '신라', '왕' 칭호 사용 ├ 우경 장려 ├ 동시, 동시전 설치 └ 우산국 복속 • 법흥왕 ┌ 율령 반포 ├ 불교 공인(이차돈의 순교) ├ 금관가야 병합 ├ 공복 제정 ├ 병부 설치 ├ 상대등 설치 ├ 골품제도 정비 └ 연호 '건원' • 진흥왕 ┌ 한강 전 지역 확보 ├ 대가야 정복 ├ 단양적성비와 4개의 순수비 건립 ├ 화랑도를 국가 조직으로 개편 └ 황룡사 건립 등 불교 진흥책
7세기	• 수·당 전쟁 ① vs 수 : 고구려의 요서 공격 → 수의 침략 → **을지문덕의 살수대첩**(612) ② vs 당 : 천리장성 축조, 연개소문의 대당 강경책 → 당 태종의 침략 → **안시성 싸움**(645)	• 신라를 꾸준히 공격 → 국경인 대야성 함락(642)	• 신라의 삼국 통일 ① 나·당 연합군 결성 → 백제 멸망 → 고구려 멸망 ② 당의 한반도 지배 야욕 : 웅진 도독부(공주)·계림 도독부(경주)·안동 도호부(평양) 설치 ③ 나·당 전쟁 : **매소성·기벌포** 싸움에서 당군 격파 → 삼국 통일 완성(676)
	• 고구려의 멸망(668) ┌ 원인 : 계속되는 전쟁으로 국력 소모, 연개소문 사후 지배층 분열 ├ 과정 : 나·당 연합군의 침입→ 평양성 함락 └ 부흥 운동 : 검모잠(한성), 고연무(오골성)의 부흥 운동 전개 → 신라의 지원	• 백제의 멸망(660) ┌ 원인 : 정치 질서 문란·지배층의 향락 → 국가적 일체감 상실 ├ 과정 : 나·당 연합군의 공격 → 황산벌 전투의 패배 → 사비성 함락 └ 부흥 운동 : 복신·도침(주류성), 흑치상지(임존성)의 저항 **왜의 수군 지원** → 백강 전투에서 패배	• 삼국 통일의 평가 ┌ 한계 : 외세의 이용, 영토 축소(대동강 ~원산만) └ 의의 : 민족 문화 발전의 토대 마련
	▲ 백제와 고구려 유민의 부흥 운동	▲ 당의 한반도 지배 야욕	▲ 나·당 전쟁과 삼국 통일 완수

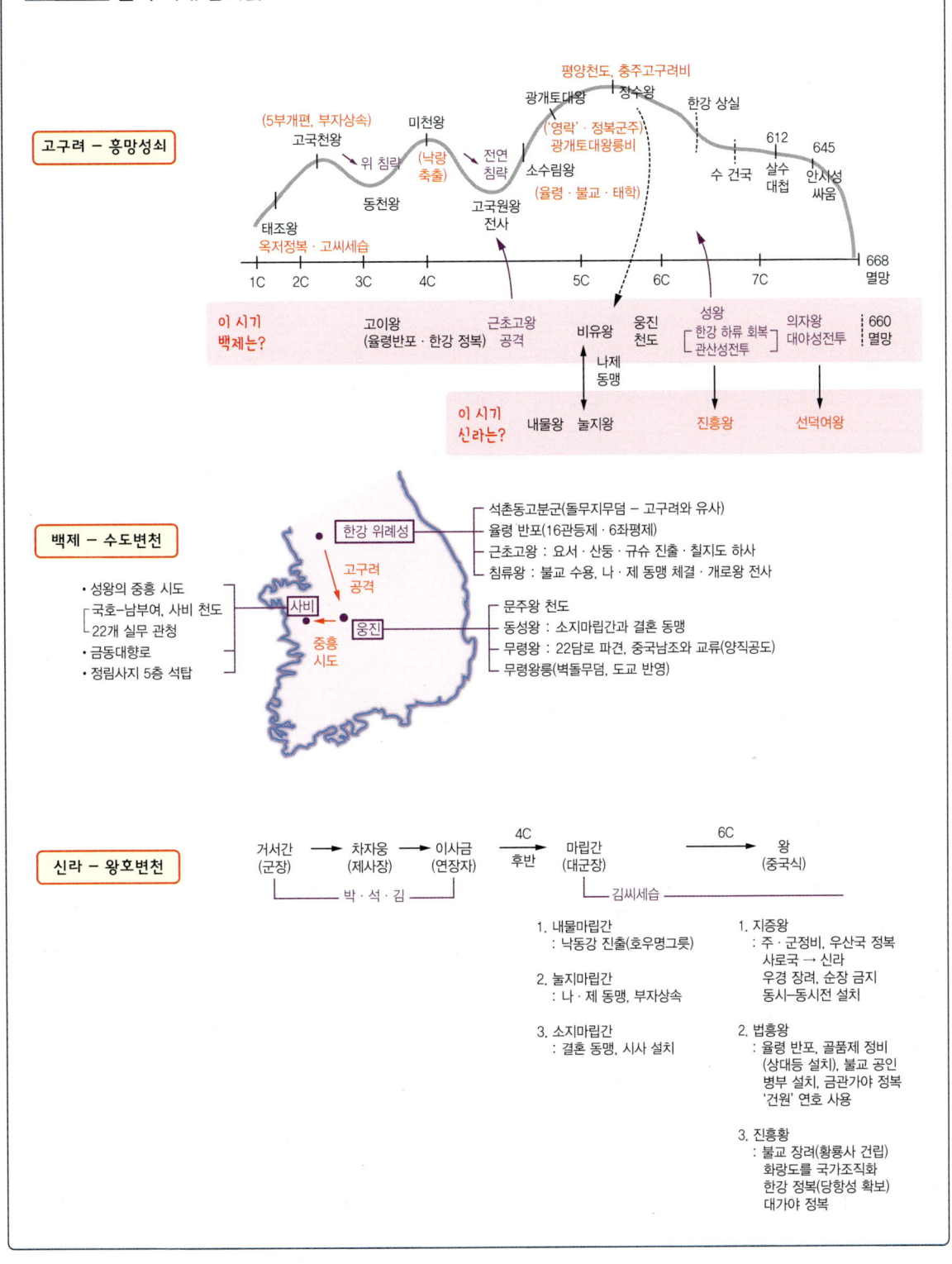

출제 POINT 4세기 말 고구려와 신라의 관계

영락 9년(399) 기해에 백제가 서약을 어기고 왜와 화통하므로, 왕은 평양으로 순수해 내려갔다. 신라가 사신을 보내 왕에게 말하기를, "왜인이 그 국경에 가득차 성을 부수었으니, **노객(신라 왕)은 백성된 자로서 왕에게 귀의하여 분부를 청한다.**"고 하였다. …… **영락 10년 경자에 보병과 기병 5만을 보내, 신라를 구원**하게 하였다. …… 관군이 이르자 왜적이 물러가므로, 뒤를 급히 추격하여 임나가라의 종발성에 이르렀다. 성이 곧 귀순하여 복종하므로, 병사를 두어 지키게 하였다. 신라의 농성을 공격하니 왜구는 위축되어 궤멸되었다.

– 광개토 대왕릉 비문, 기해년조 기사 –

▲ 광개토 대왕릉비 (중국 지린성)

▲ 호우명 그릇 (신라 출토)

해석 TIP

중국 지린성 지안에 있는 광개토 대왕릉비에는 광개토 대왕이 신라에 5만의 군대를 보냈다는 사실이 기록되어 있다. 왜가 침입해 오자 신라는 고구려에 군사적 지원을 요청하였고, 광개토 대왕이 이를 받아들여 군사를 보내 왜를 격퇴하였다. 고구려 군대의 지원을 받아 왜를 물리친 신라 내물왕은 김씨에 의한 왕위 계승권을 확립하여 왕권을 강화할 수 있었다.
한편 이로 인해 김해의 금관 가야는 쇠퇴하고, 가야의 중심지가 고령의 대가야로 이동하게 되었다.

2. 가야 연맹

건국	• 김수로에 의해 건국(A.D. 42)
전기	• 변한 지역에서 **김해의 금관가야**를 중심으로 연맹체 형성
	4세기 말~5세기 초 : 고구려의 낙동강 진출로 금관가야의 세력 약화
후기	• **고령의 대가야** 중심으로 재편성
멸망	• 백제와 신라의 압박으로 중앙 집권화에 실패 • 금관가야 멸망(532, 법흥왕), 대가야 멸망(562, 진흥왕)
경제	• 벼농사, 철 생산과 중계 무역의 번성
문화	• 김해 금관가야(대성동 고분군), 고령 대가야(지산동 고분군) • 가야의 수레 토기 → 일본의 스에키 토기에 영향 ▲ 철제 판갑 옷과 투구 (경북 고령 지산동 고분군) ▲ 덩이쇠 (경남 김해 대성동 고분군) ▲ 수레 토기 ▲ 가야 금관

▲ 가야 연맹의 세력 이동

02 남북국의 정치적 발전

1. 통일 신라의 발전과 쇠퇴

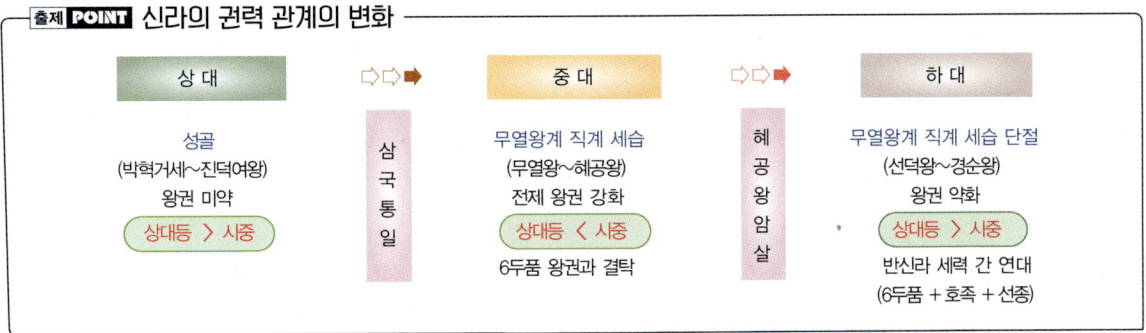

출제 POINT 신라의 권력 관계의 변화

상대	⇨⇨	중대	⇨⇨	하대
성골 (박혁거세~진덕여왕) 왕권 미약 **상대등 > 시중**	삼국통일	무열왕계 직계 세습 (무열왕~혜공왕) 전제 왕권 강화 **상대등 < 시중** 6두품 왕권과 결탁	혜공왕 암살	무열왕계 직계 세습 단절 (선덕왕~경순왕) 왕권 약화 **상대등 > 시중** 반신라 세력 간 연대 (6두품 + 호족 + 선종)

중대	전제 왕권의 강화	무열왕	• 무열왕 직계 세습 확립 • **집사부의 시중 권한 강화**(화백 회의와 상대등 약화) • 나·당 연합군 결성, 백제 멸망
		문무왕	• 나·당 전쟁 승리 → **삼국 통일의 완성**(대왕암) • 외사정 파견 → 지방 세력 통제
		신문왕	• 김흠돌의 반란을 계기로 진골 숙청 • **9주 5소경** 설치(수도의 편재성 보완, 지방 세력 감시) • **관료전 지급**(수조권만 부여) • **녹읍 폐지**(수조권+노동력 징발권) • 중앙군 : **9서당**(민족 융합군), 지방군 : 10정 • 유교 정치 이념 도입, **국학** 설치 • 감은사지 3층 석탑
		성덕왕	• 일반 백성들에게 **정전** 지급
		경덕왕	• **녹읍 부활** • 불국사, 석굴암 완성 ▲ 석가탑　▲ 다보탑　▲ 석굴암 본존불
		혜공왕	• 성덕대왕 신종 완성 • 96 각간의 난, 김지정의 난 　→ 혜공왕 피살 ▲ 성덕대왕 신종
			• 6두품 : 왕권과 결탁, 국왕의 정치적 조언자, 전제 왕권 뒷받침(ex. 설총의 『화왕계』)

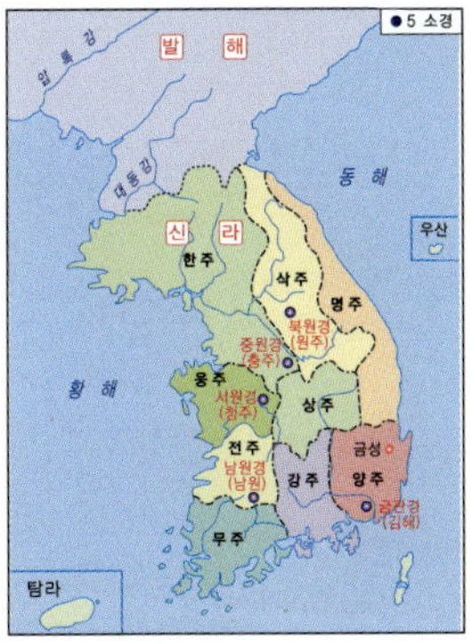

▲ 통일 신라의 지방 제도

하대	진골 귀족 간 권력 다툼	• 귀족 연합 정치 : 진골 간 왕위 쟁탈전 전개 → 지방에 대한 통제력 약화, 상대등의 세력 강화 • 지방 세력의 반란 : 김헌창(웅진 도독), 장보고(청해진)의 왕권 다툼 개입 • 농민의 동요 : 귀족이나 사원의 노비로 전락, 초적 세력 형성 • **9세기 말 진성여왕** 때 밀린 세금 독촉 → 상주의 **원종·애노의 난**을 시작으로 전국적 농민 봉기화 • **선종과 풍수지리설의 유행** : 수도 금성의 권위 약화, 새로운 사회 변혁에 사상적 이바지
		• 6두품 : 골품제 사회 비판 → 호족 세력과 연계하여 사회 개혁 추구
		• 호족 세력의 성장 : 반독립적 세력(성주·장군), 지방의 행정·군사·경제적 지배권 행사
	후삼국의 성립	**견훤**의 후백제(900, 완산주) • 전라도 해상 세력으로 성장 • 신라에 적대적, 과도한 수취, 호족 포섭 실패 • 왕권 후계 다툼 → 왕건이 건국한 고려로 견훤 귀순 • 왕건의 공격으로 후백제 멸망(935) **궁예**의 후고구려(901, 송악) • 신라 왕족의 후예로, 송악(개성)에 도읍 • 이후 철원으로 천도, 국호도 마진·태봉으로 개칭 • 과도한 수취, 미륵 신앙을 이용한 전제 정치 • 왕건의 쿠데타로 축출(918)

▲ 후삼국의 성립

2. 발해의 건국과 발전

건국	**대조영**이 동모산에서 말갈인과 함께 건국(698) → 남북국 시대의 시작	
발전	무왕 (8C 전반, **인안**)	• 북만주 장악 • 당으로 인해 흑수말갈과 대립 → 장문휴 장군이 **당의 산둥 공격**

	문왕
	(8C 후반, **대흥**)
		• **당과 친선** 관계 수립
		  ┌ 상경 천도
		  └ 당 문물 수입 증가 → 3성 6부 체제, 상경성 주작대로, 영광탑, 정효공주 묘 등
		• **신라도** 개설

	선왕 (9C 전반, **건흥**)	• 요동 진출 • 말갈족 대부분을 복속, 최대 영토 확보 → **해동성국** • 5경 15부 62주 정비
멸망	거란(요)의 침입으로 멸망(926)	
고구려 계승 의식	• 지배층의 대부분이 고구려인 • 일본에 보낸 국서에 '고려국', '고려국왕' 명칭 사용 • 고구려 문화와의 유사성	

▲ 발해의 영역

출제 POINT 발해 문화의 성격

고구려 문화 계승	Vs	당 영향

온돌 장치, 정혜공주 묘의 모줄임 천장 구조, 돌사자상, 이불병좌상 등

상경성의 주작대로, 지하 벽돌 무덤(정효공주 묘), 영광탑, 3성 6부제 등

◀ 정혜공주 묘 돌사자상

◀ 상경성 주작대로

◀ 모줄임 천장 구조

◀ 정효공주 묘

◀ 이불병좌상

◀ 영광탑

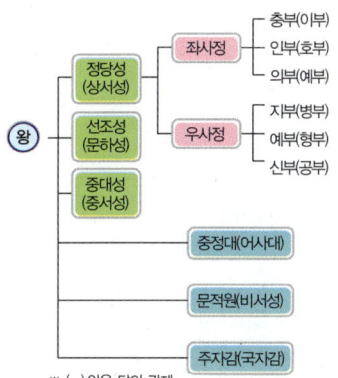

cf. 3성 6부의 독자적 운영
- 정당성 중심의 운영(수상은 대내상)
- 6부 명칭이 유교식(당은 불교식)
- 6부를 이원적으로 운영

※ ( )안은 당의 관제

03 고대 국가의 경제 · 사회 · 문화

1. 고대의 경제

삼국	통일신라	발해

• 조세 제도 : 재산의 정도에 따라 곡물 · 포 수취
 	
• 농민 안정책
  ┌ 철제 농기구 보급(4~5세기경)
  ├ **우경 장려**
  ├ 황무지 개간 권장
  └ 경작지 확대, 저수지 축조 및 수리
 	
• 귀족 생활 : 식읍(왕족 및 공신), 녹읍(귀족), → 수조권 지급
 	
• 농민 생활 : 재해와 고리대에 시달림 → 노비, 유랑민, 도적
 	
• **진대법**(고구려 고국천왕) : 춘대추납 제도
 	
• 시전의 운영 : 지증왕 때 경주에 동시와 동시전 설치
 	
• 무역 : 당항성을 통해 중국과 직접 교역 (신라 진흥왕~)
	• 시비법 발달 X → 휴경
	• 귀족 생활 : **(신문왕) 관료전 지급** → 녹읍 폐지 → **(경덕왕) 녹읍 부활**
	• 농민 생활 : **(성덕왕) 정전** 지급
	• 수취의 근거로 **민정 문서** 작성
	• 시전의 운영 : 경주에 서시와 남시 추가
	• 무역의 발달
	  ┌ **울산항**(국제무역항)
	  ├ 공무역 + 사무역(청해진)
	  ├ 당 무역 : 산둥반도와 양쯔강 하구 신라방(집단 거주지), 신라소(감독 관청), 신라관(여관), 신라원(절)
	  ├ **장보고의 활약** : 청해진, 법화원 건립
	  └ 일본 : 8세기 이후 교류 활발
	
	▲ 해상왕 장보고
		• 밭농사 중심, 일부 지역 벼농사
		• 특산품 : 말(솔빈부), 주옥, 모피 등
		
		▲ 남북국의 국제 교류

출제 POINT 신라의 민정 문서

▲ 신라의 민정 문서

- **이름** : 민정 문서(신라 장적, 촌락 문서라고도 불림)
- **작성** : 통일 이후, 서원경(청주) 지방의 기록
- **발견** : 일본 나라 지방의 도다이사의 정창원 건물에서 발견
- **목적 : 조세 · 공물 · 부역의 징수**
- **작성** : **촌주**가 3년마다 재작성
  ┌ 토지의 크기, 호구, 인구, 가축의 수, 특산품 등 기재
  ├ 호구 : 노동력의 크기에 따라 **9등급**으로 구분
  └ 인구 : 연령 · 성별에 따라 **6등급**으로 구분

2. 고대의 사회

구분		고구려	백제	신라	통일신라	발해
정치	귀족 회의	• **제가 회의**	• **정사암 회의**	• **화백 회의** (만장일치제)	• 집사부의 시중 강화 (→ 왕권 강화)	• 3성(정당성 중심)
	수상	• 대대로	• 상좌평	• 상대등	• 시중	• 대내상
	관등	• 10여 관등	• 16관등, 6좌평제	• 17관등	• 17관등	–
	비고	–	• **22담로**(무령왕) • 22부(중앙관청, 성왕)	–	• 상수리 제도 : 지방관 견제(인질 제도)	• 6부(유교식 명칭) ┌ 좌사정 : 충·인·의 └ 우사정 : 지·예·신
지배층		• 왕족 : 고씨 • 귀족 : 5부 출신	• 왕족 : 부여씨 • 귀족 : 8성	• 왕족 : 김씨(성골, 진골) • 귀족 : 6, 5, 4두품		• 왕족 : 대씨 • 귀족 : 고구려계
율령· 생활		• 서옥제, 형사취수제 • 1책 12법 • 반역·살인·패전자 : 사형 • 진대법 : 농민 구제	• 의복·언어·풍습 등 고구려와 유사 • 반역·살인·패전자 : 사형 • 절도 : 2배 배상 (뇌물·횡령죄는 3배 배상)	• 화랑도 ┌ 화랑 : 귀족 └ 낭도 : 귀족과 평민 → 계층 갈등 완화 • 골품제	• 중앙군 **9서당** **(민족 융합군)** • 성골 소멸 및 3두품 이하 평민화	• 이원적 민족 구성 (지배층이 고구려인) • **촌주는 말갈인**으로 임명 → 말갈인 전통 유지

출제 POINT 신라의 골품제

등급	관등명	골품	공복
1	이벌찬	진골	자색
2	이 찬		
3	잡 찬		
4	파진찬		
5	대아찬		
6	아 찬	6두품	비색
7	일길찬		
8	사 찬		
9	급벌찬		
10	대나마		청색
11	나 마		
12	대 사	5두품	황색
13	사 지		
14	길 사	4두품	
15	대 오		
16	소 오		
17	조 위		

• 대상 : 수도 금성의 귀족
• 특징 ┌ 관등 진출의 상한선 + 개인의 사회 활동과 정치 활동의 범위까지 엄격히 제한
       └ 관등 따라 공복이 정해짐(골품 따라 정해지는 것이 아님)
• 성격 : 능력보다는 **혈연 중시**

 ex) 6두품은 6등급 아찬까지만 승진 → 자색 공복은 입을 수가 없음
 cf) 골품제는 계층 간의 구분, **화랑도는 계층 간 갈등을 완화**시키는 기능

3. 고대의 문화

구분	고구려	백제	신라	통일신라	발해

불교	• 전진 → 고구려 (372, 소수림왕)
	
	▲ 연가7년명 금동여래 입상
		• 동진 → 백제 (384, 침류왕)
		
		▲ 서산마애삼존불
		
		▲ 부여 능산리 절터 복원도
		
		▲ 창왕명석조사리감 (성왕의 명복 기원)
			• 고구려 → 신라 (법흥왕 때 공인)
			• 성격
			  ┌ 불교식 왕명 (법흥왕, 진흥왕)
			  ├ 업설 : 귀족이 강조
			  ├ 호국 불교 : 황룡사 9층 목탑(선덕여왕)
			  └ 미륵 신앙
			• 선덕여왕 3대 문화재
			  ┌ 황룡사 9층 목탑
			  ├ 분황사 탑
			  └ 첨성대
				• **원효** : 불교의 대중화, 아미타 신앙, 일심·화쟁 사상, 금강삼매경론, 대승기신론소
				• **의상** : 신라 화엄종(부석사 창건, 관음 신앙, 화엄일승법계도, 일즉다 다즉일 사상)
				• **혜초** : 왕오천축국전 (프랑스에 보관)
				• 선종 : 참선 중시
				  ┌ 호족의 후원
				  └ 승탑 유행
					• 왕실·귀족 중심 불교 → 상경 절터·불상
					
					▲ 상경성 절터의 석등 (고구려 계승)

학문	• 중앙 : 태학(소수림왕)
	• 지방 : 경당(장수왕)
	• 광개토대왕릉비 (중국 지안)
	• 충주 고구려비
		• 오경박사, 의박사, 역박사
		• 사택지적비 : 도교 반영
		
		▲ 사택지적비
			• 화랑도(세속 5계)
			• 진흥왕 순수비
			• 임신서기석(유학 장려)
			
			▲ 임신서기석
				• **국학**(신문왕)
				• **독서삼품과**(원성왕) → 진골 반발로 실패
				• 김대문(진골출신) : 화랑세기, 한산기, 고승전
				• 설총(6두품-중대) : 화왕계, 이두 정리
				• **최치원**(6두품-하대)
				  ┌ 빈공과 수석 합격
				  ├ 시무 10조 건의
				  └ 계원필경, 토황소격문
					• 주자감 (귀족 자제들 입학)
					• 당의 빈공과 급제

역사	• 이문진 「신집」 5권 (7세기 영양왕)	• 고흥 「서기」 (4세기 근초고왕)	• 거칠부 「국사」 (6세기 진흥왕)	—	—
도교·풍수지리설	• 사신도 : 도교의 방위신 ▲ 강서대묘 북쪽 방향의 현무도	• 무령왕릉 ▲ 무령왕릉 내부 • 금동 대향로 ▲ 능산리 절터에서 출토 (불교+도교)	• 화랑도 : 산천을 돌며 수련	• 풍수지리설+도참사상 → 국토 재편성 움직임	

구분	고구려	백제	신라	통일신라	발해
고분	**돌무지무덤(고구려 = 백제 건국 세력)** ▲ 지린성 장군총 → ▲ 석촌동 고분군 • 굴식 돌방무덤 (벽화가 존재) ▲ 안악 3호분 묘 주인 ▲ 무용총 수렵도	• 벽돌무덤(남조의 영향 - 무령왕릉)	• 돌무지덧널무덤 (도굴×, 벽화×) ▲ 천마도-껴묻거리 그림	• 김유신묘(12지 신상)	• 정혜공주 묘(고구려계승) : 굴식 돌방무덤, 모줄임 천장구조, 벽화 × • 정효공주 묘(당양식) : 지하벽돌무덤, 벽화 ㅇ ▲ 정효공주의 묘
일본 전파	• 담징 : 종이·먹·붓 전래, 호류사 금당 벽화 • 혜자 : 쇼토쿠 태자의 스승 • 다카마쓰 고분 벽화가 고구려 수산리 고분 벽화와 유사 ▲ 수산리 고분 벽화 ▲ 다카마쓰 고분 벽화	• 왕인, 아직기 : 유학(논어, 천자문) 전파 • 노리사치계 : 불교(불상, 불경) 전파 • 금동 미륵보살 반가 사유상 → 고류사 목조 미륵보살 반가 사유상에 영향 ▲ 국보 78호 금동 미륵보살 반가 사유상 ▲ 일본 국보 1호 목조 미륵보살 반가상	• 조선술 • 축제술 → 한인의 연못 가야의 수레 토기 ▲ 수레 토기 → 일본 스에키 토기 ▲ 스에키 토기	• 원효·강수·설총·심상 → 하쿠호 문화 성립 ▲ 삼국 문화의 일본 전파(**아스카 문화** 형성)	• 사신·학자 교류
서역 교류	우즈베키스탄의 아프라시압 궁전 벽화	–	유리 그릇, 금제 장식 보검	–	–

출제 POINT 석탑의 비교

백제

미륵사지 석탑	정림사지 5층 석탑
• 전라도 익산에 위치 • 백제 무왕과 신라에서 온 선화 공주와의 러브스토리 • 목탑 양식의 석탑 • 금제사리봉안기 발견 ◀ 금제사리봉안기	• 마지막 수도 사비(부여)에 위치 • 일명 평제탑(平濟塔)

신라 상대 [삼국 통일 이전 시기] — 선덕 여왕 때 건립

분황사 탑	황룡사 9층 목탑
• 벽돌로 쌓은 듯한 석탑 (모전탑)	• 자장대사의 건의 • 백제 기술자 아비지가 건너와 건립 • 고려 시대 몽골군 침입으로 소실

신라 중대 [전제 왕권 강화 시기] — 3층탑 유행, 기단보다 탑신이 좁아져 안정된 상태

감은사지 3층 석탑	다보탑	불국사 3층 석탑	무구정광대다라니경
(신문왕) 아버지(문무왕)를 기리며 건립	(경덕왕) 다보여래의 사리가 모셔진 탑	(경덕왕) 탑 내부에서 무구정광대다라니경 발견	세계 최고(最古)의 목판 인쇄물

신라 하대 [지방 세력의 성장 시기] — 기단과 탑신에 부조, 승탑(사리 보관), 탑비(승려의 일대기를 비에 새김)

진전사지 3층 석탑	쌍봉사 철감선사 승탑
탑신에 부조상	팔각원당형, 선종의 영향

사료 읽기   원효와 의상

◯ 원효

- 중생들이 …… 비처럼 흩뿌리고 쓸데없는 공론이 구름처럼 흩어졌다. 어떤 사람은 내가 옳고 다른 사람이 그르다 하였으며, 어떤 사람은 내가 그렇고 다른 사람이 그렇지 않다 하여, 말이 한도 끝도 없게 되었다 …… 융통하여 서술하고는 그 이름을 십문화쟁론(十門和諍論)이라 하였다.
  - 「서당화상비문」 -

- 원효는 이미 계를 범하고 설총을 낳은 후로는 속인의 옷으로 바꾸어 입고, 스스로 소성거사(小姓居士)라 일컬었다. 우연히 광대들이 놀리는 큰 박을 얻었는데 그 모양이 괴이했다. 원효는 그 모양대로 도구를 만들어 화엄경의 "일체의 장애를 벗어난 사람이라야 한 길로 생사를 벗어난다"란 문구에서 따서 이름지어 '무애(無碍)'라 하며 곧 노래를 지어 세상에 퍼뜨렸다. 일찍이 이것을 가지고 많은 촌락에서 노래하고 춤추며 교화하고 읊으며 돌아다녔으므로, 가난하고 무지몽매한 무리들까지도 모두 부처의 호를 알게 되었고, 모두 '나무아미타불'을 부르게 되었으니 원효의 교화는 컸던 것이다.
  - 「삼국유사」 -

- 부처님의 넓고, 크고 깊은 가르침의 끝이 없는 의미를 종합하고자 이 논(대승기신론)을 풀어 설명하고자 한다. …… 이 논의 뜻이 이미 이와 같으니 벌리면 한량없고 가이없는 부처님의 가르침은 결국 일심(一心)의 법을 중심으로 삼는다. …
  - 「대승기신론소」 -

🦉 해석 TIP

- 삼국시대의 불교는 재력이 있는 왕실과 귀족 중심의 불교였다. 때문에 일반 백성들은 불교에 쉽게 접근할 수 없었던 것이 현실이었다. 그러나 원효는 '나무아미타불'만 열심히 외우면 누구나 다 내세에 극락에 갈 수 있다는 아미타 신앙을 전파하였고 이에 가난하고 못 배운 일반 백성들까지 쉽게 보급될 수 있었다.
- 일심(一心) 사상을 통해 모든 종파의 이론을 동등한 가치로 보고 이를 일심(一心)의 견지에서 통합하여 종파 간의 사상적 대립을 조화시키고 분파의식을 극복하고자 하였다. 원효는 특정 종파에 얽매이지 않고 모든 교학을 연구하고 경전마다 특징적인 요점을 정리, 다른 경전과도 서로 화합할 수 있는 원리를 제시하여, 훗날 고려시대 불교 통합 운동의 기초를 마련하였다.

◯ 의상

- 하나 안의 일체요, 많음 안에 하나이며 / 하나가 곧 일체요, 많음이 곧 하나이다.
  한 티끌 속에 십방을 머금고 / 일체의 티끌 속 또한 이와 같다.
  [一中一切多中一 / 一卽一切多卽一 / 一微塵中含十方 / 一切塵中亦如是]

🦉 해석 TIP

- 의상은 인간 생활의 현실적인 고난을 구제해주는 관음 신앙을 전파하여 일반 대중의 호응을 얻을 수 있으면서 불교 대중화에 기여를 하였다. 그러나 의상은 화엄사상을 통해 모든 존재는 상호 의존적 관계에 있으며, '하나가 곧 모든 것이며, 다양한 것들이 하나다'라는 주장을 펼쳤다.
- 그가 가져온 화엄종은 통일신라 중대 사회 때 왕권이 강화되는 데 큰 역할을 담당하기도 하였다.

빈출 Keyword 333 | 2단원 : 고대 국가의 형성과 발전

	Keyword	설 명
1	태조왕	(고) 2세기, 옥저 정복, 계루부 고씨 세습
2	고국천왕	(고) 2세기, 5부 정비, 왕권의 부자 상속
3	소수림왕	(고) 4세기, 태학 설립, 불교 수용, 율령 반포
4	광개토 대왕	(고) 4세기, 정복 군주, 신라 지원
5	장수왕	(고) 5세기, 평양 천도, 한강 정복, 충주 고구려비 건립
6	고이왕	(백) 3세기, 율령 반포, 한강 전 지역 확보
7	근초고왕	(백) 4세기, 마한 정복, 부자 상속, 고구려 공격, 해외 진출, 칠지도
8	무령왕	(백) 6세기, 22담로, 남조와 교류, 무령왕릉
9	성왕	(백) 6세기, 사비 천도, 국호 '남부여', 한강 하류 정복, 나·제 동맹 결렬, 관산성 전투
10	내물왕	(신) 4세기, 김씨 세습, 마립간, 고구려의 도움으로 왜구 격퇴
11	지증왕	(신) 6세기, '신라 - 왕' 호칭 사용, 우산국 정복
12	법흥왕	(신) 6세기, 율령 반포, 불교 공인, 골품제 정비, 금관가야 정복
13	진흥왕	(신) 6세기, 화랑도 개편, 황룡사 건립, 한강 정복, 순수비 건립, 대가야 정복
14	살수대첩	(고-수) 612년, 을지문덕 이끈 고구려 승리
15	안시성 싸움	(고-당) 645년, 연개소문의 승리 이후 천리장성 완공
16	나·당 전쟁	매소성·기벌포 전투에서 승리하여 대동강 이남 통일 완성
17	무열왕	(중대) 최초 진골 출신의 왕, 집사부와 시중 권한 강화, 나·당 연합군을 결성하고 백제 멸망까지 지휘
18	문무왕	(중대) 고구려 멸망과 나·당 전쟁을 승리하며 삼국 통일 완성
19	신문왕	(중대) 김흠돌의 난 진압하며 진골 숙청, 9주 5소경, 9서당 10정, 국학 설립, 만파식적 설화, 관료전 지급, 녹읍 폐지
20	9주 5소경	통일 신라의 지방 행정 조직. 전국을 9주로 나누고, 수도 금성의 치우침을 보완하기 위해 5소경 설치
21	9서당	통일 신라의 중앙군으로서, 삼국·말갈인까지 포함된 민족 융합군
22	관료전	신문왕이 진골 세력을 약화시키기 위해 오로지 토지의 수조권만 지급한 토지
23	녹읍	진골 귀족에게 지급되던 수조지이자, 노동력 징발권까지 제공되는 토지. 신문왕 때 폐지되었다가 경덕왕 때 부활
24	국학	(중대) 신문왕 때 설치된 유교 교육 기관
25	호족	(하대) 지방 귀족으로 스스로를 '성주', '장군'이라 부르며, 신라 하대에 이르러 지방의 행정력과 군사력을 장악
26	원종과 애노의 난	(하대) 진성여왕 시기, 밀린 세금 독촉으로 인해 상주지방에서 발생한 최초의 농민 봉기
27	무왕	(발해) 2대왕으로, 당과 적대적. 장문휴로 하여금 당의 산둥을 공격케 함
28	문왕	(발해) 3대왕으로, 당과 친교. 신라도 개설
29	선왕	(발해) 말갈족 복속, 요동으로 진출하여 최대 영토 확보. 해동성국이라 불림. 5경 15부 62주 정비
30	3성 6부	(발해) 중앙 정치 기구로, 당을 모방하였으나 운영은 독자적(정당성 중심, 유교식 6부 명칭, 6부의 이원적 구성)
31	진대법	(고) 고국천왕 때부터 농민 구휼책으로 운영된 곡식 대여 기구
32	화랑도	(신) 진흥왕 때 국가 조직으로 정비되어 삼국 통일에 이바지. 원광법사의 '세속 5계'가 규율. 계층 간 갈등 완화에 기여
33	골품제도	(신) 법흥왕 때 정비. 관등 진출의 상한선 뿐 아니라, 모든 일상생활을 규제하는 폐쇄적인 신분제도
34	원효	(중대) 아미타 신앙을 직접 전도하며 불교의 대중화에 기여
35	의상	(중대) 신라 화엄종 개창, 전제 왕권 강화에 기여
36	석굴암 본존불	(중대) 신라 불교문화의 정수. 비례미가 돋보이는 거대 불상. 불국사와 함께 경덕왕 때 완성
37	선종	(하대) 교리 연구를 강조하는 교종에 대항하여 정신 수양을 강조. 호족의 후원을 받으며 전국 9산으로 분화되어 발전. 승탑 제작
38	장보고	(하대) 남해에 청해진을 설치하여 해상 무역 장악. 왕권 다툼에 개입했다가 암살당함

기출문제

01 [2020년 46회 고급 4번]
(가) 왕에 대한 설명으로 옳은 것은? (2점)

① 금마저에 미륵사를 창건하였다.
② 윤충을 보내 대야성을 함락하였다.
③ 지방에 22담로를 두어 왕족을 파견하였다.
④ 고흥으로 하여금 서기를 편찬하게 하였다.
⑤ 동진에서 온 마라난타를 통해 불교를 수용하였다.

03 [2019년 45회 중급 3번]
밑줄 그은 '이 국가'에 대한 설명으로 옳은 것은? (2점)

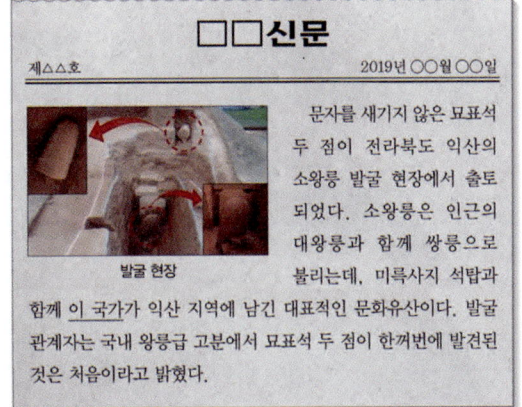

① 22담로를 설치하였다.
② 동북 9성을 축조하였다.
③ 상수리 제도를 실시하였다.
④ 안시성 전투에서 승리하였다.
⑤ 전성기에 해동성국이라 불렸다.

02 [2017년 37회 고급 4번]
(가), (나) 사이의 시기에 있었던 사실로 옳은 것은? (3점)

(가) 백제왕이 병력 3만 명을 거느리고 평양성을 공격해 왔다. 왕이 출병하여 막다가 날아오는 화살에 맞아 서거하였다.

(나) 왕이 보병과 기병 5만 명을 보내 신라를 구원하게 하였다. (고구려군이) 남거성을 통해 신라성에 이르렀는데, 그곳에 왜적이 가득하였다. 고구려군이 도착하자 왜적이 퇴각하였다.

① 전진의 순도가 고구려에 불교를 전파하였다.
② 연개소문이 정변을 일으켜 권력을 장악하였다.
③ 이문진이 유기(留記)를 간추린 신집을 편찬하였다.
④ 관구검이 이끄는 위의 군대가 고구려를 공격하였다.
⑤ 장수왕이 평양으로 천도하고 남진 정책을 본격화하였다.

04 [2020년 48회 심화 4번]
(가), (나) 사이의 시기에 있었던 사실로 옳은 것은? (3점)

(가) 백제왕 모대가 사신을 보내 혼인하기를 청하였다. [신라]왕은 이벌찬 비지(比智)의 딸을 보냈다.
— 『삼국사기』 —

(나) 신라를 습격하기 위해 왕이 직접 보병과 기병 50명을 거느리고 구천(狗川)에 이르렀는데, 신라 복병을 만나 그들과 싸우다가 살해되었다. 시호를 성(聖)이라 하였다.
— 『삼국사기』 —

① 고구려가 낙랑군을 축출하였다.
② 백제가 동진으로부터 불교를 수용하였다.
③ 신라가 고구려의 도움으로 왜를 격퇴하였다.
④ 고구려가 동옥저를 정복하여 영토를 확장하였다.
⑤ 백제가 신라와 연합하여 한강 유역을 수복하였다.

[2020년 47회 심화 4번]

05 밑줄 그은 '왕'의 재위 시기에 있었던 사실로 옳은 것은? (2점)

> ○ 왕이 다시 명령을 내려 좋은 가문 출신의 남자로서 덕행이 있는 자를 뽑아 명칭을 고쳐서 화랑이라고 하였다. 처음으로 설원랑을 받들어 국선(國仙)으로 삼으니, 이것이 화랑 국선의 시초이다.
> - 『삼국유사』 -
>
> ○ 왕이 이찬 이사부에게 명령하여 가라국(加羅國)을 습격하게 하였다. 이때 사다함은 나이가 15~16세였는데 종군하기를 청하였다. …… 그 나라 사람들은 뜻하지 않은 병사들의 습격에 놀라 막아내지 못하였다. 대군이 승세를 타서 마침내 그 나라를 멸망시켰다.
> - 『삼국사기』 -

① 거칠부가 국사를 편찬하였다.
② 김헌창이 웅천주에서 반란을 일으켰다.
③ 이차돈의 순교를 계기로 불교가 공인되었다.
④ 최고 지배자의 호칭이 마립간으로 바뀌었다.
⑤ 자장의 건의로 황룡사 9층 목탑이 건립되었다.

[2020년 47회 심화 3번]

06 (가)~(다)를 일어난 순서대로 옳게 나열한 것은? (3점)

① (가) - (나) - (다) ② (가) - (다) - (나)
③ (나) - (가) - (다) ④ (나) - (다) - (가)
⑤ (다) - (나) - (가)

[2019년 43회 중급 4번]

07 밑줄 그은 '그'에 대한 설명으로 옳은 것은? (2점)

① 수도를 평양으로 옮겼다.
② 국호를 남부여로 바꾸었다.
③ 영락이라는 연호를 사용하였다.
④ 지방의 22담로에 왕족을 파견하였다.
⑤ 화랑도를 국가적인 조직으로 개편하였다.

[2020년 48회 심화 3번]

08 (가) 나라의 문화유산으로 옳은 것은? (2점)

이곳은 김해 대성동 고분군 108호분 발굴 조사 설명회 현장입니다. 대형 덩이쇠 40매와 둥근고리큰칼, 화살촉 등 130여 점의 철기 유물이 출토되었습니다. 이번 발굴로 김수로왕이 건국하였다고 전해지는 (가) 에 대한 연구가 활발하게 이루어질 전망입니다.

① ② ③
④  ⑤

[2020년 50회 심화 4번]

09 밑줄 그은 '왕'에 대한 설명으로 옳은 것은? (2점)

> 용이 검은 옥대를 바쳤다. …… 왕이 놀라고 기뻐하여 오색 비단·금·옥으로 보답하고, 사람을 시켜 대나무를 베어서 바다로 나오자, 산과 용은 홀연히 사라져 보이지 않았다. 왕이 감은사에서 유숙하고 …… 행차에서 돌아와 그 대나무로 피리를 만들어 월성의 천존고에 보관하였다. 이 피리를 불면 적병이 물러가고 병이 나으며, 가물 때 비가 오고 비올 때 개며, 바람이 잦아들고 파도가 평온해졌다. 이를 만파식적(萬波息笛)이라 부르고 국보로 삼았다.
> — 『삼국유사』 —

① 병부와 상대등을 설치하였다.
② 이사부를 보내 우산국을 복속하였다.
③ 마립간이라는 칭호를 처음 사용하였다.
④ 매소성 전투에서 당의 군대를 격파하였다.
⑤ 김흠돌을 비롯한 진골 귀족 세력을 숙청하였다.

[2017년 36회 고급 5번]

10 (가), (나) 사이의 시기에 있었던 사실로 옳은 것은? (3점)

> (가) 왕 16년 봄, 사비(일명 소부리라고 한다)로 도읍을 옮기고 국호를 남부여라고 하였다.
> — 『삼국사기』 —
>
> (나) 왕 32년 가을, 신라를 습격하기 위해 왕이 직접 보병과 기병 50명을 거느리고 밤에 구천(狗川)에 이르렀는데, 신라 복병과 만나 싸우다가 신라군에게 살해되었다.
> — 『삼국사기』 —

① 지증왕이 우산국을 복속하였다.
② 근초고왕이 마한을 정벌하였다.
③ 고국원왕이 평양성에서 전사하였다.
④ 무령왕이 22담로에 왕족을 파견하였다.
⑤ 진흥왕이 한강 하류 지역을 차지하였다.

[2017년 34회 고급 5번]

11 밑줄 그은 '왕'에 대한 설명으로 옳은 것은? (2점)

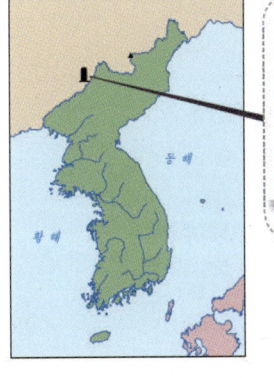
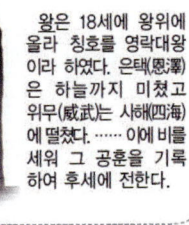

왕은 18세에 왕위에 올라 칭호를 영락대왕이라 하였다. 은택(恩澤)은 하늘까지 미쳤고 위무(威武)는 사해(四海)에 떨쳤다. …… 이에 비를 세워 그 공훈을 기록하여 후세에 전한다.

① 국내성에서 평양으로 도읍을 옮겼다.
② 낙랑군을 축출하여 영토를 확장하였다.
③ 전진의 순도를 통해 불교를 수용하였다.
④ 당의 침입에 대비하여 천리장성을 쌓았다.
⑤ 신라에 군대를 파견하여 왜를 격퇴하였다.

[2017년 35회 중급 3번]

12 밑줄 그은 '왕'의 업적으로 옳은 것은? (2점)

〈왕릉 내부〉

이것은 충청남도 공주에 있는 백제 왕의 무덤으로, 중국 남조의 영향을 받아 벽돌로 만들어졌습니다. 출토된 묘지석을 통해 무덤의 주인을 알 수 있습니다.

① 역사서인 서기를 편찬하였다.
② 김씨의 왕위 세습을 확립하였다.
③ 동진으로부터 불교를 수용하였다.
④ 지방의 22담로에 왕족을 파견하였다.
⑤ 국자감을 설립하여 인재를 양성하였다.

기출문제

[2017년 34회 중급 6번]

13 밑줄 그은 '왕'의 업적으로 옳은 것은? (3점)

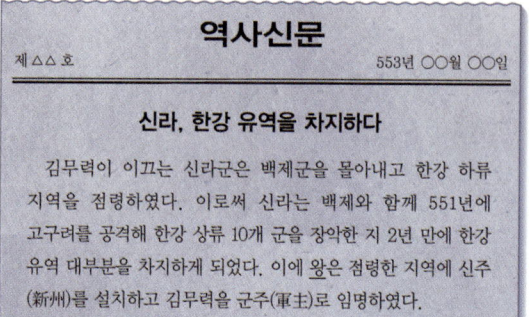

역사신문
제△△호   553년 ○○월 ○○일

신라, 한강 유역을 차지하다

김무력이 이끄는 신라군은 백제군을 몰아내고 한강 하류 지역을 점령하였다. 이로써 신라는 백제와 함께 551년에 고구려를 공격해 한강 상류 10개 군을 장악한 지 2년 만에 한강 유역 대부분을 차지하게 되었다. 이에 왕은 점령한 지역에 신주(新州)를 설치하고 김무력을 군주(軍主)로 임명하였다.

① 김흠돌의 난을 진압하였다.
② 북한산에 순수비를 건립하였다.
③ 이사부를 보내 우산국을 복속시켰다.
④ 관료전을 지급하고 녹읍을 폐지하였다.
⑤ 매소성과 기벌포에서 당의 군대를 물리쳤다.

[2020년 50회 심화 7번]

14 밑줄 그은 '이 왕'의 업적으로 옳은 것은? (2점)

이것은 능산리 절터에서 발견된 석조 사리감입니다. 이 사리감에 새겨진 글을 통해 능산리 절터가 관산성에서 전사한 이 왕의 명복을 빌기 위하여 조성된 것임을 알 수 있습니다.

부여 능산리사지 석조 사리감

① 익산에 미륵사를 창건하였다.
② 동진으로부터 불교를 수용하였다.
③ 윤충을 보내 대야성을 함락하였다.
④ 고흥에게 서기를 편찬하게 하였다.
⑤ 진흥왕과 연합하여 한강 하류 지역을 되찾았다.

[2020년 48회 심화 5번]

15 다음 가상 뉴스의 보도 내용이 나타난 시기를 연표에서 옳게 고른 것은? (2점)

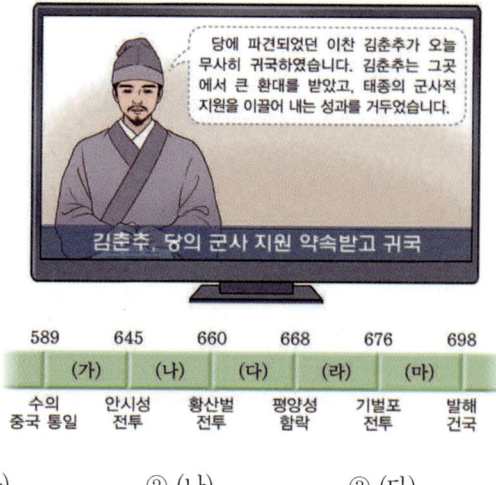

당에 파견되었던 이찬 김춘추가 오늘 무사히 귀국하였습니다. 김춘추는 그곳에서 큰 환대를 받았고, 태종의 군사적 지원을 이끌어 내는 성과를 거두었습니다.

김춘추, 당의 군사 지원 약속받고 귀국

589	645	660	668	676	698
	(가)	(나)	(다)	(라)	(마)
수의 중국 통일	안시성 전투	황산벌 전투	평양성 함락	기벌포 전투	발해 건국

① (가) ② (나) ③ (다)
④ (라) ⑤ (마)

[2017년 35회 고급 4번]

16 (가), (나) 사이의 시기에 있었던 사실로 옳은 것은? (3점)

(가) 을지문덕이 우문술의 군사가 굶주린 기색이 있음을 보고 이들을 피곤하게 만들려고 매번 싸울 때마다 달아났다. 우문술이 하루에 일곱 번 싸워 모두 이기니, …… 드디어 동쪽으로 나아가 살수(薩水)를 건너 평양성에서 30리 떨어진 산에 진을 쳤다.
 - 『삼국사기』 -

(나) 여러 장수가 급히 안시성을 공격하였다. …… 강하왕 도종이 무리를 독려하여 성의 동남 모퉁이에 흙산을 쌓아 침입하려고 하니, 성 안에서도 성벽을 높여서 막았다.
 - 『삼국사기』 -

① 진흥왕이 대가야를 공격하여 멸망시켰다.
② 연개소문이 정변을 일으켜 권력을 장악하였다.
③ 장수왕이 백제를 공격하여 한성을 함락시켰다.
④ 계백이 이끄는 군대가 황산벌에서 결사 항전하였다.
⑤ 근초고왕이 평양성을 공격하여 고국원왕을 전사시켰다.

[2020년 49회 심화 7번]

17 (가), (나) 사이의 시기에 있었던 사실로 옳은 것은?

(3점)

> (가) 살수에 이르러 [수의] 군대가 반쯤 건너자 을지문덕이 군사를 보내 그 후군을 공격하였다. 우둔위 장군 신세웅을 죽이니, [수의] 군대가 걷잡을 수 없이 모두 무너져 9군의 장수와 병졸이 도망쳐 돌아갔다.
> - 「삼국사기」 -
>
> (나) [신라군이] 당군과 함께 평양을 포위하였다. 고구려 왕은 먼저 연남산 등을 보내 영공(英公)에게 항복을 요청하였다. 이에 영공은 보장왕과 왕자 복남·덕남, 대신 등 20여만 명을 이끌고 당으로 돌아갔다.
> - 「삼국사기」 -

① 안승이 신라에 의해 보덕국왕에 책봉되었다.
② 미천왕이 서안평을 공격하여 영토를 넓혔다.
③ 광개토 대왕이 신라에 침입한 왜를 물리쳤다.
④ 연개소문이 정변을 일으켜 권력을 장악하였다.
⑤ 장수왕이 백제를 공격하여 한성을 함락시켰다.

[2016년 30회 고급 6번]

18 다음 상황이 나타난 시기를 연표에서 옳게 고른 것은?

(3점)

> (영류왕) 14년 당(唐)이 광주사마 장손사를 보내 수(隋) 병사의 유해가 묻힌 곳에 와서 제사 지내게 하고, (고구려가) 세운 경관(京觀)*을 허물어 버렸다. 봄 2월에 왕이 많은 사람들을 동원하여 동북의 부여성에서부터 동남의 바다에 이르기까지 천여 리에 걸쳐 장성(長城)을 축조하기 시작하였다.
> - 「삼국사기」 -
>
> *경관(京觀): 적의 유해를 묻은 곳에 세운 승전기념물

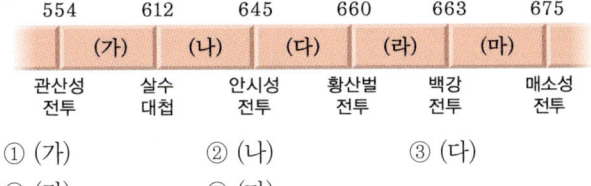

554	612	645	660	663	675
(가)	(나)	(다)	(라)	(마)	
관산성 전투	살수 대첩	안시성 전투	황산벌 전투	백강 전투	매소성 전투

① (가) ② (나) ③ (다)
④ (라) ⑤ (마)

[2020년 47회 심화 7번]

19 (가), (나) 사이의 시기에 있었던 사실로 옳은 것은? (2점)

> (가) 백제가 대야성을 함락하자 김춘추의 딸 고타소랑이 남편 김품석을 따라 죽었다. 김춘추는 이에 한을 품고 고구려에 군사를 청하여 백제에 그 원한을 갚고자 하니, 왕이 허락하였다.
>
> (나) 김유신 등이 황산 벌판으로 진군하자 백제의 장군 계백이 군사를 거느리고 먼저 험한 곳을 차지하여 세 군데에 진영을 설치하고 기다렸다. 김유신 등은 군사를 세 길로 나누어 네 번을 싸웠으나 전세는 불리하고 병사들은 힘이 다하였다.

① 안승이 보덕국의 왕으로 임명되었다.
② 신라가 당과 군사 동맹을 체결하였다.
③ 을지문덕이 살수에서 대승을 거두었다.
④ 신라군이 기벌포에서 적군을 격파하였다.
⑤ 복신과 도침이 부여풍을 왕으로 추대하였다.

[2016년 31회 고급 16번]

20 (가) 지역에서 있었던 사실로 옳은 것은? (2점)

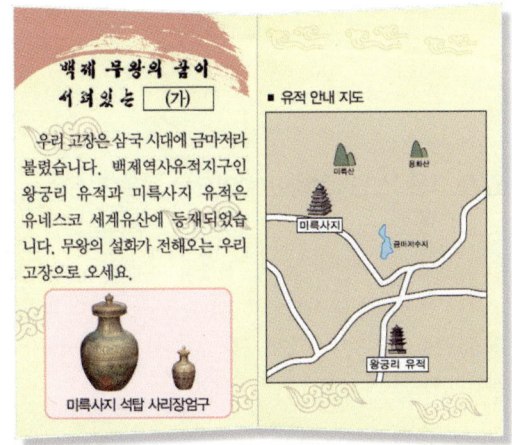

① 조선 형평사 창립 대회가 개최되었다.
② 안승이 왕으로 봉해진 보덕국이 세워졌다.
③ 우리나라 최초의 근대적 조약이 체결되었다.
④ 조선 후기 만상의 근거지로 청과의 무역이 전개되었다.
⑤ 조만식 등을 중심으로 조선 물산 장려회가 발족되었다.

기출문제

21 [2019년 45회 중급 9번]
다음 자료를 활용한 탐구 주제로 가장 적절한 것은? (2점)

> ○ 흑치상지가 흩어진 무리들을 모으니, 열흘 사이에 따르는 자가 3만여 명이었다. 소정방의 공격을 흑치상지가 막아내 승리하고 2백여 성을 되찾으니 소정방이 이길 수 없었다.
> ○ 복신과 승려 도침이 옛 왕자인 부여풍을 맞이하여 왕으로 세우고, 웅진성에서 머물던 유인원을 포위하였다.

① 발해의 멸망 원인
② 고구려의 영토 확장
③ 백제 부흥 운동의 전개
④ 신라의 불교 공인 과정
⑤ 전기 가야 연맹의 해체 배경

22 [2017년 37회 중급 6번]
밑줄 그은 '선왕'에 대한 설명으로 옳은 것은? (2점)

> 선왕(先王)께서는 백성의 참상을 불쌍히 여겨 …… 바다 건너 당의 조정에 들어가서 군사를 요청하셨다. …… 백제는 평정하셨지만 고구려는 미처 멸망시키지 못하셨다. 선왕의 평정하시려던 뜻을 과인이 이어받아 마침내 이루게 되었다.
> - 『삼국사기』 -

① 사비로 천도하였다.
② 우산국을 정벌하였다.
③ 진골 출신으로 왕위에 올랐다.
④ 영락이라는 연호를 사용하였다.
⑤ 화랑도를 국가적인 조직으로 개편하였다.

23 [2020년 48회 심화 6번]
(가) 왕의 재위 기간에 있었던 사실로 옳은 것은? (2점)

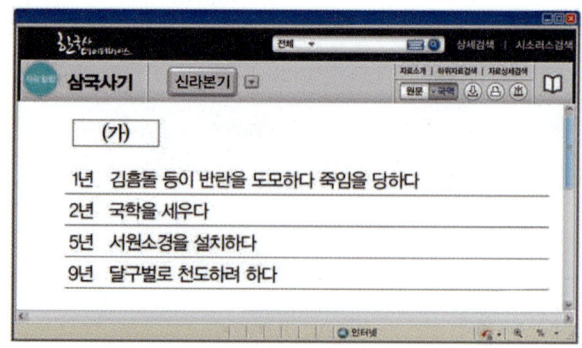

① 이사부를 보내 우산국을 복속하였다.
② 화랑도를 국가 조직으로 개편하였다.
③ 관료전을 지급하고 녹읍을 폐지하였다.
④ 최고 지배자의 칭호를 마립간으로 하였다.
⑤ 이차돈의 순교를 계기로 불교를 공인하였다.

24 [2017년 36회 고급 7번]
교사의 질문에 대한 학생의 답변으로 옳은 것은? (2점)

① 전국의 주요 지역에 12목을 설치했어요.
② 경재소를 설치하여 유향소를 통제했어요.
③ 국경 지역인 양계에 병마사를 파견했어요.
④ 상수리 제도를 실시하여 지방 세력을 견제했어요.
⑤ 각 도에 관찰사를 보내 관할 고을의 수령을 감독했어요.

25 [2017년 35회 고급 6번]
(가) 국가의 경제에 대한 설명으로 옳은 것은? (2점)

① 솔빈부의 말이 특산물로 유명하였다.
② 벽란도를 통해 송 상인과 교역하였다.
③ 청해진이 국제 무역 거점으로 번성하였다.
④ 빈민을 구제하기 위한 진대법을 시행하였다.
⑤ 토지의 비옥도를 6등급으로 나누어 전세를 부과하였다.

26 [2020년 46회 중급 10번]
다음 대화가 이루어진 시기에 볼 수 있는 모습으로 가장 적절한 것은? (2점)

① 정사암에서 회의하는 좌평
② 당에서 돌아온 6두품 유학생
③ 안시성 전투에 참여하는 군인
④ 향교에서 주자학을 공부하는 학생
⑤ 팔만대장경판 제작에 참여하는 승려

27 [2020년 46회 중급 8번]
밑줄 그은 '이 국가'에 대한 설명으로 옳은 것은? (2점)

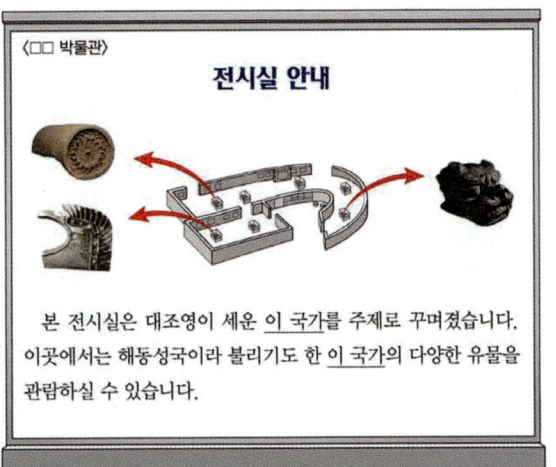

① 상수리 제도를 실시하였다.
② 한의 침략을 받아 멸망하였다.
③ 골품제라는 신분 제도가 있었다.
④ 신라에 침입한 왜를 격퇴하였다.
⑤ 교육 기관으로 주자감을 두었다.

28 [2017년 35회 고급 10번]
(가) 국가에 대한 설명으로 옳은 것은? (2점)

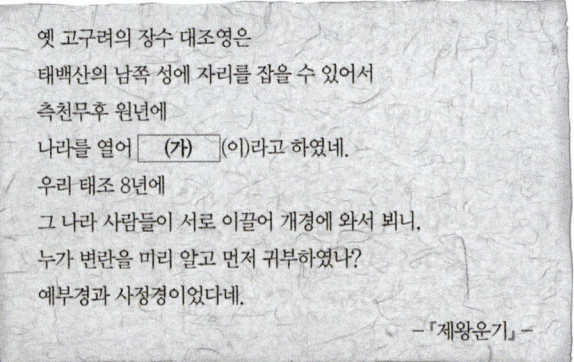

① 골품에 따라 관등 승진의 제한이 있었다.
② 주자감을 설치하여 유교 경전을 교육하였다.
③ 독서삼품과를 마련하여 인재를 등용하고자 하였다.
④ 오경박사, 의박사, 역박사 등을 일본에 파견하였다.
⑤ 사회 질서를 유지하기 위해 범금 8조를 제정하였다.

[2020년 49회 심화 6번]

29 (가) 국가의 경제 상황으로 옳은 것은? (2점)

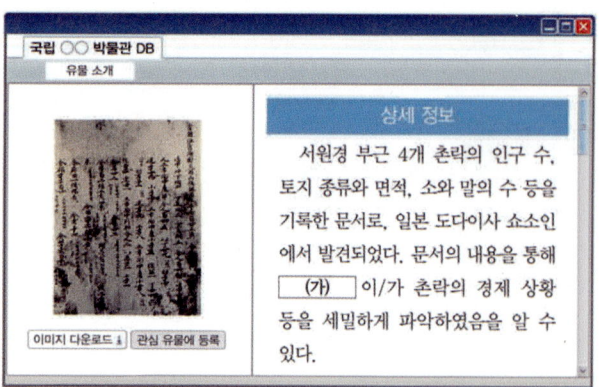

① 은병이 화폐로 제작되었다.
② 집집마다 부경이라는 창고가 있었다.
③ 목화, 담배 등이 상품 작물로 재배되었다.
④ 울산항, 당항성이 무역항으로 번성하였다.
⑤ 현직 관리를 대상으로 직전법이 실시되었다.

[2019년 43회 고급 8번]

30 (가) 제도에 대한 설명으로 옳은 것은? (2점)

> 설계두는 신라 귀족 가문의 자손이다. 일찍이 가까운 친구 4명과 함께 모여 술을 마시면서 각자 자신의 뜻을 말하였다. 설계두가 이르기를, "신라에서는 사람을 등용하는 데 (가) 을/를 따져서 진실로 그 족속이 아니면 비록 큰 재주와 뛰어난 공이 있더라도 [그 한도를] 넘을 수가 없다. 나는 원컨대, 중국으로 가서 세상에서 보기 드문 지략을 떨쳐서 특별한 공을 세우고 싶다. 그리고 영광스러운 관직에 올라 고관대작의 옷을 갖추어 입고 천자의 곁에 출입하면 만족하겠다."라고 하였다.

① 진대법이 실시되는 배경이 되었다.
② 원성왕이 인재 등용 제도로 제정하였다.
③ 후주 출신인 쌍기의 건의로 실시되었다.
④ 권문세족에 대한 견제를 목적으로 시행되었다.
⑤ 집과 수레의 크기 등 일상생활까지 규제하였다.

[2017년 34회 고급 9번]

31 (가)에 대한 설명으로 옳은 것은? (2점)

① 국학 내에 설치되었다.
② 경당에서 책을 읽고 활쏘기를 배웠다.
③ 진흥왕 때 국가적인 조직으로 정비되었다.
④ 귀족들로 구성되어 만장일치제로 운영되었다.
⑤ 유교 경전을 가르치기 위해 박사와 조교를 두었다.

[2020년 47회 심화 5번]

32 다음 설명에 해당하는 문화유산으로 옳은 것은? (2점)

①  ②  ③

④  ⑤

[2020년 47회 심화 9번]

33 (가) 인물에 대한 설명으로 옳은 것은? (1점)

> (가) 은/는 설총을 낳은 이후 속인의 옷으로 바꾸어 입고 스스로 소성거사라고 하였다. 우연히 광대들이 갖고 놀던 큰 박을 얻었는데 그 모양이 괴이하였다. 그 모양을 따라서 도구로 만들어 화엄경의 구절에서 이름을 따와 '무애(無㝵)'라고 하고, 노래를 지어 세상에 퍼뜨렸다.

① 부석사를 창건하였다.
② 백련결사를 주도하였다.
③ 왕오천축국전을 남겼다.
④ 금강삼매경론을 저술하였다.
⑤ 신편제종교장총록을 편찬하였다.

[2019년 44회 고급 5번]

34 (가)~(마) 문화유산에 대한 설명으로 옳은 것은? (3점)

① (가) - 백제의 공격으로 고국원왕이 전사한 곳이다.
② (나) - 당시 생활상을 담은 수렵도 등의 벽화가 남아 있다.
③ (다) - 돌무지 덧널무덤으로 다양한 껴묻거리가 출토되었다.
④ (라) - 김정희의 금석과안록에서 비의 설립 시기가 고증되었다.
⑤ (마) - 벽돌무덤으로 중국 양나라와의 문화적 교류를 보여 준다.

[2020년 46회 고급 12번]

35 (가)에 들어갈 문화유산으로 옳은 것은? (3점)

> 삼국 시대의 탑
>
> (가) — 국보 제30호로 현재 남아 있는 신라 석탑 중에 가장 오래된 것이다. 돌을 벽돌 모양으로 다듬어 쌓았다는 점이 특징이며, 선덕여왕 3년에 건립된 것으로 추정된다.

①
②
③
④
⑤

[2020년 45회 고급 8번]

36 밑줄 그은 '이 종파'에 대한 설명으로 옳은 것은? (2점)

이것은 전라남도 화순군 쌍봉사에 있는 국보 제57호 철감 선사 승탑입니다. 승려의 사리를 봉안하는 승탑은 이 종파가 수용된 이후 9세기부터 유행하였습니다. 이 종파는 도의 선사가 가지산문을 개창한 이래 9산 선문을 형성하였습니다.

① 동경대전을 경전으로 삼았다.
② 단군을 숭배의 대상으로 하였다.
③ 대성전을 세워 옛 성현에 제사를 지냈다.
④ 참선과 수행을 통해 깨달음을 얻고자 하였다.
⑤ 마음속에 한울님을 모시는 시천주를 강조하였다.

[2020년 50회 심화 8번]

37 (가) 국가에 대한 설명으로 옳은 것은? (2점)

① 9서당 10정의 군사 조직을 갖추었다.
② 정당성의 대내상이 국정을 총괄하였다.
③ 지방관을 감찰하기 위해 외사정을 파견하였다.
④ 위화부 등 13부를 두어 행정 업무를 분담하였다.
⑤ 마진이라는 국호와 무태라는 연호를 사용하였다.

[2019년 44회 고급 8번]

38 (가) 국가에서 볼 수 있는 모습으로 가장 적절한 것은? (2점)

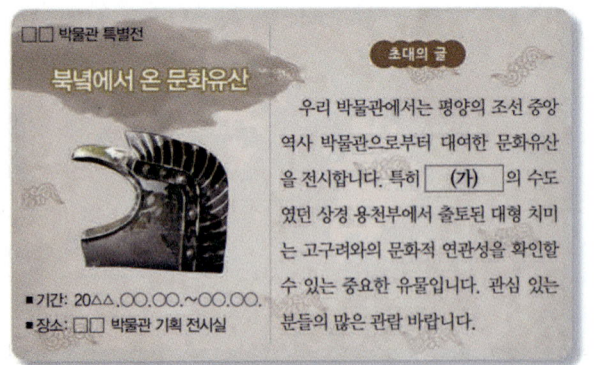

① 녹읍 폐지를 명하는 국왕
② 백강 전투에 참전하는 왜의 수군
③ 청해진에서 교역 물품을 점검하는 군졸
④ 솔빈부의 특산물인 말을 판매하는 상인
⑤ 지방에 설치된 22담로에 파견되는 왕족

[2018년 38회 중급 8번]

39 다음 자료를 활용한 탐구 활동으로 가장 적절한 것은? (2점)

① 통신사의 문화 교류 활동을 분석한다.
② 고려와 송의 교역품에 대해 알아본다.
③ 백제 문화의 일본 전파 사례를 찾아본다.
④ 삼국 시대 서역과의 교류 내용을 파악한다.
⑤ 개시 무역과 후시 무역의 차이점을 조사한다.

정답 및 해설

01 ③
제시된 자료에서 '영동대장군 백제 사마왕'은 백제 무령왕이다. 무령왕은 지방에 22담로를 설치하여 왕족을 파견하였다.

오답분석
① 무왕
② 의자왕
④ 근초고왕
⑤ 침류왕

02 ①
제시된 자료 (가)는 『삼국사기』 371년의 기록으로 고구려 고국원왕이 평양성 전투에서 전사한 내용이며, (나)는 광개토대왕릉비에 기록된 부분으로, 400년에 고구려 광개토대왕이 신라 내물마립간의 요청으로 신라에 쳐들어온 왜를 물리친 내용이다. 따라서 371년~400년 사이에 있었던 사실을 고르는 문제이다.
① 고구려 소수림왕(371~384)은 전진의 승려 순도로부터 불교를 수용하였다(372).

오답분석
② 642년에 연개소문은 정변을 일으켜 자신을 해치려 한 영류왕과 반대파 대신들을 죽이고, 보장왕을 옹립한 후 스스로 대막리지가 되어 독재 정권을 수립하였다.
③ 고구려는 건국 초기에 역사서인 『유기(留記)』 100권을 지었다. 영양왕 때인 600년에 태학박사 이문진이 『유기』 100권을 간추려 『신집』 5권을 편찬하였다.
④ 고구려 동천왕(227~248) 때 관구검이 이끄는 위나라의 군대가 고구려를 공격하여 환도성이 함락되었다.
⑤ 고구려 장수왕(413~491)은 국내성에서 대동강 유역의 평양으로 천도하고(427), 남진 정책을 적극적으로 추진하였다.

03 ①
제시된 자료에서 '미륵사지 석탑'은 백제의 대표적인 석탑이다. 백제 무령왕은 지방에 22담로를 설치하여 왕족을 파견하였다.

오답분석
② 고려
③ 신라
④ 고구려
⑤ 발해

04 ⑤
제시된 자료의 (가)에서 '백제왕 모대'는 백제 동성왕으로, 신라 이벌찬 비지의 딸과 혼인하여 나제 동맹을 더욱 강화한 시기는 5세기 후반인 493년이다.
(나)에서 '시호를 성(聖)'이라 한 것으로 보아 백제 성왕임을 알 수 있다. (나)는 성왕이 관산성 전투에서 전사하는 내용으로 그 시기는 6세기 중반인 554년이다. 그러므로 5세기 후반~6세기 중반 사이에 일어난 사건을 찾아야 한다. 백제가 신라와 연합하여 한강 유역을 수복한 시기는 백제 성왕 시기로 551년의 일이다.

오답분석
① 4세기 초반
② 4세기 후반(372년)
③ 5세기 초반
④ 1세기

05 ①
제시된 자료에서 '화랑', '사다함'의 내용으로 보아 밑줄 그은 '왕'은 신라 진흥왕임을 알 수 있다. 진흥왕은 거칠부에게 국사를 편찬하도록 하였다.

오답분석
② 헌덕왕
③ 법흥왕
④ 내물왕
⑤ 선덕여왕

06 ④
(나) 백제 근초고왕의 평양성 공격(371년) → (다) 고구려 광개토 대왕의 신라 구원(400년) → (가) 나제 동맹(433년)

07 ③
제시된 자료에서 '장수왕이 아버지'라는 내용을 통해 밑줄 그은 '그'는 고구려 광개토 대왕임을 알 수 있다. 광개토 대왕은 영락이라는 독자적인 연호를 사용하였다.

오답분석
① 고구려 장수왕
② 백제 성왕
④ 백제 무령왕
⑤ 신라 진흥왕

08 ③
제시된 자료에서 '김해 대성동 고분군', '김수로왕'의 내용으로 보아 (가) 나라는 금관가야임을 알 수 있다. 판갑옷은 가야의 대표적인 문화유산이다.

오답분석
① 백제 산수무늬벽돌
② 백제 칠지도
④ 백제 무령왕릉에서 발견된 진묘수
⑤ 발해 돌사자상

09 ⑤

제시된 자료는 만파식적 설화의 내용으로, 밑줄 그은 '왕'은 신문왕에 해당한다. 신문왕은 김흠돌의 난을 진압하며 진골 귀족 세력을 숙청하였다.

오답분석
① 법흥왕
② 지증왕
③ 내물왕
④ 문무왕

10 ⑤

(가)는 백제의 성왕이 사비로 천도한 시점을 설명하고 있으며, (나)는 관산성 전투에서 성왕이 전사한 시점을 설명하고 있다. ⑤ (가) 이후 진흥왕이 백제가 차지한 한강 하류 지역을 차지하면서, 성왕이 복수를 위해 관산성을 공격하다가 전사하게 된다.

오답분석
① 지증왕은 진흥왕 이전의 왕이므로 (가) 이전에 해당한다.
② 근초고왕이 마한을 정벌한 것은 4세기의 일이므로 (가) 이전이다.
③ 고국원왕이 평양성에서 전사한 것은 4세기의 일이므로 (가) 이전이다.
④ 무령왕이 22담로를 설치한 것은 5세기의 일이므로 (가) 이전이다.

11 ⑤

제시된 비석은 중국 지린성 지안시에 소재한 광개토 대왕릉비이다. ⑤ 광개토 대왕은 신라에 군대를 파견하여 왜를 격퇴하였다.

오답분석
① 고구려 장수왕에 대한 설명이다.
② 고구려 미천왕에 대한 설명이다.
③ 전진의 순도를 통해 불교를 수용한 왕은 고구려 소수림왕이다.
④ 고구려 영류왕 때 연개소문의 감독 하에 천리장성을 축조하였다.

12 ④

제시된 사진은 무령왕릉의 내부 사진이다. 남조의 영향을 받아 제작된 벽돌무덤이라는 점과, 묘지석의 출토로 주인을 명확히 알 수 있다는 설명을 통해서도 무령왕릉임을 알 수 있다. 따라서 무령왕의 업적으로 알맞은 것을 고르면 된다. ④ 무령왕은 지방의 주요 지역에 22담로를 설치하고 왕족을 파견하여 지방 통제력을 강화하였다.

오답분석
① 박사 고흥을 시켜 『서기』를 편찬하게 한 사람은 백제의 근초고왕이다.
② 김씨의 왕위 세습을 확립한 사람은 신라의 내물마립간이다.
③ 동진으로부터 불교를 수용한 사람은 백제의 침류왕이다.
⑤ 국자감은 고려의 교육기관이다.

13 ②

나·제 동맹을 맺고 고구려를 공격하여 한강 상류 지역을 점령한 데에 이어 백제를 몰아내고 한강 하류까지 차지한 왕은 신라의 진흥왕이다. ② 진흥왕은 영토 팽창을 대내외에 널리 알리기 위해 순수비를 세웠다. 그 중 북한산비는 신라가 한강 하류로 진출했음을 보여준다.

오답분석
① 김흠돌의 난을 진압하고 진골 세력을 숙청하였던 것은 신문왕 대의 일이다.
③ 이사부를 보내 우산국을 복속시켰던 왕은 지증왕이다.
④ 관료전을 지급하고 녹읍을 폐지하여 귀족들의 경제적 기반을 약화시킨 것은 신문왕 대의 일이다.
⑤ 매소성과 기벌포에서 당의 군대를 물리친 것은 나·당 전쟁 당시 문무왕 대의 일로 진흥왕의 업적과는 관련이 없다.

14 ⑤

제시된 자료에서 '능산리 절터', '관산성에서 전사'의 내용을 통해 밑줄 그은 '이 왕'은 백제 성왕임을 알 수 있다. 성왕은 신라 진흥왕과 연합하여 한강 하류 지역을 일시적으로 되찾았으나 신라의 배신으로 한강을 빼앗겼다.

오답분석
① 무왕
② 침류왕
③ 의자왕
④ 근초고왕

15 ②

제시된 자료는 신라 진덕여왕 2년(648) 이찬 김춘추에게 명하여 당나라와 동맹을 맺은 내용이다. 안시성 전투는 645년, 황산벌 전투는 660년이므로 정답은 (나)이다.

16 ②

제시된 사료 (가)에서 을지문덕, 살수 등을 통해 7세기 초 고구려와 수나라의 전쟁(612, 살수대첩)임을 알 수 있고, (나)에서 안시성을 통해 7세기 중엽 고구려와 당나라의 전쟁(645, 안시성 싸움)임을 알 수 있다. 해당 문제는 (가)와 (나) 사이에 발생한 사실을 고르는 문제이다. ② 연개소문은 642년 정변을 일으켜 권력을 장악하였다.

오답분석
① 진흥왕이 대가야를 복속시킨 것은 6세기 말이므로 (가) 이전의 일이다(562년).
③ 장수왕이 남진정책을 통해 한강 유역을 획득한 시기는 5세기 말의 일이므로 (가) 이전의 일이다(475년).
④ 계백이 김유신의 군대를 맞아 항전한 황산벌 전투는 백제 멸망 직전인 7세기 중반의 일이므로 (나) 이후의 일이다(660년).

⑤ 근초고왕이 평양성으로 진출하여 고국원왕을 전사시킨 것은 4세기이므로 (가) 이전의 일이다(371년).

17 ④

제시문에서 (가)는 을지문덕의 살수대첩(612), (나)는 고구려의 멸망(668)에 대한 내용이다. 연개소문의 정변은 7세기 중반인 642년의 일이다.

오답분석
① 고구려 멸망 이후인 674년
② 4세기 초반
③ 5세기 초반
⑤ 5세기 후반인 475년

18 ②

자료에서 '수(隋) 병사의 유해가 묻힌 곳에 와서 제사'지냈다는 표현과 천리장성을 축조하기 시작하였다는 내용을 통해 수나라와의 전쟁 이후, 당나라와의 전쟁 이전임을 추론할 수 있다. 고구려의 을지문덕은 평양으로 쳐들어오려는 수의 30만 군대를 청천강 부근에서 궤멸시켰다(살수 대첩, 612). 이후 수는 내란이 일어나 멸망하고 당이 건국되었다. 당 태종이 즉위하여 고구려를 압박해 오자, 고구려는 천리장성을 축조하며 당의 침략에 대비하였다.

19 ②

제시문의 (가)는 백제의 대야성 함락(642), (나)는 황산벌 전투(660)에 대한 내용이다. 신라 진덕여왕 2년인 648년, 김춘추를 당나라에 보내 당나라와 동맹을 체결하였다.

오답분석
① 고구려 멸망(668) 이후인 674년
③ 612년
④ 675년
⑤ 백제 멸망(660) 이후

20 ②

무왕의 설화가 내려오는 고장이며, 백제 역사 유적지구로 등재된 곳은 익산이다. ② 안승은 금마저(익산)에 보덕국이라는 국가를 세웠다.

오답분석
① 진주
③ 강화도
④ 의주
⑤ 평양

21 ③

제시된 자료에서 '흑치상지', '복신과 승려 도침', '옛 왕자인 부여 풍'의 내용을 통해 백제의 부흥 운동에 대한 내용임을 알 수 있다.

22 ③

당나라의 조정에 군사를 요청하였고, 백제를 멸망시킨 '선왕'은 신라의 무열왕 김춘추이다. ③ 무열왕 김춘추는 진골 출신 최초로 왕위에 올랐다.

오답분석
① 백제 성왕은 사비(부여)로 천도하고 국호를 남부여로 고치면서 백제 중흥을 도모하였다.
② 신라 지증왕은 이사부를 보내 우산국을 정벌하였다.
④ 고구려 광개토 대왕은 영락이라는 연호를 사용하여 자주성을 나타냈다.
⑤ 신라 진흥왕은 화랑도를 국가적인 조직으로 개편하였다. 화랑도는 훗날, 삼국통일에 기여하게 된다.

23 ③

제시된 자료에서 '김흠돌', '국학', '달구벌로 천도' 등의 내용을 통해 (가) 왕은 신라 신문왕임을 알 수 있다. 신문왕은 진골 귀족의 세력을 약화시키기 위해 녹읍을 폐지하고 관료전을 지급하였다.

오답분석
① 지증왕
② 진흥왕
④ 내물왕
⑤ 법흥왕

24 ④

집사부 등 14개의 중앙 부서가 있었으며, 국학이라는 교육기관이 있었다는 점을 통해 통일신라에 대한 설명임을 알 수 있다. ④ 통일신라에서는 상수리 제도라는 일종의 인질 제도를 통해 지방 세력을 견제했다.

오답분석
① 12목은 고려 성종 때 설치되었다.
② 경재소는 조선 시대에 설치된 기구이다.
③ 양계에 병마사를 파견한 시점은 고려 시대이다.
⑤ 각 도에 관찰사를 보낸 시점은 조선 시대이다.

정답 및 해설

25 ③
제시된 자료에서 일본 도다이사 쇼소인과 관등 '나마', 그리고 월지(안압지)를 통해 (가) 국가가 통일 신라임을 알 수 있다. 추가적으로 일본 도다이사 쇼소인에서는 통일 신라 때 쓰인 민정 문서가 발견되었다. ③ 통일 신라 때 장보고가 청해진을 설치하였고 이곳은 국제 무역 거점으로 번성하였다.

오답분석
① 솔빈부는 발해의 지방 행정 구역인 15부 중 하나이다.
② 벽란도는 고려의 최대 무역항으로, 고려는 벽란도를 통해 송, 일본, 아라비아 등 여러 나라와 교류했다.
④ 빈민을 구제하기 위해 진대법을 실시했던 것은 고구려의 고국천왕 때이다.
⑤ 조선 세종은 토지를 6등급으로 나누어 세금을 부과하였다.

26 ②
제시된 자료에서 '원종과 애노의 난'이란 내용을 통해 신라 말 진성 여왕 재위 시기임을 알 수 있다. 신라 말에는 당에서 돌아온 6두품 출신 유학생들이 골품제 사회를 비판하며 호족 세력과 연계하여 사회 개혁을 추구하였다.

오답분석
①,③ 삼국통일 이전 ④ 조선 ⑤ 고려

27 ⑤
제시된 자료에서 '대조영', '해동성국'의 내용을 통해 밑줄 그은 '이 국가'는 발해임을 알 수 있다. 발해는 주자감을 두어 왕족과 귀족을 대상으로 교육하였다.

오답분석
①,③ 신라
② 고조선
④ 고구려

28 ②
제시된 자료에서 옛 고구려 장수 대조영이 나라를 열었다는 내용을 통해 (가) 국가는 발해임을 알 수 있다. ② 발해의 문왕 때 국립 교육 기관인 주자감이 설치되었다.

오답분석
① 신라에 대한 설명이다.
③ 통일 신라 원성왕에 대한 설명이다.
④ 백제에 대한 설명이다.
⑤ 고조선에 대한 설명이다.

29 ④
제시된 자료는 통일신라에 제작된 민정 문서이다. 신라는 진흥왕 때부터 당항성을 통해 중국과 직접 교역하였으며, 통일신라 시기에는 울산항이 국제 무역항으로 성장하였다.

오답분석
① 고려
② 고구려
③,⑤ 조선

30 ⑤
제시문의 (가)는 신라의 신분 제도인 골품제이다. 골품제는 관등 진출의 상한선뿐만 아니라 집과 수레의 크기 등 개인의 일상생활까지 엄격히 제한하였다.

오답분석
① 고구려 고국천왕
② 통일신라의 독서삼품과
③ 고려의 과거제
④ 고려의 전민변정도감

31 ③
풍월도, 국선도라고도 하며 대표적인 출신 인물로 김유신이 있는 것으로 보아 (가)는 화랑도임을 알 수 있다. ③ 진흥왕 때 청소년 집단이던 화랑도를 국가적인 조직으로 정비하였다.

32 ①
제시문에서 '부여 능산리 절터', '도교와 불교의 요소'의 내용으로 보아 백제의 금동대향로에 대한 내용임을 알 수 있다.

오답분석
② 가야 토기
③ 백제 무령왕릉 석수
④ 발해 돌사자상
⑤ 신라 금관

33 ④
제시문에서 '설총'은 원효의 아들이다. 또한 '무애(無㝵)'의 내용을 통해서도 (가) 인물이 원효임을 알 수 있다. 원효는 금강삼매경론, 대승기신론소 등을 저술하였다.

오답분석
① 의상
② 요세
③ 혜초
⑤ 의천

34 ②
(나) 고구려 고분인 무용총에는 당시 고구려인의 생활상을 알 수 있는 수렵도 벽화가 남아 있다.

오답분석
① 고구려 고국원왕이 전사한 곳은 평양성이다.
③ 각저총은 고구려의 굴식 돌방무덤이다.
④ 진흥왕 순수비 중 북한산비를 고증하였다.
⑤ 백제 무령왕릉에 해당한다.

35 ④
제시된 자료에서 '현재 남아 있는 신라 석탑 중에 가장 오래된 것', '벽돌 모양', '선덕여왕 3년에 건립'의 내용을 통해 (가)는 분황사 모전 석탑임을 알 수 있다.

오답분석
① 발해 영광탑
② 부여 정림사지 5층 석탑
③ 안동 법흥사지 7층 전탑
⑤ 불국사 다보탑

36 ④
제시된 자료에서 '승탑'은 신라 말 선종의 영향을 받아 유행하였다. 그러므로 밑줄 그은 '이 종파'는 선종에 해당한다. 선종은 교리보다 참선과 수행을 중시하였다.

오답분석
①, ⑤ 동학
② 대종교
③ 성균관, 향교

37 ②
제시된 자료에서 '동모산에 도읍', '당의 등주를 공격', '고려 국왕'의 내용을 통해 (가) 국가는 발해임을 알 수 있다. 발해는 정당성의 수상인 대내상을 중심으로 3성 6부를 운영하였다.

오답분석
① 통일신라
③, ④ 신라
⑤ 후고구려

38 ④
제시된 자료에서 '상경 용천부'의 내용을 통해 (가) 국가는 발해임을 알 수 있다. 발해의 지방 행정 구역인 15부 중 하나인 솔빈부에서는 특산물로 말이 유명하였다.

오답분석
①, ③ 통일신라
② 백제 부흥운동시기
⑤ 백제

39 ④
제시된 자료의 우즈베키스탄 궁전 벽화에는 고구려 사신의 모습이 그려져 있으며, 경주 남분에서 발굴된 유리병은 당시 신라 귀족들의 사치품으로 서역에서 들어온 것이다. ④ 우즈베키스탄 아프라시압 궁전 벽화, 경주 98호 남분 유리병 및 잔, 경주 계림로 보검은 모두 고대 삼국이 서역과 교역하였음을 보여주는 유물이다.

오답분석
① 통신사는 조선 시대 일본에 파견된 사절단으로, 태종 때부터 순조 때까지 파견되었다.
② 고려는 송나라에 종이, 인삼, 나전칠기, 화문석 등을 수출하고 비단, 약재, 서적 등을 수입하였다.
③ 백제는 4세기 근초고왕 때 아직기가 한자를, 왕인이 천자문과 논어를 일본에 전파하였다. 이후 성왕 때에는 노리사치계가 최초로 일본에 불경과 불상을 전파하였다.
⑤ 개시 무역과 후시 무역은 조선 후기에 나타난 무역 형태이다.

PART

03

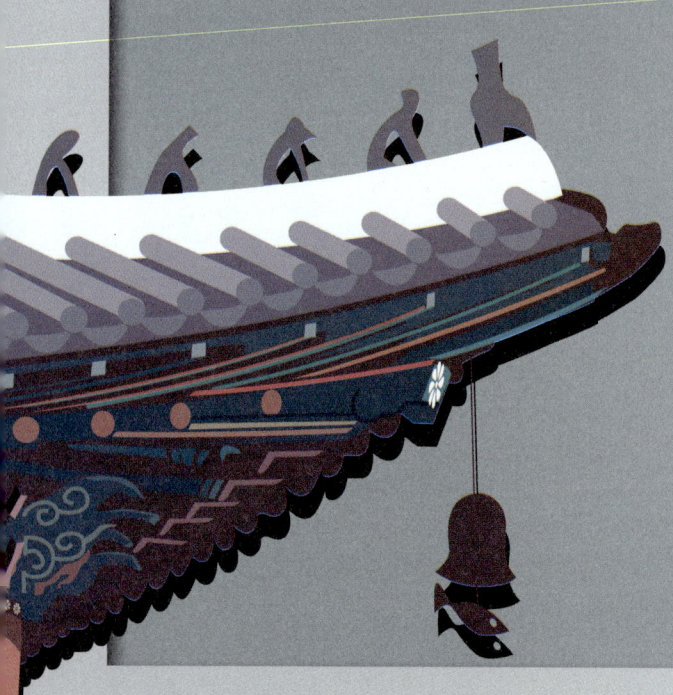

장유리
7일만에
80점 넘기기

고려 귀족 사회의 형성과 변천

01. 고려의 성립과 발전

02. 고려 사회의 변화

03. 고려의 경제 · 사회 · 문화

03 고려 귀족 사회의 형성과 변화

01 고려의 성립과 발전

1. 민족의 재통일

왕건의 성장	• 왕건: 송악 호족 출신, 궁예의 부하로 성장 • 금성(나주) 일대 점령하여 궁예의 신임을 얻음 • 궁예의 실정: 미륵 신앙을 이용한 전제왕권 추구, 과도한 수취로 민심 잃음 → 궁예를 축출하는 쿠데타 발발

민족의 재통일	① 왕건의 **고려 건국**(918)
	↓
	② 거란에게 멸망당한 **발해 유민 흡수**(926)
	    ┌ 공산 전투(927, 견훤 승)
	    └ 고창 전투(930, 왕건 승)
	③ **신라 항복**(935)
	↓
	④ **후백제 정벌**(936)

▲ 왕건의 민족 재통일

2. (고려 전기) 정치와 대외 관계

구분	태조	광종	성종

정치	• 민생 안정책: 취민유도(생산량 1/10로 제한), 흑창 설치
	• 호족 포섭: 혼인 정책, 왕씨성 하사, 역분전 지급
	• 호족 견제: **사심관, 기인 제도**
	  ex) 신라의 경순왕 항복
	             ↳ 경주 사심관으로 임명
	• 통치 규범 제시: 『훈요 10조』, 『정계』, 『계백료서』
	• 숭불 정책: 연등회, 팔관회 개최
	• 북진 정책: 고구려 계승 의식 → 발해 유민 포섭, **서경 중시**(고구려 옛 땅 회복) → 영토 확장(청천강~영흥만)
		• **노비안검법**: 호족 세력 약화, 국가 재정 기반 확보
		• **과거 제도 실시**: (쌍기의 제안) 신진 인사 등용 → 신구 세력 교체
		• 백관의 공복 제정
		• 칭제 건원: **광덕, 준풍**
		• 공신·호족 세력 숙청
			• **최승로의 시무 28조**
			  ┌ 정치: 유교 정치 이념 확립
			  │ 중앙(2성 6부)
			  │ 지방(**12목, 외관 파견**)
			  ├ 사회: 의창(빈민 구제)
			  │ 상평창 설치(물가 조절)
			  │ 불교 행사 억제
			  ├ 경제: 건원중보(최초 동전)
			  └ 문화: **국자감** 정비(수도)
			           경학·의학박사 파견(지방)
			           과거 제도 정비

집권세력	호족		
대외관계	거란(요) (10세기 말~11세기 초)		

	• 침입 배경: 북진 정책, 친송 정책, 고려의 거란에 대한 강경책(만부교 사건)
	• 항쟁 과정
	  ┌ 제1차 침입(성종, 993): **서희의 외교 담판** → **강동 6주** 획득
	  ├ 제2차 침입(현종, 1010): 강조의 정변, 강동 6주 반환 요구 → 개경 함락(양규의 선전)
	  └ 제3차 침입(현종, 1018): **강감찬의 귀주대첩**으로 격파
	• 영향
	  ┌ 국방 강화: 국경에 **천리장성** 축조(압록강~도련포), 개경에 나성 축조
	  └ 문화 사업: 7대 실록 편찬 – 초조대장경 조판(몽골 침입 때 소실)		

출제 POINT 태조의 훈요 10조

조목	내용	의미
1조	불교의 힘으로 나라를 세웠기 때문에 사찰을 세우고 주지를 파견하여 불도를 닦도록 하라.	불교 중시
2조	도선의 풍수 사상에 따라 사찰을 세우고 함부로 짓지 말라.	풍수지리설 중시
4조	우리나라와 중국은 지역과 사람의 인성이 다르므로 중국의 문화를 반드시 따를 필요가 없으며, 거란은 짐승과 같은 나라이므로 그들의 의관 제도는 따르지 말라.	고려의 자주성 강조 거란 배척
5조	서경은 우리나라 지맥의 근본이 되니, 백 일 이상 머물러라.	북진 정책 중시 풍수지리설 중시
6조	연등은 부처를 섬기는 것이고, 팔관은 하늘, 산, 물, 용신을 섬기는 것이므로 소홀히 하지 말라.	불교 중시

출제 POINT 최승로의 시무 28조

조목	내용	의미
7조	국왕이 백성을 다스림은 집집마다 가서 돌보고 날마다 이를 보는 것이 아닙니다. 이 때문에 수령을 나누어 보내어 백성의 이익과 손해되는 일을 살피게 합니다. 우리 태조께서 나라를 통일한 후에 지방관을 두고자 하셨지만, 초창기의 일이 많아서 미처 할 겨를이 없었습니다. …… **청컨대 외관을 두소서.**	지방관 파견 → 12목 설치
11조	풍속은 각기 그 토질에 따라 다른 것이므로, 모든 것을 반드시 구차하게 **중국과 같게 할 필요는 없습니다.**	자주적 개혁의 강조
13조	우리나라는 봄에는 연등을 설치하고 겨울에는 팔관을 베풀어 사람을 많이 동원하고 노역이 심하니, **이를 줄여서 백성들의 부담을 낮추십시오.**	연등회, 팔관회 축소 → 민생 안정
20조	불교를 믿는 것은 자신을 다스리는 근본이며, **유교를 행하는 것은 나라를 다스리는 근본을 구하는 것**입니다. 자신을 다스리는 것은 내세에 복을 구하는 일이며, 나라를 다스리는 것은 오늘의 급한 일입니다.	유교 강조

사료 읽기 서희의 외교 담판

소손녕 : 그대 나라는 신라 땅에서 일어났고, 고구려 땅은 우리 땅인데 쳐들어와 차지하였다.

서 희 : 우리는 고구려 옛 땅을 터전으로 하고 있어서 나라 이름도 고려라 했고 …… 더욱이 압록강 내외의 땅도 또한 우리 경내이지만, 지금은 여진이 장악하고 간사한 짓까지 하고 있어, 도로의 막힘이 바다를 건너기보다 어려우므로 당신 나라와 통교하지 못한 것이다. **만약 여진을 쫓고 우리 국토를 되찾아 통로가 트인다면, 어찌 감히 조빙하지 않겠는가.**

- 『고려사』 -

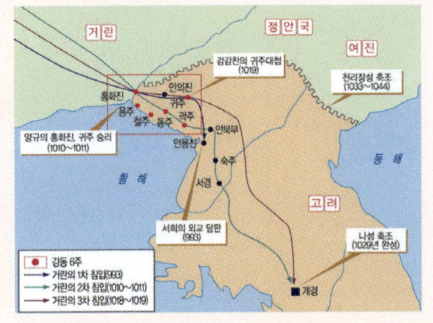

3. 통치 조직

구분	특징

중앙 행정 조직
(2성 6부)
	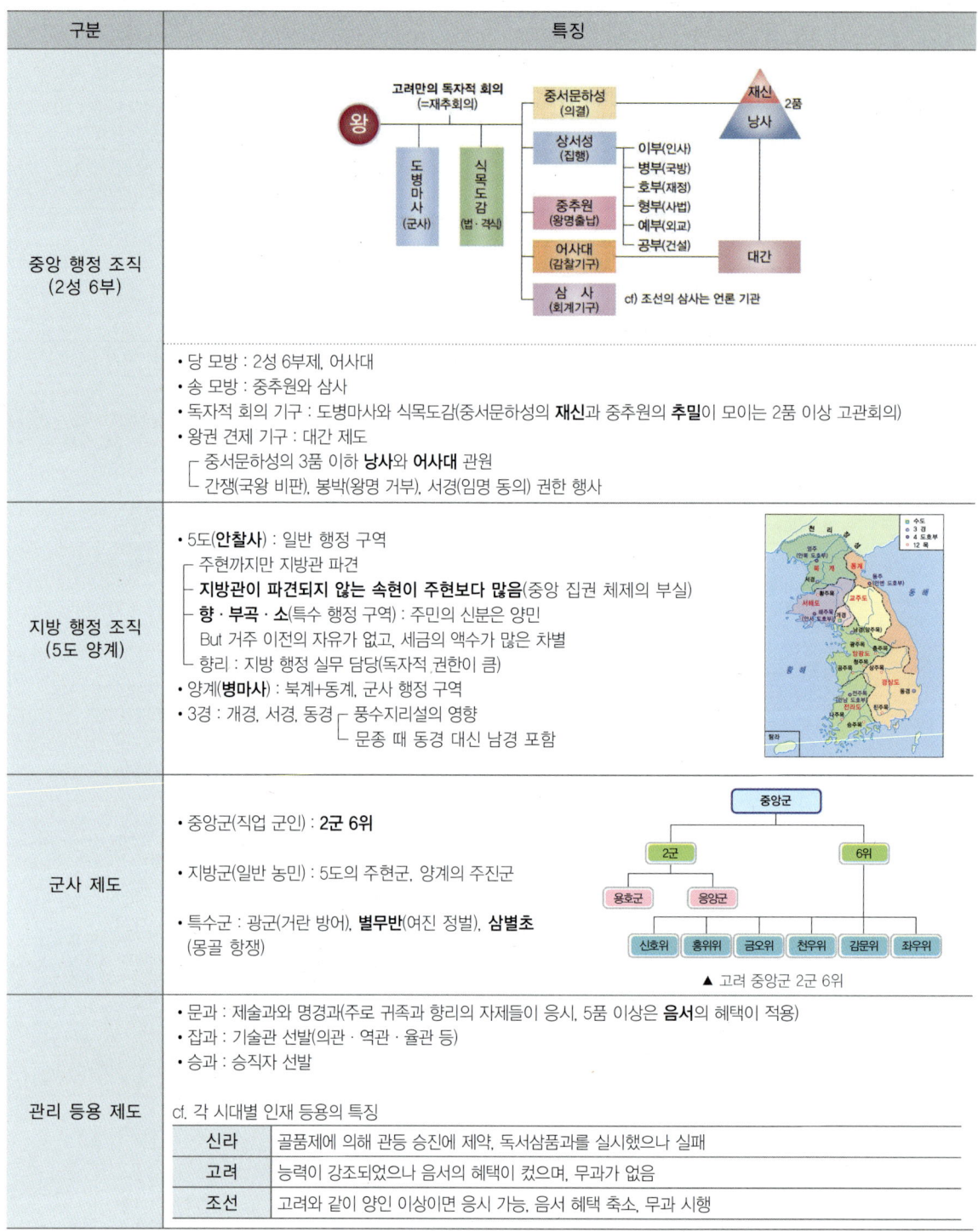
	• 당 모방 : 2성 6부제, 어사대
	• 송 모방 : 중추원와 삼사
	• 독자적 회의 기구 : 도병마사와 식목도감(중서문하성의 **재신**과 중추원의 **추밀**이 모이는 2품 이상 고관회의)
	• 왕권 견제 기구 : 대간 제도
	  ┌ 중서문하성의 3품 이하 **낭사**와 **어사대** 관원
	  └ 간쟁(국왕 비판), 봉박(왕명 거부), 서경(임명 동의) 권한 행사

지방 행정 조직
(5도 양계)
	• 5도(**안찰사**) : 일반 행정 구역
	  ┌ 주현까지만 지방관 파견
	  ├ **지방관이 파견되지 않는 속현이 주현보다 많음**(중앙 집권 체제의 부실)
	  ├ **향·부곡·소**(특수 행정 구역) : 주민의 신분은 양민
	  │ But 거주 이전의 자유가 없고, 세금의 액수가 많은 차별
	  └ 향리 : 지방 행정 실무 담당(독자적 권한이 큼)
	• 양계(**병마사**) : 북계+동계, 군사 행정 구역
	• 3경 : 개경, 서경, 동경 ┐ 풍수지리설의 영향
	                             └ 문종 때 동경 대신 남경 포함

군사 제도	• 중앙군(직업 군인) : **2군 6위** • 지방군(일반 농민) : 5도의 주현군, 양계의 주진군 • 특수군 : 광군(거란 방어), **별무반**(여진 정벌), **삼별초** (몽골 항쟁) ▲ 고려 중앙군 2군 6위
관리 등용 제도	• 문과 : 제술과 명경과(주로 귀족과 향리의 자제들이 응시, 5품 이상은 **음서**의 혜택이 적용) • 잡과 : 기술관 선발(의관·역관·율관 등) • 승과 : 승직자 선발 cf. 각 시대별 인재 등용의 특징

신라	골품제에 의해 관등 승진에 제약, 독서삼품과를 실시했으나 실패
고려	능력이 강조되었으나 음서의 혜택이 컸으며, 무과가 없음
조선	고려와 같이 양인 이상이면 응시 가능. 음서 혜택 축소, 무과 시행

02 고려 사회의 변화

1. (고려 중기) 문벌 귀족의 성립과 동요

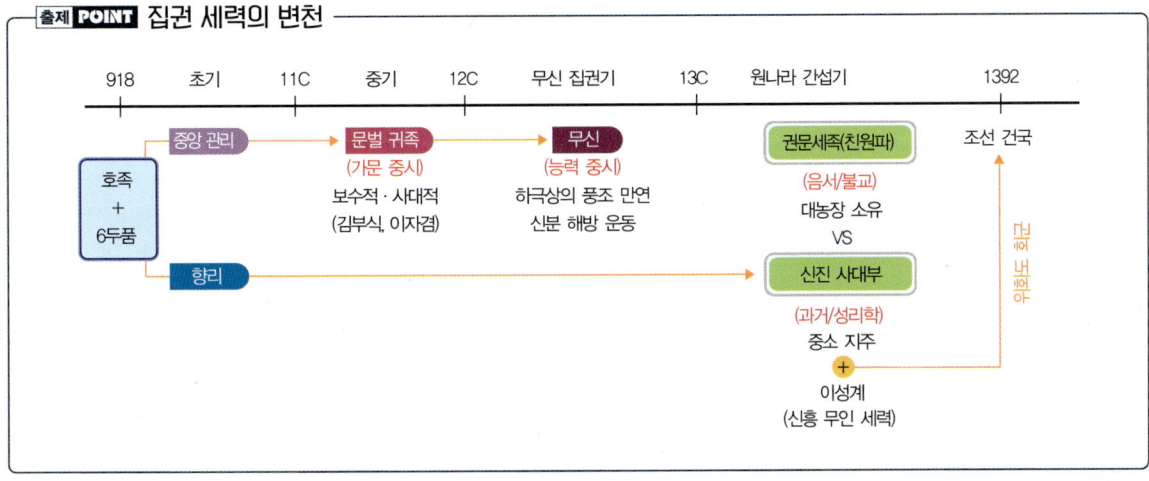

집권 세력	문벌 귀족
형성	• 호족 출신의 중앙 관료 + 신라 6두품 계통 유학자 • **음서**(정치적 혜택) + 공음전(경제적 혜택) + 왕실과의 중첩혼
대외 관계	여진(금)
	┌ 12세기 초, 완옌부의 여진족 통일 → 정주에서 고려군과 충돌 ├ **윤관**이 **별무반** 편성(신기군·신보군·항마군), **동북 9성** 축조 → 수비의 어려움으로 1년 만에 9성 반환 └ 금 건국(1115) : 사대 외교(이자겸) → 북진 정책 좌절, 귀족 사회 분열 가속 → 묘청의 서경 천도 운동 발생
동요	이자겸의 난(1126)
	• 원인 : 예종과 인종의 외척인 경원 이씨 이자겸의 권력 독점 • 과정 : 왕의 견제 → 이자겸의 왕위 찬탈 시도 → 인종의 척준경 회유 → 척준경의 이자겸 제거 → 정지상의 탄핵으로 척준경 축출 • 결과 : 왕권 위축, 서경 천도설 대두, 문벌 귀족 사회의 붕괴 촉진

	묘청의 서경 천도 운동(1135)
동요	• 원인 : 이자겸의 난 이후 정치 개혁 과정에서 보수적 관리(김부식)와 개혁적 관리(묘청·정지상)의 대립 • 과정 : 묘청·정지상 등의 서경 세력이 서경 천도, 금국 정벌 주장 → 서경에 대화궁 건립 → 개경파의 반대 → 서경에서 묘청의 난 발생(국호-대위국, 연호-천개) → 김부식 등 개경파가 서경파를 제거하며 난 진압 • 결과 : 문벌 귀족 세력 강화, 숭문 천무 현상 심화(→ 무신 정변의 발발) • 성격 : 지배층 내부의 분열, 사상적 대립, 계승 이념에 대한 이견 ▲ 묘청의 서경 천도 운동

서경파	개경파
묘청, 정지상(진취적)	김부식(보수적)
불교, 낭가, 풍수지리	유교
고구려 계승 의식	**신라 계승 의식**, 사대적
서경 천도 → 서경에 대화궁 건설	이자겸, 금 사대 요구 수용 → 개경 세력, 금과의 사대
칭제 건원, 금국 정벌	관계 유지

신채호가 '조선 역사 일천년래 제일대사건' 평함
낭가와 불교 양가 대 유교의 싸움이며, 국풍파 대 한학파의 싸움이며, 독립당 대 사대당의 싸움이며, 진취 사상 대 보수 사상의 싸움이니, 묘청은 전자의 대표요, 김부식은 후자의 대표였던 것이다. 묘청의 천도 운동에서 묘청 등이 패하고 김부식이 이겼으므로 조선사가 사대적, 보수적, 속박적 사상인 유교사상에 정복되고 말았다. 만약 김부식이 패하고 **묘청이 이겼더라면** 조선사가 독립적, 진취적으로 진전하였을 것이니, 이것이 어찌 일천년래 제일대사건이라 하지 아니하랴. <div style="text-align:right">- 「조선사 연구초」</div>

| 붕괴 | 무신에 대한 차별 대우, 의종의 실정 → 1170년 무신 정변으로 붕괴 |

2. (고려 후기) 무신 정권의 성립(1170)

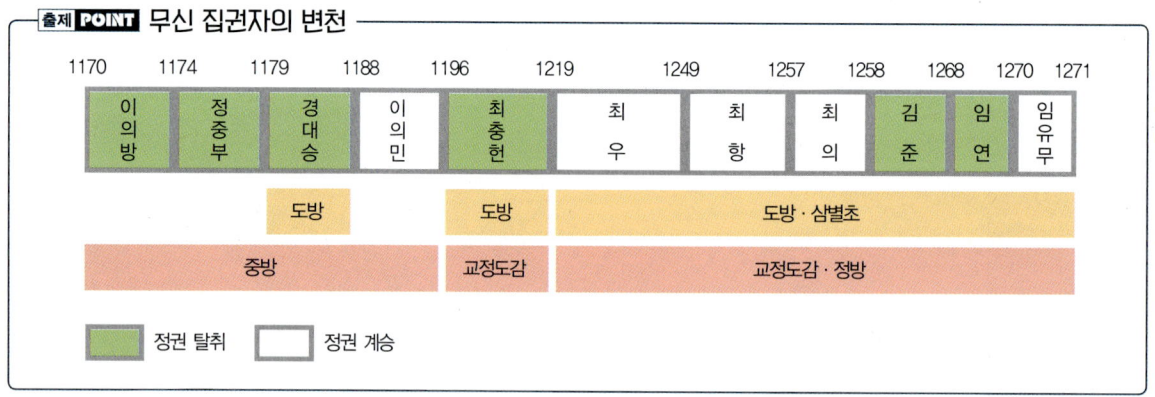

구분		무신 집권자	권력 기구	군사 기구	사회 혼란 및 대외 관계	
초기		이의방 정중부 경대승 이의민	중방	도방 도방 폐지	• 조위총의 난 • **망이·망소이의 난** (공주 명학소의 난 → 충순현) • 전주 관노비의 난 • 김사미·효심의 난	
최씨 정권		**최충헌**	교정도감 (국정최고기구)	도방 재설치	• 봉사 10조(사회개혁안) • **만적의 난**(신분 해방 운동)	

		최우	+ 정방	+ 삼별초	• 사신 피살 사건을 계기로 몽골 침략(1231)
					  ┌ 최씨 정권은 **강화도 천도**
					  ├ **김윤후와 처인 부곡민들이 몽골군 장수 살리타 사살**
					  │ (처인 부곡 → 처인현 승격)
					  ├ 충주 관노비들의 저항
					  └ **팔만대장경 조판**, 황룡사탑 소실
						대
						몽
						항
						쟁

		최항 최의			• 충주 다인철소 항쟁(다인철소 → 익안현) • 몽골과 강화	

후기		김준
		임연
		임유무
			교정도감
			정방
				도방
				삼별초
					• 무신 정권의 붕괴
					  ┌ 개경 환도(1270)
					  └ **삼별초의 항쟁**
					    (강화도 → 진도 → 제주도)	

사회 변화		• 문벌 귀족의 몰락 → 새로운 문신의 등장(이규보) • 전시과 체제의 붕괴, 대농장 확대 • 향·부곡·소의 해체 → 일반 현으로 승격 • 자주 의식의 성장 ex) 이규보의 동명왕편(고구려 계승 의식 복귀) • 무신 정권의 후원 속에 선종의 발달 → 지눌의 수선사 결사 운동				

3. (고려 후기) 원 간섭기와 공민왕의 개혁 정치

구분		내용	
원 간섭기	권문세족 등장	• 친원 세력(기철, 이인임 등) • **음서**와 **정방**을 통해 **도평의사사** 장악 • 불법적으로 대농장 경영, 이들과 결탁한 불교 세력도 세속화	▲ 원의 영토 지배
	영토 상실	• 동녕부(자비령 이북) ┐ 충렬왕 때 반환 • 탐라총관부(제주도) ┘ • 쌍성총관부(철령 이북) → 공민왕이 무력으로 회복할 때까지 원의 지배를 받음	

	정치 간섭	• 원 황실의 부마국 지위로 전락, 충ㅇ왕(충렬왕 ~ 충정왕)으로 명칭 격하
		• 관제 격하 ┌ 중서문하성+상서성 → 첨의부
		             ├ 6부 → 4사
		             └ 중추원 → 밀직사
		• 내정 간섭 : **정동행성**(일본 원정 동원 → 내정 간섭 기구), 다루가치(감시관) 파견	

	자원 수탈	공녀 징발(결혼도감), 매 징발(응방), 몽골풍 유행	
공민왕의 개혁	배경	• 14세기 중엽 원·명 교체기 ┌ 대외적으로 반원 자주 실현 └ 대내적으로 왕권 강화	▲ 공민왕의 영토 수복
	반원 자주 정책	• 친원파 권문세족 숙청 ex) 기황후의 오빠인 기철 제거 • **정동행성 폐지**, 관제 복구 • 몽골풍 폐지 • **쌍성총관부 무력으로 탈환** → 의주~길주로 영토 확장	
	왕권 강화 정책	• **정방 폐지**(→ 국왕의 인사권 회복) • **전민변정도감 설치**(신돈 등용) • 성균관의 순수 유교 교육 기관화, 유학 교육 강화, 과거 제도 개혁으로 **신진 사대부 등용**	
	실패	• 홍건적의 침입으로 정세 불안(공민왕이 안동으로 피난) • 권문세족의 반발(신돈 제거)과 신진 사대부 세력의 미약 • 공민왕이 시해되면서 중단	

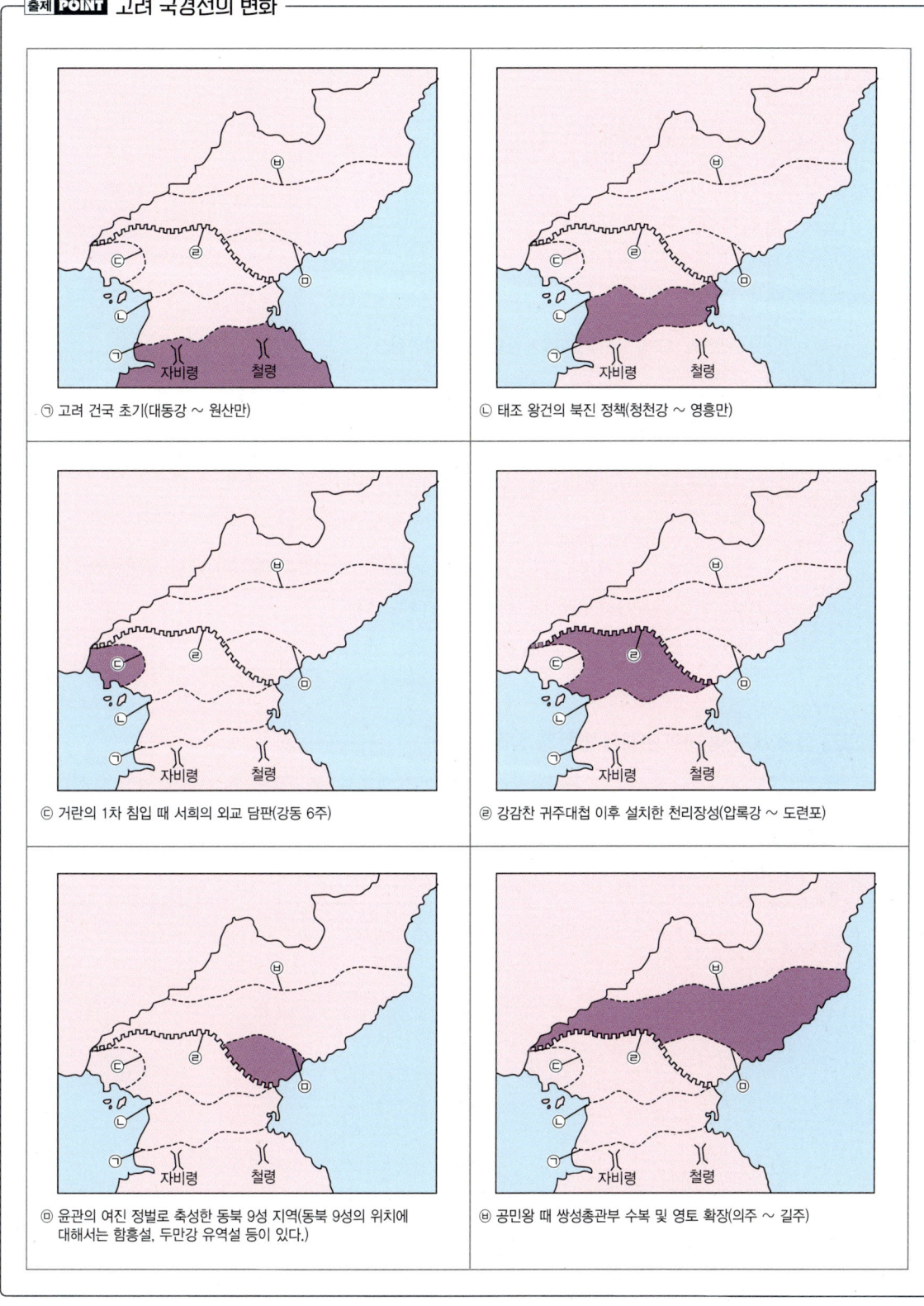

4. 고려의 멸망

신진 사대부의 성장	• 무신 집권기 이래 등장한 성리학자들로, 과거를 통해 정계 진출 → 공민왕의 개혁정치 때 성장 • 불교계와 권문세족의 타락을 비판 → 권문세족과 대립
신흥 무인 세력의 성장	• **홍건적과 왜구의 침략을 물리치며 신흥 무인 세력이 성장** (최영, 이성계, 최무선 등) • 공민왕 사후에 우왕 즉위 → 최영과 이성계가 권문세족 일파를 제거하며 실권 장악, 신진 사대부와 결탁
조선의 건국	• 명이 철령 이북의 땅 반환을 요구 → 우왕과 최영이 요동 정벌 결정 → 이성계를 시켜 요동 정벌 단행 → 요동으로 진격하던 이성계가 ① **위화도 회군**(1388) • 위화도 회군 후 최영 제거, 우왕 폐위 → 이성계가 실권 장악 → ② **과전법 시행**(1391, 전·현직 사대부에게 과전 지급) • 온건 개혁파 정몽주 제거 → 고려 멸망 → ③ **조선 건국**(1392) • 풍수지리설의 영향을 받아 ④ **한양 천도**(1394)

▲ 고려 말 홍건적과 왜구의 침입

출제 POINT 집권 세력 및 대외 관계의 변천 총 정리

시기	10C~11C	12C	13C	14C
침입 세력	거란(요)	여진(금)	몽골(원)	홍건적·왜구
당시 고려의 집권 세력	호족	문벌 귀족	권문세족	권문세족과 신진 사대부

03 고려의 경제·사회·문화

1. 고려의 경제

구분	태조	경종(976)	목종(998)	문종(1076)
토지 제도	• 역분전 : 개국 공신에게 지급	전시과 : 18등급으로 나누어 전지(곡물 수취)와 시지(땔감 확보)의 수조권 부여		
		• 시정 전시과 ┌ 전직·현직 관리 └ 인품·관등 반영	인품 논란	• 개정 전시과 ┌ **전직·현직** 관리 └ **관등**만 고려	수조지 부족	• 경정 전시과 ┌ **현직** 관리 └ **관등**만 고려

토지 제도	• 토지의 종류				
	공음전	5품 이상 관료		한인전	6품 이하 자제 중 관직에 오르지 못한 자
	구분전	하급 관료와 군인의 유가족		군인전	군역 세습에 따라 자손에게 지급
	외역전	향리, 세습 가능		내장전	왕실의 경비 충당
	공해전	중앙 및 지방 관청의 경비 충당		사원전	사원의 경비 충당

• **민전** : 귀족이나 농민 소유 사유지 → 매매·상속 가능
• 전시과 붕괴 : 귀족의 토지 독점 → 무신 정변 이후 전시과 붕괴 → 원 간섭기에 권문세족이 대농장 형성

구분	전세	공납	역
조세 제도	재정 담당 기구 : 호부, 삼사		
	• 양안(토지 대장) : 생산량의 1/10 수취 • 조운(운반로) : 조창 → 경창(개경)	• 특산물 할당 : 집집마다 공물 납부	• 호적(인구 대장) : 노동력과 군사력을 동원 • 정남(16~60세 남자)의 노동력 동원 (군역, 요역)

	농업	상업	수공업
경제 제도	• 농업 기술 발달 ┌ 농기구·종자 개량, 깊이갈이 일반화 ├ **시비법** 시작 : 휴경지 감소 ├ 윤작법 시작 : 2년 3작, 콩·조·보리 ├ 모내기법 시작 : 후기에 남부 일부 ├ 이암, 「농상집요」 소개 └ **목화 전래** : 원 간섭기, 의생활 개선	• 국제 무역(송과 가장 활발) ┌ 대송 수출 : 종이·인삼·나전칠기 등 ├ 대송 수입 : 비단·약재·서적 등 └ 아라비아 상인들과의 왕래 : 수은, 향료, 산호 수입, 서양에 고려 알려짐 • 대표 무역항 : **벽란도** • 자급자족 경제(화폐 미발달, 상업과 수공업 발달 부진) • 화폐 주조 ┌ **건원중보**(성종) : 최초의 철전 └ 삼한통보·해동통보, 활구(숙종) • 소금 전매제 시행(원 간섭기, 충선왕) • 개경에 시전과 국영 점포 설치, 경시서(상행위 감독), 상평창(물가 조절) • 개경의 시전 규모 확대, 주요 거점 도시에 관영 상점 설치	• 전기(**관청·소 수공업**) → 후기(**민간·사원 수공업**) ▲ 고려의 대외 무역

2. 고려의 사회

구분	농민 안정책	농민 공동체	여성의 지위

사회 제도	• 사회 시책
	  ┌ 농민 보호책 : 농번기 잡역 금지
	  └ 권농 정책 : 개간 장려
	• 사회 시설
	  ┌ 흑창(태조) → 의창(성종)
	  ├ **상평창 : 물가 조절**
	  └ 제위보(광종) : 이자로 빈민 구휼
	• 구호 시설
	  ┌ 동·서 대비원 : 국립 의료 기관
	  ├ 혜민국 : 약재 제공
	  ├ 구제도감 : 질병 치료
	  └ 구급도감 : 재난 구호
		• 향도
		  ┌ 매향 활동
		  └ 불교 신앙 조직 → 농민 공동체 조직
		
		▲ 사천매향비
		사천매향비(경남 사천) : 1387년에 향나무를 묻고 세운 것으로, 내세의 행운과 국태민안을 기원으로 하는 내용을 담고 있음
			• 비교적 높음
			  ┌ 일부일처제
			  ├ 재가 가능
			  ├ 사위와 외손자까지도 음서 혜택
			  ├ 자녀 균분 상속
			  ├ 출생 순서에 따라 호적 기재
			  └ 사회적 진출에는 제약
			
			cf) 조선 후기(17세기) 이후, 친영제도의 정착으로 여성의 지위 하락

역사 더하기 : 한국의 세시 풍속

• 단오
  – 단오에 최충헌이 백정동의 궁궐에서 그네 놀이를 열고 4품 이상의 문·무관에게 사흘 동안 잔치를 베풀어 주었다.   – 「고려사」 –
  – 백언이 통역관 최운에게 묻기를, "단오에 돌 던지는 놀이를 지금도 합니까?" 하니, 최운이 말하기를, "지금도 하는데 5월 4, 5일 이틀 동안에 반송정에서 싸우게 됩니다."라고 하였다.   – 「세종실록」 –
  – 한 번 굴러 힘을 주며 두 번을 굴러 힘을 주니 발밑의 가는 티끌 바람 따라 펄펄, 앞 뒤 점점 멀어가니 머리 위의 나뭇잎은 몸을 따라 흔들흔들, 오고 갈 제 살펴보니 녹음 속의 붉은 치맛자락이 바람결에 내비치니, 구만장천(九萬長天) 흰 구름 속에 번갯불이 비치는 듯 문득 보면 앞에 있더니 문득 다시 뒤에 있네.   – 「춘향전」 –

• 추석
  왕이 신라 6부를 둘로 나누어 왕녀 2인이 각 부의 여자들을 통솔하여 무리를 만들게 하였다. 그들은 매일 일찍 모여서 길쌈을 늦도록 하였다. 이날이 되면 그 성과의 많고 적음을 살펴, 진 쪽에서 술과 음식을 내놓아 승자를 축하하고 가무를 하며 각종 놀이를 하였는데 이를 가배(嘉排)라 하였다.   – 「삼국사기」 –

기억해야 할 세시 풍속
• 정월 대보름 : 음력 1월 15일에는 땅콩이나 밤, 호두 등 딱딱한 것을 깨물어 부스럼이 나지 않도록 함. 그리고 찹쌀, 수수, 기장 등으로 지은 오곡밥과 귀밝이 술을 마심.
• 한식 : 동지로부터 105일째 되는 날로, 성묘를 하고 찬 음식을 먹음.
• 삼짇날 : 봄을 알리는 명절로, 진달래꽃을 따다가 화전을 부쳐먹음.
• 단오 : 음력 5월 5일에는 두통과 불운을 막고 머리를 윤기있게 만들기 위해 창포에 머리를 감음. 여자들은 그네, 남자들은 씨름을 즐긴다. 왕이 관리에게 부채를 하사하는 풍습도 있음.
• 칠월 칠석 : 음력 7월 7일, 전설 속의 견우와 직녀가 만나는 날로, 민간에서는 호박부침을 만들어 칠성님께 빌었음.
• 추석 : 음력 8월 15일에는 송편을 만들어 먹으며, 보름달을 보고 소원을 빎.
• 동지 : 양력 12월 22일 경(밤이 가장 긴 날)으로 각 가정마다 부적을 만들어 붙이기도 하고, 찹쌀 새알을 넣은 팥죽을 먹음.

역사 더하기 : 민속놀이

• 왕건의 고창 전투

◀ 차전놀이

• 공민왕의 안동 몽진

◀ 놋다리밟기

> **사료읽기** 고려 시대 여성의 지위

박유는 충렬왕 때 대부경에 임명되었다. 왕에게 글을 올려, "우리나라는 남자가 적고 여자가 많습니다. 그런데 신분이 높고 낮음을 막론하고 처는 하나입니다. 아들이 없어도 감히 첩을 두지 않습니다. 근래 외국인들이 와서 인원에 제한 없이 처를 두니 인물이 모두 북쪽으로 흘러갈까 걱정됩니다. **신하들에게 첩을 두는 것을 허락하되**, 관품에 따라 수를 줄여 일반인은 일처일첩(一妻一妾)을 두게 하소서. 여러 처의 자식도 모두 적자와 같이 벼슬을 할 수 있게 한다면 짝이 없어 원망하는 사람도 없을 것이고 줄어드는 인구도 점점 늘어날 것입니다."라고 건의했다. 부녀자들이 이를 듣고 원망하고 두려워하지 않는 자가 없었다. 때마침 연등회 저녁에 박유가 왕의 행차를 호위하고 따라가는데, **어떤 노파가 손가락질하여** 거리마다 붉은 손가락이 무더기 묶음이 되었다. 당시 재상들 가운데는 자기 처를 무서워하는 자들이 있어 그 논의를 못하게 했고 결국 시행되지 못했다.
— 「고려사」 —

구분	귀족	중류층	양민	천민

신분 제도	• **음서**
	┌ 5품 이상 혜택
	└ 시험 없이 관직 진출
	• **공음전**
	┌ 5품 이상 혜택
	└ 토지 세습
		• 잡류: 중앙 관청 실무 담당
		• 남반: 궁궐 실무 담당
		• 향리: 지방 행정 실무 담당
		→ 속현·**향·부곡·소**는 향리가 실질적 지방관
		• 역리: 역 관할
			• 백정(일반 농민):
			  조세, 공납, 역 의무
			• **향·부곡·소**
			┌ 특수 행정 구역
			└ 거주 이전의 자유가 없고, 세금도 백정보다 많음
				┌ 공노비 ┬ 입역 노비
				│ └ 외거 노비
				└ 사노비 ┬ 솔거 노비
				       └ 외거 노비
				cf) **외거노비**: 주인과 따로 거주, 결혼 및 재산 소유 가능

출제 POINT 고려 귀족층의 비교

구분	문벌 귀족	권문세족	신진 사대부
출신	호족, 6두품	친원 세력	지방 향리
정치 기반	과거, 음서, 중첩혼	음서(도평의사사 장악)	과거
경제 기반	과전, 공음전	대농장	중소 지주
특징	보수적	보수적	개혁적
사상과 학문	불교, 유교(훈고학)	불교	불교 비판, 성리학

> **사료읽기** 고려 후기의 노비의 신분 상승

평량은 평장사 김영관의 집안 노비로 경기도 양주에 살면서 농사에 힘써 부유하게 되었다. 그는 권세가 있는 중요한 길목에 뇌물을 바쳐 천인에서 벗어나 신원동정의 벼슬을 얻었다. **그의 처**는 소감 왕원지의 집안 노비인데, 왕원지는 집안이 가난하여 가족을 데리고 가서 의탁하고 있었다. 평량이 후하게 위로하여 서울로 돌아가기를 권하고는, 길에서 몰래 처남과 함께 원지 부처와 아들을 죽이고 스스로 그 주인이 없어졌으므로 계속해서 양민으로 행세할 수 있음을 다행으로 여겼다.

3. 고려의 문화

구분	초기	중기	무신 집권기	원 간섭기 이후
	자주적 · 주체적	보수적		성리학 수용

유교	· 과거제 시행(광종)
	· 최승로의 시무 28조 (성종)
	  ┌ 유교 정치 이념 확립
	  └ 국자감 설치
	    (유학부+기술학부)
	· 지방에 향교 설치
		· **최충(9재 학당, 문헌공도)**
		· 사학 12도 융성→ 관학 쇠퇴
		· 관학 진흥책
		  ┌ 서적포(국자감 출판부)
		  ├ 7재(전문 강좌)
		  ├ 양현고(장학 재단)
		  └ 경사 6학(국자감 학제 정비)
		· 김부식(『삼국사기』 편찬)
			유학 위축	· **안향 : 성리학 소개(충렬왕)**
				· 백이정 → 이제현 → 이색
				    (전수) (전파)
				  → 정몽주, 권근, 정도전
				    (확산)
				· 만권당에서 원 학자와 교류
				· 영향
				  ┌ 신진 사대부의 사상적 기반
				  ├ 실천적 기능 강조
				  ├ 유교 의식 보급 : 『소학』,
				  │ 『주자가례』 중시
				  └ 불교 비판(정도전)

불교	· 교종과 선종의 병립	· **의천**
		  ┌ 화엄종 중심으로 교종 통합
		  │ (흥왕사)
		  ├ **천태종** 창시(국청사)
		  │ └ 교선 통합
		  ├ **교관겸수**(이론+실천)
		  ├ 교장(속장경) 간행
		  └ 사후 교단 분열
			· **지눌**
			  ┌ **수선사 결사** 운동
			  ├ **조계종** 융성(송광사)
			  │ └ 선종 중심으로 교종 포용
			  │ (선교 일치)
			  └ **정혜쌍수, 돈오점수**
			· 혜심 : 유불 일치설 → 성리학 수용의 사상적 토대 마련
			· 요세 : 백련사 결사 운동, 법화 신앙
				· 불교 폐단 심화
				  ┌ 사원의 토지 겸병
				  └ 고리대업

	· 불교의 성격 : 현세 구복적, 호국적(연등회 · 팔관회 개최, 대장경 조판)
	  ┌ 태조의 숭불 정책 : 사원 건립, 훈요 십조(불교 숭상, 연등회 · 팔관회 개최 당부) – 불교에 대한 국가의 지침 제시
	  └ 광종의 불교 정책 : 승과 제도, 국사 · 왕사 제도
	· 대장경(목판)의 간행
	  ┌ 초조대장경(현종) : 거란 격퇴 염원, 몽골 침입으로 소실
	  ├ 교장(의천) : 초조대장경 보완, 불서 목록 작성(『신편제종교장총록』), 몽골 침입으로 소실
	  └ **재조대장경(팔만대장경)** : 몽골의 침입을 불력으로 극복하기 위해 강화도에서 간행, 현재 합천 해인사에 보관			

역사	· 고구려 계승 의식
	· 『7대 실록』(소실)
		· 신라 계승 의식
		· 『삼국사기』(김부식)
		  ┌ 현존 최고(最古) 사서
		  ├ 기전체
		  └ 합리적 유교 사관
			민족적
			자주
			의식 · 동명왕편(이규보) : 고구려 계승 의식 강조
			· 해동고승전(각훈) : 자주 의식, 중국과 대등한 입장
				· 삼국유사(일연) : 단군 이야기 수록, 편년체
				· 제왕운기(이승휴) : 단군부터 역사 서술, 우리 역사를 중국사와 대등하게 파악
				· 사략(이제현) : 성리학적 유교 사관, 왕권 중심의 국가 질서 회복 중시

풍수 지리	· 서경 명당설 → 서경 천도 운동의 배경	· 중기 이후 : 한양 명당설(북진 정책 퇴조)		

문학	· 향가 : 균여, 보현십원가 11수
	· 한문학 : 독자적
		· 당 · 송 한문학 숭상 : 사대적	· 수필 문학
			  ┌ 이인로, 『파한집』
			  ├ 임춘, 『국순전』(술 의인화)
			  └ 낭만적, 도피적
				· 경기체가(한림별곡 등)
				· 장가(속요, 민중)
				· 청산별곡, 가시리, 쌍화점
				· 패관 문학 : 이제현, 『역옹패설』
				· 한시 : 이규보, 『동명왕편』

건축	• **주심포식 건물**
	  ┌ 안동 봉정사 극락전
	  │ (가장 오래된 목조 건축물)
	  ├ 예산 수덕사 대웅전
	  └ 영주 부석사 무량수전
	• 다포식 건물 : 원의 영향
	  ┌ 성불사 응진전
	  └ 석왕사 응진전
	
	▲ 주심포 양식 — 지붕의 무게를 받치는 공포가 기둥 위에만 짜여져 있는 건축 양식
	▲ 다포 양식 — 공포가 기둥 뿐 아니라 기둥 사이에도 짜여져 있는 건축 양식, 지붕, 건물을 화려하게 꾸밀 때 쓰임

석탑	• 송의 영향 : 월정사 8각 9층 석탑 • 원의 영향 : 경천사지 10층 석탑(대리석 석탑) → 조선의 원각사지 10층 석탑에 영향 ▲ 월정사 8각 9층 석탑 (오대산 평창) ▲ 경천사지 10층 석탑 (국립중앙박물관) ▲ 원각사지 10층 석탑 (서울 종각)

불상	• 대형 불상 : 호족들의 개성 넘치는 지방 문화
	  ┌ 광주 춘궁리 철불(철불)
	  ├ 논산 관촉사 석조 미륵보살 입상(석불)
	  ├ 파주 용미리 마애이불 입상(석불)
	  └ 안동 이천동 마애여래 입상(석불)
	• 부석사 소조 아미타여래 좌상 (신라 양식 계승)
	
	▲ 광주 춘궁리 철불 ▲ 관촉사 석조 미륵보살 입상 ▲ 파주 용미리 마애이불 입상 ▲ 안동 이천동 마애여래 입상 ▲ 부석사 소조 아미타여래 좌상

자기·공예	• 자기
	  ┌ 순청자(11세기)
	  ├ **상감청자**(12세기)
	  └ 분청사기(원 간섭기)
	• 공예 : 나전칠기
	
	▲ 청자 상감모란국화문 참외모양 병 ▲ 청자 상감 운학무늬 매병 ▲ 분청사기 상감연모 단당초문병 ▲ 나전칠기

금속활자	• 『상정고금예문』 인쇄(1234) : 전하지 않음 • **『직지심체요절』** 간행(1377) : 현존하는 세계 최고(最古) 금속 활자본 → 프랑스에 소재(청주 흥덕사에서 간행, 개항 후 프랑스인이 수집해 감) ▲ 직지심체요절
역법	• 사천대(서운관) : 천문과 역법을 맡은 관청, 일식, 혜성, 흑점 관측 • 선명력(당, 신라 때부터 사용) → 수시력(원, 충선왕), 대통력(명, 공민왕)
의학	• 태의감 : 의학 교육, 의관 시험 주관 • 향약구급방(13세기) : 현존하는 최고(最古) 의서, 국산 약재 1800여 종 소개
그림	혜허의 수월관음도 천산대렵도(원 간섭기, 공민왕이 그린 것으로 추정)

역사 더하기 고려 팔관회

- 행사 위치 : 개경 만월대, 의봉루 앞마당
- 행사 시기 : 11월 보름 전후 사흘 동안
- 행사 진행 순서
  - 13일 준비일
  - 14일 소회일 : 대관전과 의봉루 사이에 3천여 명의 화려한 복장의 호위 군사를 진열하고 태조 영정에 술을 올리며 연희와 조하의식을 행하였다.
  - 15일 대회일 : 의봉루로 행차하여 문무백관들과 봉표원들로부터 축하표문과 축하주를 헌수받는 형식으로 행사가 진행되었는데, 이때 송나라 상인과 여진, 탐라, 왜에서 파견된 사신들이 축하표문과 특산물들을 바쳤다.

해석 TIP
- 고려의 팔관회는 국가적으로 이름난 명산대천에 찾아가 천신, 산신, 용왕신 등 여러 토속 신에 제사 드리는 국가 행사로 성대히 거행되었는데, 도교와 민간 신앙 및 불교가 어우러진 신앙이었음.
- 팔관회는 삼국시대에 시작되어 고려시대 국가 행사로 이루어진 종교 행사로 이를 통해 고려 왕실의 안녕을 기원하면서 고려인들의 단결과 민족적 화합을 꾀함.
- 태조 왕건 때 본격적으로 성장한 팔관회는 유교적 정치 이념을 중시했던 성종 때 시무 28조를 올린 최승로의 건의로 인해 연등회와 함께 일시적으로 중단됨. 이후 부활.

역사 더하기 고려시대 역사서

삼국사기(김부식)	삼국유사(일연)	역사 서술 방식

• 인종때 편찬
• 편찬(50권)
• 사대주의적
• 유교적 합리 사관
• 신라 계승 의식
• 삼국 역사
• 기전체
	• 충렬왕때 편찬
	• 사찬(5권)
	• 신이(神異)사관
	• 불교적
	• 고조선 계승 의식(단군 조선) – 제왕운기로 계승
	• 단군 조선 ~ 고려
	• 기사본말체와 유사
	1편 왕력(연표), 2편 기이 …
		• 기전체 ex) 삼국사기, 고려사
		
		| 본기 | 세가 | 열전 | 표 | 지 |
		| 왕 | 제후 | 인물 | 연표 | 제도·문물 |
		
		• 편년체(시간 순서) : ~실록, ~절요, ~통감
		• 기사본말체 : 사건의 발단과 결과를 서술
		  ex) 이긍익, 「연려실기술」
		• 강목체 : 큰 글씨 강(정통·명분)
		           작은 글씨 목(사실)으로 서술
		  ex) 동사강목, 자치통감 강목

사료 읽기 의천

- 가만히 생각하면 성인이 가르침을 편 목적은 행(行)을 일으키려는 데 있는 것이므로, 입으로만이 아니라 몸으로 행동하게 하려는 것이다. …… 정원 법사는 "관(觀)을 배우지 않고 경(經)만 배우면 오주(五周)의 인과를 들었더라도 삼중(三重)의 성덕(性德)은 통하지 못하며, 경은 배우지 않고 관만 배우면 삼중의 성덕을 깨쳐도 오주의 인과는 분별하지 못한다."고 하였다. 내가 교관(敎觀)에 마음을 다 쓰는 까닭은 이 말에 깊이 감복하였기 때문이다.

  – 의천, 『대각국사 문집』 –

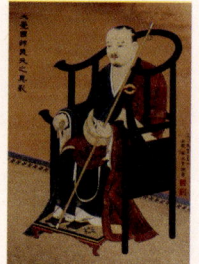
▲ 의천

해석 TIP
천태종을 중심으로 불교를 통합하려 노력했던 의천에 대한 사료이다. 의천은 **교관겸수(敎觀兼修)**로 이론의 연마와 실천의 겸비를 강조하는 교리를 주장하며 교종을 중심으로 선종을 통합하려 했다.

사료 읽기   지눌

- 지금의 불교계를 보면, 아침 저녁으로 행하는 일들이 비록 부처의 법에 의지하였다고 하나, 자신을 내세우고 이익을 구하는 데 열중하며 세속의 일에 골몰한다. 도덕을 닦지 않고 옷과 밥만 허비하니 비록 출가하였다고 하나 무슨 덕이 있겠는가? …… 하루는 같이 공부하는 사람 10여 인과 약속하였다. **마땅히 명예와 이익을 버리고 산림에 은둔하여 같은 모임을 맺자. 항상 선을 익히고 지혜를 고르는 데 힘쓰고, 예불하고 경전을 읽으며 힘들여 일하는 것에 이르기까지 각자 맡은 바 임무에 따라 경영한다.** 인연에 따라 성품을 수양하고 평생을 호방하게 고귀한 이들의 드높은 행동을 좇아 따른다면 어찌 통쾌하지 않겠는가?
― 『권수정혜결사문』 ―

▲ 지눌

해석 TIP

의천 사후 분열되고 부패된 불교를 개혁하고 승려 본연의 자세로 돌아갈 것을 주장한 지눌에 대한 사료이다. 지눌은 송광사(수선사)를 중심으로 신앙 결사 운동을 전개하면서 선종을 중심으로 불교를 통합하려 노력했다. 그는 정혜쌍수(定慧雙修), 돈오점수(頓悟漸修)를 주장하며 불교의 통합과 꾸준한 수행을 주장하였다. 그의 종파는 이후 조계종을 통해 고려 후기 불교계의 중심 종파로 성장하게 된다.

사료 읽기   삼국사기와 삼국유사

● 삼국사기

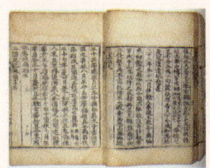
▲ 삼국사기

▲ 김부식

- 성상 전하께서 …… 예전의 사서를 박람하시고 "지금의 사대부들은 모두 오경과 제자의 책과 진한(秦漢) 역대의 사서에는 혹 널리 통하여 상세히 말하는 이는 있으나, 도리어 우리나라의 사실에 대하여는 망연하고 그 시말을 알지 못하니 심히 통탄할 일이다. 하물며 신라, 고구려, 백제가 나라를 세우고 정립하여 능히 예의로서 중국과 교통한 까닭으로 한서나 당서에는 모두 열전이 있으나, 국내는 상세하고 국외는 소략하게 써서 자세히 실리지 않은 것이 적지 않고, 또한 **고기(古記)에는 문자가 거칠고 잘못되고 사적이 빠져 없어진 것이 많으므로, 군주와 제후의 선악이나 신하의 충사(忠邪)나 국가의 안위나 인민의 이란 등을 모두 잘 드러내어 뒷사람들에게 경계를 전할 수 없게 되었으니 마땅히 삼장의 인재를 얻어 한 나라의 역사를 이룩하고 이를 만세에 남겨 주는 교훈으로 하여 명성진과 같이 밝히고 싶다.**" 하셨습니다.
― 『삼국사기』 ―

● 삼국유사

▲ 삼국유사

▲ 일연

- 대체로 성인은 예악으로써 나라를 일으키고 인의로써 가르침을 베푸는데, 괴이하고 신비한 것은 말하지 않는 것이다. 그러나 제왕이 장차 일어날 때에는 천명과 비기록을 받게 되므로, 반드시 남보다 다른 일이 있었다. 그래야만 능히 큰 변화를 타서 대기를 잡고 큰 일을 이룰 수 있는 것이다. 그런 까닭으로 하수에서 그림이 나오고 낙수에서 글이 나오고 성인이 일어났던 것이다. 무지개가 신모를 둘러서 복희를 낳았고, 용이 여등에게 교감하여 염제를 낳았으며, 황아가 궁상의 뜰에서 놀 때, 스스로 백제의 아들이라는 신동이 있어, 사귀어 소호를 낳고 …… 용과 큰 못에서 교접하여 패공을 낳았던 것이다. …… 그렇다면 **삼국의 시조가 모두 신비스러운 데서 탄생하였다는 것이 무엇이 괴이하랴.**
― 『삼국유사』 ―

| 빈출 Keyword 333 | 3단원 : 고려 귀족 사회의 형성과 변천 |  |

	Keyword	설 명
01	태조 왕건	사심관·기인, 북진정책, 청천강~영흥만, 거란 배척
02	광종	노비안검법, 과거제, 연호(광덕·준풍), 공복 제정
03	성종	최승로의 시무 28조 건의에 따라 유교를 정치 이념으로 확립, 12목 설치하여 지방관 파견, 불교 행사 축소
04	최승로	6두품 출신 유학자로 성종 때 시무 28조 개혁안 건의
05	2성 6부	중서문하성(의결기구), 상서성(집행기구)으로 구성된 고려의 중앙 정치 조직. 당의 제도 모방
06	도병마사	중서문하성의 2품 이상 '재신'과 중추원의 2품 이상 '추밀'이 모여 국방 문제를 회의하는 기구. 고려의 귀족 사회 전통을 보여줌
07	5도 양계	고려의 지방 행정 조직으로 일반 5도(안찰사 파견)와 군사구역 양계(병마사 파견)로 구성
08	2군 6위	고려의 중앙군으로 2군은 왕궁 수비 담당, 6위는 수도 방어 담당
09	음서	고려 5품 이상 고관들의 자제들이 과거 시험을 면제받을 수 있는 혜택
10	공음전	고려 5품 이상 고관들이 과전 이외에 지급받는 수조지로서 세습 가능
11	이자겸의 난	문벌 귀족으로 인종의 외척. 인종이 왕권을 강화하려는 과정에서 이자겸과 대립. 이자겸이 인종을 제거하려다 먼저 축출되는 결과를 초래
12	묘청	풍수지리설을 바탕으로 서경 천도 추진. 금국 정벌, 칭제 건원 주장, 개경파 김부식에게 진압
13	무신 정변	문벌 귀족 사회의 모순, 거듭된 문무차별로 인해 무신들의 난 발생. 1170년 무신들의 쿠데타가 성공하면서 의종을 폐하고 명종을 옹립. 무신들이 실권 장악. 이로서 문벌 귀족 사회 및 전시과 체제가 붕괴
14	중방	무신들의 회의 기구로, 무신 정변 이후 최고 권력 기구로 성장
15	최충헌	이의민을 제거하고 권력을 잡았으며, 이후 4대 60년 간 최씨 정권이 이어짐. '봉사 10조' 개혁안 건의. 교정도감 설치. 신변 보호기구인 도방 재설치
16	최우	최충헌의 아들로 인사 행정 기구 '정방' 설치. 사병집단 '삼별초' 설치. 몽골의 침략으로 강화도로 천도
17	교정도감	최충헌이 만든 정치 기구로, 최충헌이 교정별감으로 국정 장악
18	정방	최우가 만든 인사 행정 기구로, 왕의 권력을 제한하고 최씨 정권 충성 분자를 양성
19	망이·망소이	공주 명학소에서 차별받던 양민들로, 무신 정권 초기 세금 수탈에 항거하며 난을 일으킴. 이후 명학소는 충순현으로 승격
20	만적	최충헌의 사노비. 이의민 등장 이후 천민들의 신분 상승 기대감이 커지면서 만적을 중심으로 개경에서 노비들이 봉기. 최충헌이 진압
21	강동 6주	거란의 1차 침입 때 서희가 거란 장수 소손녕과 외교 담판을 벌여 획득한 서북 영토. 압록강 유역으로 국경 확장
22	귀주대첩	거란의 3차 침입 때 강감찬이 거란군 최종 격파. 이후 국경에 천리장성 축조
23	별무반	윤관이 여진 정벌을 위해 설치한 특수 부대. 신기군·신보군·항마군으로 구성. 동북 9성을 축조하였으나, 1년 만에 여진에게 반환
24	김윤후	대몽항쟁 때 대표 승병으로서, 몽골의 2차 침입 당시, 처인 부곡민들과 함께 나서 몽골군 장수 살리타를 사살
25	삼별초	최우가 설치한 사병 집단. 몽골과 강화를 맺고 고려 정부가 개경으로의 환도를 추진하자, 끝까지 반대. 강화도, 진도, 제주도로 이동하며 항전하다 여·몽 연합군에게 진압 당함
26	정동행성	원이 설치한 내정 간섭 기구. 공민왕 때 폐지
27	권문세족	원 간섭기 때 성장한 친원파. 불교와 결탁. 대농장 겸병

빈출 Keyword 333 — 3단원 : 고려 귀족 사회의 형성과 변천

	Keyword	설 명
28	공민왕	권문세족 숙청(기철), 정동행성·정방 폐지, 쌍성총관부 무력으로 탈환, 의주~길주 영토 확장, 몽골풍 폐지, 관제 복구, 신돈의 전민변정도감 개혁, 공녀 금지
29	전민변정도감	공민왕 때 권문세족이 불법적으로 차지한 땅과 노비를 원래 상태로 복구하기 위해 설치한 개혁 기구로 신돈이 수상
30	신진 사대부	공민왕의 개혁 정치 때 성장한 성리학자들로, 권문세족과 대립
31	위화도 회군	신흥 무인 세력 이성계가 요동 정벌군을 위화도에서 회군시켜 최영을 제거하고 실권을 장악. 이후 신진 사대부에게 개혁의 전권을 넘김
32	전시과	전지(수조지), 시지(임야)를 등급에 따라 과전으로 지급
33	민전	개인의 사유지로 매매·상속·증여·임대가 가능
34	시비법	땅에 거름을 주는 농법으로, 고려 때 처음 등장하여 점차 휴경이 축소. 조선 초에는 휴경이 완전 소멸함
35	소 수공업	고려 초기 수공업 형태로, 관청에서 필요한 관수품을 특수 행정 구역인 '소'에서 조달
36	벽란도	예성강 하구의 고려 시대 대표 무역항. 아라비아 상인들까지 드나들며 '코리아'라는 이름을 서방에 알림
37	외거 노비	주인과 따로 거주하는 노비. 결혼과 재산 소유가 가능하기 때문에 축적된 재산으로 신분을 상승시키는 경우도 있음
38	향리	지방의 실질적 행정 업무를 처리. 속현과 향·부곡·소에는 지방관이 파견되지 않기 때문에, 고려 시대에는 향리들의 권한이 큰 편
39	의창	고려~조선까지 곡식을 대여해주는 기관으로, 고구려 진대법과 유사
40	향도	고려 초기에는 '매향' 활동을 하는 불교 신앙 조직으로 시작. 후기로 갈수록 농민들의 공동 노동 조직화
41	국자감	고려 시대 최고 교육 기관. 7품 이상 유학부, 8품 이하와 평민들의 자제는 기술학부로 입학. 이후 성균관으로 개칭. 공민왕 때 순수 유교 교육 기관화
42	삼국사기	김부식이 인종 때 편찬한 현존하는 최고(最古) 역사서. 기전체 방식. 신라 계승 의식에 기반한 유교적 합리주의 사관에 의해 쓰여짐
43	동명왕편	최씨 정권기에 문신이였던 이규보가 지은 글로, '고구려 계승 의식의 확인' 측면에서는 자주성을 높이 평가
44	삼국유사	원 간섭기에 일연 스님이 쓴 역사서로, 단군의 건국 신화가 최초로 소개. 자주성과 민족성을 높이 평가
45	의천	문벌 귀족의 후원 속에 화엄종 중심으로 교종 통합. 이후에 교종 중심으로 선종 통합하여 해동 천태종 창시. '교관겸수' 강조
46	지눌	무신 정권의 후원 속에 수선사 결사 운동. 선종 중심의 교종 통합. 조계종 창시. '돈오점수', '정혜쌍수' 강조
47	월정사 8각 9층탑	고려 시대 다각다층탑의 대표. 화려한 귀족 문화를 반영
48	경천사지 10층 석탑	원의 영향을 받아 만들어진 10층 탑으로, 현재 국립 중앙 박물관 내 위치
49	논산 관촉사 석조미륵보살 입상	고려 초 호족들이 집권할 당시에 만들어진, 지방의 특색을 살린 개성 있는 불상의 대표
50	주심포 양식	지붕의 무게 분산을 위한 공포를 기둥 위에만 짜 넣는, 고려 목조 건축물의 대표 양식
51	상감청자	고려 순청자에 상감기법을 입힌 것으로, 12~13세기에 유행. 원 간섭기에 퇴조
52	팔만대장경	몽골과의 항쟁 과정에서 불에 탄 초조대장경을 강화도에서 팔만대장경으로 재간행
53	직지심체요절	1377년 청주 흥덕사에서 간행한 현존하는 세계 최고(最古) 금속활자본. 현재 프랑스에 소재

기출문제

[2020년 49회 심화 11번]

01 다음 가상 인터뷰의 왕이 추진한 정책으로 옳은 것은? (2점)

- 김부를 경주의 사심관으로 임명하신 의도는 무엇인가요?
- 투항한 김부의 공을 치하하고, 부호장 이하의 관직 등에 대한 일을 맡게 하여 지방 세력을 견제하고자 한 것입니다.

① 흑창을 설치하여 빈민을 구제하였다.
② 양현고를 두어 장학 기금을 마련하였다.
③ 노비안검법을 시행하여 재정을 확충하였다.
④ 전국에 12목을 설치하고 지방관을 파견하였다.
⑤ 전시과 제도를 마련하여 관리에게 토지를 지급하였다.

[2020년 47회 심화 11번]

02 (가) 시기에 있었던 사실로 옳은 것은? (2점)

- 훈요 10조를 지어 후세에 전하노니, 밤낮으로 펼쳐보아 영구히 귀감으로 삼도록 하라.
→ (가) →
- 신 최승로, 시무 28조를 작성하여 장계와 함께 따로 봉하여 올립니다.

① 정방이 설치되었다.
② 별무반이 편성되었다.
③ 노비안검법이 실시되었다.
④ 독서삼품과가 시행되었다.
⑤ 정동행성 이문소가 폐지되었다.

[2017년 35회 고급 11번]

03 다음 상소문을 수용한 국왕의 정책으로 옳은 것은? (2점)

> 왕이 명령하기를, "…… 경관(京官) 5품 이상은 각기 봉사를 올려 시정(時政)의 잘잘못을 논하라."라고 하였다. …… 최승로가 올린 글의 대략은 다음과 같다. "…… 이제 앞선 5대 조정(朝廷)의 정치와 교화에 대해서 본받을 만한 좋은 행적과 경계할 만한 나쁜 행적을 삼가 기록하여 조목별로 아뢰겠습니다. ……"
> — 『고려사절요』 —

① 12목을 설치하고 지방관을 파견하였다.
② 관학 진흥을 위해 양현고를 설치하였다.
③ 왕권 강화를 위해 노비안검법을 실시하였다.
④ 신돈을 등용하고 전민변정도감을 설치하였다.
⑤ 빈민을 구제하기 위해 흑창을 처음 설치하였다.

[2020년 48회 심화 14번]

04 (가) 기구에 대한 설명으로 옳은 것은? (1점)

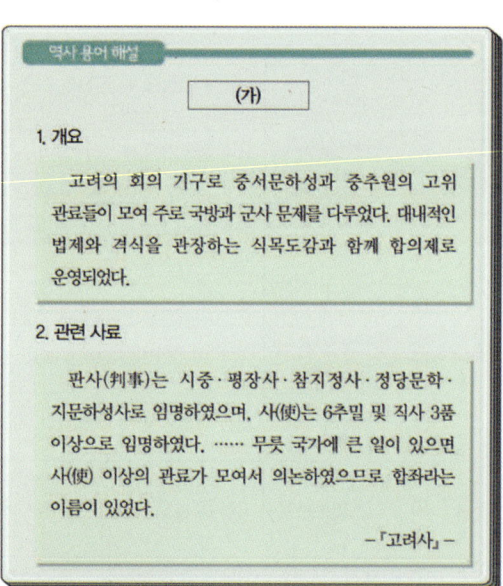

① 수도의 치안과 행정을 담당하였다.
② 사헌부, 사간원과 함께 3사로 불렸다.
③ 원 간섭기에 도평의사사로 개편되었다.
④ 화폐와 곡식의 출납 회계를 담당하였다.
⑤ 관리 임명에 대한 서경권을 가지고 있었다.

05 (가)에 들어갈 내용으로 옳은 것을 <보기>에서 고른 것은?

[2016년 30회 중급 11번] (2점)

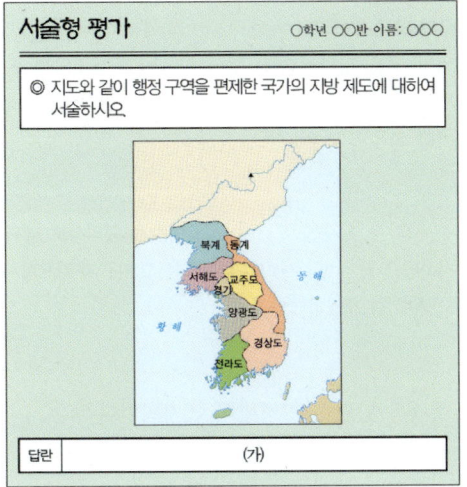

서술형 평가

◎ 지도와 같이 행정 구역을 편제한 국가의 지방 제도에 대하여 서술하시오.

답란: (가)

보기
ㄱ. 주요 지역에 5개의 소경을 두었다.
ㄴ. 향촌 자치 기구인 유향소를 설치하였다.
ㄷ. 각 도를 감찰하기 위해 안찰사를 파견하였다.
ㄹ. 지방관이 파견되지 않은 속현이 주현보다 많았다.

① ㄱ, ㄴ ② ㄱ, ㄷ ③ ㄴ, ㄷ
④ ㄴ, ㄹ ⑤ ㄷ, ㄹ

07 (가)에 대한 고려의 대응으로 옳은 것은?

[2017년 35회 고급 12번] (2점)

> (가) 의 병사가 귀주를 지나자 강감찬 등이 동교(東郊)에서 맞아 싸웠다. …… 아군이 추격하여 석천을 건너 반령에 이르니 시신이 들을 덮고 사로잡은 사람과 노획한 말·낙타, 갑옷·무기는 모두 헤아릴 수 없었다. 살아서 돌아간 자가 (십만여 명 중에서) 겨우 수천 명이니 (가) 이/가 패한 것이 이보다 심한 적이 없었다.
> - 『고려사』-

① 화포를 사용하여 진포에서 격퇴하였다.
② 별무반을 편성하여 동북 9성을 개척하였다.
③ 개경에 나성을 축조하여 침입에 대비하였다.
④ 이종무로 하여금 근거지를 정벌하게 하였다.
⑤ 도읍을 강화도로 옮겨 장기 항쟁을 준비하였다.

06 (가) 시기에 있었던 사실로 옳은 것은?

[2016년 31회 중급 13번] (3점)

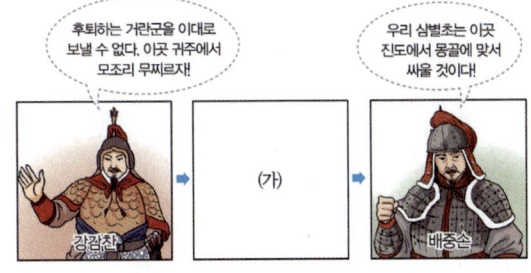

① 이성계가 위화도에서 회군하였다.
② 윤관이 별무반 편성을 건의하였다.
③ 최영이 홍산에서 왜구에 대승을 거두었다.
④ 공민왕이 친원 세력인 기철 등을 숙청하였다.
⑤ 서희가 외교 협상을 통하여 강동 6주를 획득하였다.

08 다음 자료에 나타난 시기의 경제 상황으로 옳은 것은?

[2020년 49회 심화 13번] (1점)

> ○ 화폐를 주조하는 법을 제정하여, 그것에 따라 주조한 전(錢) 15,000관을 재추와 문무 양반 및 군인에게 나누어 주어 화폐 사용의 시작점으로 삼고 이름을 해동통보라고 하였다.
> ○ 주현에 명령하여 미곡을 내어 술과 음식을 파는 점포를 열고 백성에게 교역을 허락하여 전(錢)의 이로움을 알게 하였다.

① 모내기법이 전국적으로 확산되었다.
② 초량 왜관을 통해 일본과 무역하였다.
③ 독점적 도매상인인 도고가 활동하였다.
④ 감자, 고구마 등의 작물이 널리 재배되었다.
⑤ 경시서의 관리들이 수도의 시전을 감독하였다.

[2018년 38회 중급 14번]

09 (가), (나) 사이의 시기에 있었던 사실로 옳은 것은? (3점)

> (가) 이자겸의 권세와 총애가 나날이 커지니, …… 남의 토지를 강탈하고 종들을 풀어 백성들의 수레와 말을 빼앗아 자기의 물건을 실어 나르니, 힘없는 백성들은 모두 수레를 부수고 소와 말을 팔아 치우느라 도로가 소란스러웠다.
>
> (나) 정중부가 성난 목소리로 한뢰에게 따지기를, "이소응이 비록 무인이기는 하나 벼슬이 3품인데 어째서 이처럼 심하게 모욕을 하는가?"라고 하였다. …… 처음에 정중부와 이의방 등이 약속하여 말하기를, "우리들은 오른쪽 어깨를 드러내고 관모를 벗을 것이다. 그렇게 하지 않은 사람은 모두 죽이자."라고 하였다.

① 묘청이 서경에서 난을 일으켰다.
② 홍경래가 평안도에서 봉기하였다.
③ 광종이 노비안검법을 실시하였다.
④ 최익현이 의병장으로 활약하였다.
⑤ 임경업이 백마산성에서 항전하였다.

[2019년 44회 고급 13번]

10 (가)~(라)를 일어난 순서대로 옳게 나열한 것은? (2점)

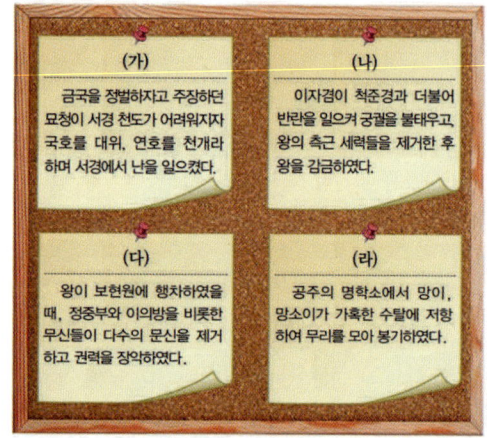

① (가) - (나) - (다) - (라)
② (가) - (나) - (라) - (다)
③ (나) - (가) - (다) - (라)
④ (나) - (가) - (라) - (다)
⑤ (다) - (가) - (나) - (라)

[2020년 46회 심화 15번]

11 (가), (나) 사이의 시기에 있었던 사실로 옳은 것은? (2점)

> (가) 최우가 왕에게 아뢰어 속히 대전(大殿)에서 내려와 서쪽 강화도로 행차할 것을 청하였으나, 왕이 망설이고 결정하지 못하였다. 최우가 녹전거(祿轉車) 100여 대를 빼앗아 집안의 재물을 강화도로 옮기니, 수도가 흉흉하였다.
> – 『고려사절요』 –
>
> (나) 재추(宰樞)가 옛 수도로 다시 천도할 것을 회의하고 날짜를 정해 게시하였으나, 삼별초가 다른 마음을 품고 따르지 않으면서 함부로 부고(府庫)를 개방하였다.
> – 『고려사』 –

① 인사 행정을 담당하던 정방이 폐지되었다.
② 만적이 개경에서 신분 해방을 도모하였다.
③ 묘청이 중심이 되어 서경 천도를 주장하였다.
④ 정중부 등이 정변을 일으켜 권력을 장악하였다.
⑤ 외적의 침입을 받아 황룡사 구층 목탑이 소실되었다.

[2020년 50회 심화 15번]

12 다음 검색창에 들어갈 인물에 대한 설명으로 옳은 것은? (2점)

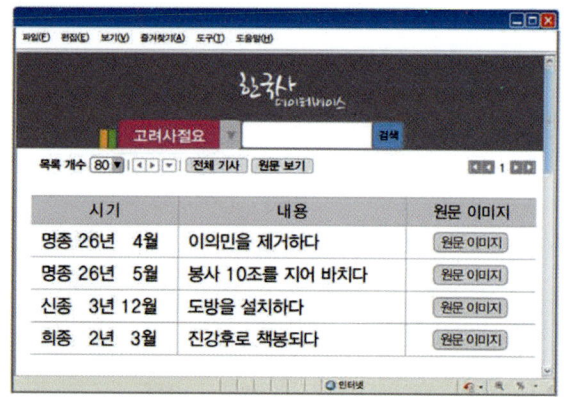

① 서경에서 난을 일으키고 국호를 대위로 하였다.
② 화약과 화포 제작을 위한 화통도감 설치를 건의하였다.
③ 삼별초를 이끌고 진도로 이동하여 대몽 항쟁을 펼쳤다.
④ 교정별감이 되어 인사, 재정 등 국정 전반을 장악하였다.
⑤ 전민변정도감의 책임자로 임명되어 권문세족을 견제하였다.

[2018년 39회 고급 15번]

13 (가) 인물에 대한 설명으로 옳은 것은? (3점)

> ○ 고종 12년, …… 이때부터 (가) 은/는 정방을 자기 집에 설치하고 문사를 선발하여 여기에 소속시켰으니, 이를 비칙치라고 불렀다.
> — 『고려사』 —
>
> ○ 고종 14년, (가) 의 문객들은 당대에 이름난 학자들이 많았는데, 이들을 3번(番)으로 나누어 돌아가면서 서방에서 숙직하도록 하였다.
> — 『고려사』 —

① 칭제 건원과 금국 정벌을 주장하였다.
② 봉사 10조를 올려 시정 개혁을 제안하였다.
③ 보현원에서 정변을 일으켜 정권을 장악하였다.
④ 강화도로 도읍을 옮겨 몽골의 침략에 대비하였다.
⑤ 전민변정도감의 판사가 되어 권문세족을 견제하였다.

[2017년 34회 중급 12번]

14 다음 대화 이후에 전개된 사실로 옳은 것은? (2점)

① 최승로가 시무 28조를 건의하였다.
② 만적이 개경에서 반란을 도모하였다.
③ 김유신이 황산벌 전투에서 승리하였다.
④ 대광현이 발해 유민을 이끌고 투항하였다.
⑤ 윤관이 별무반을 이끌고 여진을 정벌하였다.

[2016년 30회 고급 15번]

15 다음 두 사건이 일어난 시기를 연표에서 옳게 고른 것은? (2점)

> ○ 동북면 병마사 간의대부 김보당이 동계(東界)에서 군사를 일으켜 …… 전왕(前王)을 복위시키고자 하였다. …… (김보당은) 장순석 등을 거제로 보내 전왕을 받들어 계림에 모시게 하였다.
>
> ○ 서경 유수 조위총이 군사를 일으켜 …… 동북 양계(兩界)의 여러 성들에 격문을 보내어 사람을 모았다. 겨울 10월 기미일에 중서시랑평장사 윤인첨을 보내 삼군(三軍)을 거느리고 조위총을 공격하게 하였다.
> — 『고려사』 —

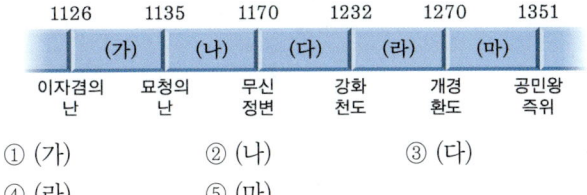

① (가) ② (나) ③ (다)
④ (라) ⑤ (마)

[2020년 49회 심화 16번]

16 (가) 국가의 침입에 대한 고려의 대응으로 옳은 것은? (2점)

① 화통도감을 두어 화포를 제작하였다.
② 진관 체제를 실시하여 국방을 강화하였다.
③ 별무반을 편성하고 동북 9성을 축조하였다.
④ 삼수병으로 구성된 훈련도감을 설치하였다.
⑤ 대장도감을 설치하여 팔만대장경을 간행하였다.

기출문제

17 (가) 국가의 침입에 대한 고려의 대응으로 옳지 않은 것은? (3점)

[2019년 42회 고급 16번]

> ○ (가) 의 장수 합진과 찰랄이 군사를 거느리고 …… 거란을 토벌하겠다고 말하면서 화주, 맹주, 순주, 덕주의 4개 성을 공격하여 격파하고 곧바로 강동성으로 향하였다. …… 조충과 김취려가 합진, 완안자연 등과 함께 병사를 합하여 강동성을 포위하니 적들이 성문을 열고 나와 항복하였다.
> - 「고려사」 -
>
> ○ (가) 에서 조서를 보내 이르기를, "…… 너희들이 모의하여 [우리 사신] 저고여를 죽이고서는 포선만노의 백성들이 죽였다고 한 것이 세 번째 죄이다. ……"라고 하였다.
> - 「고려사」 -

① 강화도로 도읍을 옮겨 항전하였다.
② 김윤후가 처인성 전투에서 활약하였다.
③ 화포를 이용하여 진포에서 대승을 거두었다.
④ 다인철소 주민들이 충주 지역에서 저항하였다.
⑤ 대장도감을 설치하여 팔만대장경판을 만들었다.

18 (가) 군사 조직에 대한 설명으로 옳은 것은? (1점)

[2020년 48회 심화 11번]

① 최씨 무신 정권의 군사적 기반이었다.
② 거란의 침입에 대비하여 창설되었다.
③ 신기군, 신보군, 항마군으로 구성되었다.
④ 유사시에 향토 방위를 맡는 예비군이었다.
⑤ 옷깃 색을 기준으로 9개의 부대로 편성되었다.

19 밑줄 그은 '왕'의 업적으로 옳은 것은? (3점)

[2016년 30회 중급 17번]

① 주요 지역에 12목을 설치하고 지방관을 파견하였다.
② 기인 제도를 처음 시행하여 지방 호족을 견제하였다.
③ 후주 출신 쌍기의 건의를 받아들여 과거제를 실시하였다.
④ 과전법을 시행하여 신진 사대부의 경제적 기반을 마련하였다.
⑤ 정동행성 이문소를 폐지하고 친원 세력인 기철 등을 숙청하였다.

20 (가) 지역에 대한 탐구 활동으로 가장 적절한 것은? (2점)

[2016년 32회 고급 20번]

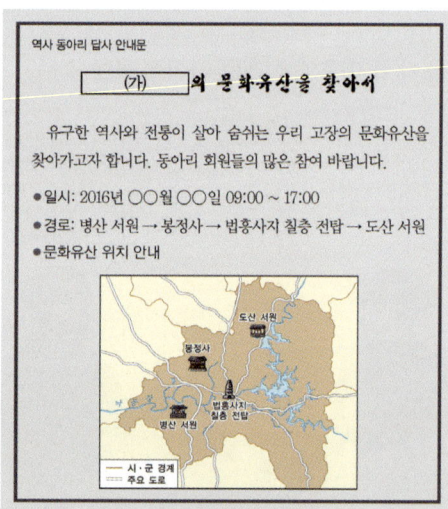

① 대몽 항쟁을 펼친 삼별초의 근거지를 파악한다.
② 홍건적의 침략 당시 공민왕이 피란한 지역을 찾아본다.
③ 인조가 피신하여 청군과 항전을 벌인 장소를 알아본다.
④ 양헌수가 이끈 부대가 프랑스군을 격퇴한 곳을 조사한다.
⑤ 북로 군정서군이 일본군에 대승을 거둔 전적지를 검색한다.

21 밑줄 그은 '왕'에 대한 설명으로 옳은 것은? (2점)

> 왕이 지정(至正) 연호의 사용을 중지하고 교서를 내려 말하기를, "…… 기철 등이 군주의 위세를 빙자하여 나라의 법도를 뒤흔들었다. 자신의 기분에 따라 관리를 마음대로 임명하여 정령(政令)이 원칙 없이 바뀌었다. 남이 토지를 가지고 있으면 그것을 차지하고, 노비를 가지고 있으면 빼앗았다. …… 이제 다행히도 조종(祖宗)의 영령에 기대어 기철 등을 처단할 수 있었다."라고 하였다.
> ─ 『고려사』 ─

① 중서문하성과 상서성을 복구하였다.
② 원의 요청으로 일본 원정에 참여하였다.
③ 조준 등의 건의로 과전법을 제정하였다.
④ 이인임 일파를 축출하고 왕권을 회복하였다.
⑤ 쌍기의 건의를 받아들여 과거제를 실시하였다.

22 다음 자료에 나타난 시기의 사실로 옳은 것은? (1점)

> 흔도·홍다구·김방경이 일본의 세계촌 대명포에 이르러 통사 김저로 하여금 격문으로 이들을 회유하게 하였다. 김주정이 먼저 왜와 교전하자 여러 군사들이 모두 내려와 전투에 참여하였는데, 낭장 강언과 강사자 등이 전사하였다. 여러 군사가 일기도(一岐島)로 향할 때 수군 130명과 뱃사공 36명이 풍랑을 만나 행방을 잃었다.

① 왕조 교체를 예언하는 정감록이 유포되었다.
② 지배층을 중심으로 변발과 호복이 확산되었다.
③ 교정도감이 국정을 총괄하는 기구로 부상하였다.
④ 이자겸이 왕실의 외척이 되어 권력을 독점하였다.
⑤ 김사미와 효심이 가혹한 수탈에 저항하여 봉기하였다.

23 다음 제도가 시행된 국가의 경제 상황으로 옳은 것은? (2점)

> ○ 경종 원년, 처음으로 직관(職官)과 산관(散官) 각 품의 전시과를 제정하였다.
> ○ 문종 30년, 양반 전시과를 다시 고쳤다. 제1과는 중서령, 상서령, 문하시중으로 전지 100결과 시지 50결을 주며, …… 제18과는 한인(閑人), 잡류(雜類)로 전지 17결을 주었다.

① 솔빈부의 말이 특산물로 거래되었다.
② 청해진이 국제 무역 거점으로 번성하였다.
③ 시장을 감독하는 관청인 동시전이 설치되었다.
④ 건원중보가 발행되어 금속 화폐의 통용이 추진되었다.
⑤ 설점수세제의 시행으로 민간의 광산 개발이 허용되었다.

24 교사의 질문에 대한 학생의 답변으로 옳은 것은? (3점)

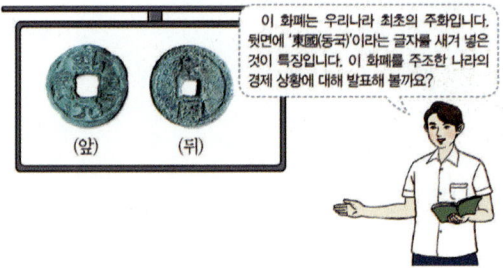

이 화폐는 우리나라 최초의 주화입니다. 뒷면에 '東國(동국)'이라는 글자를 새겨 넣은 것이 특징입니다. 이 화폐를 주조한 나라의 경제 상황에 대해 발표해 볼까요?

① 모내기법이 전국적으로 확산되었습니다.
② 감자, 고구마 등의 구황 작물이 재배되었습니다.
③ 3포가 개항되어 일본과의 교역이 이루어졌습니다.
④ 수도에 시전을 감독하는 경시서가 설치되었습니다.
⑤ 우리 풍토에 맞는 농법을 기록한 농사직설이 편찬되었습니다.

[2017년 35회 고급 13번]

25 다음 제도를 운영한 국가의 지방 통치에 대한 설명으로 옳은 것은? (2점)

> 6위를 설치하였다. …… 6위에 직원(職員)과 장수를 배치하였다. 그 후에 응양군과 용호군 2군을 설치하였는데, 2군은 6위보다 지위가 높았다.

① 전국을 5경 15부 62주로 나누었다.
② 특수 행정 구역으로 향, 부곡, 소가 있었다.
③ 지방 장관으로 욕살, 처려근지 등을 두었다.
④ 상수리 제도를 실시하여 지방 세력을 견제하였다.
⑤ 수도의 위치가 치우친 것을 보완하기 위해 5소경을 설치하였다.

[2017년 34회 고급 19번]

26 교사의 질문에 대한 학생의 답변으로 옳은 것은? (2점)

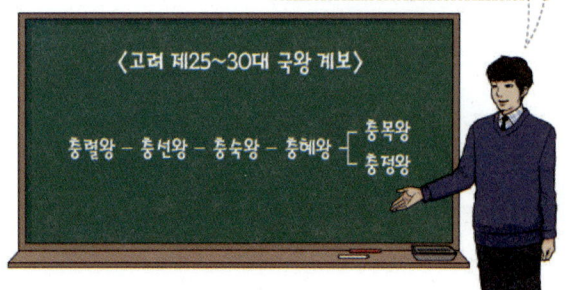

① 최초의 서원인 백운동 서원이 건립되었습니다.
② 서얼이 규장각 검서관에 등용되기도 하였습니다.
③ 변발과 호복이 지배층을 중심으로 유행하였습니다.
④ 세계 지도인 혼일강리역대국도지도가 제작되었습니다.
⑤ 망이·망소이가 가혹한 수탈에 저항하여 봉기하였습니다.

[2018년 39회 고급 17번]

27 (가)에 들어갈 문화유산으로 옳지 않은 것은? (1점)

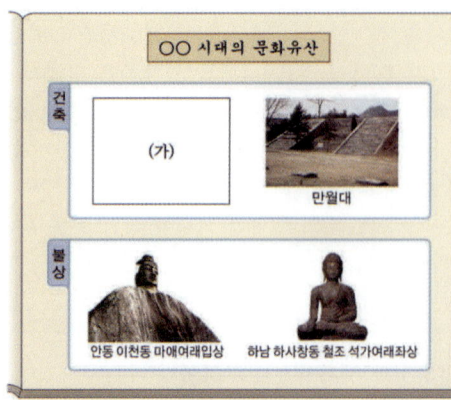

[2020년 50회 심화 12번]

28 (가) 역사서에 대한 설명으로 옳은 것은? (2점)

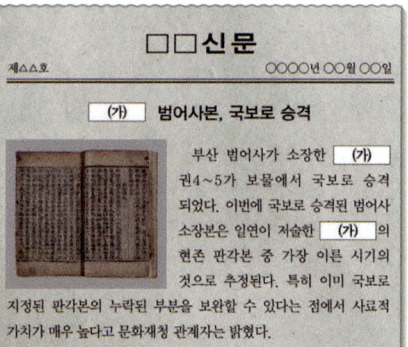

① 단군의 건국 이야기를 수록하였다.
② 사초, 시정기 등을 바탕으로 편찬되었다.
③ 왕명에 의해 고승들의 전기를 기록하였다.
④ 본기, 열전 등 기전체 형식으로 서술되었다.
⑤ 서사시 형태로 고구려 계승 의식이 반영되었다.

29 (가)에 들어갈 내용으로 옳은 것을 <보기>에서 고른 것은? (2점)

[2019년 44회 고급 17번]

보기
ㄱ. 기기도설을 참고하여 거중기를 제작했어요.
ㄴ. 화통도감을 설치하여 화약과 화포를 제작했어요.
ㄷ. 우리의 약재를 소개한 향약구급방을 편찬했어요.
ㄹ. 농업 기술 혁신 방안을 제시한 임원경제지가 저술됐어요.

① ㄱ, ㄴ　　② ㄱ, ㄷ　　③ ㄴ, ㄷ
④ ㄴ, ㄹ　　⑤ ㄷ, ㄹ

31 밑줄 그은 '이 자기'에 해당하는 문화유산으로 옳은 것은? (1점)

[2019년 45회 고급 12번]

① 　② 　③
④ 　⑤

30 (가) 인물에 대한 설명으로 옳은 것은? (2점)

[2018년 41회 고급 15번]

① 국청사를 중심으로 해동 천태종을 창시하였다.
② 법화 신앙에 중점을 둔 백련 결사를 주도하였다.
③ 정혜사를 결성하여 불교계를 개혁하고자 하였다.
④ 유불 일치설을 주장하여 심성의 도야를 강조하였다.
⑤ 승려들의 전기를 정리하여 해동고승전을 편찬하였다.

32 (가) 지역에서 일어난 사실로 옳지 않은 것은? (3점)

[2016년 30회 고급 16번]

① 최충헌의 사노비 만적 등이 난을 도모하였다.
② 고려 말 정몽주가 이방원 세력에 의해 피살되었다.
③ 남북한 경제 협력 사업의 일환으로 공단이 건설되었다.
④ 조선 후기 송상이 근거지로 삼아 전국적으로 활동하였다.
⑤ 일제 강점기에 조만식 등이 물산 장려 운동을 시작하였다.

[2020년 46회 고급 14번]

33 (가)에 들어갈 내용으로 적절한 것은? (2점)

① 일연이 삼국유사를 집필하였습니다.
② 원효가 금강삼매경론을 저술하였습니다.
③ 의천이 신편제종교장총록을 편찬하였습니다.
④ 지눌이 정혜쌍수와 돈오점수를 내세웠습니다.
⑤ 요세가 법화 신앙을 바탕으로 백련 결사를 이끌었습니다.

[2020년 50회 심화 14번]

34 다음 사진전에 전시될 사진으로 적절하지 않은 것은? (2점)

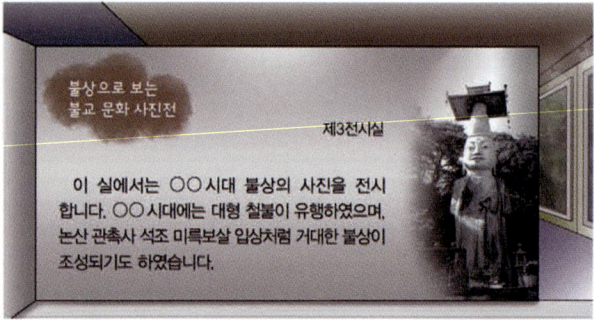

①  ②  ③

④  ⑤

[2016년 31회 고급 18번]

35 (가)~(마)에 해당하는 문화유산으로 옳지 않은 것은? (3점)

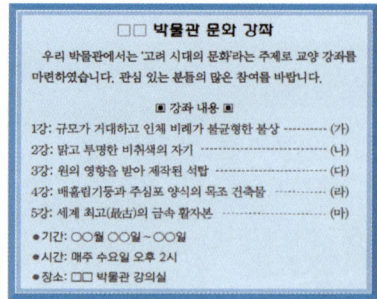

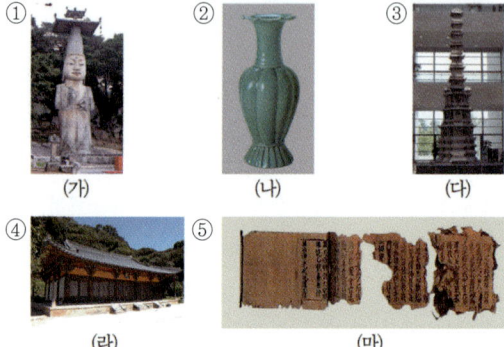

[2018년 41회 고급 17번]

36 (가)에 들어갈 사진으로 적절한 것은? (2점)

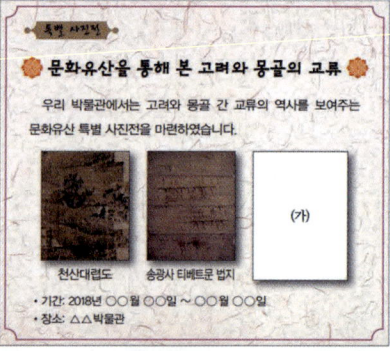

①  ②  ③

④  ⑤

정답 및 해설

01 ①
제시된 자료에서 '사심관'의 내용을 통해 가상 인터뷰의 대상이 고려 태조 왕건임을 알 수 있다. 태조 왕건은 빈민 구제 기구로 흑창을 설치하였다.

오답분석
② 예종
③ 광종
④ 성종
⑤ 경종

02 ③
제시된 자료의 왼쪽 그림은 '훈요 10조'의 내용으로 보아 고려 태조 왕건, 오른쪽 그림은 '시무 28조'의 내용으로 보아 고려 성종에 대한 내용임을 알 수 있다. 노비안검법의 실시는 (가) 시기인 고려 광종 때 실시되었다.

오답분석
① 무신정권기 최우
② 고려 숙종
④ 통일신라 원성왕
⑤ 고려 공민왕

03 ①
제시된 자료의 최승로를 통해 밑줄 그은 왕이 성종임을 알 수 있다. 고려 성종은 최승로의 5조 정적평과 시무 28조를 받아들여 국정에 반영하였다. ① 고려 성종은 12목을 설치하고 지방관을 파견하였다.

오답분석
② 고려 예종은 위축된 관학을 진흥시키기 위해서 국자감을 국학으로 고치고 장학재단인 양현고를 설치하였다.
③ 고려 광종은 억울하게 노비가 된 자를 풀어주는 노비안검법을 실시하여 왕권 강화를 도모하였다.
④ 고려 공민왕은 신돈을 등용하여 전민변정도감을 통해 권문세족을 견제하려고 하였다.
⑤ 고려 태조는 춘대추납의 원칙에 의해 운영되는 흑창을 설치하여 백성을 구휼하였다.

04 ③
제시된 자료에서 '고려의 회의 기구', '중서문하성과 중추원의 고위 관료', '국방과 군사 문제를 다루었다'는 내용으로 보아 (가) 기구는 도병마사임을 알 수 있다. 도병마사는 원 간섭기에 개편되어 권문세족이 장악하였다.

오답분석
① 조선 한성부
② 조선 홍문관
④ 고려 삼사
⑤ 고려 대간

05 ⑤
지도에서 전국을 경기 지방과 5도, 양계로 나눈 것을 통해 고려 시대의 행정 구역임을 알 수 있다. 5도는 상설 행정기관이 없는 일반 행정 단위였으며, 안찰사가 파견되어 도 내의 주·부·군·현의 순찰을 담당하였다. 또한 고려 시대에는 지방관이 파견되는 주현보다 파견되지 않는 속현이 더 많았다.

오답분석
ㄱ. 통일 신라
ㄴ. 조선

06 ②
자료의 (가) 시기는 강감찬의 귀주대첩 이후 삼별초 항쟁 이전의 시기이다. (가) 시기에는 윤관이 여진을 정벌하고 동북 9성을 쌓았다. ② 고려는 윤관의 건의로 별무반을 편성하여 여진을 정벌하였다.

07 ③
제시된 사료의 '귀주', '강감찬'을 통해 (가)가 거란임을 알 수 있다. 거란의 3차 침입 당시 강감찬은 귀주에서 거란을 상대로 대승을 거두었다. ③ 거란의 3차 침입을 막은 후 고려는 개경에 나성을 축조하여 또 다른 북방 민족의 침입에 대비하였다.

오답분석
① 고려 우왕 때 최무선은 화포를 개발하여 진포에서 왜구를 격퇴하였다.
② 고려 예종 때 윤관은 별무반을 편성하여 여진족을 토벌하고 동북 9성을 개척하였다.
④ 조선 세종 때 이종무는 쓰시마 섬의 왜구를 정벌하였다.
⑤ 고려 고종 때 몽골의 1차 침입 이후, 무신 정권은 강화도로 천도하여 장기 항쟁을 준비하였다.

08 ⑤
제시문에서 '해동통보'는 고려 숙종 때 주조된 화폐이다. 경시서는 고려, 조선 시대에 시전을 감독하는 관청이다.

오답분석
①,②,③,④ 조선 후기

09 ①

제시된 자료의 (가) 시기는 12세기 초반 고려 인종 때 외척이었던 이자겸이 권력을 쥐고 있던 때이며, (나) 시기는 12세기 후반 정중부, 이의방 등이 문신들을 제거하고 정권을 장악하는 무신 정변 때이다.
① 이자겸의 난 직후 국가를 안정시키기 위하여 묘청, 정지상 등의 서경 세력이 풍수지리 사상에 입각하여 서경 천도를 권유하였다. 그러나 김부식 등의 개경 세력의 반대로 서경 천도가 실패로 돌아가자 묘청이 서경에서 반란을 일으켰다.

오답분석
② 19세기 초반 서북 지방에 대한 차별이 원인이 되어 홍경래가 몰락한 양반, 광산 노동자 등을 이끌고 평안도에서 봉기하였다.
③ 광종은 노비의 신분을 조사하여 원래 양인이었던 자들 중에서 노비가 된 자들을 다시 양민으로 삼는 노비안검법을 실시하였다.
④ 최익현은 을사늑약이 체결된 이후 일어난 을사 의병에서 의병장으로 활약하였다.
⑤ 17세기 청이 조선을 침입하는 병자호란이 일어났다. 이때 임경업 등이 백마산성에서 항전하였다.

10 ③

(나) 이자겸의 난(1126) → (가) 묘청의 서경 천도 운동(1135) → (다) 무신정변(1170) → (라) 망이·망소이의 난(1176)

11 ⑤

(가)는 무신정권기 몽골의 침입으로 강화도로 천도(1232), (나)는 몽골의 침입 이후 개경으로 환도(1270)하기 이전 상황이다. 황룡사 구층 목탑은 몽골의 3차 침입(1235~1239) 때 소실되었다.

오답분석
① (나) 이후
②, ③, ④ (가) 이전

12 ④

제시된 자료에서 '이의민을 제거', '봉사 10조', '도방을 설치'의 내용을 통해 검색창에 들어갈 인물은 최충헌임을 알 수 있다. 최충헌은 국정 최고 기구로 교정도감을 설치하고 스스로 교정별감이 되어 국정을 장악하였다.

오답분석
① 묘청
② 최무선
③ 배중손
⑤ 신돈

13 ④

제시문에서 '정방을 자기 집에 설치', '서방'의 내용을 통해 (가) 인물은 최우임을 알 수 있다. 최우는 몽골이 침입하자 강화도로 천도하였다.

오답분석
① 묘청
② 최충헌
③ 정중부, 이의방
⑤ 신돈

14 ②

최충헌이 이의민을 제거했다는 내용을 통해 무신 집권기 상황임을 알 수 있다. ② 최충헌이 정권을 장악한 이후 노비였던 만적이 반란을 도모하였다.

오답분석
① 최승로가 시무 25조를 건의하였던 것은 고려 성종 때의 일이다.
③ 김유신이 황산벌 전투에서 승리하였던 것은 신라의 삼국 통일 과정에서 있었던 일이다.
④ 대광현이 발해 유민을 이끌고 투항하였던 것은 고려 태조 때의 일이다.
⑤ 윤관이 별무반을 이끌고 여진을 정벌하였던 것은 고려 예종 때의 일이다.

15 ③

동북면 병마사 김보당은 1173년 무신 정권에 반발해 거제도에 유배 중이던 의종을 받들어 난을 일으켰으나 진압되었다. 이때 많은 문신들이 다시 살해당하고 의종도 경주에서 이의민에게 살해되었다. 서경 유수 조위총은 1174년 무신 정권에 반발하여 서경에서 반란을 일으켰으나 실패했다. 이때 많은 농민이 이에 가세하여 조위총이 패한 뒤에도 수년간 저항을 계속하였다.

16 ⑤

제시된 자료에서 '사신 저고여'는 몽골 사신이다. 몽골은 사신 저고여가 피살된 것을 구실로 고려를 침입하였다(1231). 고려는 몽골의 침입을 불력으로 극복하기 위해 대장도감을 설치하여 팔만대장경을 간행하였다.

오답분석
① 화통도감은 고려 말 최무선의 건의로 설치되었다.
② 조선 세조 때의 사실이다.
③ 별무반 편성과 동북 9성 축조는 여진족의 침입을 막기 위함이었다.
④ 훈련도감은 임진왜란 과정에서 설치되었다.

17 ③
제시된 자료에서 '[우리 사신] 저고여'의 내용을 통해 (가) 국가는 몽골임을 알 수 있다.
③ 고려 말 우왕 때에 해당한다.

18 ①
제시된 자료에서 '강화도와 진도', '배중손', '제주도'의 내용을 통해 (가) 군사 조직은 삼별초임을 알 수 있다. 삼별초는 최씨 정권의 군사 기구로 대몽항쟁 과정에서 강화도, 진도, 제주도로 근거지를 옮기며 항전하였다.

오답분석
② 광군
③ 별무반
④ 잡색군
⑤ 9서당

19 ⑤
쌍성총관부를 공격하여 철령 이북의 땅을 수복한 것은 고려 공민왕의 업적이다. 공민왕은 밖으로는 반원 정책을 통해 고려의 자주권을 확보하고, 안으로는 권문세족을 누르고 왕권을 안정시키고자 하였다. 이에 권문세족이 장악하고 있던 정방을 폐지하고 고려의 내정을 간섭하던 정동행성 이문소를 폐지하였으며 기철로 대표되는 친원 세력을 숙청하였다.

오답분석
① 성종
② 태조
③ 광종
④ 공양왕

20 ②
다음 자료에서 설명하는 지역은 안동이다. ② 고려 말 홍건적이 침입하자 공민왕과 노국공주는 안동까지 피난하였다.

오답분석
① 강화도-진도-제주도
③ 남한산성
④ 강화도
⑤ 청산리

21 ①
제시문에서 '지정(至正) 연호의 사용을 중지', '기철 등이 군주의 위세를 빙자'의 내용을 통해 밑줄 그은 '왕'은 고려 공민왕임을 알 수 있다. 공민왕은 중서문하성과 상서성을 비롯하여 원 간섭기 때 격하된 관제를 복구하였다.

오답분석
② 원종(1차 원정), 충렬왕(2차 원정)
③ 공양왕
④ 우왕
⑤ 광종

22 ②
제시문에서 '흔도·홍다구·김방경이 일본의 세계촌 대명포', '왜와 교전'의 내용을 통해 원 간섭기 고려와 원나라의 연합군이 일본 정벌에 나선 내용임을 유추할 수 있다. 원 간섭기에는 변발, 호복 등 몽골풍이 유행하였다.

오답분석
① 조선 중기 이후
③,⑤ 무신정권기
④ 고려 전기

23 ④
제시문은 고려의 토지 제도인 전시과에 대한 내용이다. 고려 성종 때 최초의 동전인 건원중보가 발행되었다.

오답분석
① 발해
② 통일신라
③ 신라
⑤ 조선 후기

24 ④
다음 자료에서 제시한 우리나라 최초의 주화는 "건원중보"이다. ④ 고려 시대에 시전을 관리하는 관청으로 경시서가 설치되었고, 이는 조선 시대까지 이어졌다.

오답분석
①, ② 조선 후기
③ 조선 전기 이후
⑤ 조선 전기

정답 및 해설

25 ②
'6위', '응양군과 용호군 2군 설치'를 통해 제시된 자료가 중앙군 2군 6위를 운영한 고려에 대한 설명임을 알 수 있다. ② 고려에는 특수 행정 구역으로 향, 부곡, 소가 있었다.

오답분석
① 발해는 5경 15부 62주라는 지방 조직을 두고 도독, 자사, 현승 등의 관직을 두었다.
③ 고구려는 지방 조직을 대성, 성, 소성의 3개로 구분하고 욕살, 처려근지 등의 관직을 두어 관리를 파견하였다.
④ 통일 신라는 각 주의 지방 세력을 견제하기 위해서 지방 세력의 자제 중 한 명을 뽑아 중앙으로 보내게 하는 상수리 제도를 운영하였다.
⑤ 통일 신라는 수도 금성의 지리적 한계를 보완하기 위해 5소경을 설치하였다.

26 ③
충렬왕, 충선왕 등 왕의 시호가 충자로 시작된 시기는 원 간섭기에 해당한다. ③ 원 간섭기에는 변발과 호복 등 몽골풍이 지배층을 중심으로 유행하였다.

27 ②
제시된 자료의 '만월대', '안동 이천동 마애여래입상', '하남 하사창동 철조 석가여래좌상'은 모두 고려 시대의 문화유산이다.
② 법주사 팔상전은 조선 시대의 목조 건축물이다.

28 ①
제시된 자료의 '일연이 저술'의 내용을 통해 (가) 역사서는 『삼국유사』임을 알 수 있다. 『삼국유사』는 편년체로 기록되었으며, 단군 이야기가 수록되어 있다.

오답분석
② 조선왕조실록
③ 해동고승전
④ 삼국사기
⑤ 동명왕편

29 ③
제시된 자료에서 '직지심체요절', '사천대'의 내용을 통해 고려 시대 과학 기술의 발달에 대한 대화임을 알 수 있다.
ㄴ. 화통도감은 고려 우왕 때 최무선의 건의로 설치되었다.
ㄷ. 향약구급방은 고려 시대인 13세기에 편찬된, 현존하는 최고(最古)의 의서이다.

오답분석
ㄱ, ㄹ. 조선 후기

30 ①
제시된 자료에서 '문종의 아들', '신편제종교장총록'의 내용을 통해 (가) 인물은 의천임을 알 수 있다. 의천은 국청사를 중심으로 해동 천태종을 창시하여 교종 중심으로 선종을 통합하려 하였다.

오답분석
② 요세
③ 지눌
④ 혜심
⑤ 각훈

31 ④
제시된 자료에서 '상감 기법으로 고려 시대에 제작한 문화유산'의 내용을 통해 밑줄 그은 '이 자기'는 상감청자임을 알 수 있다.

오답분석
①,③,⑤ 조선 백자
② 청자소문과형병

32 ⑤
고려의 수도였던 (가)는 개성이다. 고려 시대 만적이 개성의 노비를 규합하여 난을 도모하다 실패하였고, 정몽주는 개성의 선죽교에서 피살되었다. 개성은 조선 후기 송상의 근거지였다. 2000년 6·15 공동 선언 이후 남북 교류협력의 하나로 개성 공단 조성이 합의되어 2003년 6월 개성 공단 착공식을 가졌다.
⑤ 물산 장려 운동은 평양에서 시작

33 ④
제시된 자료에서 '송광사'는 고려 무신정권기 조계종이 융성한 사찰로, 지눌이 송광사를 중심으로 정혜쌍수와 돈오점수를 바탕으로 수선사 결사 운동을 전개하였다.

34 ②
제시된 자료에서 '대형 철불이 유행', '논산 관촉사 석조 미륵보살 입상'의 내용을 통해 고려 시대의 불상에 대한 내용임을 알 수 있다.
② 경주 불국사 석굴암은 통일신라 시대에 제작되었다.

오답분석
① 하남 하사창동 철불
③ 안동 연미사 마애여래입상
④ 영주 부석사 소조아미타여래
⑤ 하남 교산 마애약사여래좌상

35 ⑤

현존하는 가장 오래된 금속 활자본은 직지심체요절이다. 무구정광대다라니경은 현존하는 가장 오래된 목판 인쇄물이다.

> 오답분석
① 관촉사 석조 미륵보살 입상
② 청자 소문과형병
③ 경천사 10층 석탑
④ 부석사 무량수전

36 ③

제시된 자료의 (가)는 원 간섭기의 문화유산이 들어가야 한다. 경천사지 10층 석탑은 원의 석탑을 모방하여 제작한 고려의 석탑이다.

> 오답분석
① 통일신라(석굴암)
② 통일신라(경주 괘릉석상)
④ 충주 정토사지 홍법국사탑(고려 전기)
⑤ 곤여만국지도(조선 후기)

PART

04

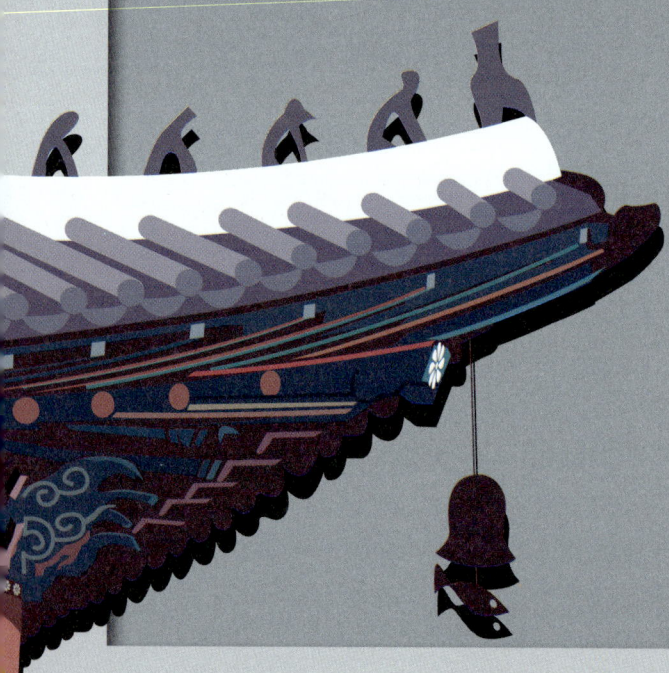

장유리
7일만에
80점 넘기기

조선 유교 사회의 성립과 변화

01. 조선의 정치

02. 조선의 대외 관계와 양 난의 극복

03. 조선의 경제·사회·문화

04 조선 유교 사회의 성립과 변화

01 조선의 정치

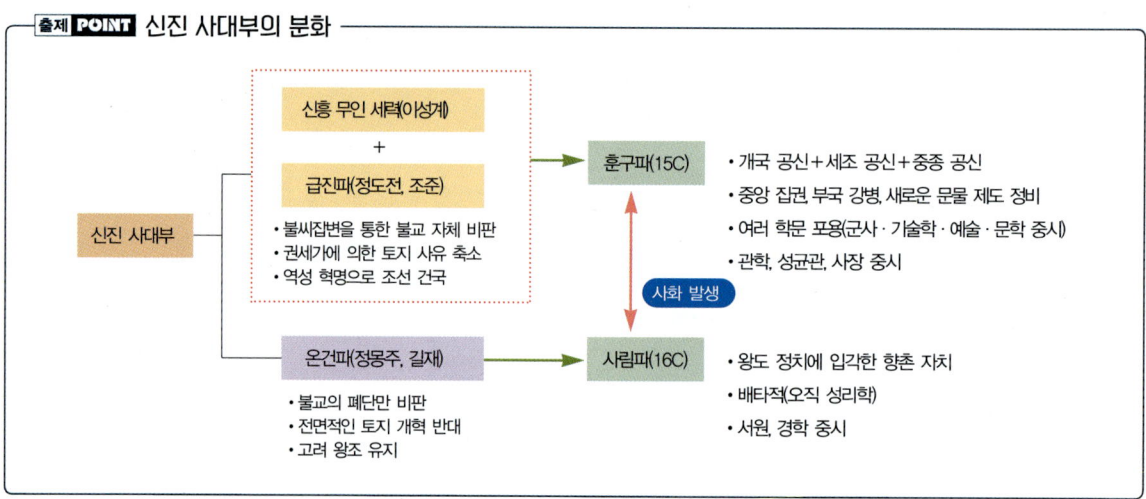

1. 조선의 문물제도 정비

시기	정책
태조	• 정도전이 재상 중심의 정치 주장, 민본적 통치 규범, 불교 비판 → **성리학을 통치 이념화**
태종	• 국왕 중심의 통치 체제 정비 : **6조 직계제** 실시, 사간원 독립 • **호패법** 실시, 양전 사업 • 사병 폐지
세종	• 왕권과 신권의 조화 : **의정부 서사제** 실시, 왕도 정치 구현, 집현전 설치, 경연 활성화 • 민족 문화의 창달 : 한글 창제, 과학 기술 장려, 편찬 사업(**칠정산, 삼강행실도, 농사직설, 향약집성방** 등) • 국경선 확정 : 4군 6진 개척, 쓰시마섬 정벌
세조	• 강력한 왕권의 부활 : **6조 직계제** 실시, 집현전과 경연 제도 폐지, 직전법 시행
성종	• 유교적 통치 체제 완성 : **경국대전** 완성, **홍문관 설치**, 경연 활성화

사료 읽기   정도전의 사상

재상 정치론	임금의 자질에는 어리석은 자질도 있고 현명한 자질도 있으며, 강력한 자질도 있고 유약한 자질도 있어서 한결같지 않으니, 재상은 임금의 좋은 점은 따르고 나쁜 점은 바로잡으며, 옳은 일은 받들고 옳지 않은 일은 막아서, 임금으로 하여금 가장 올바른 경지에 들게 해야 한다. – 「조선경국전」 –
숭유 억불	윤회설이 판명되면 인과설을 판명하지 않아도 자명해진다 … (중략) … 과연 불씨의 설과 같다면 사람의 화복과 질병이 음양오행과는 관계없이 모두 인과응보에서 나오는 것이 되는데, 어찌하여 우리 유가의 음양오행을 버리고 불씨의 인과응보설을 가지고서 사람의 화복을 정하고 사람의 질병을 진료하는 사람이 한 사람도 없느냐. **불씨의 설이 황당하고 오류에 가득 차 족히 믿을 수 없다.** – 「불씨잡변」 –
대간의 역할	대간은 마땅히 위엄과 명망이 우선되어야 하고 탄핵은 뒤에 해야 한다. 왜냐 하면, 위엄과 명망이 있는 자는 비록 종일토록 말하지 않더라도 사람들이 스스로 두려워 복종할 것이요, 이것이 없는 자는 날마다 수많은 글을 올린다 하더라도 사람들은 더욱 두려워하지 않기 때문이다. …… 천하의 득실과 백성을 이해하고 사직의 모든 일을 간섭하고 일정한 직책에 매이지 않는 것은 홀로 재상만이 행할 수 있으며, 간관만이 말할 수 있을 뿐이니, 간관의 지위는 비록 낮지만, 직무는 재상과 대등하다. – 「삼봉집」 –

사료 읽기   6조 직계제와 의정부 서사제의 비교

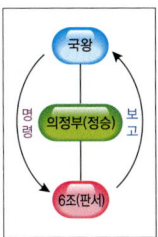

의정부의 서사를 나누어 6조에 귀속시켰다. …… 의정부가 관장한 것은 사대 문서와 중죄수의 심의뿐이었다.
– 태종실록 –

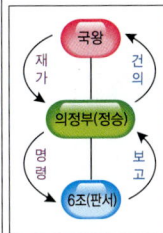

6조는 각기 모든 직무를 먼저 의정부에 품의하고, 의정부는 가부를 헤아린 뒤에 왕에게 아뢰어 (왕의) 전지를 받아 6조에 내려보내어 시행한다. 다만 이조·병조의 제수, 병조의 군사 업무, 형조의 사형수를 제외한 판결 등은 종래와 같이 각 조에서 직접 아뢰어 시행하고 곧바로 의정부에 보고한다.
– 세종실록 –

2. 조선의 행정 체제

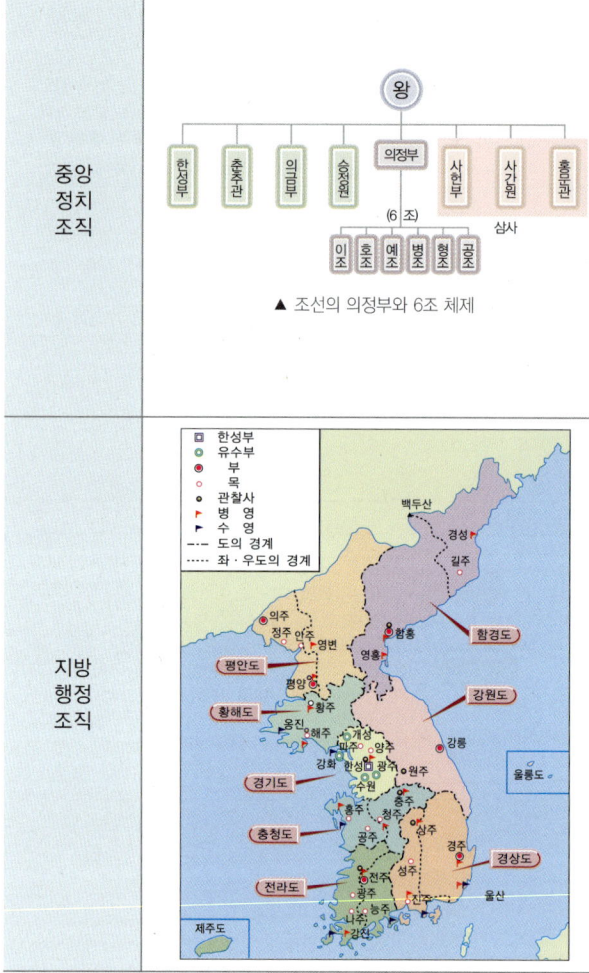

▲ 조선의 의정부와 6조 체제

중앙 정치 조직

의정부	• 최고 통치 기구 • 3정승 합의로 주요 정책 결정
6조	• 의정부 아래에서 행정 실무 담당
삼사	• 국왕과 관리의 견제 담당 • 권력의 독점과 부정을 방지 ┌ **사헌부** : 관리의 비리 감찰 ├ **사간원** : 왕이 바른 정치를 하도록 일깨움 └ **홍문관** : 왕의 정치 자문, 경연 주관
왕권 강화 기구	┌ **승정원** : 왕의 비서 기관, 왕명 출납 담당 └ **의금부** : 국왕 직속 사법 기구, 반역 죄인 처단
기타	┌ 춘추관 : 역사 편찬 ├ 한성부 : 서울 행정 담당 └ 성균관 : 국가 최고 교육 기관

지방 행정 조직

- 지방 행정 조직
  - 8도 아래 부·목·군·현 등을 두었음
  - 고려의 속군·속현 및 향·부곡·소를 일반 군·현으로 승격
  - **모든 군·현에 수령 파견** → 중앙 집권 체제 강화
- 지방관의 파견

관찰사	8도	수령을 지휘, 감찰
수령	부·목·군·현	해당 지역의 행정·사법·군사 업무 등을 총괄
향리		수령 보좌 및 지방 행정 실무 담당(아전)

- 상피제 적용
  - 지역 출신 임명하지 않음
  - 친·인척끼리 같은 관서 근무 피함
- 자치 조직 : 면 – 리 – 통 → 면리제, 오가작통법(17세기 중엽)
- **속군·속현 소멸 / 향·부곡·소 소멸**
- **유향소**(향청) : 지방 양반들의 자치 기구
  → 백성 교화, 수령에 대한 자문, 수령 및 아전 감시

역사 더하기 수령 7사

- 농잠성(농업 장려)
- 간활식(향리 부정 방지)
- 사송간(소송 간결)
- 군정수(군정 안정)
- 부역균(부역 균등)
- 호구증(호구 확보)
- 학교흥(교육 진흥)

3. 통치 제도의 변천

		통일신라	발해	고려	조선 초	조선 후
중앙 통치 조직		집사부 외 13부	3성 6부	2성 6부	의정부와 6조	비변사 권력 강화
지방 행정 제도		9주 5소경	5경 15부 62주	5도(안찰사) 양계(병마사)	8도(관찰사)	
군사 제도	중앙군	9서당	10위	2군 6위	5위	5군영
	지방군	10정	–	(양계)주진군 (5도)주현군	영진군 잡색군	속오군
교육 제도	수도	국학	주자감	국자감	4부 학당, 성균관	
	지방	–	–	향교	서당, 향교, 서원	
관리등용제도		독서삼품과 (정착 X)	–	과거제 ─ 문과(제술과, 명경과) ─ 잡과 ─ 승과 ─ 5품 이상 음서 혜택	과거제 ─ 문, **무과**, 잡과 시행 ─ 소과(생원시·진사시)를 통과 → 성균관에 입학 → 대과 응시 ─ 식년시(3년)가 원칙 ─ 음서 혜택 축소 → 능력 위주	

4. 사화와 붕당의 발생

4대 사화 (훈구 대 사림)	• 성종 때부터 김종직을 비롯한 사림 세력이 언관직(주로 삼사)에 진출하기 시작 → 훈구 세력 비판

구분	시기	원인	
무오사화	연산군 4년(1498)	김종직의 조의제문, 사초 문제	훈구파들의 사림 탄압 → 사림들의 정치적 피해
갑자사화	연산군 10년(1504)	폐비 윤씨 사건	
기묘사화	중종 14년(1519)	조광조의 혁신 정치	
을사사화	명종 원년(1545)	왕실 외척인 소윤과 대윤 간의 대립	

• 4대 사화에도 불구, 사림들은 **서원**과 **향약**을 통해 세력 강화 → 선조 때부터 활발한 정계 진출

붕당 (사림 간 분열)	• 명종 재위 기간 계속된 척신 정치의 잔재 청산을 둘러싸고, 선조 이후 여론의 분열 • 사림 내부 간의 대립으로 붕당 발생

구분	출신 배경	척신 청산에 대한 태도	학맥	학파
동인	신진 사림	적극적	이황, 조식의 학문 계승	영남 학파
서인	기성 사림	소극적	이이, 성혼의 문인 중심	기호 학파

출제 POINT 조광조의 혁신 정치

▲ 정암 조광조

나라를 다스리는 것은 도(道)일 뿐입니다. 도라는 것은 천성(天性)을 따른 것을 말합니다. 천성은 어디에나 있는 것으로, 도 또한 없는 곳이 없습니다. 크게는 예약(禮樂)과 형정(刑政), 작게는 제도와 문물이 모두 사람의 힘으로 되는 것이 아니라 각자 지니고 있는 도리에 따라 이루어지는 것입니다. 이러한 이치를 따르면 나라가 잘 다스려지고, 이를 따르지 않으면 나라가 어지러워지기 때문에 잠시라도 이러한 도에서 떠나서는 안 됩니다. - 『정암집』-

목표	이상적인 왕도 정치 추구
개혁	현량과 실시(사림 무시험 등용), 소격서 폐지(도교 행사 억압), 위훈 삭제(훈구 탄압), 공납의 폐단 시정, 소학의 보급, 향약의 시행 등
결과	급진적 개혁 추진에 훈구 세력 반발, 기묘사화로 정치권에서 축출(1519)

출제 POINT 사림의 세력 기반

기구	향약	유향소	서원
공통점	재지 사족(사림)의 지위 유지·강화에 기여		
특징	• 수용 : 중종 때 조광조가 중국의 여씨 향약 도입 • 확산 : 이황과 이이가 전국적으로 보급 • 목적 : 향촌 자치 조직(두레·계·품앗이) +성리학적 이념 → 농민을 통제·교화 • 구성 : 양반+평민 • 임원 : 약정·부약정	• 목적 : 수령 보좌, 향리 감찰, 농민 통제 • 구성 : 양반만으로 구성 • 임원 : 좌수·별감	• 목적 : 후학을 양성하고 선현에 대한 제사를 지내는 지방 사립 교육 기관 • 최초의 서원 : 중종 때 주세붕이 세운 백운동 서원(이황의 건의로 사액→소수 서원이 됨) • 문제 : 붕당의 근거지, 농민 수탈 심화, 국가 재정 악화 • 철폐 : 영조와 흥선 대원군을 거치며 대폭 정리

사료 읽기 — 해주 향약 입약 범례문

무릇 뒤에 향약에 가입하기를 원하는 자에게는 반드시 먼저 규약문을 보여 몇 달 동안 실행할 수 있는가를 스스로 헤아려 본 뒤에 가입하기를 청한다. 가입을 청하는 자는 반드시 단자에 참가하기를 원하는 뜻을 자세히 적어서 모임이 있을 때에 진술하고, 사람을 시켜 약정(約正)에게 바치면 약정은 여러 사람에게 물어서 좋다고 한 다음에야 글로 답하고, 다음 모임에 참여하게 된다. – 『율곡전서』 –

해석 TIP
• 향약은 사림과 훈구파의 갈등 속에서 상당히 정치적인 이유 때문에 시행되었다. 향약은 중소 지주층의 향촌지배 질서를 확립하기 위해 사림이 만든 것이었다. 기묘사화로 향약의 시행은 좌절되었으나, 이후 사림파가 정권을 장악한 선조 대에 와서 각 지방의 여건에 따라 서원이 중심이 되어 자연촌인 이(里)를 단위로 시행하였다.
• 16세기 후반부터 향약이 널리 보급되자 지방 사림들의 농민 지배가 강화되고 사림의 지위도 그만큼 견고해질 수 있었다. 따라서 향약은 서원과 함께 사림의 지위를 강화시키는 데 결정적 역할을 하였던 것임을 파악할 수 있다.

사료 읽기 — 붕당의 발생

심의겸이 이조 참의로 있을 때 예전의 잘못을 들어 김효원이 전랑이 되는 것에 반대했지만, 뒤에 김효원은 전랑이 되었다. 그 후 어떤 사람이 심의겸의 동생 심충겸을 전랑으로 천거하자, 김효원이 "이조의 관직이 외척의 물건인가? 심씨 집안에서 차지하려 한단 말이냐?"라고 반대하였. …… 동인과 서인이라는 말이 여기서 비롯되었으니, 김효원의 집이 동쪽 건천동에 있고 심의겸의 집은 서쪽 정동에 있기 때문이었다. – 『연려실기술』 –

5. 정쟁의 격화와 탕평 정치

구분	시기	주도붕당	주요 내용
붕당 성립기	선조	서인 → 동인	사림: 척신정치의 잔재 청산, 이조전랑직 자리 다툼 ・강경파(신진사림 김효원) + 영남학파(이황) = 동인 → 정여립 모반사건 → 북인 / 남인 ・온건파(기성사림 심의겸) + 기호학파(이이) = 서인
	광해군	북인	• 명과 후금 사이의 **중립 외교**, 폐모살제 → 인조반정
붕당 정치기	인조 ~ 현종	(서인+남인)	• 인조 : 정묘호란(1627), 병자호란(1636) • 효종 : **북벌론** • 현종 : **예송논쟁**(1659, 1674, 서인 → 남인으로 주도 정당 교체)
붕당 정치 변질기 (환국)	숙종	남인 ↓ 서인 ↓ 남인 ↓ 노론	・경신환국(1680) : 서인, 남인에 대한 처벌 → 노론(강경파) / 소론(온건파) ・기사환국(1689) : 남인과 장희빈의 집권, 인현왕후 폐비 ・갑술환국(1694) : 장희빈 사사, 인현왕후 복위 → 노론 독주 ┌ 명목상의 탕평책으로 환국을 초래, 왕실 외척·종실 등의 비중 증대 ├ 3사와 이조 전랑의 정치적 비중 감소 └ 정치 권력이 고관에게 집중되면서 비변사의 기능 강화
	경종	소론	• 신임사화(1721~22) : 노론에 의해 연잉군(영조)이 세제로 책봉되자, 소론이 불충하다하여 노론 공격 → 소론의 정권 장악
탕평 정치기	영조	탕평파 (노론 중심)	• 탕평책 : 탕평파 육성(완론탕평), 성균관 앞에 탕평비 건립, 왕과 신하의 의리 강조 • 통치 규범 강화 : 산림 부정, 서원 정리, 이조 전랑 권한 약화, **속대전** 편찬 • 민생 안정책 : **균역법** 시행, 신문고 부활, 사형수 3심제 강화
	정조	남인 (시파 중심)	• 탕평책 : 각 붕당 간 시시비비를 명백히 판명(준론탕평), 척신·환관 제거, 소론의 일부와 남인 중용 • 新 세력 육성 : **규장각** 설치(초계문신제), **장용영** 설치, 수원 **화성** 건립 • 통치 규범 강화 : **대전통편** 편찬, 수령 권한 강화(사족들의 수탈 방지) • 상업 육성 : 신해통공(1791, 육의전을 제외한 시전상인들의 **금난전권 철폐**)
세도 정치기	순조 ~ 철종	노론 벽파	순조(안동 김씨) / 헌종(풍양 조씨) / 철종(안동 김씨) ─ 외척 세력인 노론 소수 가문에 의한 정권 장악 ─ 의정부와 6조의 유명무실화, 유력한 가문 출신 인물들이 비변사 장악 ─ 정치 기강의 문란 → 매관매직, 탐관오리의 수탈 ─ 삼정의 문란으로 농촌 사회 피폐 ─ 비기·도참(정감록)·미륵 사상 유행 ─ 전국적 농민 봉기 발생(홍경래의 난, 임술 농민 봉기)

사료 읽기 | 붕당 정치의 원인

붕당은 싸움에서 생기고, 싸움은 이해관계에서 생긴다. 이해관계가 절실하면 붕당이 깊어지고, 이해관계가 오래될수록 붕당이 견고해진다. 이렇게 되는 이유는 무엇인가? 지금 열 사람이 함께 굶주리고 있는데, 한 그릇 밥을 같이 먹게 되면 그 밥을 다 먹기도 전에 싸움이 일어날 것이다. …… 조정의 붕당도 이와 다르지 않다. …… 과거를 자주 보아 인재를 너무 많이 뽑았고, …… 이것이 이른바 관직은 적은데 써야 할 사람은 많아서 모두 조처할 수 없다는 것이다.

– 이익, 『곽우록』 –

출제 POINT 붕당의 변질 - 예송과 환국

	현종		숙종			
시기	1차 예송 (효종 장례, 1659)	2차 예송 (효종 비 장례, 1674)	경신환국 (1680)	기사환국 (1689)	갑술환국 (1694)	노론의 일당 전제화
결과	서인 1년 상 Vs 남인 3년 상	서인 9개월 상 Vs 남인 1년 상	남인 → 서인	서인 → 남인	남인 → 서인	
성격	효종의 정통성을 둘러싼 예법 논쟁		국왕 주도의 환국을 초래			

출제 POINT 정조의 개혁 정치

▲ 수원 화성

▲ 거중기(복원)

▲ 화성성역의궤

▲ 배다리 건설

정조는 왕권을 강화하고, 강력한 탕평책을 실시하기 위해 **장용영**과 **규장각**을 설치하여 이를 뒷받침하였다. 또한 시전 상인의 **금난전권을 폐지**하여 상업이 자유롭게 발전할 수 있는 길을 열기도 하였다. 수원으로 아버지 사도 세자 묘를 옮긴 정조는 이곳에 **화성을 건설**하여 정치적 기능을 부여하고, 장용영을 배치하여 군사적 기능까지 부여하였다. 수원 화성은 정약용이 고안한 **거중기를 활용**하여 만든 성이었다. 또한 이러한 내용은 '화성성역의궤'에 잘 기록되어 있다.

출제 POINT 세도정치기 농민 봉기의 비교

	홍경래의 난(1811)	임술 농민 봉기(1862)
공통점	- 탐관오리의 횡포와 삼정의 문란 - 농민의 사회적 의식 성장 - 양반 중심의 지배 질서 붕괴 - 동학 영향 × - 몰락 양반이 주도 → 농민이 합세	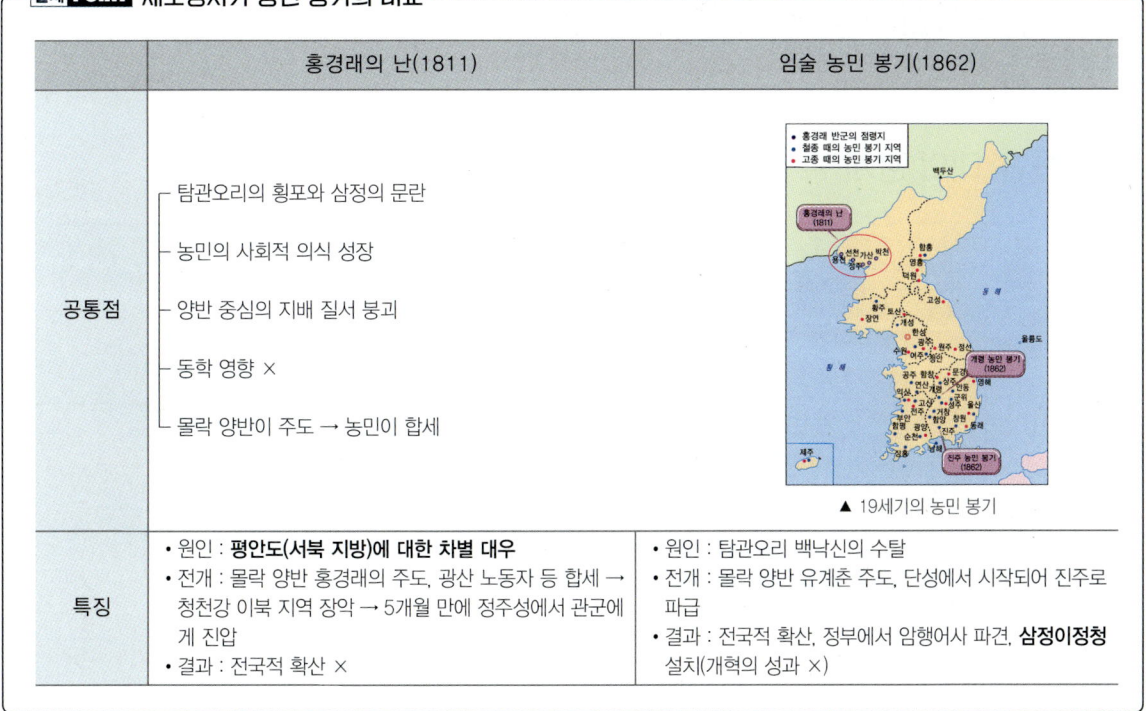 ▲ 19세기의 농민 봉기
특징	• 원인 : **평안도(서북 지방)에 대한 차별 대우** • 전개 : 몰락 양반 홍경래의 주도, 광산 노동자 등 합세 → 청천강 이북 지역 장악 → 5개월 만에 정주성에서 관군에게 진압 • 결과 : 전국적 확산 ×	• 원인 : 탐관오리 백낙신의 수탈 • 전개 : 몰락 양반 유계춘 주도, 단성에서 시작되어 진주로 파급 • 결과 : 전국적 확산, 정부에서 암행어사 파견, **삼정이정청** 설치(개혁의 성과 ×)

사료읽기 홍경래의 난

평서대원수는 급히 격문을 띄우노니 관서의 부로(父老)의 자제와 공·사 천민들은 모두 이 격문을 들으라. 무릇 관서는 성인 기자의 옛 터요, 단군 시조의 옛 근거지로서 의관(衣冠)이 뚜렷하고 문물이 아울러 발달한 곳이다. …… 그러나 조정에서는 관서를 버림이 분토(糞土)와 다름없다. 심지어 **권세 있는 집의 노비들도 서토의 사람을 보면 '평안도 놈'이라 말한다.** 어찌 억울하고 원통하지 않은 자 있겠는가. ……

– 『패림』 –

해석 TIP

- 19세기 평안도는 세도 가문과 연결된 수령의 수탈이 가혹했으며, 평안도 출신자에 대한 정부의 차별 대우가 극심했다.
- 홍경래, 우군칙, 김사용 등의 주도하에 영세 농민, 서북 지방의 중소 상인, 광산 노동자 등 각계 각층이 연합하여 지역 차별 타파를 구호로 내걸고 봉기하였다. 선천, 정주 등을 별다른 저항 없이 점거하였고, 한때는 청천강 이북 지역을 거의 장악했으나 5개월 만에 정부군에게 진압되어 실패하고 말았다.
- 홍경래의 난은 역사적으로 큰 의의가 있다. 먼저 지배층에게 큰 타격을 주어 성리학적 사회 질서가 붕괴되는 것을 촉진하였다. 또한 농민이 정치적으로 각성하는 계기가 되어 그 뒤에 각지에서 농민 봉기가 일어났다. 그러나 이후에도 관리의 부정과 탐학은 시정되지 않았고 임술 농민 봉기 등이 전개되었다.

02. 조선의 대외 관계와 양 난의 극복

1. 조선 초 대외 관계

사대	명		(태조) 정도전의 요동 정벌론으로 긴장 (태종) 조공-책봉 관계 수립 : 사대, 실리 추구
교린	여진	강경	4군 6진 개척, 사민 정책
		회유	• 경원, 경성에 무역소 개설 • 귀순 장려, 토관으로 임명
	일본	강경	쓰시마 섬 정벌(세종, 이종무)
		회유	• 3포 개항(부산포·염포·제포), 왜관(왜인들 숙박, 접대, 무역처 제공) • 계해약조(무역에 관한 기준 마련)

동남아시아의 유구(불교 전파)·시암·자바와도 교류

▲ 조선 초 대외 관계

2. 왜란과 호란

왜란	임진왜란	도요토미 히데요시가 전국시대 통일, 정한론 → 임진왜란 발발(1592) → 선조, **의주**로 피난	휴전 기간	- 중앙군 : **훈련도감** 설치 - 지방군 : **속오군**(양반~노비) 체제 - 방어체제 : 제승방략 → 진관 체제
		- **이순신**이 이끄는 수군의 승리 - **의병**의 활약(곽재우, 조헌, 사명대사 등) - 김시민의 **진주대첩** - 조·명 연합군의 평양성 탈환 - 권율의 **행주 대첩**		
	정유재란	휴전 협정 결렬 → **명량 해전** → 도요토미 히데요시 사망 → 일본의 퇴각 → **노량 해전**	결과	- 납속책, 공명첩 발급(→ 신분제 동요) - 불국사·경복궁 소실 - 일본 : 도쿠가와 막부 수립, 성리학·도자기 기술의 발달 등

여진족이 후금 건국(1616), 명 공격 → 명의 원군 요청 → 광해군은 명과 후금 사이에서 **중립외교** → 명에 대한 의리를 저버렸다고 하여 서인이 반정 → 광해군 폐위, 인조 옹립(1623) → 서인 정권의 **친명 배금** 정책

호란	정묘호란	이괄의 난으로 인한 혼란 → 후금의 침략	결과	후금과 형제 관계 수립
	병자호란	청 건국 → 군신관계 요구 → 척화론과 주화론의 대립 → 서인 내부에서 척화론 우세 → 청의 침략 → 인조가 **남한산성**으로 피난	결과	- 삼전도의 굴욕 → 청과 군신 관계 수립 - 효종 때 북벌론 추진 → 실행 X
양난 이후	일본	• 국교 재개(1609, 기유약조) • **통신사** 파견(조선의 선진 학문과 기술 전파, 막부의 권위를 국제적으로 인정받으려는 노력) • 안용복의 활동(울릉도, 독도 지역에 침입한 일본 어민 추방)		
	청	• 나선 정벌(청과 연합하여 러시아 남하 견제) • 청의 국력 신장·문물 발달 → 북학론 등장 • **백두산 정계비** 건립(1712, 숙종) : 압록강~토문강을 국경이라 명시(19세기 들어 '토문강' 해석을 둘러싼 논쟁 발생)		

출제 POINT 양 난의 비교

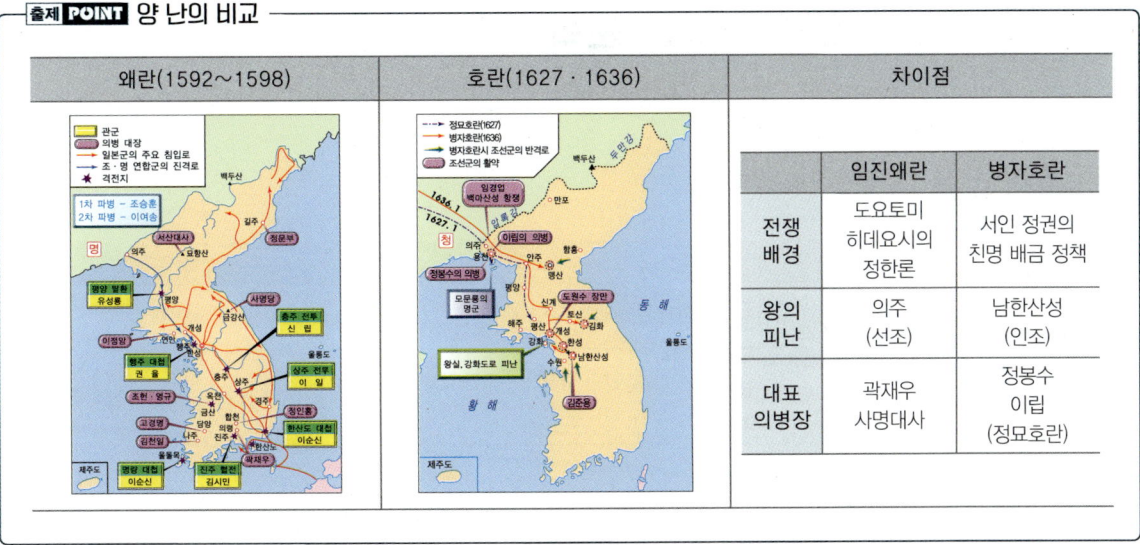

	임진왜란	병자호란
전쟁 배경	도요토미 히데요시의 정한론	서인 정권의 친명 배금 정책
왕의 피난	의주 (선조)	남한산성 (인조)
대표 의병장	곽재우 사명대사	정봉수 이립 (정묘호란)

사료읽기 주전론과 주화론의 대립

(주전론)
화의로 백성을 망치기가 … 오늘날처럼 심한 적이 없습니다. 중국은 우리나라에 있어서 곧 부모요, 오랑캐는 우리나라에 있어서 곧 부모의 원수입니다. … **차라리 나라가 없어질지라도 의리를 저버릴 수는 없습니다.**
— 「인조실록」 —

(주화론)
자기의 힘을 헤아리지 아니하고 경망하게 큰소리를 쳐서 오랑캐의 노여움을 도발, 마침내는 백성이 고통스러워지고 종묘와 사직에 제사도 지내지 못하게 한다면 그 허물이 이보다 클 수 있겠습니까?
— 「지천집」 —

해석 TIP
정묘호란 이후 후금은 나라 이름을 청으로 고치고 조선에 군신 관계를 요구하였다. 이에 대한 조선 조정의 의견은 전쟁을 피하고 외교적으로 문제를 해결하자는 주화론과 청의 요구를 거부하고 전쟁도 불사하겠다는 척화론(주전론)으로 양분되어 대립하였다. 주화론은 당시의 국제 관계 속에서 전쟁을 피해보려는 실리를 추구하는 외교 정책이다. 이는 광해군의 중립 외교와 맥락을 같이 하는 것으로 볼 수 있다. 그러나 대세가 척화론으로 기울게 되자 청이 다시 침입하여 병자호란이 발발하였다.

출제 POINT 비변사의 변천

임시 군사 회의(중종, 삼포왜란)
↓
상설 기구화(명종, 을묘왜변)
↓
국정 최고 회의(선조, 임진왜란)
↓
폐지(흥선 대원군)

비변사는 임진왜란을 거치며 국정 전반에 걸쳐 대부분의 의사 결정을 담당하는 기구로서 권력이 비대해졌다. 이 회의에는 3정승 및 고관들 대부분이 참여하였으며, 그 결과 독립된 기구로서의 의정부는 기능이 약화되었고 더불어 왕권마저 약화되었다. 19세기 중엽에 집권한 흥선 대원군이 왕권 강화책의 일환으로 비변사의 군사 기능은 삼군부, 정치 기능은 의정부로 분리시키면서 사실상 비변사는 폐지되었다.

03 조선의 경제·사회·문화

1. 토지제 변화

과전법(고려 말 공양왕 ~)	직전법(세조)	관수 관급제(성종)	직전법 폐지(명종)
18등급 **전·현직 관리**에게 수조권 지급	**현직 관리**에게만 수조권 지급		녹봉제 실시
• 사후 반납 원칙 • **수신전, 휼양전 상속** 가능 → 토지 부족 초래	• **수신전, 휼양전 폐지** • 불법적 재산 축적 → 농민 착취	• **국가가 수조권 대행** → 국가의 토지 지배력 강화	• 수조권 소멸 → **지주 전호제 확산**

2. 수취 체제의 변화

	전기	문제점	후기
전세	1/10세 → (세종) 전분 6등법(비옥도), **연분 9등법** (풍·흉에 따라 1결당 최저 4두 ~ 최고 20두)	제도 시행의 번거로움	(인조) **영정법** : 전세의 정액화 ┌ 풍흉에 관계없이 1결당 4두 징수 └ 운송료, 수수료 등 추가 징수
공납	호(戶) 단위로 특산물 징수	**방납의 폐단**	(광해군) **대동법** : 공납의 전세화 ┌ 1결당 12두 징수 ├ 호(戶)에서 결 단위로 기준 변화 → 지주들의 반대 ├ 경기도에서만 시범적 시행 → 전국적 실시에 100년 소요(광해군 ~ 숙종) ├ **공인의 성장과 상품 화폐 경제의 발달** └ 상공만 폐지, 별공·진상은 유지
역	16~60세 양인 남자 대상	방군수포와 대립제의 확산 → 군적수포제 시행 (1인당 2필)	(영조) **균역법** : 1인당 군포 1필로 경감 ┌ **결작** : 1결당 2두 추가 징수 └ **선무군관포** : 1인당 1필 추가 징수

사료읽기 영조의 균역법

양역을 절반으로 줄이라고 명하셨다. 왕이 말하였다. "구전은 한 집안에서 거둘 때 주인과 노비의 명분이 문란해지고, 결포는 이미 정해진 세율이 있어 더 부과하기 어렵다. …… 호포나 결포는 모두 문제점이 있다. 이제는 **1필로 줄이는** 것으로 온전히 돌아갈 것이니 경들은 **대책**을 강구하라.
— 『영조실록』 —

해석 TIP

균역법의 시행으로 인해 줄어든 국가 재정에 대한 대책으로 결작(1결당 2두)을 부과하였다. 아울러 부호들에게 '선무군관'이라는 명예직을 주는 대가로 포(1인당 1필)를 거두었으며, 어장세와 선박세 등을 추가로 부과하였다.

사료 읽기　대동법의 시행

- **방납의 폐단**이 나날이 심해집니다. …… 각 고을에서 공물을 상납하려 할 때 각 관청의 사주인(私主人)들이 여러 가지로 농간을 부려 좋은 것도 불합격 처리하기 때문에 바칠 수가 없습니다. 이리하여 사주인은 자기가 갖고 있는 물품으로 관청에 대신 내고 그 고을 농민에게는 자기가 낸 물건 값을 턱없이 높게 쳐서 열 배의 이득을 취하니 이것은 백성들의 피땀을 짜내는 것입니다.
  －「선조실록」－

- 해주(海州) 공물법을 보면, 논 1결마다 쌀 한 말을 징수하고 관청에서 자비물(自備物)로 서울에 헌납하기 때문에 백성들은 쌀을 낼 줄만 알지 다른 폐단은 거의 듣지 못하게 되었다. 이것은 참으로 오늘날 백성을 구하는 좋은 법이 될 수 있다. 만약 이 법을 사방에 넓힌다면 방납의 폐단은 머지않아 저절로 개혁될 것이다.
  －「율곡전서」－

- 강원도에는 대동법을 싫어하는 이가 없는데, 충청도, 전라도에는 좋아하는 이와 싫어하는 이가 있습니다. 왜 그렇겠습니까? 강원도에는 토호가 없으나 충청도, 전라도에는 토호가 있기 때문입니다. 특히 전라도에 싫어하는 이가 더 많은데 이는 토호가 더 많은 까닭입니다. 이렇게 볼 때 토호들만 싫어할 뿐, 백성들은 모두 대동법을 보고 기뻐합니다.
  －「포저집」－

해석 TIP

- 대동법 시행으로 공물을 각종 현물 대신 쌀로 통일하여 징수하였고, 과세 기준도 이전의 가호에서 토지 결 수로 바뀌었다.
- 토지를 가진 농민들은 1결당 12두만을 납부하면 되었으므로 이전의 공납제에 비해 훨씬 부담이 가벼워졌고, 무전 농민이나 영세 농민은 부담에서 벗어났다.
- 쌀을 납부하기 어려운 지방은 포, 면포, 동전 등으로 대신 납부를 할 수 있었다. 특히 충청, 전라, 경상, 황해에서는 연해읍(沿海邑)과 산군(山郡)을 구별하여 각각 쌀이나 포, 동전으로 상납할 수 있었다.
- 대동법은 공납을 전세화 함으로써 토지 소유 정도에 따라 차등을 두어 과세하면서 세제의 합리화가 이루어졌다. 또한 쌀, 면포, 동전 등으로 징수하면서 일부 조세의 금납화 역시 이루어지는 결과를 낳았다.

3. 경제 구조의 변화

	조선 전기	조선 후기
농업	• 시비법의 전국적 확산 : 휴경 소멸 • 남부 일부 지방에만 모내기법 : 정부의 금지령 • **농사직설** 보급(세종) • 지대 : 타조법(병작반수, 정률제)	• 모내기법의 전국적 확산 → 벼·보리의 이모작 증가, 머슴 고용 多 • **광작** 유행 → 농민층의 계층 분화 • 상품 작물 재배 증가 : 담배, 인삼, 쌀(쌀의 상품화로 밭을 논으로 바꾸는 현상 확산) 등 • 외래 작물 재배 : 담배, 고추, 옥수수, 감자 • 지대 : **도조법**(정액제) → 지주 전호제가 신분적 관계에서 경제적 관계로 바뀜
상업	• 농본억상 정책 • 시전 상인들이 금난전권 소유 → 사상 활동 방해 • 육의전 : 명주, 종이, 어물, 모시, 삼베, 무명 • 경시서 : 시전 상인들을 관리하는 관청, 후에 평시서로 개청 • 15세기 후반, 전라도 지방에서 장시 출현 → 16세기에는 전국화 • 보부상들이 지방 장시 연결	(상거래의 발달) • 신해통공(정조) → 육의전을 제외한 시전 상인의 **금난전권 폐지** → 사상(난전)의 성장(일부는 **도고**로 성장) • 난전의 성행 : 이현(동대문), 칠패(남대문), 종루(종로) • 지방 장시 발달 : 18세기 전국 10000여 개, 대도시 장시는 상설 시장화(송파장, 강경장, 원산장) • **공인** : 대동법 시행으로 등장한 관허 상인 → 상품 화폐 경제의 발달(일부는 **도고**로 성장) (포구 경제) - **선상** : 경강상인 → 한강·서남해안을 근거로 쌀·소금 거래 + 선박 제조 - **객주·여각** : 포구·큰 장시에서 활동 → 매매·숙박·금융·중개업 (국제 무역) - **의주 만상** : 청과 무역 → 중강 개시·후시, 책문 후시 - **개성 송상** : 송방 설치, 인삼 → 만상·내상에 중계 무역 - **동래 내상** : 일본과 무역 → 왜관 개시·후시 (통화량의 증가) - **상평통보**의 유통 : 동전 부족 현상(**전황**) 발생, 조세의 금납화 확산 - 신용 화폐 출현(어음, 환) ▲ 조선 후기 상업의 발달 ▲ 상평통보
수공업	• 관영 수공업 : 장인을 공장안에 등록시켜 물품 생산	• **민영 수공업** : 공장안 폐지, 선대제 수공업 발달, 독립 수공업자 출현
광업	• 국가가 통제 → 부역을 동원하여 광산 채굴	• 민영 수공업의 발달 + 청과의 교역 확대(은에 대한 수요 증가) → **민영 광산** 개발 확산 • 덕대(경영자), 물주(자본가), 임노동자로 업무분화 ┬ 자본주의적 경영 방식 ├ 분업에 토대를 둔 협업(굴진, 운반, 분쇄, 제련) └ 국가 직영 광산도 존재함

역사 더하기 농법의 변화

삼국 ~ 통일신라	고려	조선 전기	조선 후기
• 철제 농기구 보급 • 우경 시작	• 우경에 의한 심경법 일반화 • 시비법(녹비+퇴비) • 밭농사 2년 3작 윤작법 시작 (조·보리·콩) • 이앙법 시작(고려말) • 목화 재배(문익점) • 『농상집요』 소개	• 시비법의 일반화(휴경의 소멸) • 2년 3작 일반화 • 『농사직설』, 『금양잡록』 간행	• 이앙법의 전국화 • 견종법 유행 • 상품 작물 재배(고추, 담배, 감자, 고구마) • 『농가집성』, 『색경』, 『산림경제』, 『임원경제지』 등 활발한 농서 간행

사료 읽기 조선 후기 모내기법의 전국적 시행

• 모내기법(이앙)을 하는 것은 세 가지 이유다. 김매기 노력을 더는 것이 첫째요, 두 땅의 힘으로 모 하나를 서로 기르는 것이 둘째며, 좋지 않은 것은 솎아내고 싱싱하고 튼튼한 것을 고를 수 있는 것이 셋째다. 어떤 사람은 큰 가뭄을 만나면 모든 노력이 헛되니 이를 위험하다고 하나 그렇지 않다. 벼를 심는 논은 반드시 하천이 있어야 물을 끌어들일 수 있으며 하천이 없다면 논이 아니다. 논이 아니라도 가뭄을 우려하는데 어찌 이앙만 그렇다고 하는가?
　　- 서유구, 『임원경제지』 -

• 지금 남쪽에서는 모두 모내기를 하여 농사를 짓는다. 모내기법은 직접 논에 벼를 뿌리는 직파법보다 노동력이 5분의 4나 절약이 된다. 따라서 집안에 아이들을 비롯하여 부릴 수 있는 노동력이 조금이라도 있는 사람들은 경작을 거의 무한으로 할 수 있었다.
　　- 이익, 『성호사설』 -

4. 조선 신분 구조의 변화

양천제 (법제적)	양인 : 과거 응시 권리, 조세·공납·역의 의무			천인 : 권리, 의무 없음
	양반	중인	상민	천민
반상제 (실제적) - 정치적 관료층 - 경제적 지주층 - 문화적 사대부층		• 양반과 상민의 중간 계층 　┌ 좁은 의미 : 잡과 취재로 뽑힌 기술관(역관, 의관 등) 　└ 넓은 의미 : 향리, 서리, 서얼 등 • 직역 세습, 같은 신분끼리 혼인 • 서얼 　┌ 서얼의 문과 응시 금지 　├ **영·정조 때 차별 완화** 　└ 철종 때 서얼 허통(중인 허통 X)	• 농민, 수공업자, 상인 • 법제적 과거 응시 가능 • 조세·공납·역의 의무 • 신량역천 : 신분은 양인이나 천한 직업(수군, 봉수군 등)	• 비자유민 : 노비, 백정, 무당, 창기, 광대 등 • 노비(공·사노비) 　┌ 매매·상속·증여의 대상 　├ **외거노비** : 신공 부과 　├ 일천즉천 → 노비종모법(영조) 　└ **공노비 해방(1801, 순조)** 　　→ 공·사노비 혁파 　　　(1894, 갑오개혁)

출제 POINT 조선의 신분제의 변화

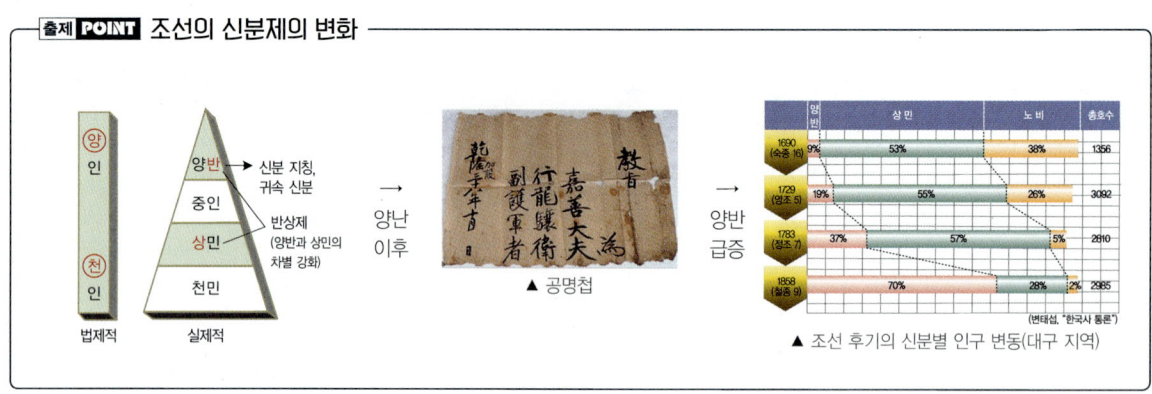

▲ 공명첩

▲ 조선 후기의 신분별 인구 변동(대구 지역)

출제 POINT 조선 후기 향전의 발생

구향 (향안 청금록) 10% VS **신향** (납속책 공명첩) 60% + 경제력

수령이 향임을 임명
신향이 향안에 등록, 향임직에 진출

광작을 통해 얻은 경제력을 바탕으로 납속책과 공명첩을 통해 양반 신분을 얻은 "신향"

일당 전제화와 세도 정치에 이르기까지 향반, 잔반으로 실질적인 부와 권력을 잃은 "구향"

▶ 신향이 수령, 향리들과 결탁하여 구향과의 싸움에서 승리하였다. 신향은 향안에 이름을 올리고 향회를 장악하여 향임직에도 진출하였다. 신향의 뒷받침 덕분에 수령과 향리의 권한이 강화되었고, 이는 세도정치기 탐관오리를 출현하게 하였다.

사료 읽기 양반의 지위 약화

• 옷차림은 신분의 귀천을 나타내는 것이다. 그런데 어찌 된 까닭인지 근래 이것이 문란해져 상민과 천민이 갓을 쓰고 도포를 입는 것이 마치 조선의 관리나 선비같이 한다. 진실로 한심스럽기 짝이 없다. 심지어, **시전 상인이나 군역을 지는 상민까지도 서로 양반이라 부른다.**
- 『일성록』 -

• 근래 아전의 풍속이 나날이 변하여 **하찮은 아전이 길에서 양반을 만나도 절을 하지 않으려 한다.** 아전의 아들·손자로서 아전의 역을 맡지 않은 자가 고을 안의 양반을 대할 때, 맞먹듯이 너 나 하며 자(字)를 부르고 예의를 차리지 않는다.
- 정약용, 『목민심서』 -

5. 실학의 연구

- 발달 배경 : 성리학이 현실 사회 모순의 해결 능력 상실, 현실적 학문의 필요성 대두
- 등장(17세기 전반) : 『지봉유설』을 쓴 이수광을 시작으로 한백겸, 김육 등이 실학의 선구자

중농학파	농업 중심의 개혁론(경세치용 학파) : 토지제 개혁을 통한 자영농 육성		
	유형원	이익	정약용
	• 『반계수록』 • 균전론 : 직업에 따라 토지 차등 분배	• 『성호사설』 • 6좀론 : 노비·과거제·양반 문벌·사치와 미신·승려·게으름 • 한전론 : 영업전의 매매 금지	• 『목민심서』, 『경세유표』 • 여전론 : 공동 농장 제도 → 정전제로 수정 • 기술 강조 : 거중기·배다리 건설

중상학파	상공업 중심의 개혁론(이용후생 학파, 북학파) : 청 문물 수용, 부국강병 강조			
	유수원	홍대용	박지원	박제가
	• 『우서』 : 사농공상의 직업적 평등화·전문화 강조	• 『의산문답』 : 성리학의 허구성 비판 • 지전설 : 중국 중심의 세계관 비판	• 『열하일기』 : 청 문물 수용 • 『양반전』, 『호질』, 『허생전』 : 한문소설, 양반 사회 비판 • 수레·선박의 이용, 화폐 유통 강조	• 『북학의』 : 청의 문물 수용 주장, 소비 권장 • 수레·선박의 이용

- 특징 : 민족주의적, 근대 지향적, 실증적 성격
- 영향 : 19세기 후반 개화사상으로 계승
- 한계 : 몰락 지식층의 개혁론, 사회적 지지 기반 미약 → 당시의 정책에 미반영

사료읽기 — 홍대용의 지전설과 박제가의 소비 장려

천체가 운행하는 것이나 지구가 자전하는 것은 그 세가 동일하니 분리해서 설명할 필요가 없다. 다만 9만 리의 둘레를 한 바퀴 도는데 이처럼 빠르며, 저 별들과 지구와의 거리는 겨우 반경밖에 되지 않는데 몇 천만 억의 별들이 있는지 알 수 없는데 하물며 천체들이 서로 의존하고 상호작용하면서 이루고 있는 **우주 공간의 세계 밖에도 또 다른 별들이 있다.** …… 칠정(七政 : 태양, 달, 화성, 수성, 목성, 금성, 토성)이 수레바퀴처럼 자전함과 동시에 맷돌을 돌리는 나귀처럼 둘러싸고 있다. 지구에서 가까이 보이는 것을 사람들은 해와 달이라 하고 지구에서 멀어 작게 보이는 것을 사람들은 오성(五星 : 수성, 금성, 화성, 목성, 토성)이라 하지만 사실은 모두가 동일한 것이다.
– 홍대용, 『담헌집』 –

해석 TIP

홍대용은 지구가 우주의 중심이 아니라는 무한 우주론을 제시하여 근대적 우주관에 접근했다. 이러한 세계관은 서양식 지도인 곤여만국전도의 전래와 함께 성리학적 세계관을 비판하는 근거가 되었다.

비유하건대 **재물은 대체로 우물의 샘과 같다. 퍼내면 차고, 버려 두면 말라 버린다.** 그러므로 비단옷을 입지 않아서 나라에 비단 짜는 사람이 없게 되면 여공이 쇠퇴하고, 쭈그러진 그릇을 싫어하지 않고 기교를 숭상하지 않아서 공장(수공업자)이 도야(기술을 익힘)하는 일이 없게 되면 기예가 망하게 되며, 농사가 황폐해져서 그 법을 잃게 되므로, 사농공상의 사민이 모두 곤궁하여 서로 구제할 수 없게 된다.
– 박제가, 『북학의』 –

해석 TIP

박제가는 생산과 소비의 관계를 우물에 비유하면서 생산을 자극하기 위해서는 **절약보다는 소비를 권장해야 한다고** 주장했다. 이는 기존 성리학자들의 유교적인 검약정신을 배격하고, 소비의 미덕을 강조하며 유통 경제의 중요성을 지적한 것이다.

출제 POINT 정약용의 저서

목민심서	근래 부세가 무겁고 관리가 탐학하여 백성들이 편안히 살 수 없어서 모두가 난리가 나기를 바라고 있다. 이 때문에 요망스러운 말들이 동쪽에서 부르짖고 서쪽에서 화답하니, 이들을 법률에 따라 죽인다면 백성으로서 살아남을 자가 한 사람도 없을 것이다.	지방 관리들의 폭정을 비판하고 목민관이 지켜야할 지침을 밝히고 있으며, 관의 입장이 아닌 민의 입장에서 저술하였다.
경세유표	오랫동안 체납된 환곡을 탕감하는 것, 대동미의 징수를 정지하거나 연기하는 것, 재해 입은 농지의 조세 징수를 면제하는 것, 이 세 가지는 나라에서는 손실이 있으나 백성에게는 이득이 되지 않는다.	중앙 정치 조직의 개편을 비롯하여 관제·토지제도·부세제도 등 개혁의 원리를 제시하였다.
기예론	하늘이 날짐승과 길짐승에게 발톱을 주고 뿔을 주고 단단한 발굽과 예리한 이빨을 주고 여러 가지 독도 주어서 각각 저 하고 싶어하는 것을 얻게 하고 사람으로 인한 염려되는 것을 막을 수 있게 하였는데, 사람에게는 벌거숭이로 유약하여 제 생명도 구하지 못할 듯이 하였으니, 어찌하여 하늘은 천한 금수한테는 후하게 하고 귀하게 해야 할 인간에게는 박하게 하였는가. 그것은 **인간에게는 지혜로운 생각과 교묘한 궁리가 있으므로, 기예를 익혀서 제 힘으로 살아가도록 한 것**이다. – 『여유당전서』 –	인간이 금수와 다른 것은 기술을 쓸 줄 알기 때문이라 강조하였다. 중국의 기기도설을 참고하여 거중기를 개발하고, 정조의 화성 행차를 돕기 위해 배다리를 건설하였다.
탕론	천자(天子)는 어찌하여 존재하게 되었는가? 비가 내리듯 하늘에서 내려와 천자가 되었는가? 아니면 샘이 땅에서 솟아나듯 천자가 되었는가? …… 여러 현장(懸長)들이 공동으로 추대한 사람이 제후가 되고, 제후들이 공동으로 추대한 사람이 천자가 된다. 따라서 천자란 여러 사람들의 추대에 의해 세워진 것이다.	무도한 하(夏)나라의 걸왕을 멸하고 은(殷)을 세운 탕왕을 변호하면서, 역성혁명의 정당성을 옹호하였다.

6. 천주교와 동학

천주교	• 전파
	  ┌ 17세기 : '서학'이라는 이름의 학문으로 **자발적 수용**
	  └ 18세기 후반 : 신앙 활동 전개(남인 계열 실학자) → 이승훈이 베이징에서 영세를 받고 돌아옴(정조)
	• 교리 : **인간 평등, 내세 사상 및 제사 의식 거부**
	• 박해

신해박해 (1791,정조)	• 최초의 박해 • 윤지충의 신주 소각(진산 사건), 비교적 관대한 처벌
신유박해 (1801,순조)	• 이승훈 순교, 정약용·정약전 유배 등 • 황사영 백서 사건(프랑스에 무력 동원 요청 편지 발각)으로 천주교 경계심 강화
병인박해 (1866,대원군)	• 러시아 남하 견제를 위해 프랑스 선교사들을 정치적으로 이용하려다 실패 • 프랑스 선교사 9인 포함 8000여 명 순교 → 병인양요의 원인

동학	• 창시 : 경주 몰락 양반 최제우가 유·불·선에 민간 신앙적 요소를 결합(철종, 1860) • 사상 : **인내천**(평등 사상), 후천 개벽(조선왕조 부정), 보국안민(외세 배척) • 탄압 : '혹세무민'이라 하여, 대원군 집권 이후 바로 최제우 처형(1864) • 교세 확대 : 2대 교주 최시형이 교리 정리(『동경대전』, 『용담유사』), 교단 조직(포·접) → 전국적 확대

7. 문화의 발달

	조선 전기	조선 후기
지도 · 지리지	• **혼일강리역대국도지도** : 동양에서 최고(最古) 세계 지도 • 세종실록지리지 • **동국여지승람** : 군현의 연혁, 지세, 인물, 풍속 등 ▲ 혼일강리역대국도지도	• 정상기의 동국지도 : 최초로 축척 사용(100리 척) • 김정호의 대동여지도 : 산맥 · 하천 · 포구 · 도로망 표시, 목판본, 22첩 절첩식 • 마테오리치의 곤여만국전도 전래 : 중국 중심의 세계관 극복에 기여 • 이중환의 택리지 : 인문 지리서 ▲ 대동여지도
역사서	• 조선왕조실록 : 춘추관 실록청에서 편년체로 편찬 • 고려사 : 기전체 • 고려사절요 : 편년체 • **동국통감** : 편년체, 고조선~고려말	• **안정복의 동사강목** : 독자적 정통론 제시 단군조선 → 기자조선 → 마한(삼한) → 통일신라 • 한치윤의 해동역사 : 외국 서적 500여 종 참고 • 이긍익의 연려실기술 : 기사본말체, 야사 400여 종 자료 참고, 백과사전식 서술 • 유득공의 발해고 ┐ 고구려사와 발해사에 대한 관심 고조 • 이종휘의 동사 ┘ → 한반도 중심의 사관 극복
법전	• 정도전 : 조선경국전, 경제문감 • 조준 : 경제육전 • 세조~성종 : 경국대전(유교적 통치 질서와 문물 제도의 완성 의미)	• 영조 : 속대전 • 정조 : 대전통편 • 흥선대원군 : 대전회통, 육전조례
과학 기술	• 자격루, 앙부일구, 측우기, 갑인자(활판 인쇄술) ┐ • **칠정산** : 한양 기준의 역법서 │ 세 • 간의와 혼의(천체 관측) │ 종 • 화포 개량, 신기전과 화차, 거북선 ┘ • **천상열차분야지도**(고구려 천문도 모방, 태조) • 인지의와 규형(토지 측량, 세조) ▲천상열차분야지도	**서민 문화** • 서민의 경제력 향상과 서당 교육의 확대 → **한글소설**, 사설시조, 판소리, 탈춤(산대놀이), **민화** 등 유행 ▲ 김홍도의 무동
인쇄술	• 인쇄술 : 주자소 설치(태종) → 계미자 주조(태종, 구리로 제작) → 갑인자 주조(세종, 식자판 조립) • 제지술 : 조지서(세종, 종이 생산 전문 관청)	

	성리학	
	• 이황과 이이의 이기론	

	이황	이이
학파	**주리론** : 이(理) 강조	**주기론** : 기(氣) 강조
주장	왕권 강조 : 군주 스스로 인격과 학식을 수행해야 함을 강조	신권 강조 : 현명한 신하가 왕의 수양을 도와주어야 한다고 주장
대표 저서	성학십도 주자서절요	성학집요 동호문답
성향	근본적, 이상주의적	현실적, 개혁적
영향	남인 계승, **일본 성리학 발전에 영향**	서인 · 노론 계승, 조선 사회의 개혁 방안 제시
발전	영남 지방에서 발전 (동방의 주자)	기호 지방에서 발전 (동방의 공자)

성리학의 상대화	윤휴, 박세당이 성리학의 절대화에 대한 반발 → 노론 송시열이 '사문난적(斯文亂賊)'으로 공격

소론	노론
양명학에 심취 ┌ 심즉리설 ├ 치양지설 └ 지행합일 → 18세기 **정제두**의 **강화학파**	**호락논쟁** ┌ 호론(인물성 동이론) └ 낙론(인물성 동론)

실학	• 중농학파 : 토지 개혁을 통한 자영농 육성
	  ┌ 유형원의 균전론
	  ├ 이익의 한전론
	  └ 정약용의 여전론과 정전론
	• 중상학파(북학파) : 상공업 진흥과 기술 혁신
	  ┌ 유수원(사농공상의 직업적 평등)
	  ├ 홍대용(지전설)
	  ├ 박지원(화폐 유통, 기술 개발 강조)
	  └ 박제가(수레와 배 이용, 소비 강조)

	조선 전기	조선 후기
농서	• 농사직설 : 우리 풍토에 맞는 농법 소개(세종)	• 농가집성(신속), 산림경제(홍만선), 해동농서(서호수) 등
의학서	• **향약집성방** : 우리 풍토에 맞는 약재와 치료법 ⎤세종 • 의방유취 : 동양 최대, 의학 백과사전 ⎦ ⇒ 15세기 자주적 체계 마련 → 민족 의학	• **동의보감** : 허준, 유네스코 기록 유산 • 동의수세보원 : 이제마, 사상의학
윤리·의례서	• **삼강행실도**(세종) : 충신·효자·열녀 ⎤ 조선 초 • 국조오례의(성종) : 국가 행사 의례 ⎦ (훈구) • 주자가례, 소학 보급·실천 ⎤ • 이륜행실도 : 연장자·연소자, 친구사이의 윤리 ⎬ 16세기 • 동몽수지 : 어린이가 지켜야 할 예절 ⎦ (사림)	국학	• 금석학 : 금석과안록(김정희) – 북한산비 고증 • 국어학 : 훈민정음운해(신경준), 언문지(유희) 고금석림(이의봉) – 우리의 방언과 해외 언어 정리 • 백과사전류 저서(세계관 확대) • **동국문헌비고** : 영·정조 때 국가적 사업으로 편찬, 우리나라의 역대 문물을 정리한 한국학 백과사전
악장·한문학	• 용비어천가 : 조선 건국의 주도 세력이 새 왕조의 탄생과 자신들의 업적 찬양 • 월인천강지곡 : 세종이 부처의 덕을 기림(우리나라 글에 대한 자주 의식 표현) • **동문선**(서거정) : 삼국 시대부터 조선 초까지의 시와 산문 중에서 빼어난 것을 골라 편찬(성종) • 악학궤범 : 조선 시대 의궤와 악보를 정리하여 성현 등이 편찬(성종)	• 박지원 ⎤ • 정약용 ⎦ 한문학 • 중인들의 '**시사**' 결성 : 위항 문학의 전개

사료 읽기 조선 전기 역사서

- **고려사** : 대개 지난 시기 흥망이 앞날의 교훈이 되기에 이 역사책을 편찬하여 올리는 바입니다. …… 범례는 사마천의 사기(史記)를 따랐고, 기본 방향은 직접 왕에게 물어서 결정하였습니다. 「본기」라고 하지 않고 「세가」라고 한 것은 대의 명분의 중요성을 보인 것입니다. 신우, 신창을 세가에 넣지 않고 열전으로 내려놓은 것은 왕위를 도적한 사실을 엄히 밝히려 한 것입니다. 충신과 간신, 부정한 자와 공정한 사람들은 전부 열전을 달리하여 서술하였으며, 제도 문물을 각각 그 종류에 따라 분류하여 놓았습니다.

- **동국통감** : 일찍이 세조께서, "우리 동방에는 비록 여러 역사책이 있으나 장편으로 되어 귀감으로 삼을 만한 것이 없다."라고 말씀하시고, 관리들에게 명하여 편찬하게 하셨지만 제대로 이루어지지 못하였습니다. 주상께서 그 뜻을 이어받아 서거정 등에게 편찬을 명하셨습니다. (중략)

- **기자실기** : 삼가 생각하건대, 기자께서 우리 조선에 들어오시어 백성을 잘 살게 하고 힘써 가르쳐 주시어 머리를 틀어 얹는 오랑캐의 풍속을 변화시켜 문화가 융성하였던 제나라와 노나라 같은 나라로 만들어 주셨다. 그리하여 그 백성이 지금에 이르도록 은혜를 받아 예악의 습속이 왕성하게 계속되고 쇠퇴함이 없다.

출제 POINT 사진 자료로 구분하기

	건축	자기	회화
15세기 (훈구)	관청·성문 건축	분청사기	안견의 몽유도원도 / 강희안의 고사관수도
16세기 (사림)	서원 건축	백자(고상한 선비 취향)	신사임당의 초충도, 사군자 유행
17·18세기	**법주사 팔상전** (현존하는 최고(最古) 목탑) / 수원 화성 축조	청화 백자	**정선**의 진경 산수화(인왕제색도, 금강전도) / **김홍도**, 신윤복의 풍속화
19세기	경복궁 중건		**민화** / 김정희의 추사체

역사 더하기 : 조선왕조실록(유네스코 세계기록유산)

기록	• 사초 : 사관이 국왕 옆에서 기록 • 시정기 : 각 관청의 문서 종합, 춘추관에서 작성 • 상소문 • 승정원 일기(유네스코 세계기록유산)	→ 왕의 사후 실록청에서 실록 작성
보관	• 세종 이래 4대 사고를 정비하였으나, 임진왜란 때 전주 사고를 제외하고 전부 소실 • 광해군이 5대 사고본으로 분산·보관함(춘추관, 오대산, 태백산, 정족산, 적상산)	▲ 오대산 사고

출제 POINT : 조선 후기 국학자들의 역사 인식

삼국사에서 신라를 으뜸으로 한 것은 신라가 가장 먼저 건국되었고, 뒤에 고구려와 백제를 통합하였으며, 고려는 신라를 계승하였으므로 편찬한 것이 모두 신라의 남은 문적을 근거로 하였기 때문이다. 그러므로 편찬한 내용이 신라에 대하여는 약간 자세히 갖추어져 있고, 백제에 대하여는 겨우 세대만을 기록했을 뿐 없는 것이 많다. …… 고구려의 강대하고 현저함은 백제에 비할 바가 아니며 신라가 자처한 땅의 일부는 남쪽에 불과할 뿐이다. 그러므로 김부식은 신라사에 쓰여진 고구려 땅을 근거로 했을 뿐이다.

- 『동사강목』 -

 해석 TIP

안정복은 한국사의 정통을 '단군조선 → 기자조선 → 마한 → (삼국) → 통일신라 → 고려'로 보고 있다. 중국사와 다른 우리나라의 정통론을 펼침으로서 중국 중심의 역사의식에서 탈피한 모습을 볼 수 있다. 게다가 김부식이 신라사를 중심으로 역사를 서술하면서 상대적으로 소외된 고구려사, 백제사에 대해 고증하면서 고증 사학의 토대를 닦았다.

부여씨가 망하고 고씨(고구려)가 망한 다음, 김씨(신라)가 남방을 차지하고 대씨(발해)가 북방을 차지하고는 **발해라 하였으니, 이것을 남북국이라고 한다.** 당연히 남북국을 다룬 역사책이 있어야 하는데, 고려가 편찬하지 않은 것은 잘못이다. 저 대씨가 어떤 사람인가? 바로 고구려 사람이다. 그들이 차지하고 있던 땅은 어떤 땅인가? 바로 고구려 땅이다.

- 『발해고』 -

 해석 TIP

유득공은 고려 시대에 발해의 역사가 기록되지 않았음을 개탄하고 발해가 고구려를 계승한 나라라고 파악하여, 발해를 통일신라와 더불어 남북국으로 인식하였다. 발해고는 발해사만 다룬 최초의 책으로, 이종휘의 동사와 함께 고대사 연구의 시야를 만주까지 확대시켜 한반도 중심의 협소한 사관을 극복하는데 공헌하였다.

출제 POINT 공예 기술의 변천

▲ 상감청자(고려 중)

▲ 분청사기(고려 말~조선 초)

▲ 백자(조선 중)

▲ 청화백자(조선 후)

역사 더하기 조선의 도성과 문화 유산

(가) 덕수궁은 대한 제국의 정궁이었다. 본래 이름은 경운궁이었지만 고종이 순종에게 양위를 했던 1907년 덕수궁으로 이름을 바꾸었다. 특히 덕수궁 석조전은 서양식 건물의 대표로, 르네상스식 건축물이며, 후일 미·소 공동 위원회가 개최되었다. 덕수궁 중명전은 1905년 을사늑약이 체결된 장소이다.

(나) 경복궁은 조선 왕조 최초의 궁궐이자 법궁이었다. 그러나 임진왜란으로 불타면서 조선 후기 정궁의 기능은 창덕궁으로 이어졌다. 후일 고종이 즉위하면서 흥선 대원군에 의해 중건이 되었으나, 대한 제국이 성립되면서 다시 정궁의 기능이 덕수궁으로 이어졌다. 궁궐 구성은 국가 의식을 행했던 근정전, 왕의 일상생활이 이루어진 강녕전, 왕의 집무실인 사정전, 고종의 정치활동 공간이었던 건청궁 등이 있다.

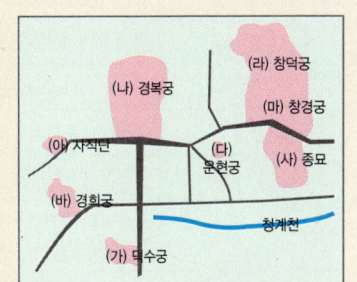
▲ 좌묘우사

(다) 운현궁은 흥선 대원군의 사저로 고종 재위 초기인 대원군의 개혁 정책이 실현된 장소이다.

(라) 창덕궁은 임진왜란 이후 정궁의 기능을 상실한 경복궁 대신에 조선 후기 정궁의 기능을 담당한 곳이다. 창덕궁의 후원에 위치했던 주합루는 정조에 의해 규장각으로 활용되었다. 궁궐 구성은 국가적 중요 행사를 담당했던 인정전, 왕의 편전이었던 희정당, 왕비가 거처하는 대조전, 순조의 아들인 효명세자에 의해 지어진 연경당 등이 있다.

(마) 창경궁은 본래 이름으로는 수강궁이었다. 세종이 상왕이었던 태종을 모시기 위해 지은 궁이었으나, 성종이 세 대비(정희왕후, 소혜왕후(=인수대비), 안순왕후)를 모시기 위해 창경궁으로 이름을 바꾸었다. 훗날 일제는 창경궁의 전각을 허물고 '창경원'이라는 이름으로 바꾼 뒤 동물원과 식물원으로 만들었다.

(바) 인조의 아버지 정원군의 집이 있던 곳으로 광해군 때 왕궁을 지어 경덕궁이라 부른다. 1760년에 경희궁으로 이름을 바꾸고 280여 년 동안 동궐인 창덕궁, 창경궁과 더불어 서궐의 위치에서 양대 궁궐의 자리를 지켜왔다.

(사) 종묘는 조선 왕조 역대 왕과 왕비의 신주를 모신 조선 왕조의 사당이다. 태조가 한양으로 도읍을 옮긴 뒤 완공하였다. 임진왜란 이후 불탔으나 광해군 때 재건되었다.

(아) 농업이 주산업이었던 조선의 토지신(사)과 곡물신(직)에게 제사를 지냈던 공간이다. 태조가 한양으로 천도하면서 종묘와 더불어 가장 먼저 만든 공간으로 국가의 정신적 지주로 삼았다.

빈출 Keyword 333   4단원 : 조선 유교 사회의 성립과 변화

	Keyword	설 명
01	정도전	(태조) 재상 중심의 정치, 『조선경국전』, 『불씨잡변』
02	태종	6조 직계제, 사병철폐, 호패법 시행
03	6조 직계제	태종과 세조가 시행, 강력한 왕권의 실현
04	세종	의정부 서사제, 집현전, 4군 6진 개척, 쓰시마 섬 정벌, 『삼강행실도』, 『향약집성방』, 과학 기술의 발전
05	농사직설	(세종) 우리 풍토에 맞는 농법서
06	칠정산	(세종) 서울 기준의 역법서
07	직전법	(세조) 현직 관료에게만 수조권 지급
08	경국대전	(성종) 세조~성종 때 완성된 법전
09	유향소	지방 사대부들의 자치 조직, 향리 감찰, 수령 자문, 농촌 교화 담당
10	훈구	15세기를 주도, 관학파, 중앙 집권과 부국강병 강조, 타 학문에 개방적
11	사림	성종 이후 중앙 정계에 발탁, 훈구 견제, 서원과 향약이 세력 기반, 왕도 정치 강조, 타 학문에 폐쇄적
12	조광조	(중종) 현량과 시행, 소격서 폐지, 위훈 삭제, 기묘사화로 축출
13	이황	주리론, 『주자서절요』, 『성학십도』 간행, 일본 성리학 발전에 기여
14	이이	주기론, 『동호문답』, 『성학집요』 간행, 실학 사상에 영향
15	서원	중종 때 주세붕이 세운 백운동 서원이 시작, 이후 소수서원으로 사액. 선현에 대한 제사 및 후학 양성의 기능. 이후 붕당의 근거지가 되면서, 영조 때 대폭 정리되고, 이후 대원군이 서원 철폐를 명함
16	향약	지방 사림들이 지역 농민들을 통제하기 위해 제정한 자치 규약. 농민 지배를 강화하는 수단으로 작용
17	사대교린	조선 초 명과는 사대, 여진·일본과는 강경책과 회유책을 병행하는 외교 방식
18	비변사	중종 때 임시 군사 회의 기구로 시작하여 임진왜란을 거치면서 국정 최고 기구화
19	훈련도감	임진왜란 도중에 유성룡의 건의로 설치된 중앙군. 포수·사수·살수로 구성된 직업 군인
20	친명배금 정책	인조반정으로 광해군을 물러나게 한 서인들이 명에 대한 의리를 숭상하고 후금을 배척하는 외교 정책을 주장. 이에 후금이 정묘호란이 일으켰고, 이후에 국호를 '청'으로 바꾸고 다시 병자호란을 일으킴
21	통신사	일본과 국교가 재개되면서 일본으로 파견된 문화사절단
22	중립 외교	(광해군) 명과 후금 사이에서 실리 외교
23	북벌론	(효종) 병자호란 때 청에 당한 치욕을 갚기 위해 청을 정벌하자는 여론이 강성
24	나선 정벌	북벌론과는 반대의 움직임으로, 청과 연합하여 러시아를 견제
25	예송 논쟁	(현종) 효종의 정통성 논란, 1차 예송 때는 서인 승리, 2차 예송 때는 남인 승리
26	환국	(숙종) 탕평책이 국왕 주도의 환국으로 변질, 노론의 일당 전제로 붕당 간의 공존이 붕괴
27	영조	탕평파 육성, 탕평비 건립, 산림의 존재 부정, 서원 정리, 이조전랑의 권한 약화, 균역법 시행, 속대전 편찬
28	속대전	(영조) 경국대전의 조선 후기 수정본
29	정조	규장각·장용영 설치, 수원 화성 건립, 『대전통편』 편찬, 수령의 권한 강화
30	초계 문신제	(정조) 37세 이하의 관료들을 규장각에 배치하여 왕이 직접 교육을 주관

빈출 Keyword 333 — 4단원 : 조선 유교 사회의 성립과 변화

	Keyword	설 명
31	통공 정책	(정조) 육의전을 제외한 시전 상인들의 금난전권 철폐
32	대동법	(광해군) 방납의 폐단을 시정하고자 집집마다 부과되던 공납을 토지 1결당 12두의 쌀로 부과. 삼베나 무명, 돈으로도 납부 가능. 양반지주들의 반발로 경기도에서 시범적으로 시행, 전국적 시행에 100년이 소요. 공인의 등장으로 상품 화폐 경제 발달에 기여. 별공과 진상은 계속 유지
33	균역법	(영조) 장정 1인당 2필 부과하던 군포를 1인당 1필로 경감. 결작(1결당 2두) 및 선무군관포 징수로 부족분 보충
34	백두산 정계비	(숙종) 압록강~토문강으로 청과 국경을 정함. 이후 토문강 해석을 둘러싼 영토 분쟁화
35	안용복	(숙종) 울릉도와 독도에서 불법 어획을 하던 일본인들을 내쫓고, 우리 영토임을 확인
36	모내기법	고려 후기부터 등장한 모내기법이 조선 후기에 이르러 전국화되면서, 이모작과 광작이 성행. 소수의 부농은 납속책, 공명첩을 통해 양반으로 상승
37	도조법	모내기법 시행 이후 생산량이 증가하면서, 소작농의 지위도 향상. 일부 지역에서는 생산량의 절반을 내던 타조법에서, 일정액만 납부하는 도조법으로 변화
38	선대제 수공업	조선 후기에 관영 수공업이 쇠퇴하면서, 일부 장인들이 상업 자본가들로부터 주문과 함께 원료와 자금을 미리 제공받는 방식으로 민영 수공업을 시작
39	덕대	민영 광산의 개발을 담당하는 전문 경영인. 물주로부터 자금을 받아, 채굴업자·제련업자를 별도로 고용하는 분업도 등장
40	공인	대동법 시행 이후, 관수품 조달을 위해 등장한 어용 상인. 조선 후기 상품 화폐 경제 발달에 기여. 독점 판매 상인 '도고'로도 성장
41	상평통보	조선 후기에 전국적으로 유통된 동전. 동전 유통이 부족해지는 폐단인 '전황'이 발생하기도 함
42	송상	개성에서 성장한 조선 후기 대표 사상. 의주의 '만상', 동래의 '내상'을 연결하는 중계 무역으로 부 축적. 전국에 '송방'이라는 지점을 보유. 인삼 판매의 독점적 권한 행사
43	공명첩	양난 이후, 국가 재정의 빈곤을 해결하기 위해 등장한 허위 관직 임명장. 정부가 돈이나 곡식을 받고 명예직 벼슬을 판 결과, 양반층이 증가하여 조선 후기 신분 질서 붕괴에 영향
44	서얼	중인에 속함. 경국대전 법제상으로 문과 응시를 금지 당하는 차별. 조선 후기에는 정조 때 규장각 검서관에 등용되는 등 차별 철폐(유득공, 박제가 등)
45	최제우	경주의 몰락 양반으로 동학 창시, 인내천, 보국안민, 후천개벽 사상. '혹세무민' 한다 하여 처형
46	홍경래의 난	(순조) 세도 정치기에 서북지방 차별에 대항하여 몰락양반 홍경래의 주도로 일어난 농민 항쟁
47	이익	『성호사설』, 한전론 주장(영업전의 매매 금지), 6좀론 지적
48	정약용	『목민심서』, 『경세유표』 등 500여 권의 저술. 여전론(공동농장제)·정전론 주장, 거중기·배다리 건설, 실학의 집대성
49	박지원	『열하일기』 – 청 문물 수용. 『양반전』, 『호질』 – 양반 풍자, 수레와 선박의 이용 주장
50	몽유도원도	조선 전기 안견이 세종의 아들인 안평대군의 꿈 이야기를 듣고 그린 그림으로, 양반들의 이상 세계를 표현
51	박제가	『북학의』 – 소비 강조, 청과의 통상 확대 주장. 서얼 출신으로 규장각 검서관에 진출
52	동사강목	조선 후기 안정복의 역사책으로, 우리 역사의 정통론 강조
53	진경 산수화	18세기 정선의 '인왕제색도', '금강전도'
54	김홍도	18세기 도화서 화원이었던 김홍도는 풍속화를 통해 서민들의 생활을 묘사
55	청화 백자	조선 후기에 유행. 백자에 코발트 안료의 무늬를 입힘

기출문제

01 [2020년 47회 심화 18번]
(가)~(다)를 일어난 순서대로 옳게 나열한 것은? (2점)

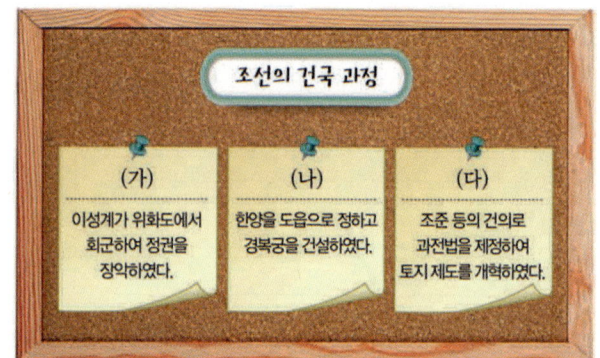

① (가) – (나) – (다)
② (가) – (다) – (나)
③ (나) – (가) – (다)
④ (나) – (다) – (가)
⑤ (다) – (나) – (가)

02 [2020년 48회 심화 19번]
다음 글을 쓴 인물에 대한 설명으로 옳은 것은? (2점)

> 선유(先儒)가 불씨(佛氏)의 지옥설을 논박하여 말하기를, "……불법(佛法)이 중국에 들어오기 전에도 죽었다가 다시 살아난 사람들이 있는데, 어째서 한 사람도 지옥에 들어가 소위 시왕(十王)*이란 것을 본 자가 없단 말인가? 그 지옥이란 없기도 하거니와 믿을 수 없음이 명백하다."라고 하였다.
> *시왕(十王): 저승에서 죽은 사람을 재판하는 열 명의 대왕
> – 『삼봉집』 –

① 계유정난을 계기로 정계에서 축출되었다.
② 일본에 다녀와서 해동제국기를 편찬하였다.
③ 기축봉사를 올려 명에 대한 의리를 내세웠다.
④ 군주의 도를 도식으로 설명한 성학십도를 지었다.
⑤ 조선경국전을 저술하여 통치 제도 정비에 기여하였다.

03 [2017년 34회 중급 17번]
(가)에 들어갈 내용으로 옳은 것은? (2점)

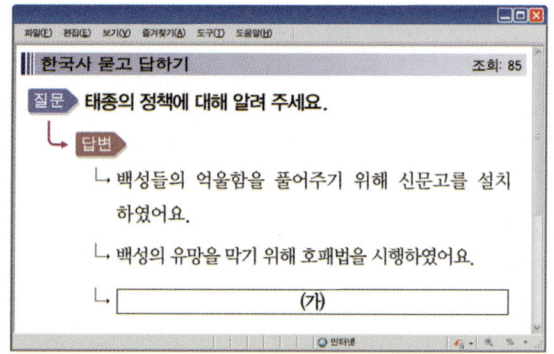

① 경복궁 중건을 위해 당백전을 발행하였어요.
② 왕권을 강화하기 위해 6조 직계제를 시행하였어요.
③ 방납의 폐단을 시정하기 위해 대동법을 실시하였어요.
④ 줄어든 재정 수입을 보충하기 위해 결작을 부과하였어요.
⑤ 삼정의 문란을 바로잡기 위해 삼정이정청을 설치하였어요.

04 [2020년 46회 고급 19번]
밑줄 그은 '이 왕'의 재위 기간에 있었던 사실로 옳은 것은? (2점)

그림은 이 왕의 명을 받은 최윤덕 장군 부대가 올라산성에서 여진족을 정벌하는 장면입니다. 그 결과 조선은 압록강 유역을 개척하고 여연·자성·무창·우예 등 4군을 설치하였습니다.

이만주 정벌도

① 어영청을 중심으로 북벌이 추진되었다.
② 국왕의 친위 부대인 장용영이 설치되었다.
③ 강홍립 부대가 사르후 전투에 참전하였다.
④ 에도 막부의 요청에 따라 통신사가 파견되었다.
⑤ 제한된 범위의 무역을 허용한 계해약조가 체결되었다.

05 밑줄 그은 '왕'의 재위 기간에 있었던 사실로 옳은 것은?

[2016년 32회 중급 20번] (3점)

역사신문

제△△호 ○○○○년 ○○월 ○○일

인쇄술의 발달, 갑인자 주조되다

왕의 명령으로 착수했던 활자의 개량 사업이 두 달여 만에 완료되었다. 이천, 김돈, 장영실 등이 참여한 이 사업의 결과 크기가 고르고, 모양이 바른 활자가 주조되었다. 또한 활판의 빈틈을 나무 조각으로 메워, 기존에 활자가 고정되지 않아 생기던 문제도 해결되었다. 이로 인해 인쇄 기술이 크게 향상될 것으로 보인다.

① 칠정산이 간행되었다.
② 거중기가 만들어졌다.
③ 동의보감이 편찬되었다.
④ 경국대전이 반포되었다.
⑤ 대동여지도가 제작되었다.

06 (가) 정치 기구에 대한 설명으로 옳은 것은?

[2019년 42회 고급 17번] (2점)

역사 용어 해설

(가)

1. 개요
1405년(태종 5)에 독립된 기구로 개편된 중앙 관서로, 경국대전에 의하면 도승지·좌승지·우승지·좌부승지·우부승지·동부승지 모두 6인의 승지가 있었다.

2. 관련 사료
승지에 임명되는 당상관은 이조나 대사간을 거쳐야 할 수 있고, 인망이 마치 신선과 같으므로 세속 사람들이 '은대(銀臺)' 학사라고 부른다.
— 『임하필기』 —

① 수도의 행정과 치안을 맡아보았다.
② 화폐와 곡식의 출납과 회계를 맡았다.
③ 5품 이하의 관원에 대한 서경권을 가졌다.
④ 왕의 비서 기관으로 왕명 출납을 담당하였다.
⑤ 외국어의 통역과 번역에 관한 업무를 관장하였다.

07 (가) 왕이 실시한 정책으로 옳은 것은?

[2019년 43회 고급 22번] (2점)

이 책은 (가) 때 신숙주, 정척 등이 국가와 왕실의 각종 행사를 유교의 예법에 맞게 정리하여 완성한 국조오례의입니다. 국가의 기본 예식인 오례, 즉 제사 의식인 길례, 관례와 혼례 등의 가례, 사신 접대 의식인 빈례, 군사 의식에 해당하는 군례, 상례 의식인 흉례에 대한 규정을 정리해 놓았습니다.

① 경기도에 한하여 대동법을 실시하였다.
② 학문 연구 기관으로 집현전을 설치하였다.
③ 조선의 기본 법전인 경국대전을 반포하였다.
④ 문하부 낭사를 분리하여 사간원으로 독립시켰다.
⑤ 현량과를 실시하여 신진 사림을 등용하고자 하였다.

08 밑줄 그은 '왕'에 대한 설명으로 옳은 것은?

[2020년 46회 고급 21번] (2점)

성삼문이 아버지 성승 및 박팽년 등과 함께 상왕의 복위를 모의하여 중국 사신에게 잔치를 베푸는 날에 거사하기로 기약하였다. …… 일이 발각되어 체포되자, 왕이 친히 국문하면서 꾸짖기를 "그대들은 어찌하여 나를 배반하였는가?"하니 성삼문이 소리치며 말하기를 "상왕을 복위시키려 했을 뿐이오. …… 하늘에 두 개의 해가 없듯이 백성에게도 두 임금이 있을 수 없기 때문이오."라고 하였다.

① 유자광의 고변을 계기로 남이를 처형하였다.
② 변급, 신류 등을 파견하여 나선 정벌을 단행하였다.
③ 함길도 토착 세력이 일으킨 이시애의 난을 진압하였다.
④ 인목 대비 유폐와 영창 대군 사사를 명분으로 폐위되었다.
⑤ 유능한 인재를 양성하기 위해 초계문신제를 시행하였다.

[2019년 42회 고급 21번]

09 (가), (나)에 대한 설명으로 옳은 것은? (2점)

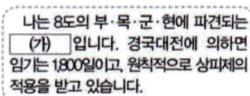
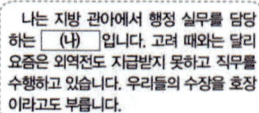

① (가) - 단안(壇案)이라는 명부에 등재되었다.
② (가) - 지방의 행정·사법·군사권을 행사하였다.
③ (나) - 감사, 도백으로도 불렸다.
④ (나) - 장례원(掌隷院)을 통해 국가의 관리를 받았다.
⑤ (가), (나) - 잡과를 통해 선발되었다.

[2020년 46회 고급 20번]

11 (가) 기구에 대한 설명으로 옳은 것은? (1점)

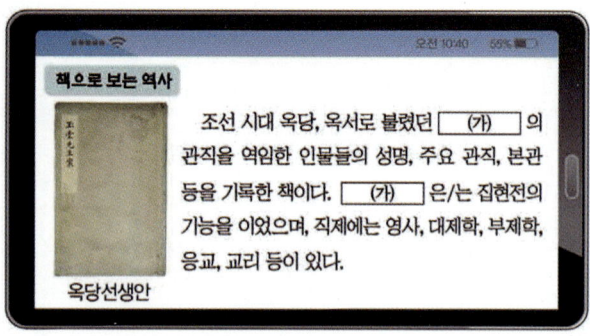

① 수도의 행정과 치안을 담당하였다.
② 사헌부, 사간원과 함께 3사로 불렸다.
③ 검서관에 서얼 출신 학자들이 기용되었다.
④ 임진왜란을 거치면서 국정 전반을 총괄하였다.
⑤ 국왕 직속 사법 기구로 반역죄, 강상죄 등을 처결하였다.

[2020년 47회 심화 20번]

10 다음 검색창에 들어갈 교육 기관에 대한 설명으로 옳은 것은? (2점)

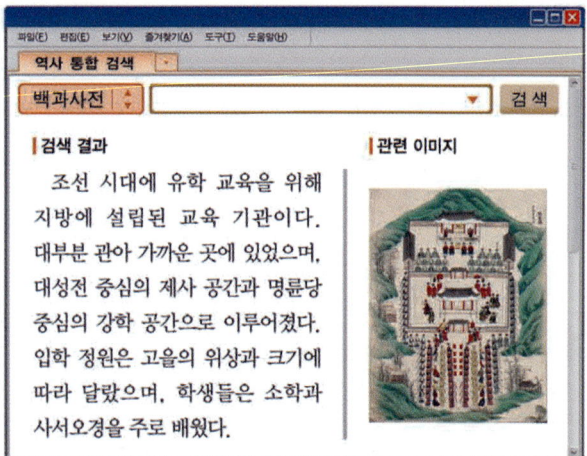

① 좌수와 별감을 두고 운영하였다.
② 지방의 사림 세력이 주로 설립하였다.
③ 소과에 합격해야 입학 자격이 주어졌다.
④ 흥선 대원군에 의해 대부분 철폐되었다.
⑤ 중앙에서 교수와 훈도를 파견하기도 하였다.

[2020년 49회 심화 19번]

12 밑줄 그은 '이 사건'에 대한 설명으로 옳은 것은? (2점)

① 김종직의 조의제문이 빌미가 되었다.
② 서인이 정권을 장악하는 계기가 되었다.
③ 윤임 일파가 제거되는 결과를 가져왔다.
④ 상왕의 복위를 목적으로 성삼문 등이 일으켰다.
⑤ 위훈 삭제에 대한 훈구 세력의 반발이 원인이었다.

[2020년 48회 심화 21번]

13 (가)~(라) 사건을 일어난 순서대로 옳게 나열한 것은? (3점)

> (가) 갑자년 봄에, 임금은 어머니가 비명에 죽은 것을 분하게 여겨 그 당시 논의에 참여하고 명을 수행한 신하를 모두 대역죄로 추죄(追罪)하여 팔촌까지 연좌시켰다.
> (나) 정문형, 한치례 등이 의논하기를, "지금 김종직의 조의제문을 보니, 차마 읽을 수도 볼 수도 없습니다. …… 마땅히 대역의 죄로 논단하고 부관참시해서 그 죄를 분명히 밝혀 신하들과 백성들의 분을 씻는 것이 사리에 맞는 일이옵니다."라고 하였다.
> (다) 정유년 이후부터 조정 신하들 사이에는 대윤이니 소윤이니 하는 말들이 있었다. …… 자전(慈殿)*은 밀지를 윤원형에게 내렸다. 이에 이기, 임백령 등이 고변하여 큰 화를 만들어 냈다.
> (라) 언문으로 쓴 밀지에 이르기를, "조광조가 현량과를 설치하자고 청한 것도 처음에는 인재를 얻기 위해서라고 생각했더니 …… 경들은 먼저 그를 없앤 뒤에 보고하라."라고 하였다.
>
> *자전(慈殿): 임금의 어머니

① (가) - (나) - (다) - (라) ② (가) - (나) - (라) - (다)
③ (나) - (가) - (라) - (다) ④ (나) - (다) - (가) - (라)
⑤ (다) - (라) - (나) - (가)

[2017년 34회 고급 27번]

15 (가)~(라) 전투를 일어난 순서대로 옳게 나열한 것은? (2점)

① (가) - (나) - (다) - (라) ② (가) - (나) - (라) - (다)
③ (나) - (가) - (다) - (라) ④ (나) - (가) - (라) - (다)
⑤ (다) - (나) - (가) - (라)

[2020년 47회 심화 22번]

14 (가) 전쟁 중 있었던 사실로 옳은 것은? (2점)

① 김상용이 강화도에서 순절하였다.
② 정봉수가 용골산성에서 항쟁하였다.
③ 최영이 홍산 전투에서 큰 승리를 거두었다.
④ 김시민이 진주성에서 적군을 크게 물리쳤다.
⑤ 이종무가 적의 근거지인 쓰시마를 정벌하였다.

[2020년 48회 심화 22번]

16 밑줄 그은 '이 전쟁' 중에 있었던 사실로 옳은 것은? (3점)

① 이괄의 반란 세력이 도성을 장악하였다.
② 곽재우, 고경명 등이 의병장으로 활약하였다.
③ 김준룡이 근왕병을 이끌고 광교산에서 항전하였다.
④ 외적의 침입에 대응하여 임시 기구로 비변사가 처음 설치되었다.
⑤ 포수·사수·살수의 삼수병으로 편제된 훈련도감이 신설되었다.

기출문제

[2019년 42회 고급 24번]

17 밑줄 그은 '이 왕'의 재위 기간에 있었던 사실로 옳은 것은? (2점)

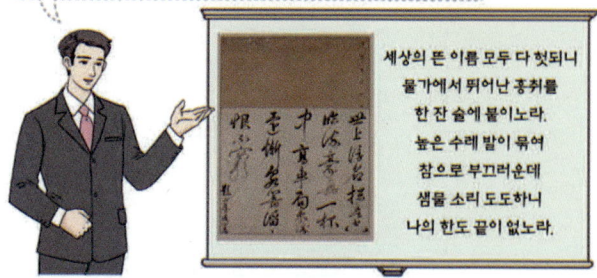

① 나선 정벌에 조총 부대가 동원되었다.
② 왕권 강화를 위해 장용영이 설치되었다.
③ 청과의 경계를 정한 백두산정계비가 건립되었다.
④ 역대 문물을 정리한 동국문헌비고가 편찬되었다.
⑤ 전통 한의학을 집대성한 동의보감이 완성되었다.

[2017년 35회 중급 23번]

18 (가) 전쟁 중에 있었던 사실로 옳은 것은? (2점)

① 배중손이 삼별초를 이끌었다.
② 최익현이 의병장으로 활약하였다.
③ 임경업이 백마산성에서 항전하였다.
④ 권율이 행주산성에서 크게 승리하였다.
⑤ 묘청이 서경 천도와 칭제 건원을 주장하였다.

[2020년 50회 심화 19번]

19 밑줄 그은 '이 나라'에 대한 조선의 정책으로 옳은 것은? (2점)

① 광군을 조직하여 침입에 대비하였다.
② 한성에 동평관을 두어 무역을 허용하였다.
③ 정도전을 중심으로 요동 정벌을 추진하였다.
④ 기유약조를 체결하고 부산에 왜관을 설치하였다.
⑤ 포로 송환을 위하여 유정을 회답 겸 쇄환사로 파견하였다.

[2018년 41회 고급 26번]

20 (가)에 대한 설명으로 옳은 것은? (2점)

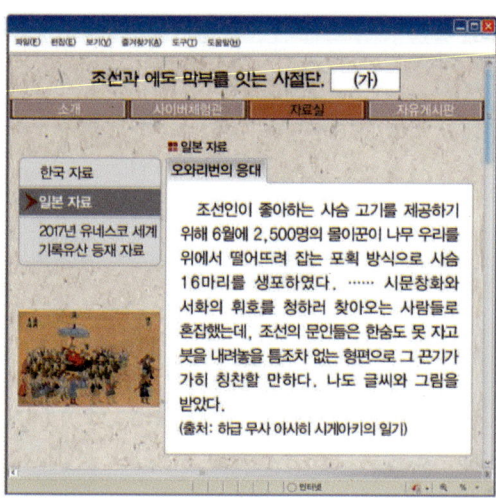

① 매년 정기적으로 파견되었다.
② 다녀온 여정을 연행록으로 남겼다.
③ 하정사, 성절사, 천추사 등이 있었다.
④ 사절 왕래를 위하여 북평관을 개설하였다.
⑤ 19세기 초까지 파견되어 문화 교류의 역할을 하였다.

21 (가)에 대한 설명으로 옳은 것은? (1점)

① 민영익, 홍영식, 서광범 등이 참여하였다.
② 하정사, 성절사, 천추사 등으로도 불리었다.
③ 조선의 문물을 일본에 전파하는 역할을 하였다.
④ 해국도지, 영환지략을 들여와 국내에 소개하였다.
⑤ 기기국에서 무기 제조 기술을 습득하고 돌아왔다.

22 (가)에 들어갈 내용으로 옳은 것은? (2점)

① 사림과 훈구의 갈등이 원인이 되었다.
② 서인과 남인 사이에 발생한 전례 문제이다.
③ 북인이 정국을 주도하던 시기에 전개되었다.
④ 외척 세력인 대윤과 소윤의 대립으로 일어났다.
⑤ 동인이 남인과 북인으로 분열되는 결과를 가져왔다.

23 (가) 시기에 있었던 사실로 옳은 것은? (3점)

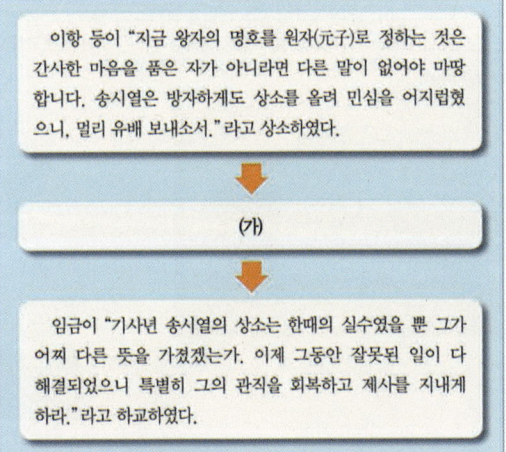

① 자의대비의 복상 문제로 예송이 전개되었다.
② 공신 책봉에 불만을 품고 이괄이 반란을 일으켰다.
③ 정여립 모반 사건으로 인해 기축옥사가 발생하였다.
④ 붕당의 폐해를 경계하기 위해 탕평비가 건립되었다.
⑤ 남인이 권력을 장악하고 희빈 장씨가 왕비로 책봉되었다.

24 (가) 왕에 대한 설명으로 옳은 것은? (3점)

세 차례의 환국을 통해 왕권을 강화한 (가) 은/는 양 난 이후의 국가 수취 체제를 정비하기 위해 대동법을 평안도와 함경도를 제외한 전국으로 확대 실시하였다. 또한, 국가 의례 복원의 일환으로 임진왜란 때 소실된 서울의 태조 영정을 새로 제작하였다. 이 의궤는 당시 전주 경기전의 태조 영정을 서울로 옮겨 모사(模寫)한 후 다시 돌려보낸 과정을 정리한 것이다.

태조영정모사도감의궤

① 금위영을 설치하여 5군영 체제를 확립하였다.
② 대전통편을 편찬하여 문물 제도를 정비하였다.
③ 붕당 정치의 폐해를 경계하고자 탕평비를 세웠다.
④ 농민 부담을 덜어주기 위하여 균역법을 실시하였다.
⑤ 육의전을 제외한 시전 상인의 금난전권을 폐지하였다.

기출문제

[2019년 43회 고급 27번]

25 밑줄 그은 '이 왕'의 업적으로 옳지 <u>않은</u> 것은? (2점)

이 그림은 한성의 홍수 예방을 위하여 이 왕이 시행한 청계천 준설 공사의 모습을 그린 기록화입니다. 이 왕은 신문고를 다시 설치하여 백성의 억울함을 듣고자 하였습니다.

수문상친림관역도

① 속대전을 편찬하여 통치 체제를 정비하였다.
② 기유약조를 체결하여 일본과의 무역을 재개하였다.
③ 동국문헌비고를 간행하여 역대 문물을 정리하였다.
④ 균역법을 실시하여 군역의 부담을 줄이고자 하였다.
⑤ 탕평비를 건립하여 붕당의 폐해를 경계하고자 하였다.

[2019년 45회 고급 28번]

27 밑줄 그은 '이 왕'의 업적으로 옳은 것은? (2점)

이곳 만석거(萬石渠)는 이 왕이 수원 화성을 건립하면서 축조한 수리 시설 중 하나입니다. 수갑(水閘) 및 수도(水道)를 만든 기술의 혁신성, 백성들의 식량 생산에 이바지한 점, 풍경의 아름다움 등 역사 문화적 가치를 인정받아 2017년 세계 관개 시설물 유산으로 등재되었습니다.

① 집현전을 계승한 홍문관을 설치하였다.
② 군역의 부담을 줄이고자 균역법을 제정하였다.
③ 초계문신제를 실시하여 문신들을 재교육하였다.
④ 붕당의 폐해를 경계하기 위해 탕평비를 건립하였다.
⑤ 삼정의 문란을 해결하기 위해 삼정이정청을 설치하였다.

[2020년 48회 심화 26번]

26 (가) 왕의 재위 기간에 있었던 사실로 옳지 <u>않은</u> 것은? (2점)

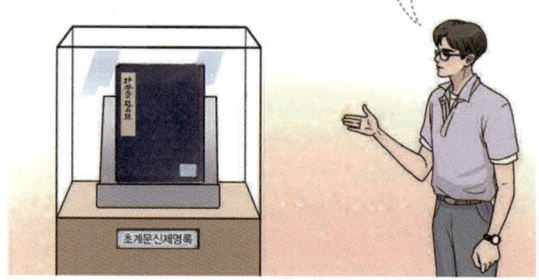

이 책은 초계문신제로 선발된 학자들의 명단을 정리한 인명록입니다. (가) 때부터 시행된 초계문신제는 인재 양성과 문풍 진작을 위한 문신 재교육 과정으로 37세 이하의 문신 중 학문에 재능이 뛰어난 이들을 선발하여 운영하였습니다.

초계문신제명록

① 경기도에 한해서 대동법이 실시되었다.
② 국왕의 친위 부대인 장용영이 설치되었다.
③ 서얼 출신의 학자들이 규장각 검서관에 기용되었다.
④ 통치 체제를 정비하기 위해 대전통편이 편찬되었다.
⑤ 육의전을 제외한 시전 상인의 금난전권이 폐지되었다.

[2019년 43회 고급 29번]

28 밑줄 그은 '이 시기'에 볼 수 있는 모습으로 적절하지 <u>않은</u> 것은? (2점)

이곳은 강화도의 용흥궁으로 철종이 왕위에 오르기 전에 살았던 곳이다. 농사를 짓던 그는 헌종이 후사 없이 승하하자 안동 김씨인 순원 왕후의 영향력으로 왕위에 올랐다. 그는 순원 왕후의 수렴청정을 받고, 김문근의 딸을 왕비로 맞이하면서 안동 김씨의 세도에 눌려 제대로 된 정치를 할 수 없었다. 이러한 상황은 소수의 외척 가문이 비변사의 요직을 독점하여 권력을 장악한 이 시기에 왕권이 약화된 모습을 보여준다.

① 이양선의 출몰을 보고하는 수군
② 군정의 문란으로 고통 받는 농민
③ 삼정이정청 설치를 건의하는 관리
④ 조선통보를 주조하는 관청 소속 장인
⑤ 왕조의 교체를 예언한 정감록을 읽고 있는 양반

[2018년 40회 고급 26번]

29 (가)에 대한 설명으로 옳은 것을 <보기>에서 고른 것은? (2점)

> 변방의 일은 병조가 주관하는 것입니다. …… 그런데 근래 변방 일을 위해 (가) 을/를 설치했고, 변방에 관계되는 모든 일을 실제로 다 장악하고 있습니다. …… 혹 병조 판서가 참여하는 경우가 있기는 하지만 도리어 지엽적인 입장이 되어버렸고, 참판 이하의 당상관은 전혀 일의 내용을 모르고 있습니다. …… 청컨대 혁파하소서.

| 보기 |

ㄱ. 왕명 출납을 맡은 왕의 비서 기관이었다.
ㄴ. 임진왜란 이후 조직과 기능이 확대되었다.
ㄷ. 조광조를 비롯한 사림의 건의로 혁파되었다.
ㄹ. 세도 정치 시기에 외척의 세력 기반이 되었다.

① ㄱ, ㄴ   ② ㄱ, ㄷ   ③ ㄴ, ㄷ
④ ㄴ, ㄹ   ⑤ ㄷ, ㄹ

[2020년 49회 심화 22번]

30 다음 상황이 나타난 시기에 볼 수 있는 모습으로 적절하지 <u>않은</u> 것은? (2점)

> 사행(使行)이 책문을 출입할 때에는 만상과 송상 등이 은과 인삼을 몰래 가지고 인부나 말 속에 섞여들어 물건을 팔아 이익을 꾀하였다. 되돌아올 때는 수레를 일부러 천천히 가게 하고 사신을 먼저 책문으로 나가게 하여 거리낄 것이 없게 한 뒤에 저희 마음대로 매매하고 돌아오는데 이것을 책문 후시라 한다.

① 장시에서 책을 읽어주는 전기수
② 벽란도에서 교역하는 송의 상인
③ 시사(詩社)에서 시를 낭송하는 공인
④ 관청에 필요한 물품을 납품하는 공인
⑤ 물주의 자금으로 광산을 경영하는 덕대

[2019년 42회 고급 26번]

31 밑줄 그은 '이 제도'에 대한 설명으로 옳은 것은? (2점)

이원익 대감의 건의로 경기도에 이 제도를 시행한다고 하네. 방납의 폐단이 경기도에서 특히 심해서라더군.

이제 각 고을에서는 공물을 현물 대신 쌀로 거두어 선혜청으로 납부한다는군.

① 양반에게도 군포가 부과되었다.
② 양전 사업을 실시하여 지계를 발급하였다.
③ 풍흉에 따라 전세를 9등급으로 차등 부과하였다.
④ 부족한 재정의 보충을 위해 선무군관포를 징수하였다.
⑤ 관청에 물품을 조달하는 공인이 등장하는 배경이 되었다.

[2017년 35회 중급 22번]

32 밑줄 그은 '이 법'에 대한 설명으로 옳은 것은? (2점)

선혜법이라고도 불린 이 법에 대해 이야기해 보자.

공물을 대신 납부하고 많은 이득을 취하던 방납의 폐단을 해결하기 위해 만들었대.

광해군 때 경기도에서 처음 시행되었지.

① 양반에게도 군포를 징수하였다.
② 결작을 부과하는 계기가 되었다.
③ 1결당 쌀 4~6두로 납부액을 고정시켰다.
④ 육의전을 제외한 시전 상인의 특권을 폐지하였다.
⑤ 관청에 물품을 조달하는 공인이 등장하는 배경이 되었다.

33 밑줄 그은 '대책'으로 옳은 것은? (2점)

[2020년 47회 심화 23번]

> 양역의 폐단을 개선하기 위해 논의한 호포와 결포는 여러 문제점이 있다고 하니, 그렇다면 군포를 1필로 줄이는 법을 시행하는 것으로 하라. 경들은 1필로 줄였을 때 생기는 세입 감소분을 채울 수 있는 대책을 강구하라.

> 분부를 받들겠습니다.

① 수신전과 휼양전을 폐지하였다.
② 토지 1결당 미곡 12두를 부과하였다.
③ 양전 사업을 시행하여 지계를 발급하였다.
④ 풍흉에 따라 9등급으로 전세를 부과하였다.
⑤ 어장세, 염세 등을 국가 재정으로 귀속하였다.

34 다음 자료가 작성된 시기에 볼 수 있는 모습으로 적절하지 <u>않은</u> 것은? (2점)

[2017년 36회 고급 30번]

> 이현과 종루 그리고 칠패,
> 이는 도성(한양)의 3대 시장이라네.
> 온갖 수공업자가 다 모여 있고 사람들은 분주한데.
> 수많은 화물이 값을 다투며 수레가 줄을 이었네.
> 봉성의 털모자, 연경의 비단실,
> 함경도의 마포, 한산의 모시,
> 쌀, 콩, 기장, 조, 피, 보리 ……
> 어떤 사람은 소에 실은 나무를 사려고 고삐를 끌기도 하고,
> 어떤 사람은 말 이빨을 보고 나이를 알려고 허리에 채찍을 꽂고 있으며,
> 어떤 사람은 눈을 껌뻑이며 말 중개인을 부르기도 하네.
> — 성시전도시 —

① 이앙법으로 벼농사를 짓는 농민
② 상평통보로 토지를 매매하는 양반
③ 공명첩을 통해 면역의 혜택을 받은 상민
④ 한강을 무대로 운송업에 종사하는 경강상인
⑤ 직전법에 의해 토지의 수조권을 지급받는 관리

35 다음 그림이 그려진 시기에 볼 수 있는 모습으로 적절하지 <u>않은</u> 것은? (2점)

[2018년 38회 고급 22번]

> 이 그림은 김득신이 그린 풍속화로 병아리를 물고 도망가는 고양이와 이에 놀란 닭, 긴 담뱃대로 이를 제지하려는 남성의 모습 등이 묘사되어 있다. 조용한 여염집에서 벌어진 소동을 그렸기 때문에 파적도(破寂圖)라 불리기도 한다.

① 생선을 팔고 상평통보를 받는 상인
② 장시에서 탈춤 공연을 벌이는 광대
③ 시사(詩社)를 조직하여 활동하는 중인
④ 직전법에 의해 수조권을 지급받는 관리
⑤ 고추, 인삼 등을 상품 작물로 재배하는 농민

36 (가) 기관에 대한 설명으로 옳은 것은? (1점)

[2017년 35회 고급 23번]

> (가) 을/를 설치한 것은 당초에 학문을 하고 심신을 수양하는 선비들을 대우하기 위한 것이니, 따라서 향사(享祀)의 대상이 될 사람은 사표(師表)가 될 만한 사람이어야 합니다. 그런데 지금은 그렇지 않아서 선비라는 사람은 학문을 일삼지 않고, 향사할 사람은 당치 않은 인물이기도 하여 사원(祠院)은 많으나 사문(斯文)은 더욱 침체되니 실로 한심스럽습니다. …… 지금부터 새로 창설하는 곳에 대해서는, 모두 예조(禮曹)에 보고하여 조정에서 함께 의논해서 공론으로 허용된 후에 창설하도록 하는 것이 타당하겠습니다.

① 주세붕에 의해 처음 세워졌다.
② 좌수와 별감을 중심으로 운영되었다.
③ 중앙에서 교수와 훈도가 파견되었다.
④ 조광조를 비롯한 사림의 건의로 혁파되었다.
⑤ 매향 활동을 하면서 각종 불교 행사를 주관하였다.

37 (가) 종교에 대한 설명으로 옳은 것은? (1점)

[2020년 48회 심화 27번]

> 경주 사람 최복술은 아이들에게 공부 가르치는 것을 직업으로 삼았다. 그런데 양학(洋學)이 갑자기 퍼지는 것을 차마 보고 앉아 있을 수 없어서, 하늘을 공경하고 순종하는 마음으로 글귀를 지어, (가) (이)라 불렀다. 양학은 음(陰)이고, (가) 은/는 양(陽)이기 때문에 양을 가지고 음을 억제할 목적으로 글귀를 외우고 읽고 하였다.

① 배재 학당을 세워 신학문 보급에 기여하였다.
② 박중빈을 중심으로 새생활 운동을 추진하였다.
③ 일제의 통제에 맞서 사찰령 폐지 운동을 벌였다.
④ 마음속에 한울님을 모시는 시천주를 강조하였다.
⑤ 황사영이 외국 군대의 출병을 요청하는 백서를 작성하였다.

38 다음 사건에 대한 탐구 활동으로 가장 적절한 것은? (2점)

[2016년 31회 중급 25번]

> 죄인 황사영은 본래 정약종의 조카사위로 사술에 빠져, 주문모가 우리나라에 온 뒤에 (그를) 스승으로 섬기고 아비라고 불렀으며 영세와 이름을 받았다. 체포하라는 명령이 내려지자 기미를 알고 도망하여 깊은 산속에 숨어 반역을 도모하였다.
> – 「순조실록」 –

① 천주교 박해의 배경을 조사한다.
② 유교 구신론의 내용을 알아본다.
③ 대종교도의 항일 운동 지역을 찾아본다.
④ 조선 불교 유신회의 조직 과정을 파악한다.
⑤ 원불교가 전개한 새 생활 운동의 목적을 살펴본다.

39 (가), (나) 사건에 대한 설명으로 옳은 것은? (2점)

[2017년 34회 고급 31번]

> (가) 평서대원수는 급히 격문을 띄우노니 우리 관서(關西)의 부로 자제와 공사천민 모두 이 격문을 들으라. …… 심지어 권세 있는 집의 노비들도 관서 사람[西人]을 보면 반드시 평안도놈[平漢]이라 일컫는다. 관서 사람으로서 어찌 원통하고 억울하지 않겠는가. …… 이제 격문을 띄워 먼저 여러 고을의 수령에게 알리노니, 절대로 동요치 말고 성문을 활짝 열어 우리 군대를 맞이하라.
>
> (나) 임술년 2월 19일, 진주 백성 수만 명이 머리에 흰 수건을 두르고 손에는 나무 몽둥이를 들고 무리를 지어 진주 읍내에 모여 서리들의 가옥 수십 호를 불사르고 부수니, 그 움직임이 결코 가볍지 않았다.

① (가) – 황토현에서 관군에게 승리를 거두었다.
② (가) – 사건의 수습을 위해 박규수가 안핵사로 파견되었다.
③ (나) – 삼정이정청 설치의 계기가 되었다.
④ (나) – 지역 차별에 반발한 홍경래가 주도하여 봉기하였다.
⑤ (가), (나) – 남접과 북접이 연합하여 조직적으로 전개되었다.

40 다음 자료의 상황이 나타난 시기에 볼 수 있는 모습으로 적절하지 <u>않은</u> 것은? (1점)

[2020년 50회 심화 28번]

> 김상철이 말하기를, "도성 백성들의 생계는 점포를 벌여 놓고 사고파는 데 달려 있습니다. 그런데 근래 기강이 엄하지 않아서 어물과 약재 등 온갖 물건의 이익을 중간에서 독점하는 도고(都庫)의 폐단이 한둘이 아닙니다. 대조(大朝)께서 여러 차례 엄하게 다스렸으나, 차츰 해이해져 많은 물건의 가격이 폭등한 것은 오로지 이 때문이라고 합니다. 평시서(平市署) 등에서 적발하여 강하게 다스렸다면 어찌 이런 일이 있었겠습니까?"라고 하였다.

① 청요직 통청을 요구하는 서얼
② 한글 소설을 읽고 있는 부녀자
③ 동국문헌비고를 열람하는 관리
④ 염포의 왜관에서 교역하는 상인
⑤ 장시에서 판소리를 구경하는 농민

기출문제

41 [2020년 46회 고급 27번]
다음 대화가 이루어진 시기의 경제 상황으로 옳지 않은 것은? (2점)

① 담배, 면화 등이 상품 작물로 재배되었다.
② 경기 지역에 한하여 과전법이 실시되었다.
③ 국경 지대에서 개시 무역과 후시 무역이 이루어졌다.
④ 모내기법의 확산으로 벼와 보리의 이모작이 성행하였다.
⑤ 설점수세제의 시행으로 민간의 광산 개발이 활기를 띠었다.

42 [2017년 36회 고급 17번]
밑줄 그은 '이 인물'의 활동으로 옳은 것은? (2점)

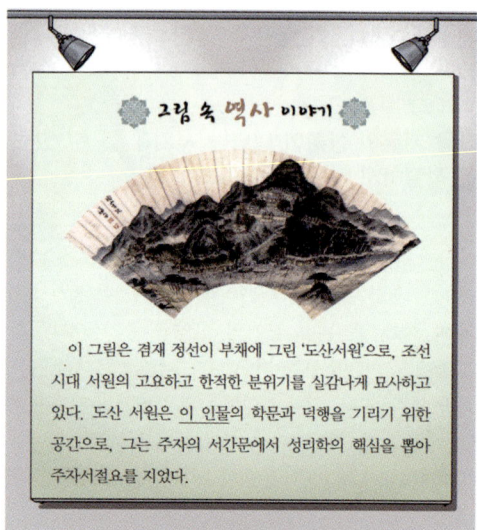

① 최초의 서원인 백운동 서원을 건립하였다.
② 성호사설에서 한전론의 실시를 주장하였다.
③ 동호문답을 통해 다양한 개혁 방안을 제시하였다.
④ 군주의 도를 도식으로 설명한 성학십도를 저술하였다.
⑤ 가례집람을 지어 예학을 조선의 현실에 맞게 정리하였다.

43 [2020년 49회 심화 26번]
다음 가상 인터뷰의 주인공에 대한 설명으로 옳은 것은? (3점)

① 북학의에서 절약보다 소비를 권장하였다.
② 의산문답에서 중국 중심의 세계관을 비판하였다.
③ 우서에서 사농공상의 직업적 평등을 주장하였다.
④ 마과회통에서 홍역에 대한 의학 지식을 정리하였다.
⑤ 금석과안록에서 북한산비가 진흥왕 순수비임을 고증하였다.

44 [2020년 47회 심화 26번]
(가) 인물에 대한 설명으로 옳은 것은? (2점)

① 북경에 다녀온 후 연행록을 남겼다.
② 양명학을 연구하여 강화학파를 형성하였다.
③ 북한산비가 진흥왕 순수비임을 고증하였다.
④ 토지 매매를 제한하는 한전론을 제시하였다.
⑤ 북학의를 저술하여 절약보다 소비를 권장하였다.

[2019년 45회 고급 27번]

45 (가) 서적이 편찬된 시기의 경제 상황으로 옳지 않은 것은? (2점)

① 개시 무역과 후시 무역이 이루어졌다.
② 담배, 면화와 같은 상품 작물이 재배되었다.
③ 시장을 관리하기 위한 동시전이 설치되었다.
④ 송상, 만상이 대청 무역으로 부를 축적하였다.
⑤ 모내기법의 확대로 벼와 보리의 이모작이 확산되었다.

[2020년 47회 심화 27번]

46 (가)의 작품으로 옳은 것은? (1점)

[2016년 30회 고급 29번]

47 (가)에 대한 설명으로 옳은 것은? (2점)

① 지행합일을 중요시하였다.
② 정감록을 통해 왕조 교체를 예언하였다.
③ 마음속에 한울님을 모시는 시천주를 내세웠다.
④ 유교, 불교, 도교에 민간 신앙의 요소를 결합하였다.
⑤ 조상에 대한 제사를 거부하여 정부로부터 탄압을 받았다.

[2020년 49회 심화 27번]

48 (가)에 들어갈 문화유산으로 옳은 것은? (1점)

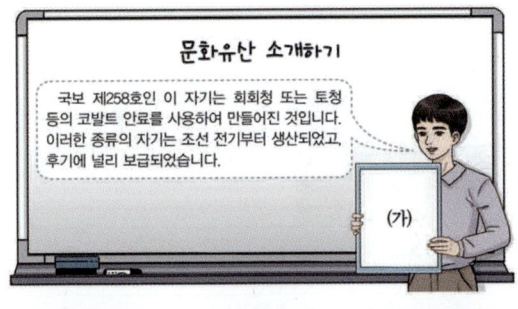

①  ②  ③

④  ⑤

기출문제

49 (가)에 들어갈 문화유산으로 옳은 것은? (2점)

[2019년 45회 고급 25번]

국보 제55호인 (가) 은 현존하는 유일의 조선시대 목탑으로 임진왜란 때 불타 없어졌는데, 인조 때 다시 조성된 것입니다.

① 마곡사 대웅보전
② 금산사 미륵전
③ 화엄사 각황전
④ 무량사 극락전
⑤ 법주사 팔상전

50 (가) 인물의 작품으로 옳은 것은? (1점)

[2021년 51회 심화 27번]

이 그림은 조선 후기 풍속화가 (가) 이/가 그린 미인도인가요?

맞아요. (가) 은/는 이 그림 외에도 양반들의 풍류와 남녀 사이의 애정을 소재로 한 작품을 많이 남겼어요.

① 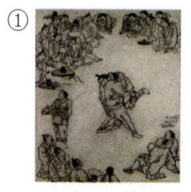 ②  ③
④  ⑤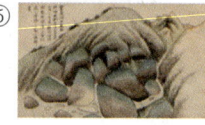

정답 및 해설

01 ②
(가) 위화도 회군(1388) → (다) 과전법 시행(1391) → (나) 한양 천도 (1394)

02 ⑤
제시문에서 '불씨(佛氏)의 지옥설', '삼봉집'의 내용을 통해 정도전의 불씨잡변을 통한 불교 자체를 비판하는 내용임을 알 수 있다. 정도전은 『조선경국전』을 저술하여 조선의 통치 제도 정비에 기여하였다.

오답분석
① 정도전과 계유정난과는 관련이 없다.
② 신숙주
③ 송시열
④ 이황

03 ②
태종은 왕권을 강화하기 위해 6조 직계제를 시행하였다.

오답분석
① 흥선 대원군이다.
③ 대동법이 처음 실시된 것은 광해군 때의 일이다.
④ 영조 때의 일이다.
⑤ 철종 때의 일이다.

04 ⑤
제시된 자료에서 '최윤덕 장군', '4군을 설치'의 내용을 통해 밑줄 그은 '이 왕'은 세종임을 알 수 있다. 세종은 일본과 계해약조를 체결하여 무역에 관한 기준을 마련하였다.

오답분석
① 효종
② 정조
③, ④ 광해군

05 ①
갑인자는 조선 세종 때 만들어졌다. ① 칠정산은 조선 세종 때 만들어진 우리나라 최초의 역법이다.

오답분석
② 다산 정약용이 고안한 기계로 화성 축조에 사용
③ 광해군 때 허준이 편찬한 의서
④ 조선의 법전으로 세조 때 편찬에 착수하여 성종 때 완성
⑤ 조선 후기 지리학자 김정호가 작성한 지도

06 ④
제시된 자료에서 '도승지'는 왕의 비서 기관으로 왕명 출납을 담당한 승정원의 관직이다.

오답분석
① 한성부
② 고려 삼사
③ 사헌부, 사간원
⑤ 역관

07 ③
제시된 자료에서 '국조오례의'는 조선 성종 때 편찬된 국가 의례 행사에 대한 저서이다. 성종은 경국대전을 완성·반포하여 유교적 통치 체제를 완성하였다.

오답분석
① 광해군
② 세종
④ 태종
⑤ 중종

08 ③
제시문에서 '성삼문', '박팽년'은 사육신으로, 세조에 의해 폐위된 단종의 복위 운동을 추진한 인물들이었다. 그러므로 밑줄 그은 '왕'은 세조에 해당한다. 이시애의 난은 세조 13년 함경도의 토착 세력이었던 이시애가 세조의 집권 정책에 반발하여 일으킨 난에 해당한다.

오답분석
① 예종
② 효종
④ 광해군
⑤ 정조

09 ②
제시된 자료에서 부·목·군·현에 파견된 지방관 (가)는 수령, 지방 관아에서 행정 실무를 담당한 (나)는 향리에 해당한다. 수령은 파견된 지역의 행정·사법·군사 업무 등을 총괄하였다.

오답분석
① 향리
③ 관찰사
④ 노비에 대한 내용이다.
⑤ (가), (나) 모두 해당되지 않는다.

10 ⑤
제시된 자료에서 '유학 교육을 위해 지방에 설립된 교육 기관', '대성전', '명륜당'의 내용을 통해 향교에 대한 내용임을 알 수 있다.

오답분석
① 유향소
②, ④ 서원
③ 성균관

11 ②
제시된 자료에서 '옥당', '옥서', '집현전의 기능'을 통해 (가) 기구는 홍문관임을 알 수 있다. 홍문관은 사헌부, 사간원과 함께 3사로 불렸다.

오답분석
① 한성부
③ 규장각
④ 비변사
⑤ 의금부

12 ⑤
제시된 자료에서 '소격서 폐지', '현량과 실시'는 조선 중종 때 조광조가 추진한 혁신 정치의 내용이다. 그러나 위훈 삭제에 대한 훈구 세력의 반발로 중종 14년(1519) 기묘사화로 제거되었다.

오답분석
① 무오사화
② 인조반정
③ 을사사화
④ 단종의 복위 운동

13 ③
(나) 무오사화(1498) → (가) 갑자사화(1504) → (라) 기묘사화(1519) → (다) 을사사화(1545)

14 ④
제시된 자료에서 '조·명 연합군'의 내용을 통해 (가) 전쟁은 임진왜란임을 알 수 있다. 임진왜란 당시 김시민 장군은 진주성에서 왜군들을 크게 물리쳤다.

오답분석
① 병자호란
② 정묘호란
③ 고려 말 왜구의 토벌
⑤ 세종 때 이종무의 쓰시마 섬 정벌

15 ③
(나) 충주 탄금대 전투(1592)
(가) 행주대첩(1593)
(다) 명량 해전(1597)
(라) 노량 해전(1598)

16 ③
제시된 자료에서 '소현 세자'는 병자호란 당시 청에 인질로 끌려 간 인조의 아들이다. 그러므로 밑줄 그은 '이 전쟁'은 병자호란에 해당한다. ③ 처음 언급되는 내용으로 해당 내용을 모르더라도 나머지 선지에 대한 소거법에 따라 답을 유추할 수 있다. 광교산 전투는 병자호란 때인 1637년 1월 김준룡이 광교산에서 청군과 싸워 승리한 전투이다.

오답분석
① 병자호란 이전
②, ⑤ 임진왜란
④ 삼포왜란

17 ①
제시된 자료에서 '세자', '척화를 주장했던 신하들과 함께 청에 볼모로 잡혀갔다'는 내용을 통해 밑줄 그은 '이 왕'은 효종임을 알 수 있다. 효종 재위 시기에는 청의 강요로 러시아 정벌에 출정하였다.

오답분석
② 정조
③ 숙종
④ 영조
⑤ 광해군

18 ③
윤집, 오달재, 홍익한은 병자호란 때 청과의 화의를 반대한 사람들이다. 따라서 병자호란에 대한 설명으로 옳은 것을 고르면 된다. ③ 병자호란 당시 임경업은 백마산성에 주둔하고 있었다.

오답분석
① 배중손이 삼별초를 이끈 것은 고려를 침입한 몽골에 대항하여 삼별초의 항쟁을 벌였을 때이다.
② 최익현이 의병장으로 활동한 것은 을사늑약 체결 이후이다.
④ 권율이 행주산성에서 활약한 것은 임진왜란 때의 일이다.
⑤ 묘청이 서경 천도를 주장한 것은 고려 인종 때로 고려가 금의 압박을 받고 있던 시기이다.

19 ③
제시된 자료에서 '만력제(신종)'는 명나라의 황제로, '의순관 영조도'는 명나라의 사신이 의주 의순관에 도착하는 모습을 그린 것이다. 태조 때 정도전의 요동 정벌론으로 명과 조선 사이에 긴장 관계가 조성되었다.

오답분석
① 거란
②,④,⑤ 일본

20 ⑤
제시된 자료에서 조선과 에도 막부를 잇는 사절단 (가)는 조선 통신사이다. 조선은 1607년부터 1811년까지 12차례에 걸쳐 일본에 조선 통신사를 파견하여 조선의 선진 학문과 기술을 전파하였다.

오답분석
① 조선 통신사는 1607년~1811년까지 모두 12차례에 걸쳐 파견되었으므로 매년 정기적으로 파견된 것은 아니다.
② 연행록은 청나라에 다녀온 사행 일기이다.
③ 명나라에 파견한 사절이다.
④ 북평관은 여진의 사신을 접대한 곳이다.

21 ③
임진왜란 이후 에도 막부의 요청으로 조선이 파견한 (가)는 통신사이다. 통신사 일행은 조선의 문화를 일본에 전하여 일본 문화의 발전에 큰 영향을 끼쳤다. 또한 이들은 일본의 역사서를 수입하고 견문록을 남겨 일본의 사정을 국내에 전하였다.

오답분석
① 보빙사(1883)
② 조천사
④ 역관 오경석
⑤ 영선사

22 ②
제시된 자료에서 '현종', '자의대비의 복상 기간'의 내용을 통해 (가)는 예송 논쟁임을 알 수 있다. 두 차례에 걸쳐 일어난 예송 논쟁은 효종의 정통성을 둘러싸고 서인과 남인 사이에 발생한 예법 논쟁이다.

오답분석
① 사화
③ 광해군 시기
④ 을사사화
⑤ 정여립 모반 사건

23 ⑤
제시된 자료는 기사환국을 둘러싼 배경과 그 결과에 대한 내용이다. 기사환국은 1689년 서인이 실각하고 남인과 장희빈이 권력을 장악한 사건이다.

오답분석
①,②,③ (가) 이전
④ (가) 이후

24 ①
세 차례의 환국을 통해 왕권을 강화하고 대동법을 평안도와 함경도를 제외한 전국으로 확대 실시한 (가) 국왕은 숙종이다. 조선 후기에 후금과 전쟁을 치르며 인조 대를 거치면서 어영청, 총융청, 수어청이 신설되고 숙종 때 금위영이 세워져 5군영 체제가 갖추어졌다.

오답분석
②,⑤ 정조
③,④ 영조

25 ②
제시된 자료에서 '청계천 준설', '신문고를 다시 설치'의 내용을 통해 밑줄 그은 '이 왕'은 영조임을 알 수 있다. 영조는 속대전을 편찬하여 통치 규범을 강화하였으며, 동국문헌비고를 편찬하여 우리나라의 역대 문물을 정리하였다. 또한 균역법을 실시하여 1인당 군포 1필로 경감하였으며, 성균관 앞에 탕평비를 건립하고 탕평파를 육성하는 탕평책을 실시하였다.
②는 광해군의 업적이다.

26 ①
제시된 자료에서 '초계문신제'를 통해 (가) 왕은 정조임을 알 수 있다. 정조는 규장각과 장용영을 설치하여 신 세력을 육성하였으며, 대전통편을 편찬하여 통치 규범을 강화하였다. 또한 1791년 신해통공을 통해 육의전을 제외한 시전 상인들의 금난전권을 철폐하였다.
① 광해군 때의 사실이다.

27 ③
제시된 자료에서 '수원 화성을 건립'의 내용을 통해 밑줄 그은 '이 왕'은 정조임을 알 수 있다. 정조는 초계문신제를 실시하여 젊고 재능 있는 문신들을 재교육하였다.

오답분석
① 성종
②, ④ 영조
⑤ 철종

28 ④
제시된 자료에서 '철종', '안동 김씨', '소수의 외척 가문'의 내용을 통해 밑줄 그은 '이 시기'는 조선 후기인 세도 정치 시기임을 알 수 있다.
④ 조선통보는 조선 전기인 세종 때 처음 주조되었다.

29 ④
제시문에서 '변방에 관계되는 모든 일을 실제로 다 장악'의 내용을 통해 삼포왜란 이후 임시기구로 설치한 비변사에 대한 내용임을 알 수 있다.
ㄴ. 비변사는 임진왜란을 거치며 국정 전반에 걸쳐 대부분의 의사 결정을 담당하는 기구로서 권력이 비대해졌다.
ㄹ. 세도 정치 시기에는 유력한 가문 출신 인물들이 비변사를 장악하면서 외척의 세력 기반이 되었다.

오답분석
ㄱ. 승정원
ㄷ. 소격서

30 ②
제시문에서 '만상', '송상'은 조선 후기의 사상이다. 그러므로 선지 중 조선 후기의 상황이 아닌 것을 고르는 문제이다.
② 벽란도는 고려 시대의 국제 무역항이다.

31 ⑤
제시된 자료에서 '경기도에 시행', '방납의 폐단', '공물을 현물 대신 쌀', '선혜청'의 내용으로 보아 밑줄 그은 '이 제도'는 광해군 때 처음 시행된 대동법임을 알 수 있다. 대동법의 시행으로 공인이 성장하였으며 상품 화폐 경제가 발달하게 되었다.

오답분석
① 호포법
② 대한 제국의 정책
③ 세종 때의 공법
④ 균역법

32 ⑤
방납의 폐단을 시정하기 위해 광해군 때 경기도에서 처음 시행된 제도는 대동법이다. 대동법의 시행으로 공납이 각 호마다 특산물로 부과되던 것이 토지에 따라 쌀, 동전 등을 부과하는 것으로 바뀌었다.
⑤ 대동법의 시행으로 현물 대신 쌀, 동전, 베를 걷게 되자 왕실이나 관청에서 필요한 물품을 조달하는 상인 공인이 성장하게 되었다.

오답분석
① 고종 때 호포제가 시행되면서 양반에게도 군포를 징수하였다.
② 영조 때 균역법이 시행되면서 부족해진 세수 충당을 위해 결작을 부과하였다.
③ 인조 때 영정법을 시행하면서 전세 납부액을 1결당 4두로 고정시켰다.
④ 정조 때 신해통공을 시행하면서 육의전을 제외한 시전 상인의 금난전권이 폐지되었다.

33 ⑤
제시된 자료에서 '양역의 폐단을 개선', '군포를 1필로 줄이는 법'의 내용을 통해 밑줄 그은 '대책'은 영조 때 시행된 균역법임을 알 수 있다. 균역법의 시행으로 인해 줄어든 국가 재정에 대한 대책으로 결작을 부과하였으며, 부호들에게는 '선무군관'이라는 명예직을 주는 대가로 포를 거두었다. 또한 어장세와 선박세, 염세 등을 추가로 부과하였다.

오답분석
① 직전법
② 대동법
③ 대한 제국의 정책
④ 세종 때의 공법

34 ⑤
제시된 자료 속 '이현과 종루', '칠패', '함경도의 마포', '한산의 모시' 등을 통해 장시가 발달하고 상품 작물이 재배되었던 조선 후기의 경제 상황에 대한 설명임을 알 수 있다. ⑤ 직전법은 조선 전기 명종 때 토지 수급의 어려움과 국가의 재정 부족으로 인해 폐지되었다.

오답분석
① 조선 후기에는 이앙법이 전국적으로 보급되며 노동력의 절감과 생산량의 증가로 경제 발달에 많은 영향을 미쳤다.
② 조선 후기에는 상평통보가 국가의 주도 하에 대량 주조되어 전국적으로 보급될 수 있었다.
③ 조선 후기에는 국가 재정의 부족을 해결하기 위해 공명첩, 납속책 등을 발행하여 역을 면제받고 신분 상승을 하는 경우가 발생하였다.
④ 조선 후기에는 사상이 성장하였는데 일본과의 무역을 주도했던 동래 상인, 청과의 무역을 주도했던 만상, 한강을 중심으로 활동했던 경강 상인 등이 있었다.

35 ④
제시된 자료인 김득신의 파적도는 '풍속화'라는 내용과 서민들의 일상생활 모습을 묘사했다는 점들을 고려할 때 조선 후기의 작품임을 유추할 수 있다. 실제로 김득신은 18세기 중반~19세기 전반에 활동한 도화서의 화원이다.
④는 세조 때의 모습이다.

36 ①
제시된 자료에서 '학문을 하고 심신을 수양하는 선비를 대우한다', '향사', '사표' 등을 보아 (가) 기관이 서원임을 알 수 있다.
① 최초의 서원은 주세붕에 의해 만들어진 백운동 서원이다.

오답분석
② 유향소에 대한 설명이다.
③ 향교에 대한 설명이다.
④ 소격서에 대한 설명이다.
⑤ 향도에 대한 설명이다.

37 ④
제시문에서 '양학(洋學)'은 천주교를 말한다. '경주 사람 최복술'은 동학의 창시자인 최제우의 어릴 적 이름이고, '양학(洋學)이 갑자기 퍼지는 것을 차마 보고 앉아 있을 수 없어서'라는 내용을 통해 (가) 종교는 동학임을 알 수 있다. 동학은 최제우가 시천주를 강조하며 유·불·선에 민간 신앙적 요소를 결합하여 창시하였다.

오답분석
① 개신교
② 원불교
③ 불교
⑤ 천주교

38 ①
다음 자료에서 이야기 하고 있는 것은 천주교 박해에 대한 설명이다.
① 순조 때 신유박해가 일어나 청나라 신부 주문모가 처형되고 대규모 천주교 탄압이 가해졌다.

39 ③
제시한 자료 (가)에서 '평서대원수'라는 호칭을 사용한 것을 통해 홍경래의 난과 관련된 자료임을 알 수 있으며, (나)는 임술년 진주에서 농민들이 봉기하였다는 내용을 통하여 임술 농민 봉기에 대한 내용임을 알 수 있다.
③ 임술 농민 봉기 이후 삼정의 문란을 시정하기 위해 조선 정부에서는 삼정이정청을 설치하기도 하였다.

오답분석
① 황토현에서 관군에게 승리를 거둔 것은 동학 농민 운동 1차 봉기 때이다.
② 사건의 수습을 위해 안핵사로 박규수를 파견한 것은 임술 농민 봉기이다.
④ 서북민에 대한 지역 차별에 반대하여 홍경래의 주도로 일어난 것은 홍경래의 난이다.
⑤ 남접과 북접이 연합하여 조직적으로 전개한 것은 동학 농민 운동 2차 봉기 때이다.

40 ④
제시문에서 '도고(都庫)의 폐단'의 내용을 통해 조선 후기의 상황임을 알 수 있다.
④ 염포의 왜관은 조선 전기인 세종 때 삼포개항으로 설치된 곳 중의 하나이다.

41 ②
제시된 자료에서 '산대놀이', '수어청'의 내용을 통해 조선 후기의 상황임을 알 수 있다.
② 과전법은 고려 말에 처음 실시되었다.

오답분석
① 조선 후기에는 담배, 인삼, 면화, 쌀 등 상품 작물의 재배가 증가하였다.
③ 조선 후기에는 청과 중강 개시와 중강 후시, 책문 후시 무역이, 일본과는 왜관 개시와 왜관 후시 무역이 이루어졌다.
④ 조선 후기에는 모내기법이 전국적으로 확산되면서 벼와 보리의 이모작이 증가하였다.
⑤ 조선 후기에는 설점수세제가 시행되면서 민영 광산 개발이 확산되었다.

42 ④
도산 서원은 이황의 학문과 덕행을 기리기 위해 세워진 서원이다. 따라서 이황의 활동으로 옳은 것을 고르면 된다. ④ 이황은 『성학십도』에서 군주의 도를 도식으로 설명하였다.

오답분석
① 백운동 서원은 주세붕이 건립하였다. 이황은 백운동 서원이 사액서원이 될 수 있게 건의하였다.
② 『성호사설』은 조선 후기 실학자 이익의 저서이다.
③ 『동호문답』은 이이의 저서이다.
⑤ 『가례집람』은 조선 후기 학자 김장생이 『가례』를 증보한 책이다.

43 ④
제시된 자료에서 '수원 화성 건설', '거중기'의 내용으로 보아 가상 인터뷰의 주인공은 정약용임을 알 수 있다. 정약용은 홍역에 대한 의학 지식을 정리한 『마과회통』을 편술하였다.

오답분석
① 박제가
② 홍대용
③ 유수원
⑤ 김정희

44 ④
제시된 자료에서 '성호사설'은 이익의 대표적 저서이다. 이익은 한전론을 제시하여 영업전의 매매 금지를 주장하였다.

오답분석
① 박지원, 홍대용
② 정제두
③ 김정희
⑤ 박제가

45 ③
제시된 자료에서 '유수원', '상공업의 진흥'의 내용을 통해 조선 후기의 상황임을 알 수 있다.
③ 동시전은 신라 지증왕 때 설치되었다.

오답분석
① 조선 후기에는 청과 중강 개시와 중강 후시, 책문 후시 무역이, 일본과는 왜관 개시와 왜관 후시 무역이 이루어졌다.
② 조선 후기에는 담배, 인삼, 면화, 쌀 등 상품 작물의 재배가 증가하였다.
④ 조선 후기에는 의주 만상, 개성 송상 등이 청과의 무역을 통해 부를 축적할 수 있었다.
⑤ 조선 후기에는 모내기법이 전국적으로 확산되면서 벼와 보리의 이모작이 증가하였다.

46 ②
제시된 자료에서 '겸재'는 정선의 호이며, '진경산수화', '금강전도'의 내용을 통해 (가) 인물은 정선임을 알 수 있다. ② 정선의 인왕제색도이다.

오답분석
① 김홍도의 총석정도
③ 강세황의 영통골 입구도
④ 김정희의 세한도
⑤ 안견의 몽유도원도

47 ①
18세기 초에 정제두가 본격적으로 연구하여 이론 체계를 세운 (가)는 양명학이다. 정제두의 학문은 집안 후손과 친인척 사이에 가학의 형태로 계승되면서 강화 학파로 불리었다. 명나라의 왕양명이 주창했던 양명학은 '심즉리', '지행합일', '치양지'를 내세워 성리학의 절대화와 형식화를 비판하며 실천성을 강조하였다.

오답분석
② 예언사상
③, ④ 동학
⑤ 서학(천주교)

48 ④
제시된 자료에서 '코발트 안료', '(조선) 후기에 널리 보급'이라는 내용을 통해 청화 백자에 대한 내용임을 알 수 있다. (가)에 들어갈 문화유산인 ④는 국보 제258호인 백자 청화죽문 각병이다.

오답분석
① 분청사기
②,③,⑤ 고려 청자

49 ⑤
제시된 자료에서 '현존하는 유일의 조선 시대 목탑', '임진왜란 때 불타 없어졌는데', '쌍사자 석등' 등의 내용을 통해 법주사 팔상전에 대한 내용임을 알 수 있다. 법주사 팔상전은 현존하는 우리나라 유일의 조선 시대 목조탑이다.

50 ④

제시된 자료의 대화에서 '조선 후기 풍속화', '미인도', '양반들의 풍류와 남녀 사이의 애정을 소재' 등의 내용을 통해 (가) 인물은 신윤복임을 알 수 있다. ④는 신윤복의 '월하정인'이라는 작품이다.

오답분석
① 김홍도의 씨름도
② 강희안의 고사관수도
③ 김득신의 파적도
⑤ 강세황의 영통동구도

PART

05

장유리
7일만에
80점 넘기기

국제 질서의 변동과 근대 국가 수립 운동

01. 흥선 대원군의 정치 ~ 개화 정책

02. 동학 농민 운동 ~ 광무개혁

03. 일제의 국권 피탈 ~ 개항기 경제와 사회

05 국제 질서의 변동과 근대 국가 수립 운동

01 흥선 대원군의 정치 ~ 개화 정책

1. 흥선 대원군의 개혁 정책

왕권 강화 정책	• 외척 세력 배제, 능력에 따른 인재 등용 • 비변사 기능 약화 → 의정부(정치)와 삼군부(군사) 기능 부활 • **대전회통**, 육전조례 등의 법전 정비 • 경복궁 중건 → **당백전** 발행(물가상승 유발), 원납전 징수	• 양반들의 반발 : 경복궁 중건(원납전 징수, 묘지림 벌목), **호포제, 서원 철폐** • 상민들의 반발 : 경복궁 중건(강제 부역 동원, 당백전 남발로 물가 상승, 문세 징수 등)
민생 안정 정책	• 전정 : 양전 사업 실시, 양반 지주들의 은결 색출 • 군정 : **호포제** 실시 • 환곡 : **사창제** 실시 • **서원 철폐** : 붕당의 세력 약화 및 국가 재정 확충	
의의	• 성과 : 재정 확보와 민생 안정에 기여 • 한계 : 왕권 강화를 목적으로 한 전통 체제 내에서의 개혁 → 신분제 폐지 X	

사료 읽기 흥선 대원군의 내정 개혁

서원 철폐	진실로 백성에게 해가 되는 것이 있으면, 비록 공자가 다시 살아난다 하더라도 나는 용서하지 않겠다. 하물며 서원은 우리나라에서 존경받는 유학자를 제사하는 곳인데, 지금은 도둑의 소굴이 되어 버렸으니 말할 것도 없다. – 박제형, 『근세조선정감』 –
호포제 시행	나라 제도로서 인정(人丁)에 대한 세를 신포라 했는데, 충신과 공신의 자손에게는 모두 신포가 면제되어 있었다. 대원군은 이를 수정하고자 **동포법(호포법)을 제정**하였다. 조정 관리들이 반대하자 "충신과 공신이 이룩한 사업도 종사와 백성을 위한 것이었다. 지금 그 후손이 면세를 받기 때문에 일반 평민이 법에 정한 세금보다 무거운 부담을 지게 된다면 충신의 본뜻이 아닐 것이다."라며 단호히 그 법을 시행하였다. – 박제형, 『근세조선정감』 –
경복궁 중건	에– 에헤이야 얼널널 거리고 방에 흥애로다. **조선 팔도 좋다는 나무는 경복궁 짓느라 다 들어간다.** 도편수라는 놈의 거동 보소. 먹통 메고 갈팡질팡한다. 에–나 떠난다고 통곡 말고 나 다녀올 동안 네가 수절을 하여라. …… 남문 열고 바라 둥당 치니 계명산천에 달이 살짝 밝았네. 경복궁 역사가 언제나 끝나 그리던 가족을 만나 볼까. – 경복궁 타령 –

2. 서양 열강의 침략과 대응

년도		내용
1866	천주교 박해	• 러시아의 남하를 견제하기 위해 프랑스 신부들을 통해 프랑스와의 교섭 시도 → 실패 • 프랑스 선교사 9명을 포함해 천주교 신자 8천여 명 처형
	제너럴 셔먼호 사건	• 미국 상선 제너럴 셔먼호가 대동강을 거슬러 올라와 평양에서 통상을 요구하다가 군민들과 충돌 → 소각됨
	병인양요	• 병인박해를 구실로 프랑스 함대가 강화도로 침입 → **문수산성(한성근), 정족산성(양헌수)** 에서 격퇴 • 외규장각 의궤 약탈
1868	오페르트 도굴 사건	• 독일 상인 오페르트가 충남 덕산의 남연군 묘를 도굴하려다 실패
1871	신미양요	• 5년 전에 일어난 제너럴 셔먼호 사건을 빌미로 미국 함대가 강화도로 침입 → **어재연의 광성보 전투** • 점령 후 곧 미국이 퇴각
	척화비 건립	• 신미양요 이후 통상 수교 거부 정책을 널리 알리기 위해 전국 각지에 세움

출제 POINT 병인양요와 신미양요의 비교

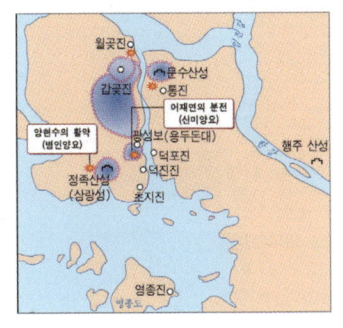

병인양요(1866)		신미양요(1871)
병인박해(1866)	원인	제너럴 셔먼호 사건(1866)
프랑스 군대가 40일 간 강화도 점령 → 문수산성(한성근), 정족산성(양헌수) 격퇴	과정	미국이 강화도 공격 → 어재연의 광성보 전투 → 미국이 이틀만에 퇴각
외규장각 의궤 약탈	결과	**척화비 건립**

3. 강화도 조약

강화도 조약	

배경	• 흥선 대원군의 하야, 민씨 정권의 외교 정책 변화
	• 통상개화론의 등장
	  ├ 박규수 : 박지원의 손자
	  ├ 오경석 : 역관
	  └ 유홍기 : 의관

과정	일본이 **운요호 사건**을 구실로 문호 개방 강요 → 강화도 조약 체결(1876)
내용	• 부산 · 원산 · 인천 개항 ⇨ 불평등 조약 • 치외법권과 해안 측량권

부속 조약	• 조 · 일 수호 조규 부록
	  ├ 10리 거류지
	  └ 일본 화폐 유통
	• 조 · 일 무역 규칙
	  ├ 무관세
	  ├ 무항세
	  └ 무제한 쌀 유출

개화 정책의 추진 ⇨

	해외 사절단의 파견	결과물
일본	수신사 : 1차(1876, 김기수) 2차(1880, 김홍집) **조선책략** 유포 ◀	통리기무아문 별기군
	조사시찰단(1881) : 비밀리에 파견	
청	**영선사**(1881) : 김윤식이 청의 무기제조술 습득	기기창

사료 읽기   일본으로의 문호 개방

① 조·일 수호 조규(강화도 조약)

제1조 조선은 자주국이며 일본과 평등한 권리를 보유한다.	청의 종주권 부인
제4조 부산 이외에 제5조에 기재하는 2개 항구를 개항하고 일본인이 왕래 통상함을 허가한다.	정치적·경제적·군사적 목적의 개항
제7조 조선의 연해 도서는 위험하므로 일본의 항해자가 자유로이 해안을 측량함을 허가한다.	해안 측량권 / 조약의 불평등성
제10조 일본 인민이 조선이 지정한 각 항구에서 죄를 범한 것이 조선 인민과 관계되는 사건일 때는 모두 일본 관원이 재판할 것이다.	영사 재판권 / 조약의 불평등성

② 조·일 수호 조규 부록

제4관 부산항에서 일본인이 통행할 수 있는 도로의 거리는 부두에서 동서남북 각 직경 10리(조선의 이법)로 정한다.	거류지 설정
제7관 일본국 인민은 본국에서 사용하는 여러 화폐로 조선국 인민이 보유하고 있는 물자와 교환할 수 있다.	일본 화폐의 유통 허용

③ 조·일 무역 규칙

제6칙 조선국 항구에 거주하는 일본인은 쌀과 잡곡을 수출·수입할 수 있다.	무관세
제7칙 (상선을 제외한) 일본국 정부에 속한 모든 선박은 항세를 납부하지 않는다.	무항세

4. 조·미 수호 통상 조약

황준헌의 조선책략

조선이라는 땅덩어리는 실로 아시아의 요충을 차지하고 있어 그 형세가 반드시 다툼을 불러올 것이다. 조선이 위태로우면 중동(中東)의 형세도 위급해진다. 따라서 러시아가 강토를 공략하려 한다면 반드시 조선이 첫 번째 대상이 될 것이다. …… 러시아를 막을 수 있는 조선의 책략은 무엇인가? 오직 중국과 친하며[親中] 일본과 맺고[結日], **미국과 연합[聯美]**함으로써 자강을 도모하는 길뿐이다.

→ 청의 알선

조·미 수호 통상 조약(1882.5.)

- 서양과 맺은 최초의 근대적 조약
- 불평등성 : 치외법권, **최혜국 대우(최초)**
- **관세 부과**, 거중 조정
- 이후 미국으로 보빙사(민영익) 파견
- 청은 조선에 대한 종주권을 대외적으로 과시

타 국가와의 수교

- 청 알선 : 영국(1883), 독일(1883)
- 독자적 수교 : 러시아(1884)
- 천주교 포교 허용 : 프랑스 수교(1886)

치외법권·최혜국 대우 → 불평등 조약

사료 읽기   조·미 수호 통상 조약(1882.5.)

[제1관] 만약 타국이 불미스러운 사건을 일으키면, 즉각 통지하여 반드시 서로 돕고 적절한 조치를 취하며, 우의의 간절함을 표시한다.	거중조정 (조선이 위급할 시 미국의 개입)
[제4관] 미합중국 국민이 조선에서 조선 인민을 때리거나 재산을 훼손하면 미합중국 영사나 그 권한을 가진 관리만이 미합중국 법률에 따라 체포하고 처벌한다.	치외법권 (불평등 조항)
[제5관] 미국 상인과 상선이 조선에 와서 무역할 때 입출항하는 화물은 모두 세금(관세)을 바쳐야 하며, 그 수세권은 조선이 자주적으로 가진다.	관세 부과 조항 (최초 관세 부과 협약)
[제14관] 이후 조선국 왕이 타국이나 그 국가의 상인 또는 시민에게 항해, 통상 무역, 교통, 기타에 관련된 혜택을 부여한다면 이것들이 종래 균점되지 않았다든가 또는 이 조약에 없다 하더라도 미국의 관민에게 허용하여 일체가 균점되도록 한다.	최혜국 대우 (불평등 조항)

5. 위정척사 운동

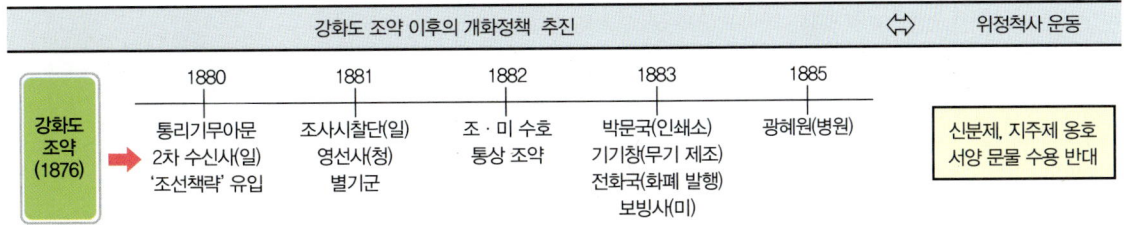

위정척사 운동의 흐름

시기	인물	운동 내용
1860년대	이항로 기정진	양이의 화가 금일에 이르러 홍수나 맹수의 해로움보다도 더 심합니다. 전하께서는 …… 안으로 관리들로 하여금 사학의 무리를 잡아 베게 하시고, 밖으로 장병들로 하여금 **바다를 건너오는 적을 정벌하게 하소서.** - 이항로, 『화서집』 - **통상 반대 운동, 척화주전론 → 대원군의 통상 수교 거부 지지**
1870년대	최익현	**저들이 비록 왜인이라고 하나** 실은 양적(서양 오랑캐)입니다. 강화가 한번 이루어지면 사학(邪學) 서적과 천주의 초상화가 교역하는 속에 들어올 것입니다. 그렇게 되면 얼마 안 가서 사학이 온 나라 안에 퍼지게 될 것입니다. - 최익현, 『면암집』 - **개항 반대 운동 → 왜양일체론**
1880년대	이만손	수신사 김홍집이 가져와 유포한 황준헌의 사사로운 책자를 보노라면, 어느새 털끝이 일어서고 쓸개가 떨리며 울음이 북받치고 눈물이 흐릅니다. **미국은 본래 모르던 나라입니다. … 러시아는 본래 우리와 혐의가 없는 나라입니다.** … 러시아·미국·일본은 같은 오랑캐입니다. 그들 사이에 누구는 후하게 대하고 누구는 박하게 대하기는 어려운 일입니다. - 『일성록』 - **개화 정책 반대와 조선책략 유포 반대 → 영남 만인소 운동**
1890년대	유인석 이소응	단발령과 명성 황후 시해에 반발 → 항일 의병 운동

6. 임오군란과 갑신정변

임오군란(1882)	배경	• 구식 군대에 대한 차별 대우 • 흥선 대원군(위정척사파)과 민씨 세력(개화파)의 갈등 • 일본의 경제적 침략으로 인한 쌀값 폭등으로 민중의 생활 곤란
	경과	군대 폭동 → 선혜청 도봉소 습격(민겸호 살해) → 일본공사관 · 별기군 습격 → **대원군 재집권**(통리기무아문 · 별기군 폐지, 5군영 부활) → **청군의 출병**, 대원군 압송 → 민씨 일파의 재집권

	결과	• 일본과 **제물포 조약** 체결 : 배상금 지불, 일본 공사관에 경비병 주둔 인정
		• 청의 내정 간섭 심화
		  ┌ 고문 파견(마건상, 묄렌도르프) : 조선의 내정과 외교 문제에 깊이 간섭
		  ├ **조 · 청 상민 수륙 무역 장정** 체결 : 청 상인들에게 **내지 통상권** 허용
		  └ 청의 군대 주둔(위안 스카이) : 군사력을 앞세워 조선 내정 압박

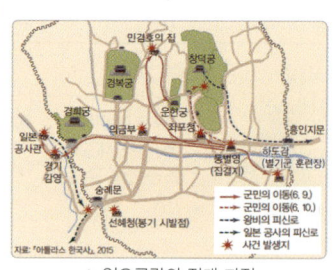

▲ 임오군란의 전개 과정

청의 내정 간섭 심화

개화파 분열

온건 개화파(사대당)	구분	급진 개화파(개화당)
민씨 정권과 결탁, 청에 의존적 김홍집, 김윤식, 어윤중	정치적 성향 대표 인물	정부의 친청 정책과 청의 내정 간섭에 반대 김옥균, 박영효, 홍영식, 서재필
청의 양무운동을 본받은 점진적 개혁(동도서기)	개혁 방향	일본의 메이지 유신을 본받은 급진적 개혁(문명개화)

친청 정부가 개화당 탄압

갑신정변 발발

갑신정변(1884)	배경	• 청의 내정 간섭 강화 • 급진 개화파의 차관 도입 계획 실패와 민씨 정권의 탄압 • 청의 조선 주둔군 일부 철수 • 일본 공사의 군사적 · 재정적 지원 약속
	과정	• 우정국 개국 축하연을 이용하여 민씨 관료 살해 → 개화당 정부 수립 → **14개조 정강** 발표 • 청의 군사 개입으로 '3일 천하'
	의의와 성격	• 의의 : 근대 국민 국가 건설을 위한 최초의 정치 개혁 운동 • 성격 : 반봉건적 → 입헌군주제 수립 시도, 신분제 타파, 재정 일원화
	한계	• 토지제 개혁이 없고, 일본의 지원 → 민중의 지지 못 받음, 외세의 침략 가속화
	결과	• 청의 내정 간섭 심화 → 개화 세력 위축 • **한성 조약**(조선-일본) : 배상금 지불, 일본 공사관 신축 비용 부담 • **톈진 조약**(청-일본) : 양국 군대의 동시 철수, 이후 조선 파병 시 상대국에게 미리 알릴 것

▲ 갑신정변의 전개 과정

사료 읽기   임오군란의 결과 – 조·청 상민 수륙 무역 장정

(전문) 이 수륙 무역 장정은 청이 속방을 우대하는 뜻에서 상정한 것이고, 각 대등 국가 간의 일체 동등한 혜택을 받는 예와는 다르다. ……	청과의 종속 관계 명문화
제4조 베이징과 한성, **양화진에서 상점을 열어 무역**을 허락하되, 양국 상민의 내지 행상을 금한다. 다만 내지 행상이 필요할 경우 지방관의 허가서를 받아야 한다.	청 상인들에게 내지 통상권 허용
cf. 일본은 이듬해 1883년, 조·일 통상 장정에서 최혜국 대우를 얻어감 → **청·일 상인 간 내지 무역 경쟁 심화**	

사료 읽기   갑신정변 14개조 정강

1. 청에 잡혀간 흥선 대원군을 곧 돌아오도록 하게 하며, **종래 청에 대하여 행하던 조공의 허례를 폐지**한다.	청에 대한 사대 폐지
2. **문벌을 폐지**하여 인민 평등의 권리를 세워 능력에 따라 관리를 임명한다.	신분제 폐지
3. **지조법을 개혁**하여 관리의 부정을 막고 백성을 보호하며, 국가 재정을 넉넉히 한다.	세금 제도 개혁
9. **혜상공국을 혁파**한다.	자유로운 상공업 활동 강화
12. 모든 **재정은 호조**에서 관할한다.	재정의 일원화
13. 대신과 참찬은 매일 합문 내의 **의정부에 모여 정령을 의결하고 반포**한다.	입헌 군주제 지향

7. 갑신정변 이후의 국제 정세

청	임오군란·갑신정변 군사 개입 성공 이후, 내정 간섭 심화	조선은 러시아와 관계 강화 → 청·일 견제 시도
일본	청에 뺏긴 정치적 입지를 만회하려 상권 침탈 심화	
러시아	경흥 조차, 베베르 공사관 파견, 조·러 비밀 협약 추진	
영국	러시아 견제 위해 거문도를 무력 점령(1885~87) → **거문도 사건**	

⬇

유길준의 중립국론

▲ 한반도를 둘러싼 청·일·러·영의 각축

사료 읽기   유길준의 중립국론

우리나라가 아시아의 중립국이 되는 것은 러시아를 막는 중요한 계기가 될 것이며, 또 아시아의 여러 대국이 서로 균형을 이루는 정략도 될 것이다. …… 오직 중립 한 가지만이 진실로 우리나라를 지키는 방책이지만, 이를 우리가 먼저 제창할 수 없으니 중국이 이를 맡아서 처리해 주도록 청하는 것이 좋을 것이다.

– 유길준, 「중립론」 –

02 > 동학 농민 운동 ~ 광무개혁

1. 동학 농민 운동

배경	• 농민층의 동요
	  ┌ 지배층의 부패와 농민 수탈 : 삼정의 문란 → 농민 봉기 발생
	  └ 청·일의 경제 침략 : 영국산 면제품 수입, 일본 상인의 곡물 유출 → 농촌 수공업 타격, 반일 감정 고조
	• 동학의 교세 확대
	  ┌ 교세 확장 : 2대 교주 최시형의 적극적인 포교 활동, 포접제로 교세 확산
	  ├ 교조 신원 운동 : 삼례 집회(종교의 자유) → 서울 복합 상소 → **보은 집회**(탐관오리 숙청, 외세 배척)
	  └ 동학의 역할 : 반봉건·반외세 주장, 농민 조직화 → 농민 봉기를 대규모의 농민 운동으로 발전

발단	• **고부 농민 봉기**(1894. 1.) : 군수 조병갑의 학정(만석보 사건) → 전봉준과 농민 봉기

1차 봉기
(반봉건)
	• 배경 : 정부(안핵사 이용태)의 농민 탄압
	• 전개 : 전봉준·손화중이 농민군 조직(남접 주도)
	  ↓
	  4대 강령과 백산 격문(제폭구민, 보국안민) 발표
	  ↓
	  황토현·황룡촌 전투 승리
	  ↓
	  전주성 점령
	  ↓
	  정부, 청에 원병 요청
	
	〈4대 강령〉
	1. 사람을 죽이거나 가축을 잡아먹지 말라.
	2. 충효를 다하여 세상을 구하고 백성을 편안케 하라.
	3. 일본 오랑캐를 몰아내고 나라의 정치를 깨끗이 한다.
	4. 군대를 몰고 서울로 들어가 권세가와 귀족을 모두 없 앤다.

전주 화약
체결
	• 청·일 양국군의 상륙 → 농민군과 정부 사이에 **폐정 개혁안** 합의
	  ┌ 농민군 : 전라도 곳곳에 **집강소** 설치 → 자치적으로 개혁 실천
	  └ 정부 : **교정청** 설치 → 자주적 개혁 추진

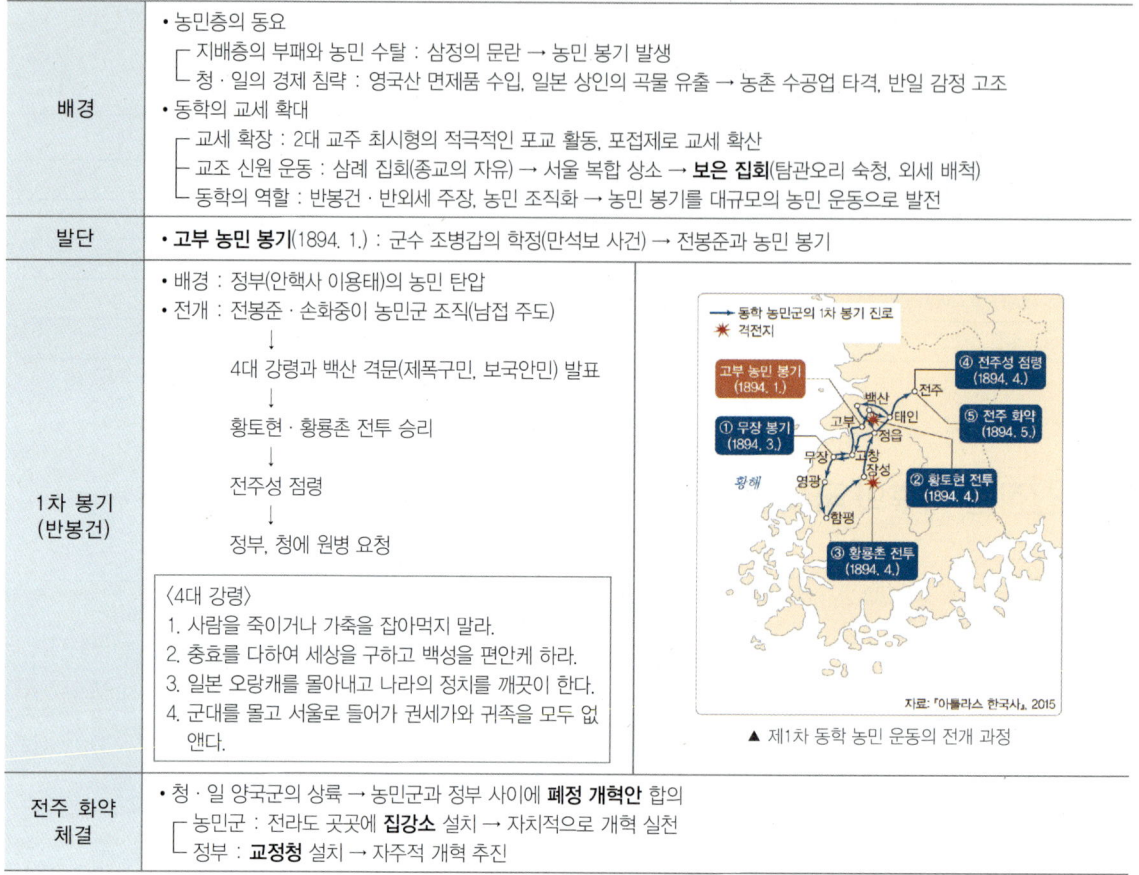

▲ 제1차 동학 농민 운동의 전개 과정

2차 봉기 (반외세)	• 배경 : 일본군의 경복궁 점령, 청·일 전쟁 도발 • 전개 : 논산에서 남·북접 연합 부대 결성(북접 주도) ↓ 공주 우금치 전투에서 패배 ↓ 농민군 지도자 체포(전봉준, 손화중, 김개남)	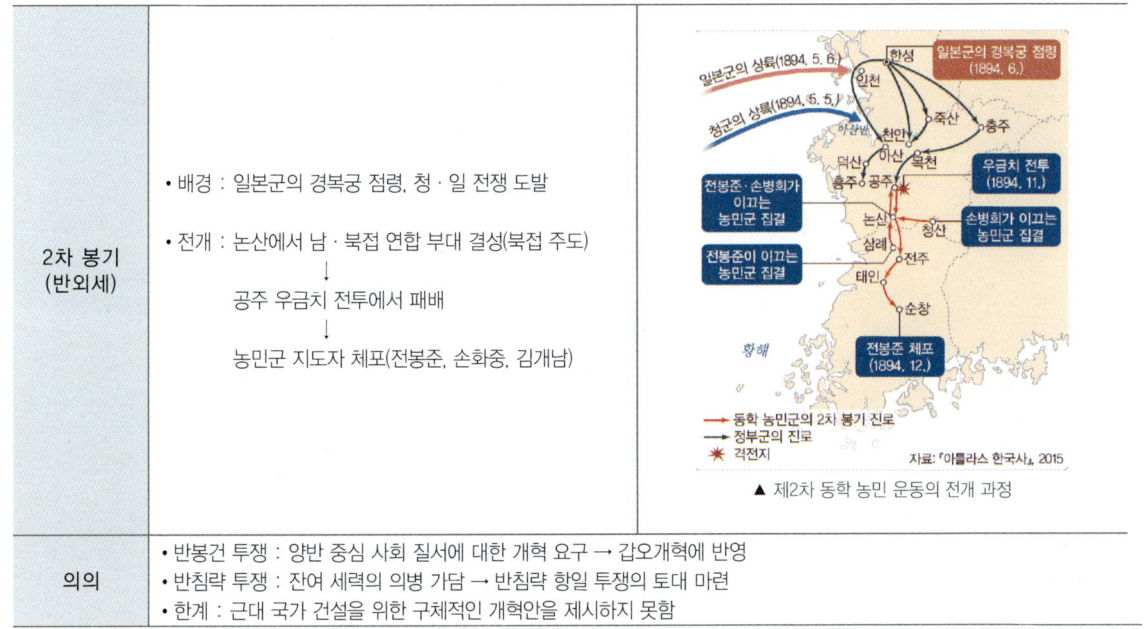 ▲ 제2차 동학 농민 운동의 전개 과정
의의	• 반봉건 투쟁 : 양반 중심 사회 질서에 대한 개혁 요구 → 갑오개혁에 반영 • 반침략 투쟁 : 잔여 세력의 의병 가담 → 반침략 항일 투쟁의 토대 마련 • 한계 : 근대 국가 건설을 위한 구체적인 개혁안을 제시하지 못함	

사료 읽기 동학 농민 운동 – 폐정 개혁안 12조

2. 탐관오리는 그 죄상을 조사하여 징벌한다. 3. 횡포한 부호들을 엄중히 징벌한다. 4. 불량한 유림과 양반의 못된 버릇을 징벌한다.	민생 안정 (양반들의 횡포 개선)
5. 노비문서를 소각한다. 6. 7종의 천인차별을 개선하고 백정이 쓰는 평량갓은 없앤다.	신분제 폐지
7. 청상과부의 개가를 허용한다.	여성의 인권 신장
10. **왜와 통하는 자는 엄징한다.**	반일적 성향
12. **토지는 평균하여 분작**한다.	토지제도 개혁

2. 갑오·을미개혁

구분	개혁의 주도		개혁안
1차 갑오개혁 (1894.7.~12.)	• 일본의 경복궁 점령 → 내정 개혁 강요 • 1차 김홍집 내각(친일) • **군국기무처 설치** • 청·일 전쟁으로 인해 일본의 개입은 ↓	정치	• 개국 연호 사용(개국 503년) • 궁내부 신설(왕실과 정부 사무 분리) • 6조 → 8아문 • 과거제 폐지 • 경무청 신설
		경제	• 재정 일원화(탁지아문) • 은 본위제 • 조세의 금납화 • 도량형 통일
		사회	• 신분제 폐지(공·사 노비법 혁파) • 고문과 연좌법 폐지 • 조혼 금지 • 과부 재가 허용

청·일 전쟁 승세, 동학 농민 운동 진압 이후 일본의 조선 내정 간섭 심화

2차 갑오개혁 (1894.12.~ 1985.7.)	• **군국기무처 폐지** • 2차 김홍집 내각 (**박영효 연립 내각**) • 일본의 개입이 ↑	정치	• 8아문 → 내각 7부 • 지방 제도 8도 → 23부 • 사법부 독립(지방관은 행정권만 가짐) • 훈련대·시위대 2개 대대 설치(군사면 개혁 소홀)
		교육	• **교육입국 조서** 발표(1895) • 한성 사범 학교 설립, 외국어학교 관제 마련

청·일 전쟁의 승리로 청으로부터 요동을 뺏은 일본이 러·프·독 **삼국 간섭**에 의해 굴복 → 요동 반환
민씨가 3차 내각(친러)을 수립하자, 러시아에게 뺏긴 세력을 만회하기 위해 **을미사변**을 도발

3차 을미개혁 (1895.8.~ 1896.2.)	• 4차 김홍집 내각(친일) • 일본의 개입이 ↑	정치	• '건양' 연호 사용 • 중앙 친위대·지방 진위대 설치
		사회	• **단발령** 실시 • 종두법 실시 • 태양력 사용 • 소학교 설치 • 우편사 설치(갑신정변 때 폐쇄되었던 우편 사무 재개)

을미사변과 단발령으로 인해 을미의병 봉기 → 고종이 러시아 공사관으로 대피(**아관 파천**)

개혁 중단	아관 파천 이후 단발령 폐지, 전국 23부를 13도로 다시 개편, 내각제 폐지
개혁 평가	의의 : 갑신정변·동학 농민 운동의 개혁안 반영 → 봉건적 전통 질서를 타파한 근대적 개혁
	한계 : 민중의 지지 결여(토지제 개혁 X, 일본의 개입)

▲ 개혁안의 비교

> **사료읽기** 홍범 14조

1. 청국에 의탁하는 생각을 끊어버리고 확실히 자주 독립 기초를 확고히 세울 것	청으로부터 독립, 자주독립국임을 선포
2. 왕실 전범(典範)을 제정하여 대통의 계승과 종실, 외척의 구별을 밝힐 것 3. 대군주가 전전에서 일을 보되, 정사를 친히 각 대신에게 물어 재결하며 왕후와 비빈, 종실, 외척이 관여함을 용납하지 않을 것	외척, 종친의 정치 개입 차단
4. 왕실 사무와 국정 사무를 모름지기 나누어 서로 혼합하지 아니할 것	왕권 제한
7. 조세 과징과 경비 지출은 모두 **탁지아문**이 관할할 것	재정 기관의 일원화
14. 사람을 쓰는 데 문벌에 구애받지 아니하고 선비를 구함에 두루 조야에 미쳐 인재의 등용을 넓힐 것	문벌 타파(인재 등용)

> **사료읽기** 교육입국 조서

이제 짐은 정부에 명하여 널리 학교를 세우고 인재를 양성하여 너희들 신민(臣民)의 학식으로써 국가 중흥의 큰 공을 세우고자 하오니, 너희들 신민은 충군(忠君)하고 위국(爲國)하는 마음으로 너희의 덕과 몸과 지를 기를지어다. **왕실의 안전이 너희들 신민의 교육에 있고 또 국가의 부강도 너희들 신민의 교육에 있도다.**
→ 2차 갑오개혁 때 발표된 문서로, 이후 정부는 한성 사범 학교, 소학교, 외국어학교 등 각종 관립 학교를 설립하였다.

3. 독립 협회

시기	성격		활동
초기	민중 계몽 운동		독립신문 발간, 독립문 건립, 고종의 환궁 요구
후기	**만민 공동회**	자주국권	• 열강들의 이권 침탈 반대 투쟁 • 러시아 절영도 조차 요구 저지, 러시아 재정 고문 철수
		자유민권	• 기본권 확대 운동 • 신체·언론·출판·집회·결사·재산의 자유
		자강개혁	• **중추원**(의회) 설립 운동 • 관민 공동회 개최 → **헌의 6조** 채택 • 중추원 관제 반포 : 관선 25명 + 민선 25명
해산			'공화정을 실시하려 한다'는 모함 → 보수파 정치인들이 황국 협회를 동원하여 만민 공동회 탄압
의의			근대적 민중 의식 확립에 기여

> **사료읽기** 헌의 6조

[제1조] 외국인에게 의지하지 말고 관민이 합세하여 전제 황권을 견고하게 할 것 → 자주 국권의 확립
[제2조] 외국과의 이권에 관한 계약과 조약은 각 대신과 중추원 의장이 합동 날인하여 시행할 것
　　　　→ 열강의 이권 침탈 방지와 입헌 군주제적 요소
[제3조] 국가 재정을 탁지부에서 전관하고, 예산과 결산을 국민에게 공포할 것 → 재정의 일원화
[제4조] 중대 범죄를 공판하되, 피고의 인권을 존중하여 자복한 뒤 시행할 것 → 재판 공개와 피고인의 자백 중시
[제5조] 칙임관을 임명할 때에는 정부에 그 뜻을 물어서 중의에 따를 것 → 입헌 군주제적 요소
[제6조] 정해진 규칙을 실천할 것 → 법치 행정 중시

사료 읽기 백정 박성춘의 관민 공동회 연설문(1898. 10.)

"나는 대한의 가장 천한 사람이고 배운 것도 없습니다. 그러나 충군 애국의 뜻은 대강 알고 있습니다. 이에, 나라를 이롭게 하고 국민은 편안하게 하려면 관민이 합심해야 한다고 생각합니다. 저 차일(遮日)에 비유하건대, 한 개의 장대로 받치면 튼튼하지 못하나, 많은 장대로 받치면 매우 튼튼합니다. ……"

▲ 관민 공동회 모습(민족 기록화)

해석 TIP

1894년 갑오개혁으로 인해 신분제가 철폐된 이후, 1898년 관민 공동회에서 백정 출신인 박성춘이 연사로 나섰다. 그림에서 보이듯이 백정 출신의 연사가 하늘 같은 양반 관료 앞에서 구름같이 몰려든 청중을 앞에 두고 충군 애국을 부르짖고, 관민의 합심을 강조하여, 황제의 성덕에 보답하여 국운이 이어지게 하자고 한 것은 독립 협회의 민중 계몽 운동 덕분이었다.

4. 대한 제국과 광무개혁

① 고종, 아관 파천 1년 만에 경운궁으로 환궁
↓
② 환구단에서 황제 즉위식, 대한 제국 수립, 연호(광무) 제정
↓
③ 광무개혁 단행

▲ 황제즉위식이 거행된 환구단

광무개혁	성격	구본신참(舊本新參): 갑오·을미개혁의 급진성 비판
	내용	**3대 개혁**
		• **대한국 국제** 반포: 황제가 군사·입법·행정·사법 모든 권한 장악
		• **원수부** 설치: 황제의 군권 장악
		• **지계** 발급: 양전 사업 실시 → 증명서(지계) 발급을 통한 소유권 확립, 지세 제도 마련
		• 한·청 통상 조약 체결: 청과 대등한 관계 형성 • 식산 흥업 정책: 근대적 회사 설립, 유학생 파견, 상업학교와 기술 교육 기관 설립 • 영토 관리: **간도 관리사(이범윤)** 파견, 황제 칙령 41호 발표(독도를 울릉 군수가 관할할 것) • 지방 행정 구역 변경: 23부제 → 13도제
	한계	전제 군주제의 강화, 집권층의 보수적 성향과 일본의 간섭으로 성과 미미

▲ 광무개혁 당시 발급된 지계

사료 읽기 — 대한국 국제

[제1조] 대한국은 세계 만국에 공인된 자주 독립한 제국이니라.
[제2조] 대한 제국의 정치는 만세 불변할 전제 정치이니라.
[제3조] 대한국 대황제께서는 무한한 군권을 향유하시느니라.
[제5조] 대한국 황제께서는 육·해군을 통솔하시고 계엄·해엄을 명하시느니라.
[제6조] 대한국 황제께서는 법률을 제정 또는 개정하시고 사면·복권을 명하시느니라.
[제7조] 대한국 황제께서는 행정 각부의 관제를 제정 또는 개정하시고 행정상 필요한 칙령을 발하시느니라.
[제9조] 대한국 황제께서는 선전·강화 및 제반 조약을 체결하시느니라.

– 『관보』, 광무 3년 8월 22일 –

해석 TIP
1896년 아관 파천을 했던 고종이 1년 만에 환궁을 하면서 대한 제국을 선포하였다(1897). 대한 제국 선포 이후 황제국을 선포한 고종은 연호를 광무라 하고 개혁을 실시하였다. 고종황제는 환구단에서 황제 즉위식을 거행하고 1899년 헌법을 반포하였다.

출제 POINT 갑신정변·동학 농민 운동·갑오개혁·독립 협회·광무개혁의 비교

갑신정변 (14개조 정강)	동학 농민 운동 (폐정개혁안 12조)	갑오개혁 (홍범 14조)	독립 협회 (헌의 6조)	광무개혁 (대한국 국제)
문벌 폐지	천민 차별 금지	신분제 폐지	1. 외국인에게 의지하지 말 것 2. 외국과의 이권에 대한 계약과 조약은 각 대신과 **중추원 의장**이 합동 날인할 것 3. 국가 재정은 탁지부에서 전관하고, 예산과 결산을 국민에게 공포할 것 4. 중대 범죄를 공판하되, 피고의 인권을 존중할 것	[제1조] 대한국은 세계 만국이 공인한 자주 독립 제국이다. [제2조] 대한국의 정치는 만세 불변의 전제 정치이다. [제3조] 대한국 대황제는 무한한 군권을 누린다. [제5조] 대한국 대황제는 육·해군을 통솔한다.
지조법 개혁	무명의 잡세 폐지	조세법률주의 도량형 통일		
재정 일원화(호조)		재정 일원화(탁지아문)		
	청상과부 개가 허용	과부 재가 허용 및 봉건적 악습 폐지		
	왜와 내통하는 자 엄징			
	토지의 평균 분작			
• 의정부 내각중심제	• 반봉건, 반외세	• 의정부 내각중심제	• 중추원 의회 설립 운동	• 황제권 강화
• 입헌 군주제 추구	• 정치 개혁 요구 X	• 입헌 군주제 추구	• 입헌 군주제 추구	• 전제 군주제 추구

역사 더하기 — 신분제의 변화 과정

1801	⇨	1882	⇨	1886	⇨	1894
공노비 해방 (순조)		서얼 중인의 관직 진출 허용		노비세습제 폐지		갑오개혁으로 신분제 폐지

• 호구 조사 규칙(1896): 호적에 신분 대신 직업을 기재하게 함
  → 신분제는 법적으로 완전히 사라지고, 사회적 평등을 이룰 기틀 마련

5. 간도와 독도

간도	• 숙종 때 백두산 정계비 설립(1712) • 토문강 해석을 둘러싼 청과의 갈등 └ 청의 주장 : 두만강, 조선의 주장 : 송화강 • 19세기 중엽 이후 이주민 증가 • **간도 관리사 이범윤 파견**	(을사늑약(1905)으로 일본이 외교권 박탈) ↓ 남만주 철도부설권을 받는 조건으로 일본이 청과 **간도협약** 체결(1909)
독도	• 숙종 때 어부 안용복이 우리 영토임을 확인 • 공도 정책 중단(울릉도 · 독도로 이주케 함) • 고종 칙령 41호(1900) : 울릉 군수가 독도를 관할	**러 · 일 전쟁 중 일방적으로 일본 내 영토로 편입**(1905)

사료읽기 간도협약

[제1조] 일 · 청 양국 정부는 도문강(圖們江, 두만강)을 청국과 한국의 국경으로 하고 강 원천지에 있는 정계비를 기점으로 하여 석을수(石乙水, 두만강 지류)를 두 나라의 경계로 함을 밝힌다.
[제3조] 청국 정부는 이전과 같이 도문강 이북의 개간지에 한국 국민이 거주하는 것을 승인한다. 그 지역의 경계는 별도로 이를 표시한다.
[제4조] 도문강 이북 지방의 개간지에 거주하고 있는 한국 국민은 청국의 법적 권한에 복종하고 청국 지방관의 관할 재판에 귀속한다. 청국의 관헌은 이상의 한국 국민을 청국 국민과 똑같이 대우하여야 하며 납세 및 그 밖의 일체 행정상의 처분도 청국 국민들과 똑같이 하여야 한다.
[제5조] 도문강 이북의 잡거 구역 안에 있는 한국 국민 소유 토지와 가옥은 청국 정부로부터 청국 국민들의 재산과 똑같이 완전히 보호하여야 한다.
- 「순종실록」(1909.9.) -

해석 TIP

제4조, 제5조의 내용에 따라 한국인의 토지 소유권이 인정되자 이후 간도 이주가 급속히 증가하였다. 또한 1910년 국권 상실 후 정치적인 이유로 망명하는 사람도 늘었다. 이에 따라 1909년 간도의 한인 수는 약 9만 8천 명이었으나, 1921년에는 약 30만 7천 명으로 크게 증가하였다.

03 일제의 국권 피탈 ~ 개항기 경제와 사회

1. 국권 피탈 과정

출제 POINT 국권 피탈 과정

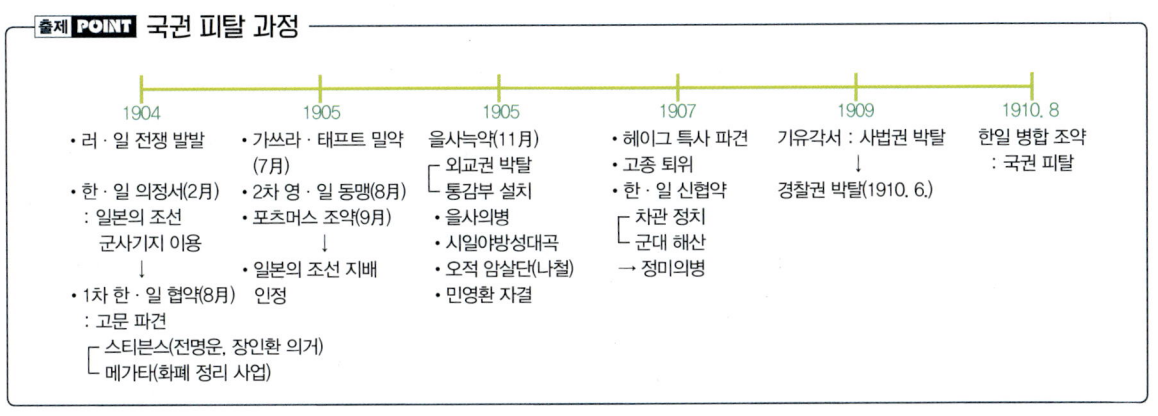

러·일 전쟁 발발 (1904. 2.)	• 삼국 간섭, 아관 파천 이후 러시아의 세력 확대 (한편 일본은 1902년 1차 영·일 동맹으로 영향력 강화) • (1903. 5.) 러시아가 압록강 하구의 용암포 점령 → 일본의 반발 • (1904. 1.) 대한 제국의 국외 중립 선언 • (1904. 2.) 러·일 전쟁 개전
한·일 의정서 (1904. 2.)	• 일본의 서울 점령 → **군사 기지 사용권** 강요 [제4조] …… 대한 제국 정부는 대일본 제국 정부의 행동이 용이하도록 충분히 편의를 제공하며, 대일본 제국 정부는 이러한 목적을 달성하기 위해 **전략상 필요한 지점을 수시로 사용할 수 있다.** [제5조] 대한 제국 정부와 대일본 제국 정부는 상호의 승인을 경유하지 아니하고 본 협정의 취지에 위반하는 협약을 제3국과 맺을 수 없다.
1차 한·일 협약 (1904. 8.)	• 일본이 고문 파견 : 일본인 메가타(재정 고문), 미국인 스티븐스(외교 고문) 파견 [제1조] 대한 제국 정부는 대일본 제국 정부가 추천한 **일본인 1명을 재정 고문에 초빙**하여 재무에 관한 사항은 모두 그의 의견을 들어 시행한다. [제2조] 대한 제국 정부는 대일본 제국 정부가 추천한 외국인 1명을 **외교 고문으로 외부에서 초빙**하여 외교에 관한 중요한 업무는 모두 그의 의견을 들어 시행한다.

일본의
전쟁 승리
(1905. 9.)
	• 서구 열강들의 식민지 지배 승인 ┌ 미국 : 가쓰라·태프트 밀약(1905. 7.)
	                              ├ 영국 : 제2차 영·일 동맹(1905. 8.)
	                              └ 러시아 : 포츠머스 조약(1905. 9.)

을사늑약 (1905. 11.)	• 일본의 군대 동원, 협박 → 이완용 등 을사 5적을 앞세워, 조약 성립을 일방적으로 공포 • 대한 제국의 **외교권 박탈, 통감부 설치** [제2조] 일본 정부는 한국과 타국 간에 현존하는 조약의 실행을 완전히 하는 책임을 맡고, 한국 정부는 금후에 **일본 정부의 중재를 거치지 아니하고 국제적 성질을 가진 어떠한 조약이나 약속을 맺지 않을 것**을 서로 약속한다. [제3조] 일본 정부는 그 대표자로 하여금 한국 황제 폐하의 밑에 **1명의 통감을 두되**, 통감은 오로지 외교에 관한 사항을 관리하기 위해 경성에 주재하고 친히 한국 황제 폐하를 알현할 권리를 가진다.
	민족의 항거	• 을사의병 봉기 • 민영환, 조병세 등 애국지사들의 자결 • 황성신문 : 장지연의 '시일야방성대곡' 게재 • 고종 : 헤이그 특사 파견 (→ 1907. 7. 고종 강제 퇴위)

한·일 신협약 (정미7조약, 1907. 7.)	• 일본이 **차관** 임명, **군사권 박탈**(→ 정미의병 전쟁으로 확대) [제1조] 한국 정부는 시정 개선에 관하여 통감의 지도를 받는다. [제5조] 한국 정부는 **통감이 추천하는 일본인을 한국 관리에 임명**한다. (부수각서) 제3. 다음 방법에 의하여 군비를 정리함. 1. 육군 1대대를 존치하여 황궁수위를 담당하게 하고 **기타부대는 해체**한다. 제5. **중앙 정부 및 지방청에 일본인을 한국 관리로 임명**한다.
기유 각서 (1909. 7.)	• **사법권** 박탈 → 이후 **경찰권** 박탈(1910. 6.)
한·일 병합 조약 (1910. 8.)	• 총리 대신 이완용과 통감 데라우치가 조약 체결 → 한국이 일본의 식민지로 전락 • 통감부 → 총독부 설치 [제1조] 한국 황제 폐하는 한국 전체에 관한 일체 통치권을 완전하고도 영구히 일본 황제 폐하에게 양여한다. [제2조] 일본국 황제 폐하는 앞 조에 기재된 양여한다는 것을 수락하고, 또 완전히 한국을 일본 제국에 병합하는 것을 승낙한다.

사료 읽기   을사늑약에 대한 항거

장지연의 논설	을사의병(최익현)
이 조약의 불성립함은 상상컨대, 이토(이토 히로부미)가 스스로 알 수 있을 바이거늘, 어호라, 개, 돼지 새끼만도 못한 외부대신 박제순과 각 대신은 족히 책망할 여지도 없으려니, 이름을 소위 참정 대신(한규설)이라 하는 자는 정부의 우두머리로서 겨우 '부(否)'자로 책임을 면하여 이름을 남기고자 꾀하였던고? (중략) 오호라 찢어질 듯한 마음이여! 우리 **2천만 동포들이여! 살았느냐? 죽었느냐?** 단군 기자이래 4천 년 국민정신이 하룻밤 사이에 졸연히 망하고 멈추지 않았는가? 아프고 아프도다. 동포여! 동포여! – 장지연, 「시일야방성대곡」 –	오호라 난신적자(難臣賊子)의 변란이 어느 대에 없었으리오마는 누가 오늘날의 역적같은 자가 있으며, 오랑캐의 화란이 어느 나라에 없었으리오만은 어디에 오늘날의 왜놈같은 자가 있는가. (중략) 작년 10월에 저들이 한 행위는 만고에 일찍이 없던 일로서, 억압으로 **한 조각의 종이에 조인하여 5백년 전해 오던 종묘사직이 드디어 하룻밤 사이에 망하였으니**, 천지신명도 놀라고 조종의 영혼도 슬퍼하였다. 자기 나라 임금을 죽이고 다른 나라 임금까지 침범한 **이등박문은 마땅히 세계가 함께 토벌해야 할 역적**이다. – 최익현, 「면암집」 –
민영환의 자결	오호! 국치민욕이 이에 이르니 우리 인민은 장차 생존 경쟁에서 진멸될 것이로다. 무릇 살려고 하는 자는 반드시 죽고, 죽음을 기약하는 자는 삶을 얻으리니 여러분은 이를 양해하라. – 민영환의 유서 –

2. 항일 의병 전쟁과 의거 활동

	구분	을미의병(1895)	을사의병(1905)	정미의병(1907)
항일 의병	배경	을미사변과 단발령 실시	을사늑약 체결(1905, 외교권 박탈)	고종 강제 퇴위, 군대 해산
	특징	• 유생층의 주도 → 유인석, 이소응 • 아관 파천 이후 단발령 철회와 국왕의 해산 권고로 대부분 자진 해산 • 활빈당 등의 농민 조직화	• 최익현(태인) : 쓰시마섬에서 순국 • 신돌석(평해) : 평민 출신의 의병장의 등장	• 대대장 박승환의 자결 → 해산당한 군인들의 합류로 의병 규모 확대 • 국제법상 교전 단체로 인정 요구 • **13도 창의군** 결성 → **서울 진공 작전** (1908) • '**남한대토벌 작전**'으로 진압(1909)
의거		• 나철, 오기호의 5적 암살단 : 을사 5적 처단 시도 • 전명운, 장인환의 샌프란시스코 의거 : 스티븐스(1차 한·일 협약 때 파견 왔던 미국인 외교 고문) 사살(1908) • 안중근의 하얼빈 의거 : 이토 히로부미 사살(1909)		

3. 애국 계몽 운동

의미 : 교육·언론·산업 등의 부흥을 통한 부국강병 → 독립 수호의 노력		
애국 계몽 단체	보안회 (1904)	• 러·일 전쟁 중 일본이 황무지 개간권 요구 → 보안회, 농광회사 중심의 반대 투쟁 → 일본의 포기
	헌정 연구회 (1905)	• 대중 계몽 운동 전개, 입헌군주제 주장 → 대한 자강회로 계승
	대한 자강회 (1906)	• 전국 25개 지회, 월보 간행, 계몽 연설회 개최 → 고종 강제 퇴위 반대 시위하다 해산 • 보안법(1907) 제정하여 탄압
	신민회 (1907)	비밀 결사, 공화정 주장, 남만주 삼원보에 신흥 무관 학교 설립
		• 대성 학교(평양, 안창호), 오산 학교(정주, 이승훈), 대한매일신보(양기탁) 운영 • 태극 서관, 자기 회사 운영
		국권 피탈 후, 일제가 조작한 105인 사건에 연루되어 해산(1911)

교육 활동	• 서북 학회, 기호 흥학회 등	
언론 활동	• 황성신문	장지연의 "시일야방성대곡" 게재
	• 대한매일신보	영국인 베델과 양기탁이 발행, 국권 침탈 비판, 국채 보상 운동 홍보
의의	• 독립 운동의 이념 제시 : 국권 회복과 동시에 근대 국민 국가 건설 지향 • 독립 운동의 전략 제시 : 실력 양성 운동 + 군사적 양성 ⇒ 독립 운동의 장기적 기반 구축	
한계	• 사회 진화론을 수용 • 일제의 정치적·군사적 영향력으로 인한 운동의 성과 미약	

사료 읽기   대한 자강회 취지서

무릇 **우리나라의 도립은 자강(自强)에 있음이라.** 오늘날 우리 한국은 3천리 강토와 2천만 동포가 있으니, 힘써 자강하여 단체가 합하면 앞으로 부강한 전도를 바랄 수 있고 국권을 능히 회복할 수 있을 것이다. 자강의 방법으로는 교육을 진작하고 산업을 일으켜 흥하게 하면 되는 것이다. 무릇 교육이 일어나지 못하면 민지(民智)가 열리지 못하고, 산업이 늘지 못하면 국가가 부강할 수 없다. 그런즉 민지를 개발하고 국력을 기르는 길은 무엇보다도 교육과 산업을 발달시키는 데 있지 않겠는가?

– 『대한 자강회 월보』 제1호 –

▲ 대한 자강회 월보

사료 읽기   신민회의 활동

신민회는 무엇을 위하여 일어남이뇨. 민습(民習)의 완고 부패에 신사상이 시급하며, 민습의 우미(愚迷)에 신교육이 시급하며, 열심의 냉각에 신제창(新提唱)이 시급하며 원기의 쇠퇴에 신수양(新修養)이 시급하며, 도덕의 타락에 신윤리가 시급하며, 문화의 쇠퇴에 신학술이 시급하며, 실업의 초췌에 신모범이 시급하며, 정치의 부패에 신개혁이 시급이라. **천만가지 일에 신(新)을 기다리지 않는 바 없도다.** …… 오호라, 천도(天道)가 신(新)하지 못하면 만물이 나지 못하며, 인사가 새롭지 못하면 만사를 이루지 못하나니, 우리가 자나깨나 잊지 못하는 대한이여! 우리가 생사간에 벌릴 수 없는 대한이여! 우리가 백성을 새롭게 하지 않으면 누가 우리 대한을 사랑하며, 우리가 백성을 새롭게 하지 않으면 누가 우리 대한을 보호하겠는가. 오래! 우리 대한신민이여, 우리 대한신민이여! 가시밭길이 험난해도 전진만 있고 후퇴가 없을 것이요, 넘어지고 쓰러져도 앞의 전진을 계속하여 본회를 위하여 헌신할 것이다. 본회는 국민의 하나의 신단체이므로 본회에 헌신하는 자는, 즉 본국에 헌신함이라.

> 해석 TIP
> - 애국 계몽 운동가들은 국권 회복을 위한 비밀 결사로 1907년 신민회를 조직하였다. 신민회는 안창호, 양기탁 등이 중심이 되어 결성한 단체로, 표면적으로 독립 사상의 고취, 청소년 교육을 위한 교육기관의 설치, 회사 설립을 통한 민족 자본의 형성 등을 내세우며 활동하였다.
> - 그러나 신민회의 궁극적인 목표는 국권을 회복하고 공화정체의 국민 국가를 건설하는 것이었다. 이를 위해 신민회는 무장 독립 투쟁의 필요성을 제기하며 국외의 독립 운동 기지(남만주의 삼원보)를 건설하고자 하였다.

4. 일본과 청의 경제 침탈

시기			외국 상인의 침탈	국내 상황
개항 직후	거류지 무역	일본	• 조·일 수호 조규 부록 : 개항장 10리 이내(거류지 무역), 일본 화폐 유통 • 조·일 무역 규칙 : 무관세, 쌀 유출 무제한 개항~임오군란 영국산 면직물, 일본산 일용품 ← 쇠가죽 > 곡물류 →	• 국내 면방직 수공업 몰락 • 개항장의 객주와 여각이 중개업으로 몰락
임오군란 이후	내지 무역	청	• **조·청 상민 수륙 무역 장정** : 내지 통상권 획득	• 상권 수호 운동 : 중개업 쇠퇴 → 객주들의 상회사 설립(대동 상회, 장통 상회) • **방곡령** : 함경도 방곡령 선포 실패(1889)
		일본	• 조·일 통상 장정 : 최혜국 대우(내지 통상권 획득) ┌ 무관세 → 관세 └ 쌀 무제한 → 방곡령 가능 임오군란~청·일 전쟁 영국산 면직물, 일본산 일용품 ← 쇠가죽 ≥ 곡물류 →	
청·일전쟁 이후		일본 독점	청·일 전쟁 이후 일본산 면직물, 일본산 일용품 ← 쇠가죽 < 곡물류 →	• 시전 상인 : **황국 중앙 총상회** 설립(1898)

출제 POINT 개항 이후 통상 조약 총정리

강화도 조약 (1876)	조·일 수호 조규 부록 (1876)	조·일 무역 규칙 (1876)	조·미 수호 통상 조약 (1882)	조·일 수호 조규 속약 (1882)	조·청 상민 수륙 무역 장정 (1882)	조·일 통상 장정 (1883)
• 치외법권 • 해안측량권	• **거류지 무역** (개항장 10리) • 일본화폐 사용	• 쌀 무제한 유출 • **무관세**	• 최혜국 대우 • 관세 부과	• 거류지 확대 (개항장 50리 → 2년 후 100리)	• **청 상인의 내지 진출 허용**	• 최혜국 대우 • 관세 부과 • 방곡령 규정

5. 제국주의 열강의 경제 침탈

	아관 파천 이후, 제국주의 열강들이 최혜국 대우 규정을 내세워 각종 이권 침탈	
교통·통신 장악	• **경인선**(최초의 철도, 미→일, 1899) • **경부선**(일, 1905), **경의선**(프→일, 1906) • **전차**(한성 전기 회사(미+황실), 서대문~청량리, 1988)	
광산 채굴	운산 금광(미), 직산 금광(일) 등	
삼림 채벌	압록강·두만강·울릉도 삼림 채벌(러)	
금융 지배	일본	• **화폐 정리 사업**(1905) : 재정 고문 메가타의 주도 → 조선의 백동화를 일본 제일 은행권과 교환 → 국내 상공업자·농민·은행 타격, 화폐 발행권 박탈
재정 장악		• 화폐 정리와 시설 개선 명목으로 차관 강요 → 국채 보상 운동의 계기
토지 약탈		• 러·일 전쟁 중 : 황무지 개간권 요구, 철도 부지와 군용지 확보 구실로 국유지와 역둔토 강탈 • **동양 척식 주식회사 설립**(1908) : 토지 매입, 일본 농민의 조선 이주 지원

6. 경제적 구국 운동

주요 운동 구분	원인	대응	주요 특징 및 전개
방곡령과 상권 수호 운동	곡물 반출과 곡물 가격 폭등	**방곡령**	• 일본 상인들의 곡물 반출과 흉년으로 인한 곡물 부족 → 방곡령 → 조·일 통상 장정(1883)의 규정 위반을 구실로 방곡령 철회 및 배상금 지불
	외국 상인의 내륙 진출	상권 수호 운동	• 1880년대 내지 통상권 허용으로 청과 일본 상인 서울 침투 → 서울 시전 상인들의 철시 투쟁, 황국 중앙 총상회 조직 및 객주·보부상 상회사 설립, 경강 상인의 증기선 구입 시도
경제 주권 수호 운동	열강의 이권 침탈	**독립 협회** 이권 수호 운동	• 러시아의 절영도 조차 요구 저지 • 한·러 은행 폐쇄 • 외국의 광산 채굴권 반대 • 황국 중앙 총상회의 상권 수호 운동 동참
	일본의 토지 약탈	보안회	• 일제의 황무지(국토 1/4) 개간권 요구에 대한 거부 운동 전개 → 일본 철회, 농광회사 설립
국채 보상 운동과 민족 자본 형성	일제의 재정 장악 움직임 ┌ 차관 제공 ├ 화폐 정리 사업 └ 일본 제일은행 설립	**국채 보상 운동**	• 1907년 **대구**에서 시작(김광제, 서상돈) → 국채 보상 기성회 조직(서울) → 애국 계몽 단체, 언론 참여 → 통감부의 탄압 → 실패(현실적 불가능, 일반 민중만의 제한적 호응)
		민족 자본 은행 설립	• 조선은행(1896, 조선인 관료 중심) • 한성, 대한천일은행(민간 자본)

7. 근대 언론·교육의 발전

	1880년대	1890년대	1900년대	통감부 탄압령
언론	• **한성순보**(1883~84, 최초 신문, 순한문, 관보, 내외의 시사와 신문물 소개) • 한성주보(1886~88, 상업광고 게재, 국한문 혼용)	• **독립신문**(1896~99, 최초 민간 신문, 한글+영문판, 자유 민권·자주 국권 운동) • **황성신문**(1898~1910, 국한문 혼용, 유생층 대상, 장지연 '시일야방성대곡') • **제국신문**(1898~1910, 순한글, 부녀자 대상)	• **대한매일신보**(1904~1910, 영국인 베델, 양기탁, 국한문, **국채 보상운동**·의병 운동에 호의적, 항일 논조) • 만세보(1906~07, 국한문, 천도교 기관지)	신문지법 (1907)
교육	• **원산학사**(1883, 최초 사립, 문+무 교육) • 동문학(1883, 영어강습기관, 통역관 양성) • **육영공원**(1886, 관립, 현직관료 및 양반 자제 교육)	• 갑오개혁 이후 : 학부아문 설치, 과거제 폐지 • **교육입국 조서** 이후 **한성 사범 학교** • 광무개혁 이후 한성 중학교	• 선교사 설립 : 배재학당(1886), 이화학당, 경신학교, 정신여학교, 숭실학교, 숭의여학교, 배화여학교 등 • 민족 지도자 설립 : 보성학교(1905), 서전서숙(1906), 진명여학교, 숙명여학교, 대성학교(1907), 오산학교(1907)	사립학교령 (1908)

사료 읽기 한성순보(1883~1884)

오늘날 풍기(風氣)는 점차 열리고 인간의 지혜는 날로 발전하여 화륜선이 대양을 달리고 전선은 사방에 연결되고 있다. …… 사물의 변화와 문물 제도의 발전에 대하여 시무(時務)에 관심을 가진 자들은 반드시 알아야 할 것이다. …… 독자는 근시안적이 되어서 새 지식에 어둡고 낡은 것에만 구애되면 우물 안의 개구리가 되고 말 것이다. 따라서 시세를 잘 살피고 취사 선택을 잘하며 공정함을 잃지 말아야 할 것이다.
- 「한성순보」 창간호, 1883.10.1. -

해석 TIP
한성순보는 한국 최초의 신문으로 1883년 박문국에서 발행하였다. 순한문으로 된 관보형의 정부 간행물로 내외의 시사를 비롯한 서양의 신문화를 소개하는데 큰 역할을 하였다. 하지만 1884년 갑신정변으로 1년 만에 폐간되었다가 이후 한성주보로 제호를 바꾸어 속간된 이후에는 한문, 국한문, 또는 순한글 기사가 실리기도 하여, 보다 발전된 모습을 보여주었다.

사료 읽기 대한매일신보(1904~1910)

신문으로는 대한매일신보, 황성신문 등 기타 여러 가지 신문이 있었으나, 제일 환영을 받기는 영국인 베델이 경영하는 대한매일신보였다. 당시 정부의 잘못과 시국 변동을 여지없이 폭로하였다. 관 쓴 노인도 사랑방에 앉아서 신문을 보면서 혀를 툭툭 차고 각 학교 학생들은 주먹을 치며 통론(痛論)하였다.
- 유광열, 「별건곤」, 1929.1. -

해석 TIP
1904년에 창간된 대한매일신보는 을사늑약 이후 우리나라에서 가장 영향력 강한 신문이었다. 양기탁 등 애국지사들에 의해 운영되었으나, 영국인 베델이 발행인으로 되어 있어 일본의 검열을 받지 않고 활발한 민족 운동을 전개할 수 있었기에 독자들로부터 큰 호응을 얻었다. 1907년부터는 순한글, 국한문, 영문 세 종류로 발행하였으며, 발행부수가 1만 부를 넘는 당시 가장 발행 부수가 많은 신문이었다. 황성신문, 제국신문과 더불어 국채 보상 운동에도 앞장서 국권 회복 운동을 확산시키고 민족의식을 고취하는데 큰 역할을 담당하였다.

8. 근대 문화의 발전

국어	• 순 한글 신문 발간 : 독립신문, 제국신문, 대한매일신보(순한글 → 국한문 혼용) • 주시경의 활약 : **국문연구소** 설립(1907)
국사	• 근대 계몽 사학 : 위인전(『을지문덕전』, 『이순신전』, 『이태리 건국 삼걸전』, 『강감찬전』 등) 간행, 외국흥망사(『미국 독립사』, 『월남 흥망사』 등) 소개 → 민족의식과 애국심 고취가 목적 • 현채의 『유년필독』 : 국사 교과서, 민족의 자주성과 애국심 함양 강조, 정약용 높이 평가 • 신채호의 **『독사신론』** : 민족주의 역사학의 연구 방향 제시 • 황현의 『매천야록』, 정교의 『대한계년사』 : 일제 침략 비판, 민족 정신 강조 • 박은식과 최남선의 **조선 광문회**(1910) : 춘향전, 심청전 등 민족 고전 정리 및 간행
종교	개신교	교육 · 의료 활동, 미신 타파 · 평등 사상 전파
	천주교	1886년 조 · 프 조약을 통해 포교 자유 획득, 고아원과 양로원 등의 사회 사업
	유교	**박은식**의 유교구신론 → 유교의 개혁 주장
	불교	**한용운**의 불교유신론 → 불교의 자주성 회복, 근대화 운동 추진
	천도교	동학을 천도교로 개칭(1905, 3대 교주 손병희) → 민족 종교로 발전, 만세보(1906~1907) 간행
	대종교	나철, 오기호 등이 **단군 신앙**을 발전시켜 창시 → 국권 피탈 이후 근거지를 만주로 이동, 무장 투쟁 전개(**중광단 → 북로군정서**)
문학	• 신소설 : 이인직의 「혈의누」, 이해조의 「자유종」, 안국선의 「금수회의록」 등 • 신체시 : 최남선의 「해에게서 소년에게」
예술	• **원각사** 설립(1908) : 최초의 서양식 극장, 은세계 공연 • 창가 유행 : 서양 리듬에 우리 말 가사를 맞추어 부르는 창가 유행

역사 더하기 생활 모습의 변화

〈의생활〉
- 갑오 · 을미 개혁 : 관복 간소화, 예복 검정 두루마기로 통일
- 문관 복장 규칙 반포(1900) : 예복의 양복화
- 개화기 남성의 옷 : 마고자 · 조끼 유행
- 개화기 여성의 옷 : 위, 아래 같은 색의 한복 · 개량 한복 · 두루마기 · 양장 유행, 한복 개량 운동

▲ 두루마기와 장옷

▲ 일제시대 개량 한복

〈식생활 및 주거 생활〉
- 식생활 : 궁중에서 커피와 홍차 애용, 양식과 양과자 전래, 중국 · 일본 음식 보급, 상류층 남녀 겸상
- 주거 생활 : 갑오개혁 이후 신분에 따른 가옥 규모의 규제 철폐됨, 서양식 건물 증가(명동성당, 정동교회, 덕수궁 석조전), 한옥과 양옥을 절충한 건물(문화주택) 등장

▲ 일제시대 남성 양복

▲ 일제시대 여성 양장

역사 더하기: 근대 시설의 수용

1880년대	1890년대	1900년대
• 박문국(1883, 한성순보·한성주보 발간) • 한성순보(1883~1884) • 한성주보(1886~1888) • 기기창(1883, 무기 생산) • 전환국(1884, 화폐 주조) • 전신(1885, 서울~인천) • 광혜원(1885, → 제중원) • 원산학사(1883) • 동문학(1883~1886) • 육영공원(1886~1894)	• 독립문(1896, 프랑스 개선문 모방) • 전화(1898, 덕수궁 내 처음 가설) • 명동성당(1898, 중세 고딕 양식) • 광제원(종두법) • 경인선(1899, 인천~노량진, 미국 → 일본) • 전차 : 황실과 미국인 콜브란 합자 한성 전기 회사 설립 (1898), 최초의 전차 운행(1899, 서대문~청량리) • 독립신문(1896~1899)	• 만국 우편 연합에 가입(1900) • 세브란스 병원(1904) • 경부선(1905, 일본), 경의선(1906, 프랑스 → 일본) → 러·일 전쟁 중 부설 • 대한의원(1907, 의료 요원 양성) • 덕수궁 석조전(1910, 르네상스 양식) • 손탁 호텔(1902~1918) • 대한매일신보(1904~1910)
	• 황성신문(1898~1910) ─────────────────────────────────▶ • 제국신문(1898~1910) ─────────────────────────────────▶	

사료 읽기: 신채호의 역사 연구

『을지문덕전』 서문

　그러나 저자가 이 책을 만든 목적은 독자들의 술자리나 차 마시는 자리에 이야깃거리를 제공코자 한 것이 아니라, 조국의 명예로운 역사를 통해 못난 자를 경계하고 깨우쳐 주려 함이며, 선조의 위대한 사업을 칭송하여 국민의 영웅 숭배심을 고취하고자 함이고 …… 열성적, 모범적 위인의 행적을 그려내어 이천 년 후 을지문덕과 맞먹을 인물을 기르고자 함이니, 모든 독자는 항상 이에 유념하여 이 책을 읽어야 할 것이다.

– 신채호, 『을지문덕전』 –

『독사신론』 서론

　국가의 역사는 민족의 흥망성쇠를 서술하는 것이다. 민족을 빼면 역사가 없을 것이며, 역사를 알지 못한다면 그 민족의 애국심이 사라질 것이니, 역사가의 책임이 얼마나 큰가? …… 역사를 쓰는 사람은 먼저 민족의 형성 과정을 적고, 정치는 어떻게 번영하고 어떻게 쇠퇴하였는지, 산업은 어떻게 융성하고 쇠퇴하였는지, 무공(武功)은 어떻게 나아가고 물러갔으며, 그 문화는 어떻게 변화하였으며, 다른 민족과의 관계는 어떠하였는지를 서술해야 한다. 만일 민족을 주체로 한 역사 서술이 이루어지지 않는다면, 이는 무정신의 역사라.

– 신채호, 대한매일신보(1908. 8.) –

 해석 TIP

신채호의 『을지문덕전』은 나라를 구하기 위한 민족 영웅의 출현을 고대하며 현실에 대한 분발을 촉구하는 내용이다. 신채호는 1908년 대한매일신보에 『독사신론』을 연재하여, 민족주의 사관을 바탕으로 한 근대 역사학의 초석을 쌓았다.

빈출 Keyword 333 — 5단원 : 국제 질서의 변동과 근대 국가 수립 운동

	Keyword	설 명
1	흥선 대원군	비변사 폐지, 대전회통, 당백전, 서원 철폐, 사창제, 경복궁 중건, 호포제
2	호포제	호(戶) 단위로 포를 부과. 양반들은 반발하였으나 국가 재정은 확충
3	서원 철폐령	붕당의 근거지이자 면세의 혜택을 누리던 서원을 47개만 남겨놓고 철폐. 양반들의 강력한 반발
4	당백전	경복궁 중건을 위해 고가의 화폐를 발행하여 물가를 높임
5	병인양요	원인은 병인박해. 프랑스가 강화도로 침략. 한성근(문수산성)과 양헌수(정족산성)의 활약. 외규장각에 보관 중이던 의궤를 약탈해 감
6	신미양요	원인은 제너럴 셔먼호 사건. 미국이 강화도로 침략. 어재연(광성보)의 활약. 전국 각지에 척화비 건립
7	오페르트 도굴 사건	통상 요구 거부에 항의하던 독일 상인 오페르트가 남연군의 묘를 도굴하려다 실패한 사건. 서양인에 대한 적개심이 커지는 계기
8	강화도 조약	원인은 일본이 일으킨 운요호 사건. 일본을 상대로 첫 개항. 해안측량권과 치외법권을 인정한 불평등 조약
9	수신사	강화도 조약 이후, 일본으로 나간 사절단. 2차 수신사 김홍집이 황준헌의 『조선책략』 유입
10	영선사	김윤식을 대표로 하여 청으로 나간 사절단. 서양식 무기 제조술을 배움. 귀국 후 기기창 설립
11	조선책략	청 외교관 황준헌이 쓴 책으로, 러시아의 남하를 막기 위해 조선은 '친중국 · 결일본 · 연미국' 하라고 조언
12	조 · 미 수호 통상 조약	청의 알선으로 체결. 서양과 최초, 최혜국 대우 최초, 관세 최초
13	보빙사	미국과 조약 체결 후, 민영익을 대표로 하여 미국으로 나간 사절단
14	통리기무아문	최초의 근대적 행정기구로, 개화 정책을 총괄
15	별기군	일본식 신식 부대 이후 구식 군인들이 5군영에서 2영으로 통합 · 축소되고 차별 대우에 시달림
16	최익현	강화도 조약에 반발하는 왜양일체론 주장. 을사의병 때 74세의 나이로 의병을 일으켰다 검거되어 쓰시마 섬에서 순국
17	영남 만인소	조선책략 유포에 반발하여 이만손 주도로 쓴 집단 상소. 러시아 · 미국 · 일본은 후박을 두기 어려운 오랑캐들임을 주장
18	임오군란	구식 군인들 주도로 쌀값 폭등에 고통받던 빈민들이 가담한 쿠데타. 민씨 정권이 무너지고 흥선 대원군이 재집권에 성공. 청의 군사 개입으로 실패
19	제물포 조약	임오군란 이후 일본에게 배상금 지불. 일본 공사관에 경비병 주둔 허용
20	조 · 일 통상 장정	1882년 임오군란 이후 청이 내지 통상을 시작하자, 일본이 이듬해 조 · 일 통상 장정 체결을 강요. 최혜국 대우 부여, 관세 부과, 방곡령 가능이 명문화
21	조 · 청 상민 수륙 무역 장정	임오군란 이후 청의 군사 주둔 및 고문 파견으로 인한 내정 간섭 심화. 청 상인에게 내지 통상권까지 허용
22	박문국	3차 수신사 박영효의 건의로 설립된 인쇄소. 최초의 신문인 '한성순보' 발간
23	기기창	청을 다녀온 영선사의 결과물로, 근대적 무기 제조 시설
24	김옥균	임오군란 이후 청의 내정 간섭에 반발하여 개화당 수립. 급진적 개혁을 추구하며 사대당과 대립
25	갑신정변	개화당이 우정총국 축하연에서 정변을 일으켜 정권을 장악하였으나, 청의 군사 개입으로 3일 천하로 끝남
26	14개조 정강	개화당의 개혁안으로 입헌 군주국 추구, 최초로 신분제 폐지 주장함. 토지 개혁은 없음
27	톈진조약	갑신정변 이후, 대치중이었던 청 · 일 양국 군대가 조선으로부터 동시 철병–동시 파병을 결의한 조약
28	거문도 사건	갑신정변 이후, 조 · 러 비밀 협약이 추진되자 영국이 거문도를 불법 점령하여 러시아의 남하를 견제
29	중립국론	영국이 거문도를 점령하며, 4개국(청–일–러–영)이 대립. 이때 유길준이 한반도 중립국론을 제기하지만 받아들여지지는 않음
30	고부 농민 봉기	고부 군수 조병갑의 학정에 따른 농민 봉기. 신임군수 박원명과의 화해를 통해 자진 해산. 그러나 정부가 동학에 대한 탄압령을 선포하자, 이에 동학 교도들은 1차 봉기
31	전주 화약	전주 점령 이후, 청 · 일 군사 개입을 우려하여 농민군은 서둘러 전주 화약을 맺고 1차 봉기 해산
32	집강소	전주 화약 이후, 전라도 53곳에 설치된 농민 자치 개혁 기구
33	폐정 개혁안	동학교도들이 집강소를 통해 실현하고자 했던 개혁안. 각종 봉건적 요소 철폐, 신분제 및 토지제 개혁, 반 일본 등 주장

빈출 Keyword 333 | 5단원 : 국제 질서의 변동과 근대 국가 수립 운동

	Keyword	설 명
34	군국기무처	일본이 경복궁을 점령하며 개혁 기구로 마련된 교정청을 폐지하고 군국기무처를 설치. 실제 1차 갑오개혁은 군국기무처에서 실시
35	박영효	일본의 개입이 많아진 2차 갑오개혁 때 김홍집과 연립 내각을 수립한 친일적 성향의 인물
36	홍범 14조	2차 갑오개혁 때 발표된 일종의 헌법으로, 신분제 폐지, 입헌군주국 지향 등을 담고 있음
37	교육입국 조서	2차 갑오개혁 때 발표. 이후 한성 사범 학교 및 외국어 학교 등 건립
38	삼국간섭	청·일 전쟁에서 승리한 일본이 요동 반도를 획득하자, 러시아가 프랑스, 독일을 끌어들여 일본을 압박. 요동을 반환케 함
39	단발령	삼국간섭 이후 친러 정책을 펼치던 민씨를 시해하고, 다시 친일 내각을 수립한 일본이 3차 을미개혁을 단행. 을미사변과 단발령 공포에 분노하여 을미의병이 일어남
40	아관 파천	을미의병 봉기 때 고종이 일본이 점거하고 있던 경복궁을 벗어나 러시아 공사관으로 대피. 러시아의 내정 간섭이 강화, 열강들의 이권 침탈이 극심해짐
41	만민 공동회	독립 협회가 서울 종로에서 개최한 민중 집회. 러시아 및 열강들의 이권 침탈 요구 저지 및 국민 계몽 운동 전개. 이후 황국 협회의 습격을 받아 독립 협회 자체가 해산당함
42	헌의 6조	독립 협회가 관민 공동회를 통해 결의한 개혁안. 중추원 의회 설립 및 입헌 군주제 지향
43	광무개혁	고종은 환궁 이후에 대한 제국 수립 및 황제 즉위식 거행. 광무개혁 단행. 대한국 국제 반포·양전 사업을 통한 지계 발급·원수부 설치
44	대한국 국제	독립 협회 해산 이후, 발표된 일종의 헌법으로 무한한 군주권 규정. 전제 군주정을 지향
45	한·일 의정서	1904년 러·일 전쟁이 개전되면서 일본이 강요. 군사기지 사용권을 얻어감
46	을사늑약	러·일 전쟁을 승리한 일본이 1905년에 을사 5적과 체결. 대한 제국의 외교권 박탈, 통감부 설치
47	헤이그 특사	을사늑약의 부당함을 호소하기 위해 1907년에 헤이그 만국 평화 회의장에 이준·이상설·이위종 파견. 이 사건을 구실 삼아 고종을 강제 퇴위시킴
48	한·일 신협약	고종 강제 퇴위 직후 체결한 조약. 대한 제국의 차관을 일본인으로 임명. 군대 강제 해산
49	서울 진공 작전	해산당한 군인들이 의병에 합류. 정미의병 때는 국제법상 교전 단체로 승인해 줄 것을 각국 영사관에 요구하기도 함. 13도 창의군이 결성되어 서울 진공 작전을 펼쳤으나 실패
50	남한 대토벌 작전	1909년 일제가 무력으로 남한 지역의 의병들을 초토화시키기 위해 행했던 작전. 특히 호남지방 의병들이 많이 검거됐으며, 국내의 무장 투쟁이 약화됨
51	안중근	1909년 중국 하얼빈역에서 동양의 평화에 위협이 되던 이토 히로부미를 저격
52	보안회	러·일 전쟁 중에 일본이 강요해오던 황무지 개간권 요구 철회 운동을 주도. 철회에 성공
53	대한 자강회	전국에 지회 설립. 월보 간행. 고종 강제 퇴위 반대 운동 전개
54	신민회	비밀 결사. 공화정 주장. 남만주 삼원보에 신흥 무관 학교 설립. 국권 피탈 후 105인 사건으로 해체
55	시일야 방성 대곡	을사늑약에 항거하여 장지연이 황성신문에 쓴 항일 논설문
56	베델	영국인 기자로, 신민회의 양기탁과 함께 만든 대한매일신보 운영. 의병과 국채 보상 운동 보도
57	경인선	1899년 인천 제물포와 서울 노량진 사이에 개통된 우리나라 최초의 철도. 미국이 부설권을 가졌으나 일본에 의해 건설이 완료. 같은 해에 서대문~청량리 간 전차도 개통
58	화폐 정리 사업	1차 한·일 협약 때 파견 온 일본인 재정 고문 메가타에 의해 1905년 대한 제국의 화폐가 일본의 제일은행권으로 교체. 국내의 상공업자와 은행들의 파산이 증가
59	방곡령	1883년 조·일 통상 장정에 따라 곡식의 유출을 막는 방곡령이 선포되었으나 실패
60	황국 중앙 총상회	1898년에 설립된 시전 상인들의 상권 수호 단체
61	신채호	대표적인 민족주의 사학자로, 『독사신론』 및 각종 위인전 저술
62	혈의누	만세보에 실린 이인직의 신소설
63	천도교	3대 교주 손병희가 동학의 명칭을 개칭
64	대종교	단군 신앙을 바탕으로 나철이 창시한 종교. 만주에서 무장 투쟁 주도

기출문제

01 [2021년 52회 심화 29번]
(가), (나) 사이의 시기에 있었던 사실로 옳은 것은? (2점)

> (가) 대왕대비께서 전교하기를, "이번에 이렇게 만동묘를 철폐하고 다른 곳으로 옮겨 모시는 것에 대해서 선현의 혼령이 알게 되더라도 올바른 예법이라고 여기고 유감이 없을 것이다."라고 하였다.
>
> (나) 최익현이 상소를 올려 대원군의 잘못을 탄핵하기를, "만약 그 지위가 아닌데도 국정에 관여하는 자는 단지 그 지위와 녹을 중요하게 여기기 때문입니다."라고 하였다. 왕은 너그러운 비답을 내려 특별히 그를 호조 참판에 발탁하고 총애하였다.

① 신식 군대인 별기군이 창설되었다.
② 서재필 등이 독립신문을 발행하였다.
③ 종로와 전국 각지에 척화비가 세워졌다.
④ 김옥균 등 개화 세력이 정변을 일으켰다.
⑤ 조청 상민 수륙 무역 장정을 체결하였다.

02 [2020년 49회 심화 29번]
다음 상황이 나타난 시기를 연표에서 옳게 고른 것은? (2점)

> 의정부에서 아뢰기를, "서양 오랑캐가 광성진을 침범하였을 때 진무 중군 어재연의 생사는 자세히 알 수 없었습니다. 하지만 지방 수령이 대신할 진무 중군을 임명해 달라고 이미 청한 것을 보면 절개를 지켜 싸우다 전사한 것 같습니다."라고 하였다.
> - 『고종실록』 -

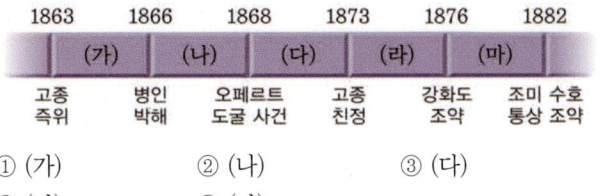

① (가) ② (나) ③ (다)
④ (라) ⑤ (마)

03 [2020년 46회 고급 31번]
다음 서신이 교환된 이후에 전개된 사실로 옳은 것은? (2점)

> **대원군 귀하**
> 남의 무덤을 파는 것은 예의가 없는 행동이지만 무력을 동원하여 백성을 도탄에 빠뜨리는 것보다 낫기 때문에 하는 수 없이 그렇게 하였소. …… 귀국의 안위가 귀하의 처리에 달려 있으니 좋은 대책을 강구하는 것이 어떻겠소.
>
> **영종 첨사 회답**
> 너희들이 이번 덕산 묘소에서 저지른 변고야말로 어찌 인간의 도리상 차마 할 수 있는 일이 겠는가? …… 따라서 우리나라 신하와 백성은 있는 힘을 다하여 너희와는 같은 하늘을 이고 살 수 없다는 것을 맹세한다.

① 어재연 부대가 광성보에서 항전하였다.
② 외규장각의 의궤가 국외로 약탈되었다.
③ 평양 관민이 제너럴 셔먼호를 불태웠다.
④ 로즈 제독의 함대가 양화진을 침입하였다.
⑤ 양헌수 부대가 정족산성에서 프랑스군을 격퇴하였다.

04 [2020년 47회 심화 30번]
(가), (나) 사이의 시기에 있었던 사실로 옳은 것은? (2점)

> (가) 왕이 창덕궁 인정전에서 즉위하였다. 그때 나이가 12살이었기 때문에 [신정]익황후가 수렴청정을 하였다. 친아버지인 흥선군을 높여 대원군으로 삼아 모든 정사에 참여하게 하고 신하의 예와는 달리 대우하였다.
> - 『대한계년사』 -
>
> (나) 최익현이 상소를 올려 대원군의 잘못을 탄핵하기를, "만약 그 자리가 아닌데도 국정에 관여하는 자는 단지 그 지위와 자리의 녹을 중요하게 여기기 때문입니다."라고 하였다. 왕이 너그러운 비답을 내려 특별히 그를 호조 참판에 발탁하고 총애하였다. …… 대원군이 분노하여 양주 직곡으로 물러나자 권력은 모두 민씨의 손아귀에 들어갔다.
> - 『대한계년사』 -

① 사창제가 실시되었다.
② 속대전이 편찬되었다.
③ 장용영이 설치되었다.
④ 계해약조가 체결되었다.
⑤ 백두산정계비가 건립되었다.

기출문제

[2018년 39회 고급 33번]

05 다음 상소가 올려진 이후의 사실로 옳은 것은? (3점)

> 진실로 황준헌의 말처럼 러시아가 비록 병탄할 힘과 침략할 뜻이 있다고 해도, 장차 만 리 밖의 구원을 앉아 기다리면서 홀로 가까운 오랑캐들과 싸우겠습니까? 이야말로 이해 관계가 뚜렷한 것입니다. 지금 조정은 어찌 백해무익한 일을 해서 러시아 오랑캐에게는 없는 마음을 갖게 하고, 미국에게는 일도 아닌 것을 일로 삼게 하여 오랑캐를 불러 들이려 합니까?

① 조·미 수호 통상 조약이 체결되었다.
② 어재연 부대가 광성보에서 항전하였다.
③ 운요호가 강화도 초지진을 공격하였다.
④ 프랑스군이 외규장각 도서를 약탈하였다.
⑤ 제2차 수신사 김홍집이 조선책략을 들여왔다.

[2020년 48회 심화 29번]

06 밑줄 그은 '조약'에 대한 설명으로 옳은 것은? (2점)

> 발신: 의정부
> 수신: 각 도 관찰사, 수원·광주·개성·강화의 유수, 동래 부사
> 제목: 조약 체결 알림
>
> 1. 관련
>   가. 영종진 불법 침입 보고(강화부, 을해년)
>   나. 교섭 결과 보고(신헌, 병자년)
> 2. 일본국과의 조약 체결에 대해 알립니다. 해당 관아에서는 연해 각 읍에 통지하여, 앞으로 일본국의 표식을 게양 또는 부착한 선박이 항해 또는 정박 시 불필요한 충돌을 방지하기 바랍니다.
>
> 붙임: 조약 본문 등사본 1부. 끝.

① 천주교 포교의 허용 근거가 되었다.
② 거중 조정에 대한 내용을 포함하였다.
③ 재정 고문을 두도록 하는 조항을 담고 있다.
④ 조약 체결에 반대하여 민영환이 자결하였다.
⑤ 부산 외 2곳에 개항장이 설치되는 결과를 가져왔다.

[2019년 42회 고급 31번]

07 다음 서술형 평가의 답안에 들어갈 내용으로 옳은 것은? (3점)

> **서술형 평가** ○학년 ○○반 이름: ○○○
>
> ◎ 밑줄 그은 '이 기구'에서 추진한 정책을 서술하시오.
>
> 이 기구는 변화하는 국내외 정세에 대응하고 개화 정책을 총괄하기 위해 1880년에 설치되었다. 소속 부서로 외교 업무를 담당하는 사대사와 교린사, 중앙과 지방의 군사를 통솔하는 군무사, 외국과의 통상에 관한 일을 맡는 통상사, 외국어 번역을 맡은 어학사, 재정 사무를 담당한 이용사 등 12사가 있었다.
>
> 답안:

① 재판소를 설치하여 사법권을 독립시켰다.
② 미국과 합작하여 한성 전기 회사를 설립하였다.
③ 5군영을 2영으로 축소하고 별기군을 창설하였다.
④ 재정 문제를 해결하기 위해 당백전을 주조하였다.
⑤ 교육 입국 조서를 반포하고 외국어 학교 관제를 마련하였다.

[2017년 36회 고급 32번]

08 (가) 인물의 활동으로 옳은 것은? (2점)

이 사당은 위정 척사 운동을 주도한 (가) 의 위패를 모신 충청남도 청양의 모덕사입니다. 흥선 대원군의 하야와 고종의 친정(親政)을 요구하는 상소를 올렸던 그는 왜양일체론을 내세워 강화도 조약 체결에 반대하였습니다.

① 한국독립운동지혈사를 저술하였다.
② 봉오동 전투에서 일본군을 격파하였다.
③ 고종의 밀지를 받아 독립 의군부를 조직하였다.
④ 을사늑약 체결에 반대하여 태인에서 의병을 일으켰다.
⑤ 13도 창의군을 결성하여 서울 진공 작전을 전개하였다.

09 [2020년 46회 고급 32번]
다음 자료에 나타난 사건에 대한 설명으로 옳은 것은? (3점)

> 난군(亂軍)이 궐을 침범하였다는 소식을 들었다. 이때에 나라 재정이 고갈되어 각 영이 군인에게 지급할 봉급을 몇 개월 동안 지급하지 못하였다. 영에 소속된 군인이 어느 날 밤에 부대를 조직하고 갑자기 궐내로 진입하여 멋대로 난리를 일으켰다. 중전의 국상(國喪)이 공포되자 선생은 가평 관아로 달려가 망곡례를 행하였다. 얼마 후 국상이 와전되어 사실이 아님을 알고, 군중과는 달리 상복을 입지 않고 집 밖으로 나가지 않았다.
> — 『성재집』 —

① 통감부의 방해와 탄압으로 실패하였다.
② 통리기무아문이 설치되는 배경이 되었다.
③ 홍범 14조를 개혁의 기본 방향으로 제시하였다.
④ 일본 공사관에 경비병이 주둔하는 계기가 되었다.
⑤ 김기수가 수신사로 일본에 파견되는 결과를 가져왔다.

10 [2019년 44회 고급 34번]
다음 조약이 맺어진 배경으로 가장 적절한 것은? (2점)

> 제1조 중국 상무위원은 개항한 조선의 항구에 주재하면서 본국의 상인을 돌본다. …… 중대한 사건을 맞아 조선 관원과 임의로 결정하기가 어려울 경우 북양 대신에게 청하여 조선 국왕에게 공문서를 보내 처리하게 한다.
> 제2조 중국 상인이 조선 항구에서 개별적으로 고소를 제기할 일이 있을 경우 중국 상무위원에게 넘겨 심의 판결한다. 이밖에 재산 문제에 관한 범죄 사건에 조선 인민이 원고가 되고 중국 인민이 피고일 때에도 중국 상무위원이 체포하여 심의 판결한다.

① 영국이 거문도를 불법 점령하였다.
② 청일 전쟁에서 일본이 승리하였다.
③ 구식 군인들이 임오군란을 일으켰다.
④ 시전 상인들이 철시 투쟁을 전개하였다.
⑤ 운요호가 강화도에 접근하여 무력 시위를 벌였다.

11 [2016년 30회 중급 32번]
(가) 사건의 전개 과정에 발표된 정강의 내용으로 옳은 것을 〈보기〉에서 고른 것은? (3점)

> 일본이 어찌 조선을 위해 충직한 정성으로 힘써 돕겠는가? …… 사실은 조선과 청 양국의 악감정을 도발하여 이익을 취한 것이다. 개화당은 이와 같은 일본인의 꾀를 알지 못하고 일본의 힘을 빌려 (가) 을/를 일으켰다가 실패하였다. 만약 일본이 진정 돕고자 했다면 김옥균을 위해 군함을 보내기로 약속하고 배신하였겠는가? 이야말로 높은 곳에 오르라고 권하고 나서 사다리를 치우는 것과 같다.

─┤보기├─
ㄱ. 황제는 무한한 군주권을 가진다.
ㄴ. 국가 재정은 모두 호조에서 관할한다.
ㄷ. 토지를 균등하게 나누어 경작하도록 한다.
ㄹ. 문벌을 폐지하여 인민 평등의 권리를 제정한다.

① ㄱ, ㄴ   ② ㄱ, ㄷ   ③ ㄴ, ㄷ
④ ㄴ, ㄹ   ⑤ ㄷ, ㄹ

12 [2020년 50회 심화 30번]
(가) 사건에 대한 설명으로 옳은 것은? (2점)

> 이것은 우정총국이 업무를 시작하면서 발행한 국내 최초의 우표입니다. 당시 화폐 단위가 '문(文)'이어서 문위 우표라는 이름이 붙여졌습니다. 하지만 김옥균 등이 주도한 (가) (으)로 우정총국이 폐쇄되면서 이 우표는 더 이상 발행되지 못했습니다.

① 건양이라는 연호를 제정하였다.
② 단발령 시행에 반발하여 일어났다.
③ 개혁 추진 기구로 교정청을 설치하였다.
④ 구본신참에 입각하여 개혁을 추진하였다.
⑤ 청·일 간 톈진 조약 체결의 계기가 되었다.

기출문제

13 (가), (나) 사절단에 대한 설명으로 옳은 것은? [2019년 43회 고급 35번] (2점)

나는 (가) (으)로서 학생과 기술자를 인솔하여 청으로 가서 전기, 화학 등 선진 과학 기술을 배우게 하고, 우리나라와 미국과의 조약 체결에 관한 일을 이홍장과 협의하였습니다.

나는 미국 공사의 부임에 대한 답례와 양국의 친선을 위해 파견된 (나) 의 전권대신으로 홍영식, 서광범 등과 미국 대통령 아서를 접견하고 국서와 신임장을 제출하였습니다.

① (가) - 귀국할 때 조선책략을 가지고 들어왔다.
② (가) - 무기 제조 공장인 기기창 설립의 계기를 마련하였다.
③ (나) - 보고 들은 내용을 해동제국기로 남겼다.
④ (나) - 해국도지, 영환지략을 들여와 국내에 소개하였다.
⑤ (가), (나) - 암행어사 형태로 비밀리에 파견되었다.

14 (가)~(마) 지역에서 있었던 사실로 옳지 않은 것은? [2016년 30회 중급 30번] (2점)

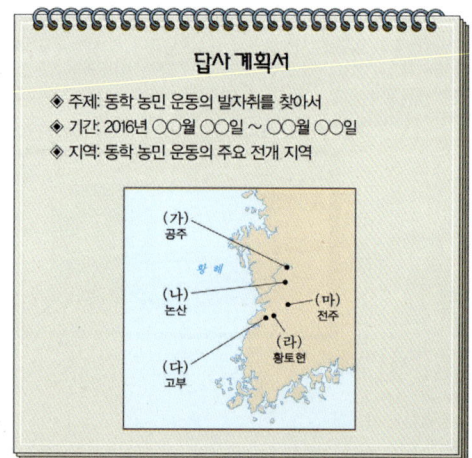

① (가) - 동학 농민군이 관군과 일본군에게 패하였다.
② (나) - 농민들이 군수 조병갑의 탐학에 저항하였다.
③ (다) - 농민들이 전봉준의 주도 아래 봉기하였다.
④ (라) - 동학 농민군이 관군에게 처음으로 승리하였다.
⑤ (마) - 동학 농민군이 관군과 화약을 맺었다.

15 (가)에 들어갈 내용으로 옳은 것은? [2017년 36회 고급 35번] (2점)

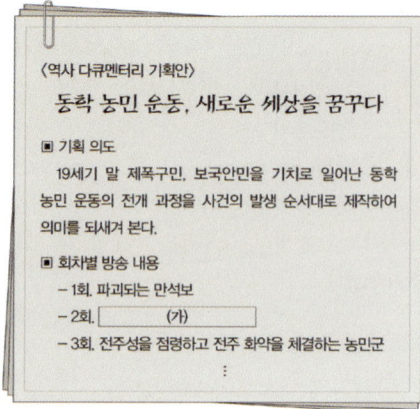

① 전라도 순창에서 체포되는 전봉준
② 황토현 전투에서 승리하는 농민군
③ 공주 우금치에서 패배하는 농민군
④ 논산에서 연합하는 남접과 북접 부대
⑤ 무력을 동원하여 경복궁을 점령하는 일본군

16 다음 인물에 대한 설명으로 옳은 것은? [2020년 49회 심화 30번] (2점)

○○○ 연보
- 1842년 출생
- 1880년 일본에 수신사로 파견됨
- 1884년 좌의정으로 임명됨
- 1894년 총리대신으로 갑오개혁을 주도함
- 1896년 사망

① 황준헌이 쓴 조선책략을 국내에 들여왔다.
② 초대 주미 공사로 임명되어 미국에 파견되었다.
③ 고종의 밀지를 받아 독립 의군부를 조직하였다.
④ 영국인 베델과 함께 대한매일신보를 창간하였다.
⑤ 서유견문을 집필하여 서양 근대 문명을 소개하였다.

[2020년 48회 심화 33번]

17 (가)~(다)를 발표된 순서대로 옳게 나열한 것은? (3점)

(가)
1. 지금부터는 국내외의 공사(公私) 문서에 개국기년(開國紀年)을 쓴다.
1. 과부가 재혼하는 것은 귀천을 막론하고 자신의 의사대로 하게 한다.
1. 공노비와 사노비에 관한 법을 일체 혁파하고 사람을 사고 파는 일을 금지한다.

(나)
이번 단발은 위생에 이익이 되고 일을 할 때 편하기 위하여 우리 성상 폐하께서 정치 개혁과 국가의 부강함을 도모하고자 솔선하여 표준을 보이심이라. 무릇 우리 대조선국 인민은 이와 같은 성의를 본받되 의관 제도는 다음과 같이 고시함.
1. 망건은 폐지함
1. 의복 제도는 외국 제도를 채용하여도 무방함

(다)
제1조 원수부는 국방과 용병과 군사에 관한 각 항의 명령을 관장하며 특별히 세운 권한을 가지고 군부와 경외(京外)의 각 부대를 지휘 감독한다.
제2조 모든 명령은 대원수 폐하가 원수 전하를 경유하여 하달한다.
제3조 원수부는 황궁(皇宮) 내에 설치한다.

① (가) - (나) - (다)
② (가) - (다) - (나)
③ (나) - (가) - (다)
④ (나) - (다) - (가)
⑤ (다) - (나) - (가)

[2020년 49회 심화 34번]

18 다음 대화에 나타난 상황 이후의 사실로 옳은 것은? (3점)

며칠 전 러시아, 프랑스, 독일의 압력으로 일본이 청에 랴오둥반도를 반환했다는 소식 들었는가?

들었네. 우리도 이 기회에 러시아를 이용하여 일본의 간섭에서 벗어날 방도를 찾아야 할 것이네.

① 조청 상민 수륙 무역 장정을 체결하였다.
② 건양이라는 독자적인 연호를 사용하였다.
③ 행정 기구를 6조에서 8아문으로 개편하였다.
④ 군국기무처를 설치하여 근대적 개혁을 추진하였다.
⑤ 영국이 러시아를 견제하기 위해 거문도를 점령하였다.

[2020년 50회 심화 32번]

19 밑줄 그은 ⊙ 사건 이후의 사실로 옳은 것은? (3점)

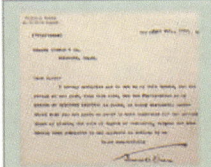

이 문서는 에디슨이 설립한 전기 회사가 프레이져를 자사의 조선 총대리인으로 위촉한다는 내용을 담고 있다. 이 회사는 총대리인을 통해 경복궁 내의 전등 가설 공사를 수주하였다. 이에 따라 경복궁 내에 발전 설비를 마련하고, ⊙건청궁에 조선 최초의 전등을 가설하였다.

① 알렌의 건의로 광혜원이 세워졌다.
② 박문국에서 한성순보가 발행되었다.
③ 무기 제조 공장인 기기창이 설립되었다.
④ 정부가 외국어 교육 기관인 동문학을 세웠다.
⑤ 노량진에서 제물포를 잇는 경인선이 개통되었다.

20 밑줄 그은 '협회'에 대한 설명으로 옳은 것은? (2점)

[2020년 49회 심화 35번]

① 대성 학교와 오산 학교를 설립하였다.
② 고종 강제 퇴위 반대 운동을 주도하였다.
③ 일본의 황무지 개간권 요구를 저지하였다.
④ 중추원 개편을 통해 의회 설립을 추진하였다.
⑤ 일본에 진 빚을 갚자는 국채 보상 운동을 전개하였다.

[2020년 47회 심화 35번]

21 (가)~(다)를 일어난 순서대로 옳게 나열한 것은? (3점)

(가) 왕이 경복궁을 나오니 이범진, 이윤용 등이 러시아 공사관으로 옮기게 하였다. 김홍집 등이 군중에게 잡혀 살해되자 유길준, 장박 등은 도주하였다.

(나) 오늘 대군주 폐하께서 내리신 조칙에서 "짐이 신민(臣民)에 앞서 머리카락을 자르니, 너희들은 짐의 뜻을 잘 본받아 만국과 나란히 서는 대업(大業)을 이루라."라고 하셨다.

(다) 광화문을 통해 들어온 일본 병사들은 건청궁으로 침입하였다. …… 일본 장교는 흉악한 일본 자객들이 왕후를 수색하는 것을 도왔다. 자객들은 여러 방을 샅샅이 뒤졌고 마침내 왕후를 찾아내어 시해하였다.

① (가) - (나) - (다)　② (가) - (다) - (나)
③ (나) - (가) - (다)　④ (나) - (다) - (가)
⑤ (다) - (나) - (가)

[2020년 49회 심화 32번]

22 (가)~(마)에서 있었던 사실로 옳은 것은? (3점)

① (가) - 임오군란 때 구식 군인들의 습격이 있었다.
② (나) - 제1차 미소 공동 위원회가 개최되었다.
③ (다) - 은세계, 치악산 등의 신극이 공연되었다.
④ (라) - 일본 낭인들이 명성 황후를 시해하였다.
⑤ (마) - 대한 제국 황제 즉위식이 거행되었다.

[2016년 30회 고급 36번]

23 (가)~(라)에 들어갈 내용으로 옳은 것을 <보기>에서 고른 것은? (2점)

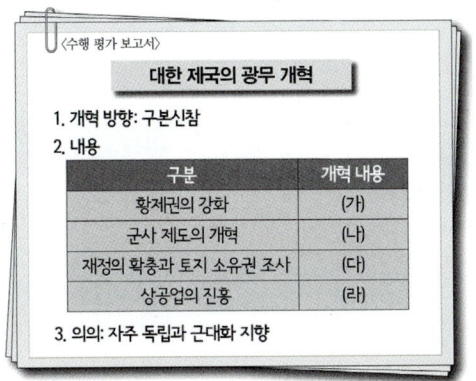

ㄱ. (가) – 대한국 국제를 반포하였다.
ㄴ. (나) – 신식 군대인 별기군을 창설하였다.
ㄷ. (다) – 토지를 측량하고 지계를 발급하였다.
ㄹ. (라) – 대동 상회, 장통 상회 등의 상회사를 설립하였다.

① ㄱ, ㄴ ② ㄱ, ㄷ ③ ㄴ, ㄷ
④ ㄴ, ㄹ ⑤ ㄷ, ㄹ

[2018년 38회 고급 35번]

25 밑줄 그은 '이 단체'의 활동으로 옳은 것은? (1점)

① 이륭양행에 교통국을 설치하였다.
② 태극 서관과 자기 회사를 운영하였다.
③ 일본의 황무지 개간권 요구를 저지하였다.
④ 중추원 개편을 통해 의회 설립을 추진하였다.
⑤ 만민 공동회를 열어 민권 신장을 추구하였다.

[2020년 50회 심화 37번]

24 다음 자료를 활용한 탐구 활동으로 가장 적절한 것은? (1점)

○ 신(臣) 등이 들은 말에 의하면 일전에 외부(外部)에서 산림과 원야(原野)와 진황지(陳荒地)를 50년 기한으로 일본인에게 빌려주는 일을 정부에 청의(請議)하여 도하(都下)의 인심이 매우 술렁거리고 있습니다.
– 『해학유서』 –

○ 종로에서 송수만, 심상진 씨 등이 각 부(府)·부(部)·원(院)·청(廳)과 각 대관가(大官家)에 알리노라. 지금 산림과 하천 및 못, 원야, 황무지를 일본인이 청구하니, 국가의 존망과 인민의 생사가 경각에 달려 있노라.
– 황성신문 –

① 105인 사건의 영향을 조사한다.
② 보안회의 활동 내용을 조사한다.
③ 독립문이 건립된 과정을 살펴본다.
④ 조선 형평사의 설립 목적을 검색한다.
⑤ 황국 중앙 총상회의 활동을 파악한다.

[2016년 30회 중급 35번]

26 다음 조약이 체결된 배경으로 옳은 것은? (2점)

제1조 한·일 양국 사이의 항구적이고 변함없는 친교를 유지하고 동양의 평화를 확고히 이룩하기 위하여 대한 제국 정부는 대일본 제국 정부를 확고히 믿고 시정(施政) 개선에 관한 충고를 받아들인다.
······
제4조 제3국의 침략이나 내란으로 인해 대한 제국 황실의 안녕과 영토의 보전에 위험이 있을 경우에 대일본 제국 정부는 속히 형편에 따라 필요한 조치를 취할 수 있다. 이때 대한 제국 정부는 대일본 제국의 행동이 용이하도록 충분히 편의를 제공한다. 대일본 제국 정부는 전항의 목적을 달성하기 위해 군사 전략상 필요한 지점을 형편에 따라 차지하여 이용할 수 있다.
······
– 한·일 의정서 –

① 러·일 전쟁이 발발하였다.
② 제2차 영·일 동맹이 체결되었다.
③ 가쓰라·태프트 밀약이 체결되었다.
④ 고종이 헤이그에 특사를 파견하였다.
⑤ 스티븐스가 외교 고문으로 임명되었다.

기출문제

27 [2020년 50회 심화 34번]
다음 사건이 전개된 결과로 옳은 것은? (2점)

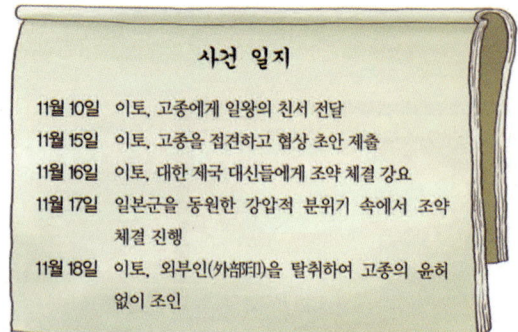

① 대한국 국제가 반포되었다.
② 별기군 교관으로 일본인이 임명되었다.
③ 외교권이 박탈되고 통감부가 설치되었다.
④ 고종이 러시아 공사관으로 거처를 옮겼다.
⑤ 제물포에서 러시아 함대가 일본 해군에게 격침되었다.

28 [2020년 48회 심화 35번]
다음 상황 이후에 일어난 사실로 옳은 것은? (2점)

① 고종이 강제로 퇴위당하였다.
② 영국이 거문도를 불법으로 점령하였다.
③ 구식 군인들이 일본 공사관을 습격하였다.
④ 우정총국 개국 축하연에서 정변이 일어났다.
⑤ 일본과 미국이 가쓰라·태프트 밀약을 체결하였다.

29 [2018년 41회 고급 34번]
다음 인물에 대한 설명으로 옳은 것은? (1점)

① 고종의 밀지를 받아 독립 의군부를 조직하였다.
② 영국인 베델과 함께 대한매일신보를 발간하였다.
③ 평양에서 조선 물산 장려회 발기인 대회를 개최하였다.
④ 북간도에 서전서숙을 설립하여 민족 교육을 실시하였다.
⑤ 네덜란드 헤이그에서 열린 만국 평화 회의에 특사로 파견되었다.

30 [2018년 40회 고급 36번]
(가)에 대한 설명으로 옳은 것은? (1점)

① 봉오동 전투에서 일본군을 격퇴하였다.
② 독립 공채를 발행하여 자금을 마련하였다.
③ 고종의 해산 권고 조칙에 따라 해산하였다.
④ 양주에 집결하여 서울 진공 작전을 전개하였다.
⑤ 조선 총독부에 국권 반환 요구서를 제출하려 하였다.

[2020년 46회 고급 38번]

31 다음 학생들이 발표하고 있는 인물에 대한 설명으로 옳은 것은? (1점)

① 동양 척식 주식회사에 폭탄을 투척하였다.
② 하얼빈 역에서 이토 히로부미를 사살하였다.
③ 한인 애국단을 결성하여 의거 활동을 전개하였다.
④ 조선 혁명 간부 학교를 세워 독립군을 양성하였다.
⑤ 명동 성당 앞에서 이완용을 습격하여 중상을 입혔다.

[2018년 39회 고급 36번]

32 (가)~(라)에 들어갈 내용으로 옳은 것을 〈보기〉에서 고른 것은? (2점)

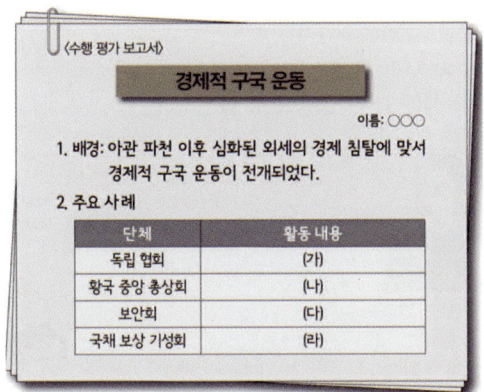

┤보기├
ㄱ. (가) - 대동 상회, 장통 상회를 설립하였다.
ㄴ. (나) - 러시아의 절영도 조차 요구를 저지하였다.
ㄷ. (다) - 일제의 황무지 개간권 요구를 철회시켰다.
ㄹ. (라) - 금주·금연을 통한 차관 갚기 운동을 전개하였다.

① ㄱ, ㄴ   ② ㄱ, ㄷ   ③ ㄴ, ㄷ
④ ㄴ, ㄹ   ⑤ ㄷ, ㄹ

[2020년 50회 심화 31번]

33 다음 상황이 전개된 배경으로 옳은 것은? (2점)

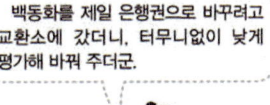

① 금속류 회수령이 공포되었다.
② 국채 보상 운동이 전개되었다.
③ 산미 증식 계획이 실시되었다.
④ 조선 물산 장려회가 조직되었다.
⑤ 재정 고문으로 메가타가 임명되었다.

[2020년 48회 심화 32번]

34 밑줄 그은 '이 운동'에 대한 설명으로 옳은 것은? (2점)

① 황국 중앙 총상회의 주도로 전개되었다.
② 러시아의 절영도 조차 요구에 반대하였다.
③ 조선 총독부의 방해와 탄압으로 실패하였다.
④ 대한매일신보 등 당시 언론이 적극적으로 참여하였다.
⑤ 일본, 프랑스 등의 노동 단체로부터 격려 전문을 받았다.

[2016년 30회 고급 37번]

35 다음 자료에 해당하는 교육 기관에 대한 설명으로 옳은 것은? (2점)

> 덕원 부사 정현석이 장계를 올립니다. 신이 다스리는 이곳 읍은 해안의 요충지에 있고 아울러 개항지가 되어 소중함이 다른 곳에 비할 바가 아닙니다. 개항지를 빈틈 없이 운영해 나가는 방도는 인재를 선발하여 쓰는 데 달려 있고, 인재 선발의 요체는 교육에 있습니다. 그러므로 학교를 설립하고자 합니다.
> — 「덕원부계록」 —

① 최초로 설립된 여성 교육 기관이다.
② 교원 양성을 목적으로 한 사범학교이다.
③ 관민이 합심하여 만든 근대식 학교이다.
④ 교육입국 조서 반포를 계기로 설립되었다.
⑤ 헐버트, 길모어 등 외국인 교사를 초빙하였다.

[2019년 42회 고급 35번]

36 다음 검색창에 들어갈 신문에 대한 설명으로 옳은 것은? (1점)

문화유산DB   유네스코 등재유산   기록유산   **문화유산 검색**

문화유산 검색 [   ] 검색

문화재검색
☑ 문화재정보
☑ 우리지역문화재
☑ 유형분류

• 종목: 등록문화재 제509-3호
• 소유기관: 문화재청
• 소개: 영국인 베델과 양기탁이 함께 창간하고 박은식, 신채호 등이 항일 논설을 실었다. 외국인이 발행하는 신문이어서 일본의 사전 검열을 받지 않았다.

① 천도교의 기관지로 발행되었다.
② 상업 광고가 처음으로 게재되었다.
③ 국채 보상 운동의 확산에 기여하였다.
④ 농촌 계몽을 위해 브나로드 운동을 전개하였다.
⑤ 순 한문 신문으로 열흘마다 발행하는 것이 원칙이었다.

[2018년 40회 고급 33번]

37 (가), (나) 사이의 시기에 볼 수 있는 모습으로 적절하지 않은 것은? (3점)

> (가) 본 덕원부는 해안의 요충지에 위치해 있고 아울러 개항지입니다. 이곳을 빈틈없이 미리 대비하는 방도는 인재를 선발하여 쓰는 데 있고, 그 핵심은 가르치고 기르는 데 있습니다. 그래서 원산사(元山社)에 학교를 설치하였습니다.
>
> (나) 경인 철도 회사에서 어제 개업 예식을 거행하는데 …… 화륜거 구르는 소리는 우레 같아 천지가 진동하고 기관차 굴뚝 연기는 반공에 솟아오르더라. 수레를 각기 방 한 칸씩 되게 만들어 여러 수레를 철구로 연결하여 수미상접하게 이었는데, 수레 속은 상·중·하 3등으로 수장하여 그 안에 배포한 것과 그 밖에 치장한 것은 이루 형언할 수 없더라.

① 전신선을 가설하는 인부
② 이화 학당에서 공부하는 학생
③ 제중원에서 치료를 받고 있는 환자
④ 한성 전기 회사 창립을 협의하는 관리
⑤ 대한매일신보의 기사를 읽고 있는 교사

[2016년 33회 고급 39번]

38 (가) 섬에 대한 설명으로 옳은 것은? (1점)

강원도 관찰사 서리 이명래

> 울릉 군수 심흥택이 보고한 내용입니다. 이번 달 4일 진시 즈음에 배 1척이 울릉군 내 도동포에 정박하였는데, 일본 관인 일행이 내려 말하길 '(가) 이/가 지금 일본 영토가 된 까닭으로 시찰차 왔다' 하온 바 …… 이에 보고하오니 살펴주시기 바랍니다.

참정 대신 박제순

> 보고는 잘 받아보았다. (가) 이/가 일본의 영토라는 말은 전혀 근거 없는 것이니 그 섬의 형편과 일본인들이 어떻게 행동하는지를 다시 조사해서 보고하라.

① 하멜 일행이 표류하다 도착한 곳이다.
② 배중손이 이끄는 삼별초가 몽골군에 저항하였다.
③ 정제두가 양명학을 연구하며 학파를 형성하였다.
④ 러시아가 저탄소 설치를 명분으로 조차를 요구하였다.
⑤ 대한 제국이 칙령 제41호를 통해 관할 영토임을 명시하였다.

39 (가)~(다) 지역에서 있었던 사실로 옳은 것은? (3점)

〈조선의 초기 개항장〉

① (가) – 전차가 처음으로 운행되었다.
② (가) – 서양식 병원인 광혜원이 세워졌다.
③ (나) – 최초의 철도가 부설되었다.
④ (나) – 박문국에서 한성순보가 발행되었다.
⑤ (다) – 최초의 근대식 학교가 설립되었다.

40 다음 퀴즈의 정답으로 옳은 것은? (1점)

① 동문학
② 영동 학교
③ 원산 학사
④ 서전서숙
⑤ 배재 학당

정답 및 해설

01 ③
제시문의 (가)에서 '만동묘를 철폐'는 1865년, (나)에서는 '최익현이 상소를 올려 대원군의 잘못을 탄핵'하는 상소는 1873년의 일이다. 흥선 대원군은 신미양요 이후 통상 수교 거부 정책을 널리 알리기 위해 전국 각지에 척화비를 건립하였다(1871).

오답분석
① 1881년
② 1896년
④ 1884년
⑤ 1882년

02 ③
제시문에서 '광성진', '어재연'의 내용을 통해 신미양요(1871)에 대한 내용임을 알 수 있다.

03 ①
제시된 서신 내용에서 '대원군 귀하', '남의 무덤을 파는 것', '덕산 묘소'의 내용을 통해 독일 상인 오페르트의 도굴 사건(1868)에 대한 내용임을 알 수 있다. 오페르트 도굴 사건 이후 미국이 제너럴 셔먼호 사건을 빌미로 강화도로 침입하는 신미양요(1871)가 발발하였다.

오답분석
②,④,⑤ 병인양요(1866)
③ 제너럴 셔먼호 사건(1866)

04 ①
제시문에서 (가)는 흥선 대원군의 섭정(1864), (나)는 흥선 대원군의 하야(1873)에 대한 내용이다. 사창제는 환곡의 폐단을 막기 위해 흥선 대원군이 실시한 정책이다.

오답분석
② 영조
③ 정조
④ 세종
⑤ 숙종

05 ①
제시문에서 '황준헌', '러시아'의 내용을 통해 황준헌의 『조선책략』에 대한 반대 운동인 영남만인소의 내용임을 알 수 있다. 2차 수신사로 갔던 김홍집이 돌아와서 『조선책략』을 유포하였는데, 주요 내용은 러시아를 막기 위해 '중국과 친하며, 일본과 맺고, 미국과 연합'하자는 것이었다. 이후 1882년 조·미 수호 통상 조약이 체결되었다.

오답분석
② 신미양요(1871)
③ 운요호 사건(1875)
④ 병인양요(1866)에 대한 내용이다.
⑤ 김홍집이 『조선책략』을 들여온 것은 영남만인소가 올려지기 이전의 사실이다.

06 ⑤
제시된 자료에서 '영종진 불법 침입', '일본국과의 조약 체결'의 내용을 통해 밑줄 그은 '조약'은 강화도 조약(1876)임을 알 수 있다. 강화도 조약이 체결되면서 부산·원산·인천의 세 항구가 개항되었다.

오답분석
① 조·프 수호 통상 조약
② 조·미 수호 통상 조약
③ 제1차 한일 협약
④ 을사늑약

07 ③
제시된 자료에서 '개화 정책을 총괄', '1880년에 설치', '12사'의 내용을 통해 밑줄 그은 '이 기구'는 1880년에 설치된 통리기무아문임을 알 수 있다. 통리기무아문은 기존의 5군영을 2영으로 축소하고 신식 군대인 별기군을 창설하였다.

오답분석
①,⑤ 제2차 갑오개혁에 대한 내용이다.
② 한성 전기 회사 설립은 1898년의 일이다.
④ 흥선대원군 집권 시기에 경복궁을 중건하면서 당백전을 주조하였다.

08 ④
제시된 자료의 '위정 척사 운동', '흥선 대원군 하야와 고종의 친정 요구', '왜양일체론' 등을 통해 (가) 인물이 최익현임을 알 수 있다. ④ 최익현은 을사늑약 체결에 반대하여 「청토오적소」를 올려 조약의 무효와 을사 5적의 처단을 주장하고 태인에서 의병을 일으켰다.

오답분석
① 박은식은 항일 독립 운동에 관한 역사서인 『한국독립운동지혈사』를 저술하여, 조선의 국권 피탈 과정과 일제의 탄압, 독립 운동 관련 자료를 모아 서술하였다.
② 홍범도는 1920년, 봉오동 일대에서 독립군 연합 부대를 이끌며 일본군에 맞서 큰 승리를 거두었다.
③ 임병찬은 고종의 밀지를 받고 비밀리에 호남 지방의 의병과 유생을 모아 대한 독립 의군부를 조직하였다.
⑤ 이인영은 1907년, 13도 창의군의 대장으로 추대되어 국제법상 교전 단체로 인정해 줄 것을 요구하는 격문을 보내고, 각 도에서 모인 의병 부대를 이끌고 서울 진공 작전을 추진하였다.

09 ④

제시문에서 '난군(亂軍)이 궐을 침범', '군인에게 지급할 봉급을 몇 개월 동안 지급하지 못하였다'는 내용을 통해 임오군란(1882)에 대한 내용임을 알 수 있다. 임오군란의 결과 일본과 제물포 조약을 체결하면서 일본에 배상금을 지불하고, 일본 공사관에 경비병이 주둔하게 되었다.

오답분석
① 통감부는 1906년에 설치되었다.
② 통리기무아문은 고종 시기에 국내외의 군국기무를 총괄하는 업무를 관장하던 관청이다.
③ 제2차 갑오개혁에 대한 내용이다.
⑤ 강화도 조약에 해당한다.

10 ③

제시문은 조·청 상민 수륙 무역 장정(1882)의 내용이다. 조·청 상민 수륙 무역 장정은 임오군란 이후 청과 체결한 조약으로, 청 상인들의 내지 통상권을 허용하였다.

오답분석
① 거문도 사건(1885)
② 청일 전쟁(1894)
④ 시전 상인들의 철시 투쟁(1898)
⑤ 운요호 사건(1875)

11 ④

자료에서 개화당이 '일본인의 꾀를 알지 못하고 일본인의 힘을 빌려' 일으킨 사건 (가)는 갑신정변(1884)이다. 갑신정변 14개조 정강에서는 문벌을 폐지하여 인민평등권을 세워 능력에 따라 관리를 임명하고자 하였고, 모든 재정은 호조에서 관할하도록 규정하였다.

오답분석
ㄱ. 광무 개혁
ㄷ. 동학 농민 운동

12 ⑤

제시된 자료에서 '김옥균 등이 주도', '우정총국이 폐쇄'의 내용을 통해 (가) 사건은 갑신정변(1884)임을 알 수 있다. 갑신정변의 결과 청과 일본 간에 톈진 조약이 체결되어 양국 군대가 한반도에서 동시에 철수하고, 이후 조선 파병 시 상대국에게 미리 알릴 것을 합의하였다.

오답분석
① 을미개혁
② 을미의병
③ 동학 농민 운동
④ 광무개혁

13 ②

제시된 자료에서 '청으로 가서 전기, 화학 등 선진 기술을 배우게 하고', '미국과의 조약 체결에 관한 일을 이홍장과 협의'한 내용으로 보아 (가)는 영선사임을 알 수 있다. 또한 '미국 공사의 부임에 대한 답례와 양국의 친선을 위해 파견'의 내용을 통해 (나)는 보빙사임을 알 수 있다. 조선은 김윤식을 영선사로 파견하여 청의 무기제조술을 습득하게 하였고, 이를 바탕으로 기기창을 설립하였다.

오답분석
① 2차 수신사(김홍집)
③ 신숙주
④ 오경석
⑤ 조사시찰단

14 ②

동학 농민 운동은 군수 조병갑의 탐학에 저항한 고부 민란에서 시작되었다. 민란의 사후 처리를 위해 안핵사로 임명된 이용태가 동학교도를 탄압하자 농민군은 전봉준을 중심으로 1차 봉기하여 (다) 고부 백산을 점령하였다. 이후 동학군은 (라) 황토현 전투와 황룡촌 전투에서 승리한 후, (마) 전주성에 입성하였다. 이후 농민군은 관군과 전주화약을 맺고 전라도 53개 지역에 '집강소'라는 농민 자치 조직을 설치하였다. 이후 2차 봉기한 농민군은 (가) 공주 우금치 전투에서 패배하였다.
② 동학 농민 운동은 고부 군수 조병갑의 탐학 때문에 발생한 고부 민란에서 시작되었다.

15 ②

제시된 자료의 '만석보', '전주 화약' 등을 볼 때, (가)는 제1차 동학 농민 운동에 대한 내용임을 알 수 있다. ② 황토현 전투는 제1차 동학 농민 운동 당시 전라북도 고부 황토현에서 농민군이 관군을 맞아 크게 승리한 전투이다. 황토현에서의 승리로 사기가 고무된 농민군은 전주성까지 점령할 수 있었다.

오답분석
① 전봉준은 제2차 동학 농민 운동 당시 우금치 전투에서 조선과 일본의 연합군에 패배한 이후, 체포되어 서울로 압송되었다(1894. 12).
③ 일본에 반대하여 일어난 제2차 동학 농민 운동 당시, 우금치에서 동학 농민군이 크게 패함으로써 동학 농민 운동은 실패로 돌아갔다(1894. 11).
④ 남접과 북접이 연합한 것은 제2차 동학 농민 운동 당시의 일로, 이후 조선과 일본 연합군의 공격으로 우금치에서 패배하였다(1894. 10).
⑤ 일본은 조선에서의 우위를 점령하고자 경복궁을 점령하고 청·일 전쟁을 일으켰다(1894. 7). 이것이 계기가 되어 제2차 동학 농민 운동이 발발하였다.

16 ①
제시된 자료에서 '1880년 일본에 수신사로 파견', '갑오개혁을 주도'라는 내용을 통해 김홍집에 대한 내용임을 알 수 있다. 김홍집은 제2차 수신사로 파견된 후 돌아오면서 황준헌의 『조선책략』을 들여와 유포하였다.

오답분석
② 박정양
③ 임병찬
④ 양기탁
⑤ 유길준

17 ①
(가) 제1차 갑오개혁(1894) → (나) 을미개혁(1895) → (다) 대한국 국제(1899)

18 ②
제시된 자료에서 '러시아, 프랑스, 독일의 압력', '랴오둥반도를 반환'이라는 내용을 통해 삼국간섭(1895)에 대한 내용임을 알 수 있다. 삼국간섭 이후 민씨가 3차 내각(친러)을 수립하자, 일본은 러시아에게 뺏긴 세력을 만회하기 위해 을미사변을 도발하였고, 이후 3차 을미개혁이 추진되었다. 이때 '건양'이라는 독자적인 연호를 사용하였다.

오답분석
① 조·청 상민 수륙 무역 장정(1882)
③ 1차 갑오개혁(1894)
④ 군국기무처 설치(1894)
⑤ 거문도 사건(1885~1887)

19 ⑤
제시된 자료에서 '⊙ 건청궁에 조선 최초의 전등을 가설'한 시기는 1887년의 일이다. 최초의 철도인 경인선은 1899년에 개통되었다.

오답분석
① 1885년
② 1883~1884년
③ 1883년
④ 1883년

20 ④
제시된 자료에서 '만민 공동회를 탄압'이라는 내용을 통해 밑줄 그은 '협회'는 독립협회임을 알 수 있다. 독립협회는 헌의 6조를 결의하여 중추원 의회 설립 운동을 추진하였다.

오답분석
① 신민회
② 대한 자강회
③ 보안회
⑤ 국채 보상 기성회

21 ⑤
(다) 을미사변(1895) → (나) 단발령(1895) → (가) 아관파천(1896)

22 ⑤
(마) 고종은 환구단에서 황제 즉위식을 갖고, 대한 제국을 수립하였다.

오답분석
① (가) 아관파천과 관련이 있다.
② (나) 덕수궁 석조전
③ (다) 원각사
④ (라) 경복궁 건청궁

23 ②
대한 제국은 법규 교정소를 설치하여 지금의 헌법에 해당하는 대한국 국제를 제정하였다(1899). 대한국 국제는 만국 공법에 의거하며 대한 제국은 세계 만국이 공인한 자주독립국이며, 황제가 군 통수권, 입법권, 행정권, 사법권 등 모든 권한을 가진다고 규정하였다. 한편, 정부는 토지를 조사하는 양전 사업을 실시하고, 토지 소유자에게 토지 소유권을 보장하는 문서인 지계를 발급하였다.

오답분석
ㄴ. 1881년 군제 개혁을 통해 5군영을 무위영과 장어영으로 통합하고 별기군을 창설
ㄹ. 1880년대 중엽 평양의 대동 상회와 서울의 장통 상회를 비롯한 상회사들이 설립됨

24 ②
제시문은 러·일 전쟁 중 일본이 황무지 개간권을 요구하는 내용이다. 1904년에 조직된 보안회는 일본의 황무지 개간권 반대 투쟁을 전개하였다.

오답분석
① 신민회
③ 독립협회
④ 형평 운동
⑤ 상권 수호 운동

25 ②
제시된 삽화에서 '안창호', '양기탁', '대성 학교', '오산 학교' 등을 통해 밑줄 그은 '이 단체'가 신민회임을 알 수 있다. ② 신민회는 태극 서관과 자기 회사를 운영하였다.

오답분석
① 이륭양행에 교통국을 설치한 단체는 대한민국 임시 정부이다.
③ 일본의 황무지 개간권 요구를 저지한 단체는 보안회이다.
④ 중추원 개편을 통해 의회 설립을 추진한 단체는 독립협회이다.
⑤ 독립협회는 만민 공동회를 열어 민권 신장을 추구하였다.

26 ①
자료는 제시된 '한·일 의정서(1904)'는 러·일 전쟁 발발 직후 체결된 조약이다. 대한 제국이 내정 개혁을 위해 일본의 충고를 받아들이고, 군사 전략상 필요한 지점을 일본에게 제공한다는 내용을 담고 있는 이 조약의 체결로 일본은 한반도의 주요 거점에 주둔할 수 있었다.

오답분석
② 제2차 영·일 동맹(1905)
③ 가쓰라·태프트 밀약(1905)
④ 헤이그 특사(1907)
⑤ 스티븐스 외교 고문 파견(1904)

27 ③
제시된 자료에서 '강압적 분위기 속에서 조약 체결 진행', '고종의 윤허 없이 조인'이라는 내용을 통해 을사늑약(1905)에 대한 내용임을 알 수 있다. 을사늑약이 체결되면서 대한 제국의 외교권이 박탈되었고 통감부가 설치되었다.

오답분석
① 대한국 국제 반포(1899)
② 별기군 창설(1881)
④ 아관파천(1896)
⑤ 러·일 전쟁 발발(1904)

28 ①
제시된 자료는 을사늑약의 부당함을 알리기 위해 파견된 헤이그 특사(1907)의 활동에 대한 내용이다. 그러나 이를 구실로 고종이 강제로 퇴위당하게 되었다.

오답분석
② 거문도 사건(1885~1887)
③ 임오군란(1882)
④ 갑신정변(1884)
⑤ 가쓰라·태프트 밀약(1905)

29 ⑤
제시된 자료의 인물인 이준은 이상설, 이위종과 함께 헤이그 특사로 파견된 인물이다.

오답분석
① 임병찬
② 양기탁
③ 조만식·오윤선·김동원·김보애 등
④ 이상설

30 ④
제시된 자료에서 '한·일 신협약 체결'과 '군대 해산'에 반발하여 일어난 (가) 의병은 정미의병(1907)에 해당한다. 정미의병 당시 13도 창의군을 결성하여 서울 진공 작전(1908)을 전개하였다.

오답분석
① 북로 군정서, 대한 독립군
② 대한민국 임시 정부
③ 고종의 해산 권고 조칙에 따라 군대가 해산된 이후에 정미의병이 일어났다.
⑤ 독립 의군부

31 ②
제시된 자료에서 '뤼순', '동양 평화론'의 내용을 통해 학생들이 발표하고 있는 인물은 안중근임을 알 수 있다. 안중근은 중국 하얼빈 역에서 이토 히로부미를 사살하였다.

오답분석
① 나석주
③ 김구
④ 김원봉
⑤ 이재명

32 ⑤
제시된 자료는 아관 파천 이후 열강의 경제 침탈에 따른 경제적 구국 운동에 대한 내용이다.
ㄷ. 보안회는 일제의 황무지 개간권 요구에 대한 거부 운동을 전개하여 철회시켰다.
ㄹ. 국채 보상 기성회는 언론기관의 지원 속에 금주·금연 등 국채 보상 운동을 전개하였다.

오답분석
ㄱ. 임오군란 이후 객주들은 대동 상회, 장통 상회 등 상회사를 설립하여 상권 수호 운동을 전개하였다.
ㄴ. 독립 협회에 대한 내용이다.

33 ⑤
제시된 대화에서 '백동화를 제일 은행권으로 바꾸려고'의 내용을 통해 화폐 정리 사업(1905)에 대한 내용임을 알 수 있다. 제1차 한·일 협약(1904) 때 파견된 일본인 재정 고문 메가타는 화폐 정리 사업을 주도하였다.

오답분석
① 1941년
② 1907년
③ 1920~1934년
④ 1920년대

34 ④
제시된 자료에서 '일제로부터 도입한 차관을 갚기 위해', '대구'의 내용을 통해 밑줄 그은 '이 운동'은 국채 보상 운동임을 알 수 있다. 대구에서 시작된 국채 보상 운동은 대한매일신보 등 언론의 적극적인 지원을 받았다.

오답분석
① 상권 수호 운동
② 독립 협회
③ 조선 총독부가 아닌 통감부의 방해와 탄압으로 실패하였다.
⑤ 원산 총파업

35 ③
덕원부는 1880년 개항해 일본영사관이 설치되고 일본인이 살기 시작하였던 원산을 가리킨다. 덕원 주민들이 기금을 모금하고 덕원 부사 정현석이 지원하여 1883년 원산 학사를 설립하였다. 원산 학사에서는 외국어·산수·법률·국제법 등의 근대 학문과 한문·무예 등 전통 학문을 함께 가르쳤다.

오답분석
① 이화학당(1886)
② 한성 사범 학교(1895)
④ 교육입국 조서 반포(1895)
⑤ 육영 공원(1886)

36 ③
제시된 자료에서 '영국인 베델과 양기탁이 함께 창간'이라는 내용을 통해 검색창에 들어갈 신문은 대한매일신보에 대한 내용임을 알 수 있다. 대한매일신보는 국채 보상 운동을 적극적으로 지원하며 확산에 기여하였다.

오답분석
① 만세보
② 한성주보
④ 동아일보
⑤ 한성순보

37 ⑤
제시된 자료에서 (가) 원산학사 설립은 1883년, (나) 경인선 개통은 1899년의 일이다.
⑤ 대한매일신보 창간은 1904년의 일이다.

오답분석
① 전신선 가설은 1885년
② 이화 학당 설립은 1886년
③ 제중원 설립은 1885년
④ 한성 전기 회사 창립은 1898년의 일이다.

38 ⑤
다음 자료의 (가)는 독도이다. ⑤ 독도는 대한 제국이 칙령 제41호를 통해 관할 영토임을 명시하였다.

오답분석
① 제주도
② 진도
③ 강화도
④ 절영도

39 ⑤
1883년 원산에 민간에 의해 한국 최초의 근대적 교육기관인 원산학사가 세워졌다.

오답분석
① 우리나라 최초의 전차는 1899년 동대문과 흥화문 사이에 개통
② 광혜원은 한성 재동에 설치
③ 우리나라 최초의 철도인 경인선은 1899년 9월 18일에 개통
④ 박문국은 한성에 위치

40 ③
제시된 자료에서 '덕원부의 관민', '우리나라 최초의 근대 학교', '외국어 교육'의 내용을 통해 퀴즈의 정답은 1883년에 설립된 원산학사임을 알 수 있다.

PART

06

장유리
7일만에
80점 넘기기

일제 강점과 민족 운동의 전개

01. 일제의 식민지 지배

02. 국내외 민족 운동

03. 일제 강점기 사회 ~ 광복을 위한 노력

06 일제 강점과 민족 운동의 전개

01 일제의 식민지 지배

1. 일제 식민 통치의 구분

	1910년대 무단 통치	3·1 운동	1920년대 문화 통치 (민족 분열 통치)		만주 사변 중·일 전쟁	1930~40년대 민족 말살 통치
주요 정책	• 총독 : 현역 육·해군 대장 출신 임명 • 한국인 참여의 중추원 설립 : 총독부의 자문 기관(소집 X – 한국인 정치활동 배제) • 언론·출판·집회·결사 금지 • 전국 13도 12부 220군으로 개편 • **헌병 경찰 통치(즉결처분권)** • 범죄 즉결례(1910) • 경찰범 처벌 규칙(1912) • **조선 태형령**(1912) • 교원들이 제복입고 칼 소지  • 제1차 조선 교육령(1911) : 보통교육 **4년**, 고등 교육 X		**표면** / **실제** 문관 총독 임명 가능 / 실제로 임명된 적 없음 보통 경찰 제도로 전환 / • 경찰 인원 증가 • 고등 경찰제 운영 한국인도 참정권 허용, 지방 자치제 실시(도 평의회, 부·면 협의회) / • 자문 기구에 불과 • 독립 요구를 자치 운동으로 유도(친일파 육성) 조선일보, 동아일보 허가 / 사전 검열, 기사 제한 제2차 조선 교육령 (1922) / 보통 교육 **6년**, 조선어 필수 과목화, 대학 설립 허가(친일적 경성 제국 대학 설립) • 사회주의 사상의 유입 → 일본의 국가 체제나 사유 재산 제도를 부정 → **치안 유지법** 제정(1925, 사상 통제 뿐 아니라 모든 독립 운동 억압에 악용) • 1군 1경찰서, 1면 1주재소 확충			• 내선 일체, 일선 동조론 강조  • 일본식 성명 강요**(창씨 개명)** • **신사 참배** 강요 • 궁성 요배 • 국민 정신 총동원령(1938) • 관공서에서 조선어 사용 금지 • **황국 신민 서사** 암송 강요 • 조선일보·동아일보 폐간(1940) • 조선 사상범 보호관찰령(1936) • 조선 사상범 예방구금령(1941) • 조선어학회 사건(1942) • 제3차 조선 교육령(1938) : 조선어 수의 과목화, 심상소학교의 명칭을 **국민학교**로 개칭(1941) • 제4차 조선 교육령(1943) : 조선어 폐지, 학도지원병제

경제 침탈	• 토지 조사 사업(1910~1918) ① 목표 : 근대적 토지 소유권 제도 확립, 실제로는 지세 징수 및 토지 약탈 ② 원칙 : **기한부 신고주의**, 지주의 소유권만 인정(소작농의 경작권은 불인정) ③ 과정 : 미신고 토지 및 국·공유지 약탈, 동양 척식 주식회사를 통해 약탈 토지를 일본인에게 매각 ④ 결과 : 총독부의 지세 수입 증가, 식민지 지주제 강화, 대다수 농민들은 계약제 소작농으로 전락, 일본인 농업 이민 급증 • 회사령(1910) ① 목표 : 민족 자본 성장 억제 ② 원칙 : 회사 설립은 조선 총독의 허가제 • 기타 산업의 약탈 : 어업령(1911), 삼림령(1912), 광업령(1915), 임야조사령(1918) 등 제정 → 경제 활동 전반을 총독부 허가제로 통제 • 총독부 전매제 : 인삼, 소금	• 산미 증식 계획(1920~1934) ① 배경 : 일본의 공업화로 쌀 부족 심화 ② 과정 : 쌀 증산을 위한 수리 조합비 부담, 지목 변경(밭→논), 개간·간척, 농기구 구입 등 ③ 결과 : (증산량 〈 수탈량) 국내 쌀 부족, 만주 잡곡 수입 증가, 식민지 지주제 강화, 소작 쟁의 증가 ④ 중단 : 일본 내 쌀 값 하락 → 산미 증식 계획 중단 • 회사령 폐지(1920), 관세 철폐(1923) : 일본 기업의 진출 및 상품 수입 증가 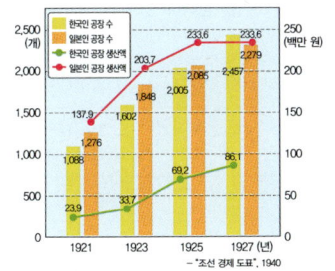 ▲ 한국인과 일본인의 공장수와 생산액	만주 사변(1931) ↓ 병참 기지화 정책 ① 중화학 공업 육성 : 북부 지방에 군수 물자 생산을 위한 비료 공장 및 발전소 집중 건설 ② 남면북양 정책 시행 : 일본 방직 자본 보호, 경제 공황의 위기 해결 ③ 농촌 진흥 운동 : 소작 쟁의 진압을 위해 농촌 진흥책 시도 중·일 전쟁(1937) ↓ 국가 총동원법(1938) ① 인적 수탈 : 지원병(1938), 징용제(1939), 학도 지원병(1943), 징병제(1944), 여자 정신 근로령(1944) ② 물적 수탈 : **공출**(금속 공출, 미곡 공출 – 군량미 보급을 위해 산미 증식 계획 재개), 식량 배급제 ③ 애국반 조직, 국방 헌금 강요, 국민복·몸뻬 착용	

역사 더하기 일제의 식민지 교육 정책

	1차 교육령(1911)	2차 교육령(1920년대)	3차 교육령(1938)	4차 교육령(1943)
초등 교육	• 소학교(6년) • 보통학교(4년)	• 소학교(6년) • 보통학교(6년)	• 심상소학교(소학교+보통학교) → (1941) 국민학교로 개칭	
중등 교육	–	–	• 고등보통학교 → 중학교	
대학 교육	• 인정되지 않음 (실업학교, 전문학교)	• 경성 제국 대학 (일본이 세움)	• 사립 중학교 설립 불허	
과정	• 수신일어, 기술	• 사범학교(多)	• 황국 신민 서사	• 학도 지원병
조선어, 조선사	• 이루어지지 않음	• 필수시행(시수↓)	• 수의과목	• 폐지
탄압	• 사립학교 규칙(1911) • 서당 규칙(1918)	• 야학 vs 3면 1교 주의		

사료 읽기 — 1910년대 무단 통치

조선 태형령 (1912~1920)	[제1조] 3월 이하의 징역 또는 구류에 처하여야 할 자는 그 정상에 따라 태형에 처할 수 있다. [제6조] 태형은 태로서 볼기를 치는 방법으로 집행한다. [제11조] 태형은 감옥 또는 즉결 관서에서 비밀리에 집행한다. [제13조] 본령은 조선인에 한하여 적용한다.
토지 조사령 (1912~1918)	[제4조] 토지 소유자는 조선 총독이 정하는 기간 안에 주소, 씨명, 명칭 및 소유지의 소재, 지목, 자번호(字番號), 사표(四標), 등급, 지적, 결수(結數)를 임시 토지 조사 국장에게 **신고해야 한다.** 단 국유지는 보관 관청이 임시 토지 조사 국장에게 통지해야 한다. [제5조] 토지 소유자나 임차인, 기타 관리인은 조선 총독이 정하는 기간 안에 토지의 사방 경계에 표식을 세우고 지목, 자번호 및 민유지에서는 소유자의 씨명, 명칭을, 국유지는 보관 관청명을 써야 한다. — 조선 총독부 관보 —
회사령 (1910~1920)	[제1조] 회사 설립은 조선 총독의 허가를 받아야 한다. [제2조] 조선 밖에서 설립한 회사가 조선에 본점이나 지점을 설립하고자 할 때는 조선 총독의 허가를 받아야 한다. [제5조] 회사가 본령이나 본령에 따라 발하는 명령과 허가 조건에 위반하거나 공공질서와 선량한 풍속에 반하는 행위를 할 때 조선 총독은 사업 정지, 지점 폐쇄, 회사 해산을 명한다.

1910년대 일제는 무단 통치를 실시하여 조선인을 적극적으로 통제하였다. **헌병 경찰 제도와 태형령** 등을 실시하고 **언론·출판·집회·결사의 자유를 박탈**하였다. 또한 일제는 **토지 조사 사업**으로 식민지 지주제가 강화되었으며, **회사령을 실시**하여 민족 자본의 성장을 저지하였다.

사료 읽기 — 1920년대 문화 통치

문화 통치	1. 핵심적인 친일 인물을 골라 그 인물로 하여금 귀족, 양반, 유생, 부호, 교육가, 종교가에 침투하여 계급과 사정을 참작하여 **각종 친일 단체를 조직하게 한다.** 2. 각종 종교 단체도 중앙 집권화해서 그 최고 지도자에 친일파를 앉히고 고문을 붙여 어용화시킨다. 3. 친일 민간인에게 편의와 원조를 주어 수재 교육의 이름 아래 많은 친일 지식인을 긴 안목으로 키운다. — 사이토 총독, '조선 민족 운동에 대한 대책' —
산미 증식 계획 (1920~1934)	일본에서 쌀 소비는 연간 약 6천 5백만 석이다. 일본 내 생산고는 약 5천 8백만 석을 넘지 못한다. 해마다 부족분을 다른 제국 판도 및 외국에 의지해야 한다. …… 더욱이 조선 입장에서 보더라도 일본과 마찬가지로 쌀 및 잡곡은 주민이 늘 먹는 곡식이다. 장래 인구 증가와 생산 향상 등과 함께 조선에서도 쌀 소비량이 점점 늘어날 것은 틀림없다. — 조선 총독부, '조선 산미 증식 계획 요강' — 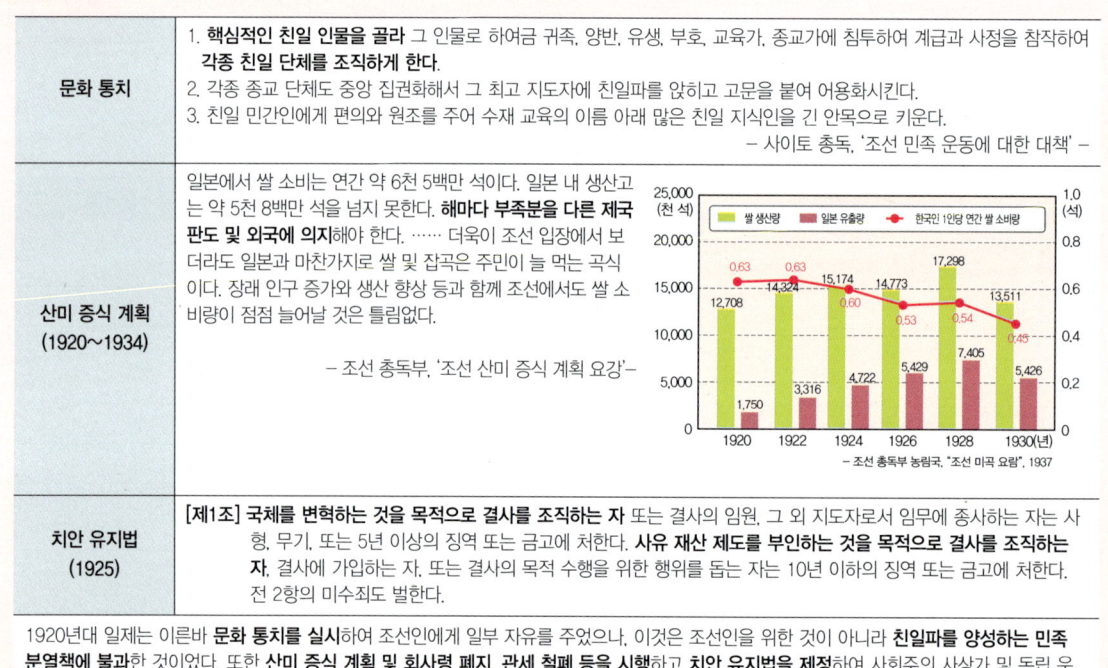
치안 유지법 (1925)	[제1조] **국체를 변혁하는 것을 목적으로 결사를 조직하는 자** 또는 결사의 임원, 그 외 지도자로서 임무에 종사하는 자는 사형, 무기, 또는 5년 이상의 징역 또는 금고에 처한다. **사유 재산 제도를 부인하는 것을 목적으로 결사를 조직하는 자**, 결사에 가입하는 자, 또는 결사의 목적 수행을 위한 행위를 돕는 자는 10년 이하의 징역 또는 금고에 처한다. 전 2항의 미수죄도 벌한다.

1920년대 일제는 이른바 **문화 통치**를 실시하여 조선인에게 일부 자유를 주었으나, 이것은 조선인을 위한 것이 아니라 **친일파를 양성하는 민족 분열책**에 불과한 것이었다. 또한 **산미 증식 계획** 및 회사령 폐지, 관세 철폐 등을 시행하고 **치안 유지법을 제정**하여 사회주의 사상가 및 독립 운동가를 탄압하기도 하였다.

사료읽기 1930년대 이후 민족 말살 통치

황국 신민 서사 (1937)	〈성인용〉 1. **우리들은 황국 신민**이다. 충성으로 군국에 보답한다. 2. 우리들 황국 신민은 서로 신애 협력하여 단결을 굳게 한다. 3. 우리들 황국 신민은 인고 단련 힘을 길러 황도를 선양한다.
창씨개명 (1940)	1. **창씨**하지 않은 사람의 자제에 대해서 각 급 학교에의 입학, 진학을 거부한다. 2. 창씨하지 않은 아동에 대해 일본인 교사는 이유 없이 질책, 구타하여 아동으로 하여금 부모에게 호소하게 하여 창씨시킨다. 5. 창씨하지 않은 사람은 우선적으로 노무 징용의 대상으로 삼을 것이며, 식량이나 기타 물자의 배급 대상에서 제외한다. 6. 창씨하지 않은 자의 이름이 쓰인 화물은 철도국과 운송점에서 취급하지 않는다.
국가 총동원령 (1938)	[제1조] **국가 총동원**이란 전시에 국방 목적을 달성하기 위해 국가의 전력(全力)을 가장 유효하게 발휘하도록 **인적 및 물적 자원을 운용**하는 것을 말한다. [제4조] 정부는 전시에 국가 총동원상 필요할 때는 칙령이 정하는 바에 따라 제국 신민을 징용하여 총동원 업무에 종사하게 할 수 있다. 단 병역법의 적용을 방해하지 않는다. [제8조] 정부는 전시에 국가 총동원상 필요할 때는 물자의 생산, 수리, 배급, 양도, 기타의 처분, 사용, 소비, 소지 및 이동에 관하여 필요한 명령을 내릴 수 있다. – 조선총독부, '조선 법령 13집' –

1931년 만주 사변 이후 일제는 병참 기지화 정책을 시행하였다. 또한 1937년 중·일 전쟁 이후부터는 일제는 **민족 말살 통치 정책**을 시행하면서 조선인에 대해 인적·물적 수탈을 강화하려 하였다. 이를 위해 **국가 총동원령을 시행하였고**, 또한 조선인들에게 **황국 신민 서사 암송, 창씨개명** 등을 강요했다. 전쟁이 본격화되자, 조선인들의 자원을 수탈하기 위해 **공출제, 징병·징용제 등을 시행**하기도 하였다.

2. 1919년 3·1 운동

배경	• 레닌의 식민지 민족 지원 선언(1917), 윌슨의 민족 자결주의(1918) • 국외 독립 선언			
	대한 독립 선언 (1918)	• 간도에서 39인의 애국지사 • 조소앙의 독립 선언문 • 대종교 중심	2·8 독립 선언 (1919.2.)	• 일본 도쿄 유학생 • 이광수의 독립 선언문 • 조선 청년 독립단
	• 국내 저항 의식 고조, 고종의 독살설과 인산일 예정(1919.3.3.)			
전개	1단계 종교인, 학생	• 민족 대표를 주축으로 태화관에서 독립 선언서 낭독 • 탑골 공원에 모인 학생들이 가두 시위 전개		• 거족적 독립 운동 • 독립 의지의 천명 • 민족의 저력 과시
	2단계 도시 확산	• 비폭력주의 • 학생(휴교), 상인(철시), 노동자(파업)		
	3단계 농촌 확산	• 헌병 경찰의 무자비한 진압 : 비폭력주의 → **무장 투쟁화**		
	국외로 확산	• 간도 용정, 연해주, 오사카, 미주 필라델피아에서도 만세 운동 확산		
	일제의 탄압으로 진압	• 만세 시위 군중에게 무차별 사격 • 제암리 학살 사건 • 유관순 옥중 순국		
결과	• 일제 통치 방식의 변화 : **무단 통치 → 문화 통치** • 대한민국 임시 정부 수립 : 상하이로 통합, 민주 공화제 정부 • 세계 약소 민족 운동 자극 : 중국의 5·4 운동, 인도의 비폭력·불복종 운동 등 • 사회주의 운동 등장			

175

3. 대한민국 임시 정부

성립		• 3·1 운동 이후 체계적인 독립 운동의 지휘를 위해 임시 정부 통합 노력 • 상하이의 외교 독립론과 연해주의 무장 투쟁론의 대립 → 서울 한성 정부의 법통을 계승하여 상하이로 통합 결정 • 임시 의정원(입법), 국무원(행정), 법원(사법)의 3권 분립에 입각한 민주공화정 체제(대통령 이승만) 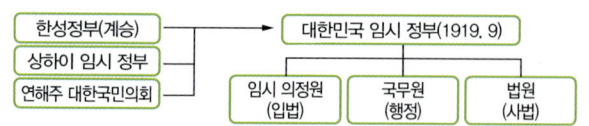

활동		
	국내와의 연결	**연통제**(비밀 행정 조직), **교통국**(통신망), 이륭 양행·백산 상회(독립운동 자금 조달)
	외교 활동	**김규식**(파리 강화 회의), 이승만(구미 위원부), 조소앙(제네바 회의) 등
	군사 활동	군무부 직할대(광복군 사령부), 참의부 운영
	언론·출판	독립신문 발행, 한·일 관계 사료집 편찬

위기	• 연통제, 교통국 파괴로 인해 자금난, 인력난 발생 • 외교적 성과× → 독립운동 노선 갈등 심화 → 개조파(외교 독립론, 상하이 유지파, 안창호) / 창조파(무장 투쟁론, 연해주 이동파, 신채호) • 이승만의 국제 연맹 위임 통치 청원서 사건 → 이승만 불신임 및 창조파가 국민대표회의 요구 • 1923년 국민대표회의 소집 → 결렬되면서 창조파 이탈	미국 대통령 각하 …… 다음과 같이 공식 청원서를 제출합니다. …… 우리는 2천만의 이름으로 각하에게 청원합니다. 각하도 평화회의에서 우리의 자유를 강력하게 주장하여 참석한 열강들과 함께 먼저 한국을 일본의 학정으로부터 벗어나게 하여 주십시오. 장래 완전한 독립을 보증하고 당분간은 한국을 국제 연맹 통치 밑에 두게 할 것을 바랍니다. – 「독립운동사자료집」 – ▲ 이승만의 위임 통치 청원서

재정비	상하이 임시 정부의 혼란	(1932~40) 일본의 상하이 점령 → 임시 정부 중국 내부 이동	(1940) 충칭 임시 정부 수립

	• 이승만 탄핵, 박은식 2대 대통령 선출, 국무령 중심의 내각책임제로 2차 개헌(1925)
	• 국무위원 집단 지도 체제로 3차 개헌(1927)
	• 김구의 한인 애국단 결성(1931)
	  – (1932. 1.) 이봉창 의거
	  – (1932. 4.) 윤봉길 의거
		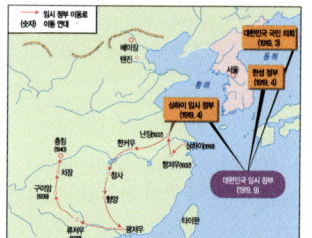	• 한국 독립당 조직
			• 한국 광복군 조직 → 2차 대전 항일 전선에 적극 참여
			• 주석(김구) 중심의 단일 지도 체제로 4차 개헌(1940)
			• 주석(김구), 부주석(김규식) 체제로 5차 개헌(1944)

역사 더하기 — 대한민국 임시 정부 지도 체제의 변천

개헌	정부 형태	수반	위치
1차	대통령 중심제(1919.9.)	이승만	상하이
2차	국무령 중심 내각책임제(1925)	김구	
3차	국무위원 집단 지도 체제(1927)	국무위원	이동 시기(1932~1940)
4차	주석 중심제(1940)	김구	충칭
5차	주석·부주석 체제(1944)	김구, 김규식	

02 국내외 민족 운동

1. 1910년대 무단 통치기

		독립 의군부(1912)	대한 광복회(1915)
국내	비밀 결사	• 호남의병장 임병찬이 고종의 밀명을 받아 조직 • **복벽주의**(고종의 복위 추진) • 국권 반환 요구서 제출 ◀ 독립운동가 임병찬	• 박상진 주도의 군대식 조직 • **공화주의** • 친일파 처단, 군자금 모집 → 독립군 기지 건설 추진 1. **부호의 의연금 및 일본인이 불법 징수하는 세금을 압수**하여 무장을 준비한다. 2. 남북 **만주에 군관 학교를 세워** 독립 전사를 양성한다. -대한 광복회 강령-

▲ 만주와 연해주의 독립 운동 단체

	한인 집단 거주	정치 단체	군부대	학교
서간도	삼원보	경학사 → 부민단 → 한족회	서로 군정서	**신흥 무관 학교**
북간도	용정촌, 명동촌	간민회	북로 군정서	**서전서숙, 명동학교**
연해주	신한촌	성명회 → 권업회 → **대한 광복군 정부**(1914)	13도 의군	한민학교
중국	상하이	동제사, 신한 청년당(1918)		
미주	샌프란시스코, 하와이	대한인 국민회(SF, 1910), 대조선 국민 군단(박용만이 조직, 1914, 하와이)		

(국외 / 독립 운동 기지 건설)

- 단군 정신으로 간도 무장 투쟁을 전개한 대종교 나철
- 최초로 국외 임시 정부를 수립한 헤이그특사 이상설
- 자산으로 삼원보를 건설한 신민회 이회영

사료 읽기 대동단결의 선언(1917)

융희 황제(순종)가 삼보(영토·인민·주권)를 포기한 경술년(1910) 8월 29일은 즉 우리 동지가 이를 계승한 8월 29일이니, 그동안에 한순간도 숨을 멈춘 적이 없음이라. 우리 동지는 완전한 상속자니 저 황제권 소멸의 때가 즉 민권 발생의 때요, 구한국의 마지막 날은 즉 신한국 최초의 날이니, 무슨 까닭인가. 우리 대한은 역사 이래로 한인(韓人)의 한(韓)이오 비(非)한인의 한이 아니니라. …… 고로 경술년 융희 황제의 주권 포기는 즉 우리 국민 동지에 대한 묵시적 선위니, 우리 동지는 당연히 삼보를 계승하여 통치할 특권이 있고 또 대통을 상속할 의무가 있도다.

해석 TIP
- 대동단결의 선언은 1917년 중국 상하이에서 신채호, 조소앙, 신규식, 박은식 등 14인의 명의로 발표된 선언이다. 이 선언은 나라의 주권은 민족 내부에서만 주고받는다는 민족사의 불문율에 근거하여, 이민족에게 주권 양여를 규정한 '한국 병합 조약'이 무효임을 천명하였다. 또한 순종이 주권을 포기함으로써 한국의 주권은 이민족인 일제가 아니라 2천만 동포에게 귀속되었다고 규정하였다.
- 다만 일제의 불법적 국권 강탈로 국내 동포는 주권 행사가 어려운 상황에 있으므로, 해외 독립운동가가 주권 행사의 권한을 위임받아 임시 정부를 만들어야 할 권리와 책임이 있다고 주장하였다. 이는 대한민국 임시 정부 수립의 당위성을 밝히는 동시에 대한 제국의 영토·인민·주권을 계승한 새로운 민주주의 국가 건설의 신호탄을 쏘아 올린 점에서 큰 의미가 있다.

출제 POINT 연해주·미주 단체 구분

위치	연해주		미주	
명칭	대한 광복군 정부	대한 국민 의회	대한인 국민회	대조선 국민 군단
시기	1914	1919	1910	1914
특징	• 권업회 개편 • 정통령 이상설 • 최초의 국외 임시 정부	• 전로 한족회 중앙 총회가 개편 (3·1 운동 중) • 대통령 손병희	• 안창호, 이승만 주도 • 미국 교민 사회 단합	• 하와이에서 박용만 주도 • 무장 투쟁 준비

2. 1920년대 문화 통치기 - 다양한 국내 운동

3·1 운동 이후 국내 통치 방식의 변화	• 일제가 문화통치를 표방하면서 일부 언론·출판·집회·결사가 허용 → 민족 운동의 증가 • 일제의 회유책 → 민족주의 내부의 분열 ┬ 타협적 민족주의 (자치론, 참정론 등 식민 지배 인정) 　　　　　　　　　　　　　　　　　　└ 비타협적 민족주의 (완전한 독립 주장) • 3·1 운동 이후 사회주의의 유입 → 소작·노동 쟁의 등 계급 투쟁 증가

민족주의 계열

물산 장려 운동
- 배경 : 회사령 폐지, 관세 철폐 예고
- 목적 : 국산품 애용을 통한 민족 산업 육성
- 주도 : 평양, 조만식, 조선 물산 장려회, 자작회·토산애용부인회 등 참여
- 구호 : '내 살림 내 것으로', '조선 사람 조선 것', '우리가 만든 것 우리가 쓰자'
- 실패 : 일제의 방해, 사회주의자들의 비판

> 내 살림 내 것으로!
> 보아라! 우리의 먹고 입고 쓰는 것이 다 우리의 손으로 만든 것이 아니었다. 이것이 세상에 제일 무섭고 위태한 일인 줄을 오늘에야 우리는 깨달았다. 피가 있고 눈물이 있는 형제 자매야, 우리가 서로 붙잡고 서로 의지하여 살고서 볼 일이다.
> 입어라! 조선 사람이 짠 것을
> 먹어라! 조선 사람이 만든 것을
> 써라! 조선 사람이 지은 것을
> **조선 사람, 조선 것**
> 　　　　　　　　　　-조선 물산 장려회 궐기문-

▲ 경성방직주식회사 광고

cf) 국채 보상 운동 VS 물산 장려 운동

국채 보상 운동	물산 장려 운동
1907	1923
외채 상환 운동	국산품 애용 운동
대구에서 서상돈	**평양**에서 조만식
언론기관의 지원 속에 금주, 금연 운동	조선 사람 조선 것으로, 우리가 만든 것, 우리가 쓰자.
상민층과 부호 참여 저조	사회주의자들의 비판
조선 **통감부** 탄압	조선 **총독부** 탄압

민립 대학 설립 운동
- 배경 : 제2차 조선 교육령에서 대학 설립의 기회 허용, 민족 대학의 필요성
- 주도 : 조선 교육회(이상재 등)를 중심으로 민립 대학 설립 기성회 결성
- 구호 : '한 민족 1천만이 한 사람 1원씩'
- 실패 : 자연재해로 인해 모금 부진, 일제의 경성 제국 대학 설립(1924)

사회주의 계열

소작 쟁의
- 배경 : 토지 조사 사업, 산미 증식 계획 → 식민지 지주제 강화, 소작농의 몰락
- 대표 쟁의 : 친일 지주 문재철의 횡포 → **암태도 소작 쟁의**(1923)

노동 쟁의
- 배경 : 식민지 공업화 정책 → 저임금·장시간의 노동, 차별적 노동 환경
- 대표 쟁의 : 원산 라이징선 석유 회사의 조선인 노동자 차별 → **원산 총파업**(1929)

▲ 소작 쟁의　　▲ 노동 쟁의

여성 운동
- **근우회**(1927) : 민족주의 계열과 사회주의 계열 여성 단체 통합, 신간회의 자매 단체 → 신간회 해소와 더불어 해체됨

◀ 잡지 '근우'

형평 운동
- **조선 형평사**(1923, 진주) : 백정의 사회적 차별 폐지 운동

◀ 형평 운동 포스터

소년 운동
- **천도교 소년회**(1921, **방정환** 주도) : 어린이날 제정, 잡지 『어린이』 발행

◀ 어린이날 표어

출제 POINT 이념 간 민족 운동의 비교

		민족주의	사회주의
목표		민족 해방, 민족의 독립	민족 해방, 계급 해방 일본 제국주의 타도 → 지주, 자본가 계급 타도
방향	1920년대	실력 양성 운동 ─ 물산 장려 운동 └ 민립 대학 설립 운동	대중 운동(청년·학생 운동, 농민·노동 운동)
	1930년대	농촌 계몽 운동 ─ 조선일보의 문자 보급 운동 └ 동아일보의 브나로드 운동	소작 쟁의, 노동 쟁의
주체		지식인, 지주, 자본가	지식인, 농민, 노동자

출제 POINT 이념 간 민족 운동의 비교

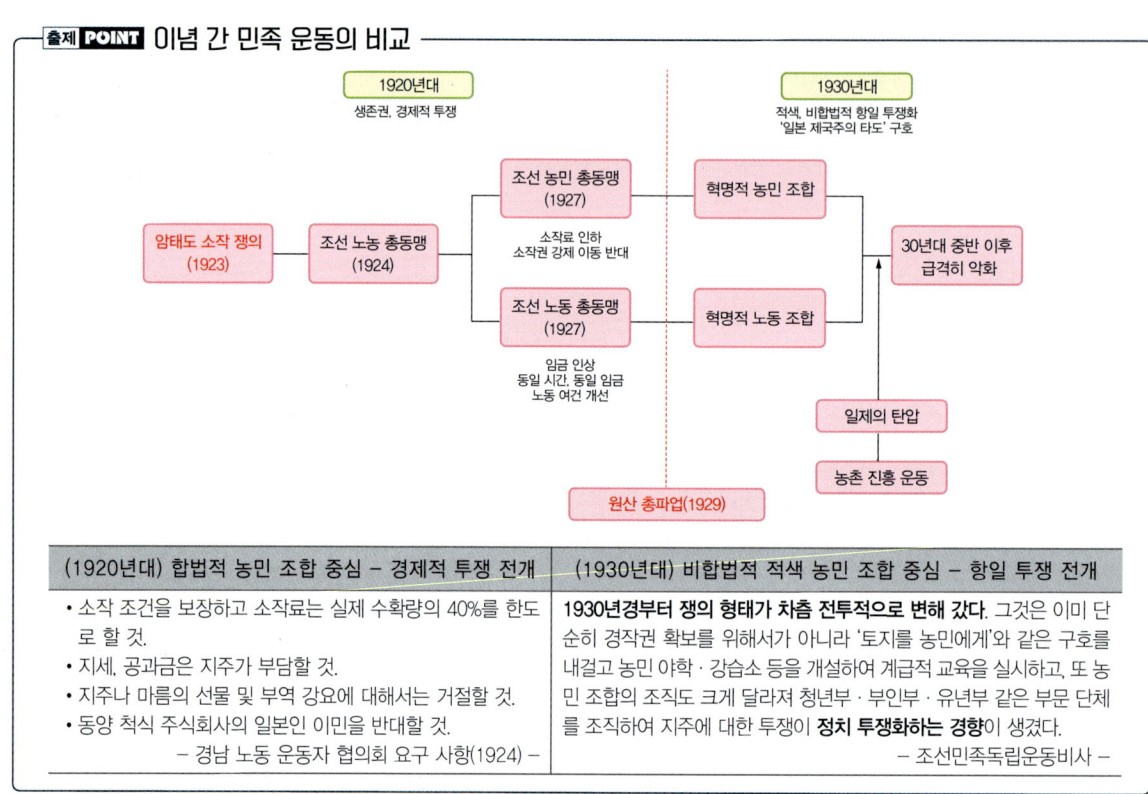

(1920년대) 합법적 농민 조합 중심 - 경제적 투쟁 전개	(1930년대) 비합법적 적색 농민 조합 중심 - 항일 투쟁 전개
• 소작 조건을 보장하고 소작료는 실제 수확량의 40%를 한도로 할 것. • 지세, 공과금은 지주가 부담할 것. • 지주나 마름의 선물 및 부역 강요에 대해서는 거절할 것. • 동양 척식 주식회사의 일본인 이민을 반대할 것. — 경남 노동 운동자 협의회 요구 사항(1924) —	1930년경부터 쟁의 형태가 차츰 전투적으로 변해 갔다. 그것은 이미 단순히 경작권 확보를 위해서가 아니라 '토지를 농민에게'와 같은 구호를 내걸고 농민 야학, 강습소 등을 개설하여 계급적 교육을 실시하고, 또 농민 조합의 조직도 크게 달라져 청년부·부인부·유년부 같은 부문 단체를 조직하여 지주에 대한 투쟁을 **정치 투쟁화하는 경향**이 생겼다. — 조선민족독립운동비사 —

사료읽기 1920년대 여성·형평 운동

여성 운동	형평 운동
1. **여성에 대한 사회적·법률적 일체 차별 철폐** 2. 일체 봉건적 인습과 미신 타파 3. 조혼 폐지 및 결혼의 자유 4. 인신매매 및 공창(公娼) 폐지 5. 농민 부인의 경제적 이익 옹호 6. 부인 노동의 임금 차별 철폐 및 산전 산후 임금 지불 7. 부인 및 소년공의 위험 노동 및 야업 폐지 — 근우회 행동 강령 —	공평은 사회의 근본이고 애정은 인류의 본령이다. 그러한 까닭으로 우리는 **계급을 타파하고 모욕적 칭호를 폐지하여, 우리도 참다운 인간이 되는 것을 기하자는 것**이 우리의 주장이다. 지금까지 조선의 백정은 어떠한 지위와 압박을 받아 왔는가? 과거를 회상하면 종일 통곡하고도 피눈물을 금할 수 없다. …… 직업의 구별이 있다고 한다면, 금수의 생명을 빼앗는 자는 우리만이 아니다. — 조선 형평사 취지문 —

3. 1920년대 문화 통치기 - 학생 운동과 신간회

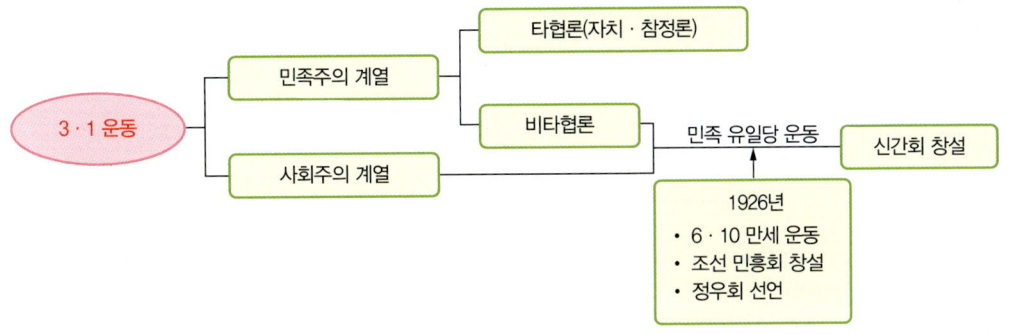

민족주의 내 자치론 등장	지금의 조선 민족에게는 왜 정치적 생활이 없는가? … 일본이 조선을 병합한 이래로 조선인에게는 모든 정치 활동을 금지한 것이 첫째 원인이다. … 지금까지 해 온 정치적 운동은 모두 일본을 적대시하는 운동뿐이었다. 이런 종류의 정치 운동은 해외에서나 할 수 있는 일이고, 조선 내에서는 **총독부가 허용하는 범위 내에서 일대 정치적 결사를 조직해야 한다는 것**이 우리의 주장이다. – 이광수, '민족적 경륜' 동아일보(1924) –	➡ 비타협적 민족주의자들의 반발

6·10 만세 운동 (1926)	• 배경: 일제의 수탈과 식민지 교육 정책에 대한 반발 → 순종의 인산일을 기해 만세 시위 계획 • 전개: 천도교·사회주의 계열의 계획은 사전에 발각, 학생 시위 중심(조선 학생 과학 연구회 등) • 의의: 학생들이 독립 운동의 주체로 부상, 민족주의와 사회주의 계열의 연대가 모색	➡ 민족 유일당 운동 등장

정우회 선언	… 우리가 승리를 향해 구체적으로 전진하기 위해서는 현실적으로 가능한 모든 조건을 충분히 이용하지 않으면 아니 될 것이다. 따라서 **민족주의적 세력에 대해서는** 그 부르주아 민주주의적 성질을 분명히 인식함과 동시에 …… 그것이 타락한 형태로 나타나지 않는 것에 한해서는 **적극적으로 제휴하여, 대중의 개량적 이익을 위해서도 종래의 소극적 태도를 버리고** 분연히 싸워야 할 것이다.	➡ 사회주의 단체 '정우회' 자진 해산

신간회 창립(1927)
• 결성: (민족주의 계열) 조선민흥회 + (사회주의 계열) 정우회 = 신간회 창립(최대 규모의 합법적 민족 협동 단체) • 강령: 민족 대단결, 정치적·경제적 각성 촉구, **기회주의자(=자치론, 준비론) 배격** • 활동: 강연을 통한 계몽 운동, 노동(원산 총파업 지원)·농민·청년·여성·형평 운동과 연계, 광주 학생 항일 운동 지원

광주 학생 항일 운동 (1929)	• 배경: 식민지 차별 교육과 학생 운동의 역량 강화 → 학생 비밀 결사 '성진회' 등 활동, 동맹 휴학 운동 • 전개: 열차 안에서 벌어진 성희롱 사건 및 한·일 학생 간 무력 충돌 → 1929년 11월 3일 광주 지역 학생 총궐기 → 신간회의 후원(진상조사단 파견) • 의의: 3·1 운동 이후 최대 규모, 학생의 날 제정	➡ 신간회가 전국적 민중 대회로 확대 시도

신간회 해소(1931)
• 배경: 2차 국·공 합작의 실패로 인해 코민테른이 민족 협동 전선에 부정적 입장으로 변화 → 사회주의자들의 이탈   민중 대회 사건으로 인해 신간회 집행부 구속 → 일제에 의해 타협론자들이 새 집행부로 추대 • 해소: 지방 지회를 중심으로 신간회 해소론 대두 → 전체 회의를 통해 해소 결정(1931)

출제 POINT 3·1 운동, 6·10 만세 운동, 광주 학생 항일 운동의 비교

	3·1 운동(1919)	6·10 만세 운동(1926)	광주 학생 항일 운동(1929)
배경	• 고종의 인산일 • 윌슨의 민족 자결주의 • 도쿄 유학생들의 2·8 독립선언	• 순종의 인산일 • 사회주의의 확산 (조선 학생 과학 연구회)	• 한·일 학생 간 무력 충돌 • 학생 운동의 역량 강화
계획	민족대표 33인	천도교 + 조선 공산당 + 학생	독서회, 성진회 등 학생 결사
주도		학생	
확산	전국적 확산	전국화 실패	전국적 확산

격문	오등은 이에 아 조선의 독립국임과 조선인의 자주임을 선언하노라······
	  - 최남선의 기미독립선언문
	
	• 금일 오인의 이 거사는 정의·인도·생존·존영을 위하는 민족적 요구이니, 오직 자유적 정신을 발휘할 것이요.
	• 일체의 행동은 가장 질서를 존중하여 오인의 주장과 태도로 하여금 어디까지든지 광명정대하게 하라.
	  - 한용운의 공약 3장
		조선은 조선인의 조선이다!
		학교 용어는 조선어로!
		학교장은 조선인이어야 한다!
		일본인 물품을 배척하라!
		8시간 노동제를 실시하라!
		동양척식주식회사를 철폐하라!
		소작권을 이동하지 못한다!
		일본인 지주에게 소작료를 바치지 말자!
			• 검거된 학생들을 즉시 우리 손으로 탈환하자.
			• 경찰의 교내 침입을 절대 반대한다.
			• 언론·출판·집회·결사·시위의 자유를 획득하자.
			• 조선인 본위의 교육 제도를 확립하라.
			• 식민지적 노예 교육 제도를 철폐하라.

결과	• 만주 지역의 무장 투쟁 활성화
	• 문화 통치의 계기
	• 임시 정부 수립의 계기
	• 중국의 5·4 운동에 영향
		• 민족 유일당 운동 대두
		  → 신간회 결성의 계기
		• 학생들이 독립 운동의 주력으로 성장하는 계기
			• 3·1 운동 이후 최대의 민족 운동
			• 전국 민중 대회 개최 시도
			  → 신간회 해소의 계기
			• 학생의 날(11월 3일)의 기원

출제 POINT 신민회 VS 신간회

단체	신민회	신간회
설립 시기	1907	1927
주도 인물	안창호, 이승훈, 양기탁, 이회영 등	이상재, 홍명희 등
성격	(통감부 시절) 비밀 결사 조직	(문화 통치 시절) 전국적 지부를 갖춘 합법 조직
목표	애국 계몽 운동	기회주의 배격, 민족 협동 전선
활동	• 남만주에 독립운동 기지(삼원보) 건설 • 태극 서관, 자기 회사 설립 • 대성 학교(평양), 오산 학교(정주) 설립 • 대한매일신보 운영	• 여성단체 '근우회' 운영 • 원산 총파업 지원 • 광주 학생 항일 운동 지원 • 전국 민중 대회 개최 시도
해체	1911년, 105인 사건으로 해체	1931년, 신간회 자진 해소

4. 국외 민족 독립 운동 (1)

출제 POINT 만주의 무장 투쟁

- **봉오동 전투 (1920. 6.)** : 홍범도의 대한 독립군 주도로 독립군 첫 승
- **청산리 대첩 (1920. 10.)** : 일제가 훈춘 사건을 조작하여 출동 → 김좌진의 북로 군정서가 이끄는 연합 부대의 대승(어랑촌 전투)
- **간도 참변 (1920년 말)** : 봉오동, 청산리 대첩의 패배로 인한 보복 → 간도의 양민 학살
- **대한 독립군단 (1920년 말)** : 독립군 부대가 밀산부로 집결하여 대한 독립군단 조직 → 자유시로 이동하여 러시아 내전에 참여
- **자유시 참변 (1921)** : 러시아 적색군의 배신으로 대한 독립군단의 피해
- **3부 성립 (1923~25)**
  - 참의부 : 압록강 연안(상하이 임시 정부의 직할 부대)
  - 정의부 : 남만주
  - 신민부 : 북만주
- **미쓰야 협정 (1925)** : 만주 군벌과 일제가 체결한 조선 독립운동가 체포 협정 → 독립 운동 위축
- **3부 통합 운동 (1928)**
  - 북만주 : 혁신 의회 ─ 한국 독립당 조직
    - 한국 독립군(지청천) 조직 + 중국 호로군=쌍성보, 대전자령 전투
  - 남만주 : 국민부 ─ 조선 혁명당 조직
    - 조선 혁명군(양세봉) 조직 + 중국 의용군=영릉가, 흥경성 전투

만주 사변 이후 한·중 연합 작전
(1931) (1932~33)

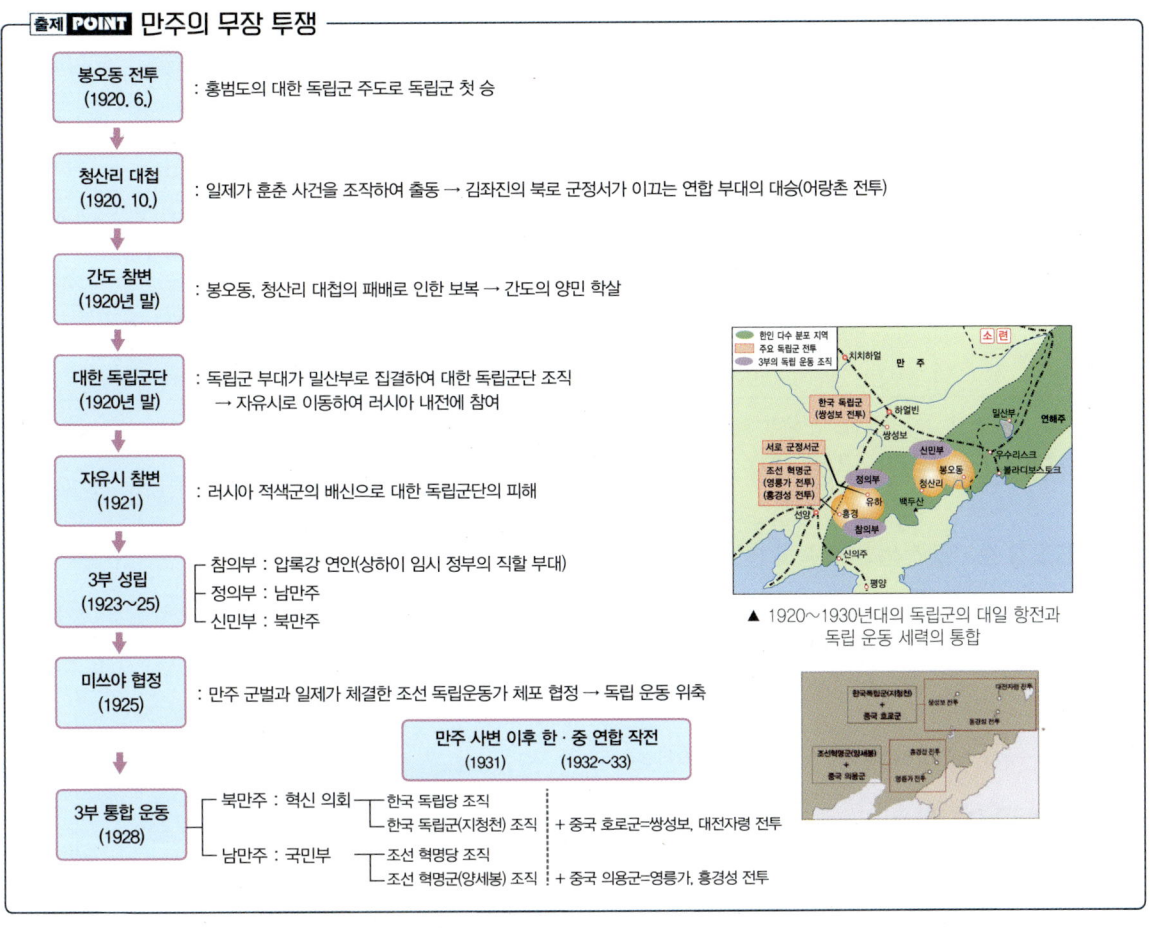

▲ 1920~1930년대의 독립군의 대일 항전과 독립 운동 세력의 통합

봉오동 전투 (1920.6.)	독립군 일부, 두만강을 건너 일본군 기습 → 일본군 부대가 봉오동 지역에 파견 → 홍범도의 대한 독립군 + 최진동의 군무도독부 + 안무의 국민회군의 연합 전투
청산리 대첩 (1920.10.)	일본군이 훈춘 사건을 조작(일제에게 매수된 만주 마적단이 일본 영사관을 습격한 것처럼 위장) → 만주에 병력 투입 → 김좌진의 북로 군정서 + 홍범도의 대한 독립군 등의 연합 부대 → 6일 간 10여 차례 전투(어랑촌 전투) 끝에 일본군 격파

▲ 봉오동·청산리 전투

간도 참변 (1920.10.)	일제의 보복 → 북간도 한인촌 초토화	대한 독립군단 결성 (1920.12.)	독립군 연합 부대가 대한 독립군단 조직

자유시 참변 (1921)	대한 독립군단이 독립군 활동 지원을 약속받고, 러시아 적색군의 일원이 되어 소련령 자유시로 이동 → 독립군의 지휘권을 둘러싼 내분과 적색군의 배신으로 자유시 참변 발생

▲ 자유시 참변

3부 성립		미쓰야 협정	3부 통합의 움직임	3부 통합
참의부 정의부 신민부	군정 조직이자 민정기관	조선 총독부 경무국장 미쓰야와 만주 군벌 장쭤린 간에 독립군 체포·인도 합의	• 중국의 제1차 국·공 합작의 성공 • 미쓰야 협정 체결로 만주 독립 운동 위축 • 국내의 민족 유일당 운동의 결과로 신간회의 창립	참의부 정의부 신민부 남만주 　 북만주 국민부 　 혁신 의회 조선 혁명당 　 한국 독립당 조선 혁명군 　 한국 독립군

만주 사변 이후 한·중 연합 작전 (1932~33)	북	• **한국 독립군(지청천) + 중국 호로군** • 쌍성보, 대전자령, 사도하자 전투	1934년 이후, 일본의 공세 강화 및 한국과 중국군의 의견 대립, 임시 정부의 요청으로 중국 관내로 병력 이동
	남	• **조선 혁명군(양세봉) + 중국 의용군** • 영릉가, 흥경성 전투	
만주 지역의 항일 유격 투쟁		• 재만 한인 사회주의자들의 무장 유격대 활동 증가 → 동북 인민 혁명군 개편(1933) → 동북 항일 연군으로 개편, 조국광복회 조직(1936) • 보천보 전투(1937) : 조국광복회 김일성 부대가 함경도 보천보 기습	

5. 국외 민족 독립 운동 (2)

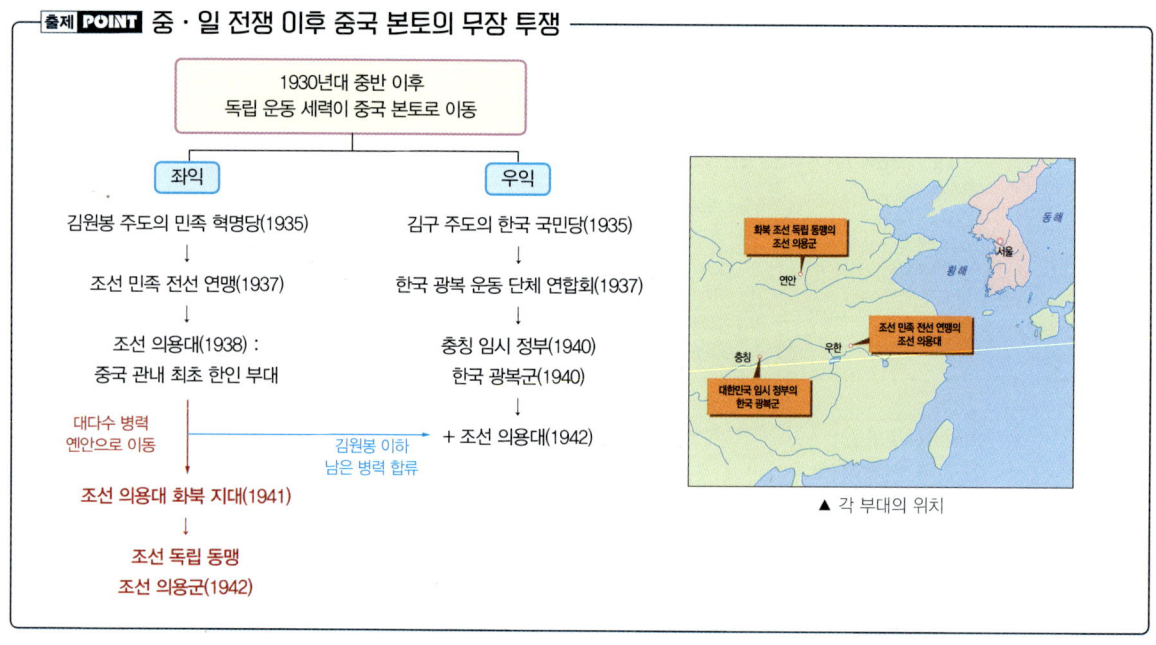

▲ 각 부대의 위치

조선 의용대(1938)	과정	• 김원봉의 의열단 + 조소앙·지청천 등의 협동 전선 = 민족 혁명당 결성(1935) • 의열단의 주도에 반발한 조소앙과 지청천의 이탈(→ 김구와 연합) • 조선 민족 전선 연맹(1937), 조선 의용대(1938) 창설
	활동	중국 국민당의 수행하는 항일전에 후방 부대로 참여
	의의	• **중국 관내 최초의 한국인 무장 부대** • 조선 의용군과 한국 광복군으로 세력 분화
조선 의용군(1942)	과정	• 중국 국민당 정부의 소극적 항일 태도에 반발한 다수의 병력이 화북으로 이탈하여 조선 의용대 화북 지대 결성(1941) → 중국 공산당 군대와 함께 호가장 전투, 반소탕전 수행 • 김두봉이 결성한 조선 독립 동맹의 산하 부대로 개편(1942)
	의의	광복 이후 북한 정권 수립에 참여

한국 광복군(1940)	과정	• 김구 + 조소앙 + 지청천 = 임시 정부가 충칭에 정착(1940) • 정규군으로 한국 광복군 창설(총사령관 지청천, 참모장 이범석)
	활동	• 태평양 전쟁 발발 이후, 대일 선전 포고문 발표(1941) • 김원봉의 조선 의용대 합류(1942) • 영국군과 함께 인도와 미얀마 전선에서 대일전 수행(1943) • 미국 전략 정보처(OSS) 지원으로 **국내 진공 작전 계획**(1945.9.) → 광복으로 실행 X
	의의	2차 대전에 참전하여 독립에 대한 의지를 국제 사회에 알림

사료 읽기 — 임시 정부의 정규군 '한국 광복군'

한국 광복군 선언문(1940. 9.)	국내 진공 작전 (1945. 9월 예정)
대한민국 임시 정부는 대한민국 원년(1919)에 정부가 공포한 군사 조직법에 의거하여 …… 광복군을 조직하고 …… **공동의 적인 일본 제국주의자들을 타도하기 위해 연합군의 일원으로 항전을 계속한다.** …… 이때 우리는 큰 희망을 갖고 우리 조국의 독립을 위해 우리의 전투력을 강화할 시기가 왔다고 확신한다. …… 우리는 **한·중 연합 전선에서 우리 스스로의 부단한 투쟁을 감행하여 동아시아를 비롯한 아시아 민중의 자유와 평등을 쟁취**할 것을 약속하는 바이다.	왜적이 항복한다 하였다. 아! **왜적이 항복! 이것은 내게 기쁜 소식이라기보다는 하늘이 무너지는 듯한 일이었다. 천신만고 끝에 수년 동안 애를 써서 참전할 준비를 한 것도 다 허사**이다. 시안과 푸양에서 훈련을 받은 우리 청년들에게 여러 가지 비밀 무기를 주어 산둥에서 미국 잠수함에 태워 본국으로 들여보내어 국내의 중요한 곳을 파괴하거나 점령한 뒤에, 미국 비행기로 무기를 운반할 계획까지도 미국 육군성과 다 약속이 되었던 것을 한 번 해보지도 못하고 왜적이 항복했으니 …….

사료 읽기 — 한국 광복군 행동 준승 9개항

1. 한국 광복군은 우리 중국의 항일 작전 기간에 본 회(중국 군사 위원회)에 직할 예속하여 참모 총장이 장악 운영함.
2. 한국 광복군은 …… 그의 한국 독립당 임시 정부와 관계는 중국의 군령을 받는 기간에는 오직 고유한 명의 관계를 보류함.
3. 본회에서 한국 광복군을 원조하여 한국 내지나 한국 변경에 접근한 지역을 향하여 활동하게 하여서 중국의 항전 공작과 배합시킴을 원칙으로 하되 …… 우리 중국 전구 제1선 부근에서 군사 훈련하는 것을 준허하되, 우리 군 사령관의 절제를 받아야 함.
7. 한국 광복군의 지휘, 명령이나 혹은 관황과 군계를 청원하는 등의 일은 본회에서 지정한 판공청 군 사처에서 책임지고 접수함.

— 국사 편찬 위원회, 「한국 독립 운동사 자료」 —

해석 TIP

- 중국의 지원으로 한국 광복군을 창설한 대한민국 임시 정부는 중국 군사 위원회가 제시한 '한국 광복군 행동 준승 9개항'을 승인함으로써 중국 국민당 정부와 일종의 군사 협정을 체결하게 되었다.
- 이 행동 준승에 따라 한국 광복군은 실질적으로 중국 군사 위원회에 예속되어 독자적인 작전권을 행사할 수 없었는데, 대한민국 임시 정부가 이렇게 불리한 협정을 수용한 것은 중국의 지원 없이는 한국 광복군 뿐만 아니라 대한민국 임시 정부의 활동 자체가 어려웠기 때문이다.
- 그 후 1944년에 이 협정이 개정되면서 한국 광복군은 독자성을 확보하게 되었다.

출제 POINT 독립군 단체와 주도 인물의 비교

군대	지도자	주요 활동
대한 독립군	홍범도	• 봉오동 전투 주도 • 청산리 전투 참여
북로 군정서	김좌진	• 청산리 전투 주도
대한 독립군단	서일	• 간도 참변 이후 밀산부 한흥동에서 독립군 총 결집 → 소련령 자유시로 이동
한국 독립군	지청천	• 북만주의 혁신 의회 → 한국 독립당 결성 • 만주 사변 이후 중국 호로군과 한·중 연합 작전 전개 • 쌍성보 전투, 사도하자 전투, 대전자령 전투, 동경성 전투 • 30년대 중반 이후 중국 관내로 이동하여 한국 광복군 창설에 기여
조선 혁명군	양세봉	• 남만주의 국민부 → 조선 혁명당 결성 • 만주 사변 이후 중국 의용군과 한·중 연합 작전 전개 • 영릉가 전투, 흥경성 전투
조선 의용대	김원봉	• 조선 민족 전선 연맹(조선 민족 혁명당)의 군사 조직으로 결성 • 1938년 한커우(우한)에서 결성 • 중·일 전쟁 이후 중국 국민당의 지원을 받아 중국 관내에서 결성된 최초의 한인 무장 부대 • 정보 수집, 포로 심문, 후방 교란 등의 활동 • 중국 국민당의 지휘에 반발한 일부 세력은 1941년 이후 화북 지방으로 이동하여 조선의용대 화북 지대 형성 • 김원봉과 잔류 세력은 충칭으로 이동하여 1942년에 한국 광복군에 합류
한국 광복군	지청천	• 1940년 충칭에서 중국 국민당의 지원을 받아 결성 • 중국군과 연합하여 2차 대전에 참전 • 인도·미얀마 전선에서 영국군과 합동 작전 • 미국 전략 정보국(OSS)과 합작하여 국내 진공 작전 예정
조선 의용군	김두봉	• 1942년 옌안에서 결성 • 조선 독립 동맹 산하의 군대로 조선 의용대 화북 지대를 흡수하여 결성 • 화북 지방에서 중국 공산당의 팔로군과 연합 작전

6. 의열 투쟁

	의열단	한인 애국단
결성	1919년 만주, 김원봉 주도	1931년 상하이, 김구 주도
활동 목적	• 자치론·준비론·참정론 등 비판 → 민중의 직접 혁명을 통한 독립의 쟁취를 주장 • 의열단 선언문 : **신채호의 조선 혁명 선언**(1923) 강도 일본을 쫓아내려면 오직 혁명으로만 가능하며, **혁명이 아니고는 강도 일본을 쫓아낼 방법이 없는 바이다.** …… **민중은 우리 혁명의 대본영(大本營)**이다. **폭력은 우리 혁명의 유일한 무기**이다. 우리는 민중 속으로 가서 민중과 손을 맞잡아 끊임없는 **폭력, 암살, 파괴, 폭동으로써 강도 일본의 통치를 타도**하고, 우리 생활에 불합리한 일체의 제도를 개조하여, 인류로써 인류를 압박하지 못하며, 사회로써 사회를 박탈하지 못하는 이상적 조선을 건설할지니라.	• 상하이 임시 정부의 침체를 극복, 독립 운동의 새로운 활력을 주기 위한 의거를 계획 이봉창의 일본 국왕 암살 기도 (1932.1. 도쿄) ↓ 일본의 상하이 점령 윤봉길의 홍커우 공원 의거 (1932.4. 상하이) ↓ 중국인들에게 깊은 감명 '중국의 100만 대군도 못할 일을 조선의 한 청년이 하다니, 윤봉길 길이 빛나리라' → 중국의 장제스가 독립군 활동에 협력하는 계기
의거	• 김익상 : 조선 총독부 의거(1921) • 김상옥 : 종로 경찰서 폭탄 의거(1923) • 나석주 : 동양 척식 주식 회사 의거(1926) (개별 투쟁의 한계 인식 → 황푸 군관 학교 입소하여 군 무장 훈련) ▲ 나석주의 의거를 다룬 동아일보의 기사	
이후 활동	• 조선 혁명 간부 학교 설립(1932) • 민족 혁명당 결성(1935) • 조선 민족 전선 연맹 결성(1937) • 조선 의용대 결성(1938)	윤봉길 의거 이후 중국 국민당의 지원	충칭 정착 이후, 한국 광복군 결성(1940)

03 일제 강점기 사회 ~ 광복을 위한 노력

1. 농촌 계몽 운동

의미	• 농촌의 자립 능력 향상 목표 • 일제가 허용하는 합법적 테두리 안에서 전개	
전개	조선일보의 문자 보급 운동(1929~) • 한글 교재 보급 • 전국 순회 강연	동아일보의 브나로드 운동(1931~) • 학생들이 야학 · 한글 강습소 개최
금지	• 일제의 금지 명령(1935) • 일부 학생들은 비밀결사화	

사료 읽기 문맹 퇴치 운동

조선일보의 문자 보급 운동
…… 그들이 아는 것이 없고 사리에 어둡기 때문에 그 생활이 한층 더 어렵고 나아지지 못하고 있다. 전 인구의 100분의 20밖에 문자를 이해하지 못하고, 취학 연령 아동의 10분의 3밖에 학교에 갈 수 없는 조선의 현실에서 간단하고 쉬운 문자의 보급은 우리 민족이 해결해야 할 가장 시급한 일이라 하겠다. ……

동아일보의 브나로드 운동
…… 학생 여러분, 여러분은 여름방학에 고향의 동포를 위하여 공헌하지 아니하시렵니까? 가령 글을 모르는 이에게 글을 가르쳐 주고 위생 지식이 없는 이에게 위생 지식을 주고, 이러한 일을 아니하시렵니까? 당신이 일주일만 노력하면 당신의 고향에 문맹이 없어질 것이요, 당신이 일주일만 노력하면 고향에 위생 사상이 보급될 것입니다. ……

해석 TIP
국권 피탈 후 일제의 우민화 교육으로 우리 민족의 문맹률이 크게 높아졌다. 민족 운동가들은 높은 문맹률을 민족 운동의 역량을 약화시키는 하나의 원인으로 인식하고, 이를 극복하기 위해 문맹 퇴치 운동을 전개하였다. 이 운동에는 당시 언론 기관들도 적극 참여하였는데, 동아일보의 브나로드 운동과 조선일보의 문자 보급 운동이 그것이다. 하지만 일제가 민족의식의 고취 등을 이유로 탄압함에 따라, 1935년 이후 중단되었다.

2. 민족 문화 수호 운동

	1900년대	1920년대	1930년대

국어 연구	• 국문연구소(1907)
	• 주시경 : '국어문법' 저술
	→ 국어 문법의 체계적 정리
	
	▲ 주시경　▲ 잡지「한글」　▲ 우리말 큰사전 원고
		• **조선어 연구회**(1921)
		  ┌ 잡지「한글」간행
		  └ '가갸날' 제정
			• **조선어학회**(1931)
			  ┌ 한글 맞춤법 통일안 · 표준어 · 외래어 표기법 제정
			  ├ 잡지「한글」간행 지속
			  ├ 문맹 퇴치 운동 지원 : 문자 보급 교재 제작
			  └ 우리말 큰사전 편찬 시도 → **조선어학회 사건**(1942)

국사 연구	애국 계몽 사학 : 민족의식 고취+민족의 주체성 확립
	
	• 위인전(을지문덕전 등), 외국흥망사(이태리 건국 삼걸전 등)
	• 신채호의 독사신론 : 민족주의 사학의 토대 마련
	• 박은식의 조선광문회 : 민족 고전 정리 및 간행
		민족 정신 강조 : 민족 독립 운동의 일환으로 역사 연구
		
		| 신채호 | 박은식 |
		| 고대사 연구
		•「**조선사 연구초**」
		•「**조선 상고사**」
		: '아'와 '비아'의 투쟁
		조선 혁명 선언(1923) | 동시대 연구
		•「**한국통사**」: 역사는 '혼'
		•「**한국독립운동지혈사**」
		
		양명학자, 유교 구신론
		임시정부의 2대 대통령 |
			• 민족주의 사학
			  ┌ 정인보('얼' 사상), 안재홍, 문일평
			  └ 조선학 운동(1930년대) : 실학 재조명
			• 사회 경제 사학
			  ┌ 백남운의 조선 사회 경제사
			  └ **식민사관의 정체성론 비판**
			• 실증주의 사학
			  ┌ 한국사를 객관적으로 연구
			  └ 이병도, 손진태 : 진단학회 창립 진단학보 발간

문학	• 신소설 : 순한글, 언문일체, 계몽적 성격 → 이인직의「혈의 누」(1906)
	• 신체시 : 문명 개화, 부국 강병 → 최남선의「해에게서 소년에게」(1908)
	• 외국 문학 번역 : 로빈슨 표류기, 이솝이야기
	cf)「무정」(1917) : 최초의 근대 소설
		(20년대 초)
		  ┌ 퇴폐적 · 낭만적 성격
		  └ 동인지 시대(다양한 문예사조)
		(20년대 중반)
		• **신경향파 문학** : 문학의 사회적 실천 강조, **카프** 결성 → 사회주의 문학의 대두
		• 민족 정서 반영 : 김소월의「진달래 꽃」, 한용운의「님의 침묵」, 이상화의「빼앗긴 들에도 봄은 오는가」
			• 저항 문학 : 윤동주, 이육사
			• 순수 문학 : 문학 자체 강조, 현실 도피적
			• 친일 문학 : 최남선, 이광수

연극	원각사(1908)	토월회	극예술 연구회
예술	창가 유행	• 영화「**아리랑**」(1926, 나운규) • 미술(고희동, 나혜석)	• 코리아 환상곡(1936) • 이중섭
언론	한글신문 폐간(1910)	사전 검열	• 1936년 일장기 말소 사건(동아일보) • 1940년 한글신문 전면 폐간
종교	천주교	민중 계몽, 만주에서 의민단 결성, 청산리 전투 참가	
	개신교	신사 참배 거부 운동(1930년대 후반)	
	천도교	3 · 1 운동 주도(손병희), 제2의 3 · 1 운동 계획, 잡지 간행(「개벽」, 「어린이」, 「학생」 등)	
	대종교	전국적 무장 투쟁, 만주에서 중광단 조직(→ 북로 군정서로 개편)	
	불교	조선 불교 유신회(한용운, 불교계 정화 운동)	
	원불교	박중빈 창시, 개간 사업 · 저축 운동 전개, 새 생활 운동 전개	

출제 POINT 식민 사관에 저항한 민족 사관

식민 사관	민족 사관

조선사 편수회
- 친일 역사학자들에 의해 「조선사」 간행
- 식민 사관
  - 타율성론: 반도 국가이므로 스스로 발전할 수 없다.
  - 당파성론: 단결이 불가능한 민족이다.
  - 정체성론: 일제 병합 전까지는 근대적 요소가 없다.
  - 일선동조론: 일본과 조선의 조상은 같다.

실증 사학
진단 학회 조직
이병도, 손진태
고증 → 객관성 강조

사회 경제 사학
백남운
「조선사회경제사」
「조선봉건사회경제사」
유물 사관 → 보편성 강조

민족주의 사학
신채호 「조선 상고사」
「조선사 연구초」
박은식 「한국통사」
「한국독립운동지혈사」
민족 정신 → 특수성 강조

사료 읽기 역사 수호를 위한 노력

민족주의 사학

신채호

역사란 무엇이뇨. 인류 사회의 아(我)와 비아(非我)의 투쟁의 시간부터 발전하며 공간부터 확대되는 심적 활동의 상태 기록이니, 세계사라 하면 세계 인류의 그리 되어 온 상태의 기록이며, 조선사라 하면 조선 민족의 그리 되어 온 상태의 기록이니라. 무엇을 아라 하며 무엇을 비아라 하는가? 깊게 팔 것 없이 간단히 말하면, 무릇 주체적 위치에 선 자를 아라 하고, 그 밖에는 비아라 하는데, 이를테면 조선 사람은 조선을 아라 하고, 영국, 미국, 프랑스 등은 각기 제 나라를 아라 하고 조선을 비아라 하며, 무산 계급은 무산 계급을 아라 하고 지주나 자본가 등을 비아라 하지만, 지주나 자본가 등은 각기 저의 무리를 아라 하고, 무산 계급을 비아라 하며 ……, 역사는 아와 비아의 투쟁의 기록인 것이다. - 「조선 상고사」 -

신채호는 역사를 아(我)와 비아(非我)의 투쟁이라고 보았으며 고대사 연구에 주력하여 「조선 상고사」, 「조선사 연구초」 등을 저술하였다.

박은식

옛 사람들이 말하기를 나라는 가히 멸할 수 있으나, 역사는 가히 멸할 수 없으니, 대개 나라는 형이나 역사는 신(또는 혼)이기 때문이다. 지금 한국의 형은 허물어졌으나 신은 가히 홀로 존재하지 못하겠는가. …… 신이 존재하여 불멸하면 형은 때 맞춰 부활한다.
오늘날 우리 민족 모두가 우리 조상의 피로써 골육을 삼고, 우리 조상의 혼으로 영혼을 삼고 있다. 우리 조상은 신성한 교화가 있고, 신성한 정법이 있고, 신성한 문사와 무공이 있으니 우리 민족이 다른 것을 구함이 옳겠는가? 무릇 형체는 서로 생각하고 늘 잊지 말며, 형과 신을 전멸시키지 말 것을 구구히 바란다. - 「한국통사」 -

박은식은 국혼(혼)을 강조하였으며, 「한국통사」, 「한국독립운동지혈사」 등을 저술하였다.

사회 경제 사학

백남운

우리 조선의 역사적 발전의 전 과정은 가령 지리적 조건, 인종학적 골상. 문화 형태의 외형적 특징 등 다소의 차이는 인정되더라도, 외관적인 소위 특수성은 다른 문화 민족의 역사적 발전 법칙과 구별되어야 하는 독자적인 것이 아니며, 세계사적 일원론적 역사 법칙에 의하여 다른 민족과 거의 같은 궤도로 발전 과정을 거쳐 온 것이다. 그 발전 과정의 빠름과 느림, 각 문화의 특수한 모습의 짙고 옅음은 결코 본질적인 특수성이 아니다. - 「조선봉건사회경제사」 -

사회경제사학은 유물 사관의 입장에서 한국사 연구를 연구하는 역사학이며, 식민사관인 정체성론에 대항하여 한국사가 세계사의 보편적 발전 법칙에 따라 발전하였음을 강조하였다.

실증주의 사학

이병도

역사 문제를 다루는 데 있어서는 첫째, 사료를 냉엄히 분석하고 비판하는 위에서 올바른 해석을 해야 한다. 사료에는 정확한 것도 있고 정확치 못한 것도 있기 때문이다. …… 역사 발전은 단지 유심론이거나 유물론적으로 해석하고 싶지 않다. 역사는 보다 복잡한 것이며, 역사 발전은 심과 물의 융화 작용으로 이루어지되 그 주체는 역시 심(정신)이라고 본다.

실증 사학은 문헌 고증을 통한 객관적 사실을 강조한 역사학이며, 이병도·손진태 등이 대표 인물이다. 이들은 진단 학회를 결성하고 진단 학보를 발간하기도 하였다.

3. 국외 동포들의 생활

	이주	민족 운동	시련
만주	• 19세기 말 : 생계 유지 • 20세기 이후 : 항일 운동	• 독립 운동 기지 건설 • 민족 학교 설립	• 간도 참변(1920)
연해주	• 변방 개척 위해 조선인의 이주 허용	• **신한촌** 건설 • 성명회, 권업회 • **대한 광복군 정부**, 대한 국민 의회	• 자유시 참변(1921) • **스탈린에 의한 중앙 아시아 강제 이주** (1937)
일본	• 19세기 말 : 정치적 망명, 유학 • 1930년대 이후 : 전시 동원 체제 (강제 징용)	• 2·8 독립 선언	• 관동 대학살(1923)
미주	• 20세기 초 : 하와이 사탕 수수, 멕시코 농장 등으로 농업 이민(사진 결혼)	• **대한인 국민회** • **대조선 국민군단**	—

사료 읽기 — 관동 대학살과 중앙아시아 강제 이주

열차가 도착한 것이 오후 2시쯤이었다. 이재민이 홍수 같이 밀려든다. 연대는 행동을 개시한다. 장교는 칼을 빼들고 열차 안과 밖을 살피고 있다. 어떤 열차나 초만원으로 사람들이 파리같이 빽빽이 앉아 있는데 그 가운데 있던 조선인을 찾아내 모두 끌어내렸다. 그리고는 즉시 번쩍이는 칼과 총검으로 차례차례 죽이는 것이다. 일본인 피난민들의 우레 같은 만세 소리와 함께 조선 놈들을 다 죽여 버리자는 아우성이 터져 나왔다. 우리들의 연대는 이것을 시작으로 그날 저녁 때부터 밤중까지 본격적으로 조선인 사냥을 하게 되었다.

— 최승만, '일본 기병대 견습 사관의 회상담' —

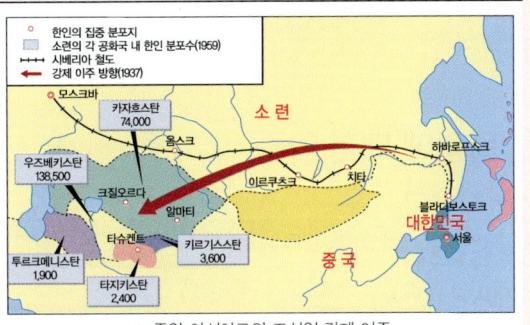

▲ 중앙 아시아로의 조선인 강제 이주

해석 TIP

1923년 9월 **일본에서 관동 대지진**이 일어나 민심이 크게 동요하자, 일본은 사회 불안의 원인을 조선인 탓으로 돌렸다. 조선인이 폭동을 일으키고 우물에 독을 넣었다는 낭설이 퍼지면서 지진의 피해로 흥분한 일본인들은 자경단을 조직하고 관원과 함께 조선인을 찾아내어 살해하였다. 당시 살해된 조선인의 수는 정확하지 않으나 7,500명 정도로 파악된다.

해석 TIP

1922년 말, 일본이 소련 영토 내에서 한인들의 무장 독립 운동을 허용하지 말 것을 요구하면서, 연해주 내에서의 항일 민족 운동 등이 약화되었다. **1937년**에는 스탈린의 소수 민족 통제 정책에 따라 소련 당국이 **연해주의 한인들을 중앙아시아로 강제 이주**시켰다. 그 과정에서 수많은 사람이 희생되고 재산을 잃었다.

4. 건국 준비 활동

단체		활동	건국 강령
충칭 임시 정부	1940년	• 충칭에 정착 → 김구+지청천+조소앙 = 김구의 한국 독립당 창당 • 한국 광복군 창설(총사령관-지청천) • 주석제 개헌(주석-김구)	**조소앙의 삼균주의** 삼균(三均) 제도를 골자로 한 헌법을 실행하여 **정치**와 **경제**와 **교육**의 민주적 실시로 실제상 균형을 도모하며…
	1941년	• 조소앙의 삼균주의 발표 • 태평양 전쟁 발발 → 대일 선전 포고문 발표	
	1942년	• 김원봉의 조선 의용대 합류	
	1943년	• 영국군과 함께 인도와 미얀마 전선에서 대일전 수행	
	1944년	• 주석·부주석제 개헌(주석-김구, 부주석-김규식)	
	1945년	• 미국 전략 정보처(OSS) 지원으로 **국내 진공 작전** 계획	
조선 독립 동맹 (옌안)		• 김두봉 중심, 화북 지방의 사회주의 계열 • 조선 의용군 운영	보통 선거에 의한 민주 공화국 수립
조선 건국 동맹 (서울)		• 여운형 중심, 중도파 중심의 좌우 합작 • 비밀 결사 → 광복 직후, **조선 건국 준비 위원회**로 발전	일제 타도 민주주의 국가 건설

건국 강령의 공통점 : **민주 공화국** 건설

5. 독립에 대한 약속

구분	카이로 회담(1943.11.)	얄타 회담(1945.2.)	포츠담 회담(1945.7.)
참가국	• 미국, 영국, 중국	• 미국, 영국, 소련	• 미국, 영국, 중국, 소련
결론	• 우리나라의 독립을 결의한 연합국 최초의 선언 → "적당한 시기에 한국을 독립시킬 것을 결정한다."	• 전후 독일에 대한 처리 방침과 소련의 대일전 참전 논의 • 한반도 신탁 통치 제안	• 일본의 무조건 항복 요구 • 카이로 회담의 한국 독립 재확인

빈출 Keyword 333 — 6단원 : 일제 강점과 민족 운동의 전개

	Keyword	설 명
1	헌병 경찰 제도	(10년대) 무단 통치, 즉결 처분권, 조선 태형령
2	조선 태형령	(10년대) 즉결 처분권을 가진 헌병들이 조선인들에게만 차별적으로 태형을 가함
3	토지 조사 사업	(10년대) 기한 내 신고주의, 지주의 소유권만 인정, 소작농의 몰락
4	동양 척식 주식 회사	1908년에 설립된 일본의 국책회사. 토지 조사 사업으로 뺏은 토지를 일본인들에게 헐값에 불하 → 일본 농업 이민 급증
5	회사령	(10년대) 민족 자본의 형성을 방해하기 위해 회사 설립을 총독부 허가제로 운영
6	문화 통치	(20년대) 3·1 운동 이후 통치방식의 변화. 이른바 민족 분열 통치, 친일파 육성
7	산미 증식 계획	(20년대) 일본 자국 내 식량 부족 문제 해결을 위해 쌀 증산을 강요 → 증산 비용 부담으로 인해 소작농 몰락, 일본으로의 쌀 반출 증가
8	치안 유지법	(20년대) 사회주의자들을 검거한다는 명목으로 일제가 제정. 모든 독립 운동을 탄압하는 데 악용
9	남면북양	(30년대) 대공황 이후, 일본 방직업을 보호한다는 명분으로 한반도를 원료 생산 공급지로 전락시킴
10	농촌 진흥 운동	(30년대) 1932년부터 일본 주도로 시행한 이름뿐인 개혁 운동. 실제로는 농촌 통제, 소작 쟁의 무마가 목표
11	신사 참배	(30년대) 일본의 조상신을 모셔 놓은 사당을 참배하게 함으로서, 우리 민족의 정신을 지배하려 함
12	황국 신민 서사	(30년대) 민족 말살 정책 중의 대표적인 것으로 천황에 대한 충성 맹세를 반복하게 함
13	국가 총동원법	(30년대) 중·일 전쟁 이후 1938년 일본이 선포한 한반도의 인적·물적 자원 총동원령
14	독립 의군부	(10년대) 의병장 임병찬이 고종의 밀지를 받고 결성한 비밀 결사 단체로 복벽주의 주장
15	대한 광복회	(10년대) 박상진의 주도로 결성된 비밀 결사 단체. 만주 무장 독립 기지 건설을 목표로 함. 공화주의 주장
16	민족 자결 주의	(10년대) 미국 대통령 윌슨이 파리 강화 회의에서 주장. 패전국 식민지의 독립을 약속. 약소 민족의 독립 의지를 자극
17	2·8 독립 선언	(10년대) 1919년 도쿄 유학생들이 전개한 만세 시위로, 3·1 운동에 영향을 줌
18	대한 광복군 정부	(10년대) 1914년 연해주에서 이상설 주도로 조직한 최초의 국외 임시 정부. 고종의 망명을 추진하였으나 실패
19	대한 국민 의회	(10년대) 1919년 3·1운동이 시작된 직후 결성된 임시 정부로, 이후 9월에 상하이로 통합
20	한성 정부	(10년대) 3·1 운동 중에 13도 대표가 모여 만든 임시 정부로, 이후 상하이로 그 정통성이 계승
21	연통제	상하이 임시 정부의 비밀 행정 조직망. 교통국(통신기관)과 더불어 1년여 만에 일제에 의해 파괴. 이후 상하이 임시 정부는 자금난에 시달림
22	국민대표 회의	상하이 임시 정부의 외교 정책이 성과가 없고 이승만의 국제 연맹 위임 통치서 문제 등이 불거지자, 창조파가 임시 정부 이동에 관한 회의를 요구. 회의 결렬 이후 창조파가 대거 이탈하면서 임시 정부는 침체
23	조만식	(20년대) 평양의 민족주의자. 물산 장려 운동을 주도
24	민립 대학 설립 운동	(20년대) 조선 교육회가 중심이 되어 대학 설립을 위한 모금 활동을 전개 → 모금은 저조하고, 일본이 경성 제국 대학을 설립하면서 퇴조
25	암태도 소작 쟁의	(20년대) 1923년 암태도 친일 지주 문재철의 횡포에 맞선 소작인들의 집단 항쟁. 이후 조선 노농 총동맹이 결성
26	원산 총파업	(20년대) 1929년 원산의 라이징선 석유회사에서 차별받던 조선인 노동자들의 집단 파업이 약 4개월간 진행. 신간회의 지원
27	6·10 만세 운동	(20년대) 1926년 6월 10일로 예정된 순종의 인산일에 맞춰 만세 운동 계획. 일제에 의해 사전에 발각되어 큰 성과는 없음. 이후 민족 유일당 운동으로 이어짐
28	광주 학생 항일 운동	(20년대) 1929년 광주-나주 간 통학 열차 안에서 터진 한·일 학생들의 충돌로 인해 11월 3일 대규모 학생 시위가 일어남. 신간회가 진상 조사단 파견하고 전국 민중 대회를 개최 시도함
29	근우회	(20년대) 신간회의 여성 자매 단체. 일제 강점기 중 여성 인권 대표 단체
30	민족 유일당 운동	(20년대) 타협적 민족주의자들의 증가로 인해 비타협적 민족주의와 사회주의 간의 연계 추진. 6·10 만세 운동 이후 본격화
31	정우회 선언	(20년대) 사회주의 단체. 1926년 11월에 스스로 해산을 선언하고 비타협적 민족주의자와 연계하여 신간회 창립

빈출 Keyword 333   6단원 : 일제 강점과 민족 운동의 전개

	Keyword	설 명
32	신간회	(20년대) 일제 강점기 최대 규모의 합법적 단체. 기회주의 배격을 주장. 민중 대회 사건 이후 자진 해소
33	전국 민중 대회	(20년대) 광주 학생 항일 운동을 계기로 신간회가 전국 민중 대회 개최를 시도. 일제에 의해 지도부가 친일 세력으로 교체되면서 결국 신간회 해소의 계기가 됨
34	방정환	(20년대) 천도교 소년회 소속. 어린이날 제정. 잡지 「어린이」 간행
35	형평 운동	(20년대) 백정에 대한 사회적 차별 철폐 운동. 1923년 진주에서 시작
36	대한 독립군	(20년대) 홍범도가 이끄는 북만주 지역의 무장 부대. 1920년 6월 봉오동 전투에서 승리. 10월 청산리 대첩에서도 연합 부대로 지원
37	북로 군정서	(20년대) 대종교의 중광단을 개편. 북로 군정서의 군사령관 김좌진이 청산리 대첩을 주도
38	간도 참변	(20년대) 일제가 청산리 대첩 패배 직후, 간도 지역 무차별적 민간인 대학살
39	대한 독립군단	(20년대) 간도 참변 이후 독립군이 민간인 마을에서 이탈하여 밀산부 한흥동에 집결. 독립군 지원을 약속 받고, 소련령 자유시로 이동하여 러시아 내전에 참여
40	자유시 참변	(20년대) 내전 승리 이후, 러시아 적색군이 우리 독립군에 대해 지휘권 이양을 요구. 반발하던 독립군이 공격당하면서 큰 희생을 치름
41	미쓰야 협정	(20년대) 일제가 독립군 탄압을 위해 만주 군벌에게 독립군에 대한 현상금을 내걸자 만주 군벌의 감시가 강화되어 독립군 활동이 어려움을 겪게 됨
42	한·중 연합 작전	(30년대) 만주 사변 이후 북만주의 한국 독립군과 중국 호로군, 남만주의 조선 혁명군과 조선 의용군의 대일 연합 작전 전개
43	조선 의용대	(30년대) 1938년 김원봉이 중국 관내 최초로 조직한 한인 무장 부대. 중국 국민당의 항일전 후방 부대로 참여하였으나, 일부 세력은 중국 국민당의 군사 지휘에 반발하여 화북 지대로 이동하였고, 남은 병력은 김원봉의 지휘로 한국 광복군에 합류
44	조선 의용군	조선 의용대 화북지대가 1942년 김두봉이 조직한 조선 독립 동맹의 산하 부대로 개편
45	한국 광복군	충칭 임시 정부가 1940년 지청천을 총사령관으로 하는 한국 광복군 창설. 2차 대전 연합군의 일원으로 항일전 수행
46	지청천	서간도 신흥 무관 학교 선생이자, 서로 군정서의 지휘관. 이후 북만주의 한국 독립군 지휘. 중국 관내로 이동하여 김원봉과 함께 민족 혁명당을 조직하였다가 이탈. 김구와 함께 충칭 임시 정부 조직. 한국 광복군 총사령관으로 항일전 이끔
47	김원봉	1919년 의열단 조직 1926년 개인 의열 투쟁에 한계를 인식하고 군 무장화. 1935년 민족 혁명당을 조직, 1938년 조선 의용대 창설. 1942년 한국 광복군에 합류
48	의열단	1919년 김원봉 이하 신흥 무관 학교 출신 13명이 의열 단체 조직. 김익상, 김상옥, 나석주의 의거
49	한인 애국단	침체된 임시 정부의 활기를 위해 1931년 상하이에서 김구가 의열 단체 조직. 이봉창, 윤봉길 의거
50	이봉창	1932년 1월, 일본 도쿄에서 국왕이 탄 마차 행렬에 폭탄을 투척. 의거는 실패하였으나, 독립에 대한 열망을 확인시켜 줌
51	윤봉길	1932년 4월, 상하이를 점령한 일본이 주최한 홍커우 기념식장에서 폭탄 의거. '중국 100만 대군도 하지 못한 일'. 독립군이 중국 국민당 정부의 적극적 지원을 받는 계기
52	신한촌	러시아 연해주에 생겨난 한인 집단 거주 마을. 정치 단체로 성명회, 권업회 조직
53	관동 대학살	1923년 일본 관동 지방에서 발생한 지진으로 인해 사회가 극도로 혼란에 빠짐. 그 원인을 조선인에게 돌리면서, 한국인 대학살로 이어짐
54	대한인 국민회	1908년 샌프란시스코 의거 이후 미국 교민 사회의 단결, 1910년 대한인 국민회 결성
55	농촌 계몽 운동	1930년대 초에 언론사의 주도로 진행된 문자 보급 운동과 브나로드 운동
56	조선사 편수회	친일 역사 단체. 정체성론·당파성론·타율성론 등 조선 역사의 왜곡 논리를 만들어 냄
57	신채호	민족주의 사학자. '역사는 아와 비아의 투쟁'. 우리 민족 고유의 낭가 사상 강조. 「조선상고사」, 「조선사연구초」 간행
58	박은식	민족주의 사학자. '역사는 혼'. 「한국통사」, 「한국독립운동지혈사」 간행
59	백남운	사회·경제 사학자. 마르크스의 유물 사관에 입각한 우리 역사의 보편적 발전을 강조. 특히 일제가 강조하던 정체성론을 비판
60	나운규	1926년 최초의 영화 '아리랑'을 제작. 식민지 민족의 한(恨)을 영화화
61	삼균주의	충칭 임시 정부의 조소앙이 발표한 건국 강령. 보통 선거에 의한 정치 균등. 토지 분배에 의한 경제 균등. 무상 교육에 의한 교육 균등. 민주 공화국 수립 주장
62	카이로 회담	1943년 11월, 이집트 카이로에 미·영·중 대표들이 모여 한반도 독립 문제를 최초로 약속함

기출문제

[2019년 44회 고급 41번]

01 밑줄 그은 '이 시기'에 볼 수 있는 일제의 정책으로 옳은 것은? (2점)

이 그림은 토지 조사 사업이 진행되던 이 시기에 총독부가 조선에 대한 식민 통치를 미화하고, 그 실적을 선전하기 위해 개최한 조선 물산 공진회의 회의장 전경을 그린 것입니다. 그림에는 경복궁 일부를 헐어내고 물산 공진회장으로 조성한 모습이 그대로 드러나 있는데, 이는 일제가 조선의 정통성과 존엄성을 훼손하려는 의도였습니다.

① 국가 총동원법을 제정하여 인력과 물자를 수탈하였다.
② 도 평의회, 부·면 협의회 등의 자문 기구를 설치하였다.
③ 재정 고문 메가타의 주도 아래 화폐 정리 사업을 실시하였다.
④ 회사 설립 시 총독의 허가를 받도록 하는 회사령을 적용하였다.
⑤ 독립운동을 탄압하기 위해 조선 사상범 보호 관찰령을 공포하였다.

[2017년 34회 중급 42번]

02 다음 법령이 시행된 시기에 있었던 사실로 옳은 것은? (3점)

제1조 조선 주차(駐箚) 헌병은 치안 유지에 관한 경찰과 군사 경찰을 관장한다.
제2조 조선 주차 헌병은 육군 대신의 관할에 속하며 그 직무의 집행에 대하여는 조선 총독의 지휘 감독을 받는다. 군사 경찰에 대하여는 육군 대신과 해군 대신의 지휘를 받는다.
제3조 헌병의 장교, 준사관, 하사, 상등병에게는 조선 총독이 정하는 바에 의하여 재직하면서 경찰관의 직무를 집행하게 할 수 있다.

① 미곡 공출제가 추진되었다.
② 국가 총동원령이 공포되었다.
③ 남면북양 정책이 실행되었다.
④ 토지 조사 사업이 실시되었다.
⑤ 여자 정신 근로령이 시행되었다.

[2019년 45회 고급 43번]

03 다음 문서가 작성된 당시에 실시된 일제의 정책으로 옳은 것은? (2점)

안으로는 세계적 불안의 여파를 받아서 우리 조선 내부의 민심도 안정되지 못하였다. …… 다른 한편으로는 지방 자치를 실시하여 민의 창달의 길을 강구하고, 교육 제도를 개정하여 교화 보급의 신기원을 이루었고, 게다가 위생적 시설의 개선을 촉진하였다. …… 일본인과 조선인 사이의 차별 대우를 철폐하고 동시에 조선인 소장층 중 유력자를 발탁하는 방법을 강구하여, 군수·학교장 등에 발탁된 자가 적지 않다.
— 사이토 마코토, 「조선 통치에 대하여」—

① 노동력 동원을 위해 국민 징용령을 시행하였다.
② 한국인에 한해 적용되는 조선 태형령을 공포하였다.
③ 쌀 수탈을 목적으로 하는 산미 증식 계획을 실시하였다.
④ 독립운동 탄압을 위한 조선 사상범 보호 관찰령을 공포하였다.
⑤ 회사 설립 시 총독의 허가를 받도록 하는 회사령을 제정하였다.

[2019년 43회 고급 45번]

04 밑줄 그은 '이 시기'에 시행된 일제의 정책으로 옳은 것은? (1점)

이 국민 노무 수첩은 일제가 중·일 전쟁을 일으키고 침략 전쟁을 확대하던 이 시기에 노동력을 통제하고 관리하기 위하여 발행한 것입니다. 특히, 강제 동원된 한국인의 국민 노무 수첩은 일제에 의해 수많은 한국들이 광산 등으로 끌려가 열악한 환경에서 혹사당했음을 보여주는 자료입니다.

① 한국인에 한하여 적용되는 조선 태형령을 시행하였다.
② 민족 자본의 성장을 억제하기 위해 회사령을 공포하였다.
③ 조선 사상범 예방 구금령을 통해 독립운동을 탄압하였다.
④ 식민지 교육 방침을 규정한 제1차 조선 교육령을 제정하였다.
⑤ 근대적 토지 소유권 확립을 명분으로 토지 조사 사업을 실시하였다.

기출문제

[2018년 40회 고급 41번]

05 다음 법령이 제정된 이후 볼 수 있는 모습으로 가장 적절한 것은? (2점)

> 제1조 국민학교의 교과는 국민과·이수과·체련과·예능과 및 직업과로 한다.
> ⋮
> 제2조 국민학교에서는 항상 다음 각 호의 사항에 유의하여 아동을 교육하여야 한다.
> 1. 교육에 관한 칙어의 취지에 의하여 교육의 전반에 걸쳐 황국의 도를 수련하게 하고 특히 국체에 대한 신념을 공고히 하여 황국 신민이라는 자각에 철저하게 하도록 힘써야 한다.
> ⋮
> 14. 수업 용어는 국어를 사용하여야 한다.
> ⋮

① 원산 총파업에 동참하는 노동자
② 헌병 경찰에 태형을 당하는 상인
③ 신간회 창립 대회에 참여하는 청년
④ 광주 학생 항일 운동을 주도하는 학생
⑤ 여자 정신 근로령에 의해 강제로 끌려가는 여성

[2021년 51회 심화 40번]

06 다음 법령이 시행된 시기에 있었던 사실로 옳은 것은? (2점)

> 제2조 즉결은 정식 재판을 하지 않으며 피고인의 진술을 듣고 증빙을 취조한 후 곧바로 언도해야 한다.
> 제11조 제8조, 제9조에 의한 유치 일수는 구류의 형기에 산입하고, 태형의 언도를 받은 자에 대하여는 1일을 태 5로 절산하여 태 수에 산입하며, 벌금 또는 과료의 언도를 받은 자에 대하여는 1일을 1원으로 절산하여 그 금액에 산입한다.

① 박문국을 설치하여 한성순보를 발행하였다.
② 황국 중앙 총상회가 상권 수호 운동을 주도하였다.
③ 근대적 개혁 추진을 위해 군국기무처가 설치되었다.
④ 강압적 통치를 목적으로 헌병 경찰제가 실시되었다.
⑤ 일본에 진 빚을 갚자는 국채 보상 운동이 전개되었다.

[2017년 35회 중급 39번]

07 다음 일제의 식민 통치 방침이 마련된 배경으로 옳은 것은? (2점)

> • 총독은 문·무관 어느 쪽이라도 임용될 수 있는 길을 열고, 나아가 헌병 경찰 제도를 바꿔 보통 경찰 제도를 채택할 것이다.
> • 핵심적 친일 인물을 골라 그 계급과 사정에 맞게 각종 친일적 단체를 조직하게 한다.

① 브나로드 운동이 전개되었다.
② 암태도 소작 쟁의가 발생하였다.
③ 광주 학생 항일 운동이 일어났다.
④ 3·1 운동이 전국적으로 확산되었다.
⑤ 충칭에서 한국 광복군이 창설되었다.

[2016년 30회 고급 45번]

08 (가)~(라) 법령을 제정된 순서대로 옳게 나열한 것은? (2점)

> (가) 제1조 회사의 설립은 조선 총독의 허가를 받아야 한다.
>
> (나) 제4조 토지 소유자는 조선 총독이 정하는 기간 내에 주소, 씨명, 명칭 및 소유지의 소재, 지목, 자번호, 사표, 등급, 지적, 결수를 임시 토지 조사 국장에게 신고해야 한다.
>
> (다) 제4조 정부는 전시에 국가 총동원상 필요할 때에는 칙령이 정하는 바에 따라 제국 신민을 징용하여 총동원 업무에 종사하게 할 수 있다.
>
> (라) 제7조 ① 소작지의 임대차 기간은 3년 이상이어야 한다. 다만, 영년작물의 재배를 목적으로 하는 임대차에 있어서는 7년 이상이어야 한다.

① (가) - (나) - (다) - (라)
② (가) - (나) - (라) - (다)
③ (나) - (가) - (라) - (다)
④ (나) - (다) - (가) - (라)
⑤ (다) - (라) - (나) - (가)

[2020년 46회 고급 43번]

09 (가) 법령이 적용된 시기 일제의 정책으로 옳은 것은? (2점)

> 한일병합 이후 일반 기업들이 발흥하여 회사 조직으로서 각종 사업을 경영하려 하는 자가 점차 증가함으로, 일본 정부는 한인의 사업 경영에 제한을 주기 위하여 총독부제령(總督府制令)으로서 (가) 을/를 공포해서 허가주의를 채택하여(일본인에게는 관대하고 한인에게는 가혹함은 물론) 사소한 일까지 간섭을 다하되, 이를 어기는 자에게는 신체형 및 벌금형을 부과하였다.
> — 『한일관계사료집』 —

① 제2차 조선 교육령을 시행하였다.
② 범죄 즉결례에 의해 한국인을 처벌하였다.
③ 조선 사상범 예방 구금령을 통해 독립운동을 탄압하였다.
④ 농민의 자력갱생을 내세운 농촌 진흥 운동을 실시하였다.
⑤ 국가 총동원법을 제정하여 인력과 물자를 강제 동원하였다.

[2018년 41회 고급 44번]

10 다음 법령이 제정된 이후에 일어난 사실로 옳은 것은? (2점)

> 제1조 ① 치안 유지법의 죄를 범하여 형에 처하여진 자가 집행을 종료하여 석방되는 경우에 석방 후 다시 동법의 죄를 범할 우려가 현저한 때에는 재판소는 검사의 청구에 의하여 본인을 예방 구금에 부친다는 취지를 명할 수 있다.
> ② …… 조선 사상범 보호 관찰령에 의하여 보호 관찰에 부쳐져 있는 경우에 보호 관찰을 하여도 동법의 죄를 범할 위험을 방지하기 곤란하고 재범의 우려가 현저하게 있는 때에도 전항과 같다.

① 민족 유일당 운동의 일환으로 신간회가 창립되었다.
② 조선어학회 사건으로 최현배, 이극로 등이 투옥되었다.
③ 순종의 인산일을 기회로 삼아 6·10 만세 운동이 일어났다.
④ 사회주의 세력의 활동 방향을 밝힌 정우회 선언이 발표되었다.
⑤ 윤봉길이 홍커우 공원에서 폭탄을 던져 일제 요인을 살상하였다.

[2017년 34회 고급 43번]

11 다음 방침이 결정된 이후 시행된 일제의 정책으로 옳은 것은? (2점)

> • 조선인 지원병 제도를 채용하고 내선일체의 국방에 기여하게 한다. 단, 이것 때문에 조선인이 참정권을 확대하려는 의지를 갖지 않게 한다.
> • 신사숭경(神社崇敬)의 염(念)을 함양하여 일본의 국체 관념을 명징(明徵)하고 …… 사상 선도를 도모하는 등 황국 신민이라는 의식을 배양한다.
> — 조선 통치에 관한 방침 —

① 조선인에 한하여 적용되는 조선 태형령을 시행하였다.
② 강압적 통치를 목적으로 헌병 경찰 제도를 실시하였다.
③ 회사 설립 시 총독의 허가를 받도록 하는 회사령을 공포하였다.
④ 독립운동 탄압을 위해 조선 사상범 예방 구금령을 제정하였다.
⑤ 근대적 토지 소유권 확립을 명분으로 토지 조사 사업을 실시하였다.

[2020년 49회 심화 44번]

12 다음 선언문이 발표된 시기를 연표에서 옳게 고른 것은? (3점)

① (가) ② (나) ③ (다)
④ (라) ⑤ (마)

[2020년 48회 심화 38번]

13 다음 자료에 나타난 민족 운동에 대한 설명으로 옳은 것은? (1점)

> 그날 오후 2시 10분 파고다 공원에 모였던 수백 명의 학생들이 10여 년간 억눌려 온 감정을 터뜨려 '만세, 독립 만세'를 외치자 뇌성 벽력 같은 소리에 공원 근처에 살던 시민들도 크게 놀랐다. 공원 문을 쏟아져 나온 학생들은 종로 거리를 달리며 몸에 숨겼던 선언서들을 길가에 뿌리며 거리를 누볐다. 윌슨 대통령이 주장한 약소민족의 자결권이 실현되는 신세계가 시작된 것이다. 시위 학생들은 덕수궁 문 앞에 당도하자 붕어하신 고종에게 조의를 표하고 잠시 멎었다.
> ― 스코필드 기고문 ―

① 조선 형평사의 주도로 전개되었다.
② 신간회에서 진상 조사단을 파견하였다.
③ 조선 혁명 선언을 활동 지침으로 삼았다.
④ 전개 과정에서 일제가 제암리 학살 등을 자행하였다.
⑤ 성진회와 각 학교 독서회에 의해 전국적으로 확산되었다.

[2020년 46회 고급 41번]

14 다음 공보가 발표된 이후 대한민국 임시 정부의 활동으로 옳은 것은? (2점)

> **대한민국 임시 정부 공보 제42호**
> ● 3월 18일 임시 의정원에서 임시 정부 대통령 이승만 각하를 임시 헌법 제21조 제14항에 의하여 탄핵하고 심판에 회부하다.
> ● 3월 23일 임시 의정원에서 임시 정부 대통령 이승만 각하를 심판, 면직하다.
> ● 3월 23일 임시 의정원에서 박은식 각하를 임시 헌법 제12조에 의하여 임시 정부 대통령으로 선거하다.

① 삼균주의에 바탕을 둔 건국 강령을 발표하였다.
② 무장 투쟁을 위해 육군 주만 참의부를 조직하였다.
③ 독립군 비행사 양성을 위해 한인 비행 학교를 설립하였다.
④ 국민 대표 회의를 개최하여 독립 운동의 방향을 논의하였다.
⑤ 파리 강화 회의에 대표단을 파견하여 외교 활동을 전개하였다.

[2016년 31회 고급 42번]

15 교사의 질문에 대한 답변으로 옳은 것은? (3점)

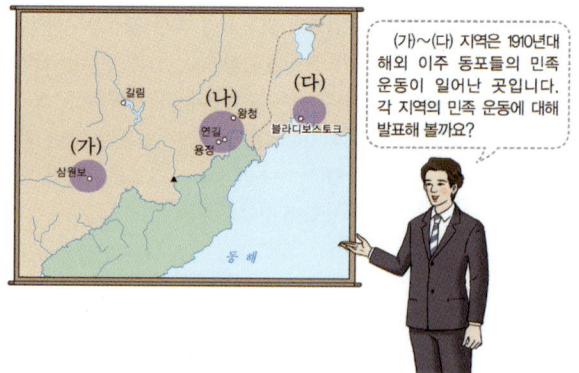

① (가) ― 해조신문, 권업신문 등을 발간하였습니다.
② (가) ― 독립군 양성을 위해 신흥 강습소를 세웠습니다.
③ (나) ― 한인 자치 기구인 경학사를 결성하였습니다.
④ (나) ― 대한인 국민회를 중심으로 외교 활동을 전개하였습니다.
⑤ (다) ― 민족 교육을 위해 서전서숙, 명동 학교 등을 건립하였습니다.

[2020년 46회 고급 37번]

16 (가) 단체에 대한 설명으로 옳은 것은? (2점)

① 정우회 선언의 영향으로 결성되었다.
② 일제가 꾸며낸 105인 사건으로 해체되었다.
③ 일제가 치안 유지법을 적용하여 탄압하였다.
④ 백산 상회를 통해 독립운동 자금을 마련하였다.
⑤ 국권 반환 요구서를 조선 총독에게 제출할 것을 계획하였다.

[2020년 48회 심화 43번]

17 다음 자료에 나타난 민족 운동에 대한 설명으로 옳은 것은? (1점)

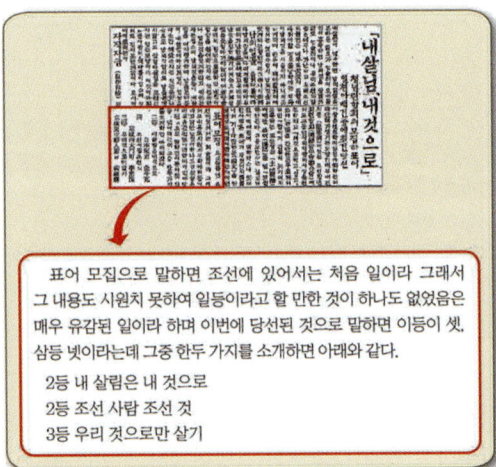

① 조선 노동 총동맹을 중심으로 전개되었다.
② 근우회의 주도로 여성의 권익을 옹호하였다.
③ 백정에 대한 사회적 차별 철폐를 목표로 하였다.
④ 자작회, 토산 애용 부인회 등의 단체가 활동하였다.
⑤ 국문 연구소를 세워 한글을 체계적으로 연구하였다.

[2018년 38회 고급 39번]

18 다음 취지서를 발표한 민족 운동에 대한 설명으로 옳은 것은? (3점)

> **발기 취지서**
>
> 우리의 운명을 어떻게 개척할까? …… 민중의 보편적 지식은 보통 교육으로도 가능하지만 심오한 지식과 학문은 고등 교육이 아니면 불가하며, 사회 최고의 비판을 구하며 유능한 인물을 양성하려면 최고 학부의 존재가 가장 필요하도다. …… 그러므로 우리는 이에 느낀 바 있어 감히 만천하 동포에게 향하여 민립 대학의 설립을 제창하노니, 형제 자매는 와서 찬성하고 나아가며 이루라.

① 근우회를 중심으로 진행되었다.
② 중국의 5·4 운동에 영향을 주었다.
③ 이상재 등이 주도하여 모금 활동을 전개하였다.
④ 어린이날을 제정하고 잡지 어린이 등을 발간하였다.
⑤ '배우자 가르치자 다 함께 브나로드' 등의 구호를 내세웠다.

[2018년 41회 고급 41번]

19 다음 성명서가 발표된 이후의 사실로 옳은 것은? (3점)

> 금반 우리의 노동 정지는 다만 국제 통상 주식회사 원산 지점이 계약을 무시하고 부두 노동 조합 제1구에 대하여 노동을 정지시킨 것으로 인하여 각 세포 단체가 동정을 표한 것뿐이다. 그러므로 결코 동맹 파업을 행한 것은 아니다. 그럼에도 불구하고 재향 군인회, 소방대가 동원한다 하여 온 도시를 경동케 함은 실로 이해할 수 없는 현상이니 …… 또한 원산 상업 회의소가 우리 연합회 회원과 그 가족 만여 명을 비(非) 시민과 같이 보는 행동을 감행하고 있는 것이 사실임으로 …… 상업 회의소에 대하여 입회 연설회를 개최할 것을 요구하였다.
>
> — 동아일보 —

① 조선 노동 총동맹과 조선 농민 총동맹이 성립되었다.
② 경성 고무 여자 직공 조합이 아사 동맹을 결성하였다.
③ 노동자 강주룡이 을밀대 지붕에서 고공 농성을 전개하였다.
④ 전국 단위의 노동 운동 단체인 조선 노동 공제회가 조직되었다.
⑤ 백정에 대한 차별 철폐를 요구하는 조선 형평사가 창립되었다.

[2017년 34회 중급 40번]

20 다음 자료의 사회 운동에 대한 설명으로 옳은 것은? (2점)

> 조선 민족 2천만의 한 사람으로서 갑오년 6월부터 백정의 칭호가 없어지고 평민이 된 우리들이다. 애정으로써 상호 부조하며 생활의 안정을 도모하고 공동의 존영을 기하려 한다. 이에 40여만의 단결로써 본사의 목적인 그 주지를 선명하게 표방하는 바이다.

① 통감부의 탄압으로 중단되었다.
② 대한매일신보의 후원을 받았다.
③ 조선 형평사의 주도로 전개되었다.
④ 내 살림 내 것으로 등의 구호를 내세웠다.
⑤ 러시아의 절영도 조차 요구를 저지하였다.

21 (가), (나) 사이의 시기에 있었던 사실로 옳은 것은?

[2016년 31회 고급 45번] (2점)

> (가) 제1차 세계 대전기 일본의 급속한 공업화로 인하여 쌀값이 폭등하고 식량 사정이 악화되었다. 그로 인해 일본 각지에서 쌀 폭동이 일어났고, 그 대책으로 일제는 자국의 부족한 쌀을 한국에서 충당하기 위하여 산미 증식 계획을 추진하기 시작하였다.
>
> (나) 조선 노농 총동맹을 노동과 농민으로 분리하자는 의견이 있어 각지 세포 단체에 그 찬성 여부를 묻는 투표를 실시하였다. 투표 결과 분리에 찬성하는 의견이 대다수이므로 조선 노동 총동맹과 조선 농민 총동맹이 각각 조직되었다.

① 조선 농지령이 공포되었다.
② 국가 총동원법이 제정되었다.
③ 암태도 소작 쟁의가 일어났다.
④ 함경도에서 방곡령이 선포되었다.
⑤ 동양 척식 주식회사가 설립되었다.

22 (가), (나) 항일 운동에 대한 설명으로 옳은 것은?

[2016년 30회 중급 37번] (2점)

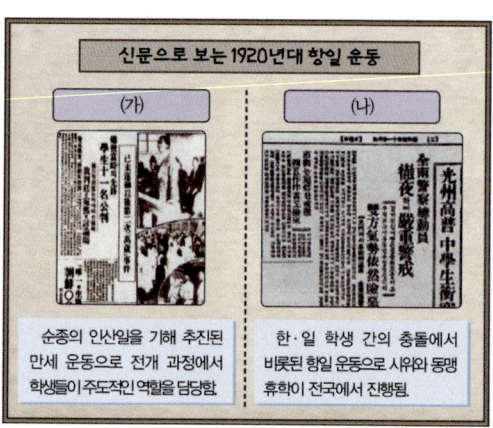

① (가) - 대한민국 임시 정부가 수립되는 배경이 되었다.
② (가) - 국내에서 민족 유일당 운동이 전개되는 계기가 되었다.
③ (나) - 2·8 독립 선언의 도화선이 되었다.
④ (나) - 중국의 5·4 운동에 영향을 주었다.
⑤ (가), (나) - 일제가 이른바 문화 통치를 실시하게 되는 원인이 되었다.

23 다음 자료에 나타난 민족 운동에 대한 설명으로 옳은 것은?

[2016년 32회 고급 43번] (3점)

> 어제 오전 8시에 돈화문을 떠나기 시작한 순종 황제의 인산 행렬이 황금정 거리에까지 뻗쳤다. 대여(大轝)가 막 관수교를 지나가시며 그 뒤에 이왕 전하, 이강 공 전하가 타신 마차가 지나는 오전 8시 40분경에 그 행렬 동편에 학생 수십 인이 활판으로 인쇄한 격문 수만 매를 뿌리며 조선 독립 만세를 불렀다. 이러한 소동 중에 바람에 날리는 격문이 이왕 전하 마차 부근에까지 날렸으며, 경계하고 있던 경관과 기마 경관대는 학생들과 충돌하였다. …… 현장에서 학생 30여 명이 체포되었고 …… 시내 장사동 247번지 부근에서도 시내 남대문통 세브란스 의학 전문 학생이 격문을 뿌리다가 현장에서 4명이 체포되었다더라.

① 대한민국 임시 정부의 수립에 영향을 주었다.
② 신간회 중앙 본부가 진상 조사단을 파견하였다.
③ 민족주의 진영과 사회주의 진영이 함께 준비하였다.
④ 한국인 학생과 일본인 학생 간의 충돌이 발단이 되었다.
⑤ 일제 통치 방식이 이른바 문화 통치로 바뀌는 계기가 되었다.

24 다음 격문을 발표한 항일 운동에 대한 설명으로 옳은 것은?

[2016년 30회 고급 40번] (2점)

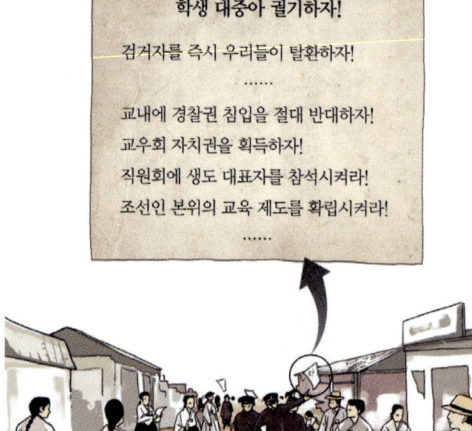

① 고종의 인산일을 계기로 일어났다.
② 중국의 5·4 운동에 영향을 주었다.
③ 형평사를 중심으로 진주에서 시작되었다.
④ 신간회에서 조사단을 파견하여 지원하였다.
⑤ 일제가 이른바 문화 통치를 실시하는 배경이 되었다.

[2020년 49회 심화 42번]

25 밑줄 그은 '투쟁' 이후의 사실로 옳은 것은? (2점)

최근 개통된 천사대교를 건너면 일제 강점기 대표적인 소작 쟁의가 전개된 암태도를 만날 수 있습니다. 당시 암태도의 농민들은 고율의 소작료를 징수하는 지주 문재철에 맞서 목포까지 나가 단식을 벌이는 등 약 1년에 걸친 투쟁으로 소작료를 낮추는 성과를 거두었습니다.

① 회사령이 제정되었다.
② 농광 회사가 설립되었다.
③ 토지 조사 사업이 실시되었다.
④ 조선 농민 총동맹이 결성되었다.
⑤ 함경도에서 방곡령이 선포되었다.

[2020년 50회 심화 36번]

26 (가) 단체의 활동으로 옳은 것은? (1점)

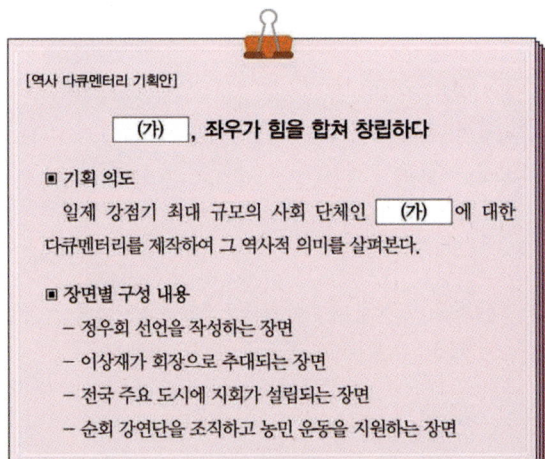

[역사 다큐멘터리 기획안]

（가）, 좌우가 힘을 합쳐 창립하다

■ 기획 의도
  일제 강점기 최대 규모의 사회 단체인 （가） 에 대한 다큐멘터리를 제작하여 그 역사적 의미를 살펴본다.

■ 장면별 구성 내용
  - 정우회 선언을 작성하는 장면
  - 이상재가 회장으로 추대되는 장면
  - 전국 주요 도시에 지회가 설립되는 장면
  - 순회 강연단을 조직하고 농민 운동을 지원하는 장면

① 평양에 자기 회사를 설립하였다.
② 2·8 독립 선언서를 작성하여 발표하였다.
③ 제국신문을 발행하여 민중 계몽에 힘썼다.
④ 어린이날을 제정하고 잡지 어린이를 간행하였다.
⑤ 광주 학생 항일 운동에 진상 조사단을 파견하였다.

[2018년 38회 고급 37번]

27 밑줄 그은 '이 사건'이 일어난 시기를 연표에서 옳게 고른 것은? (1점)

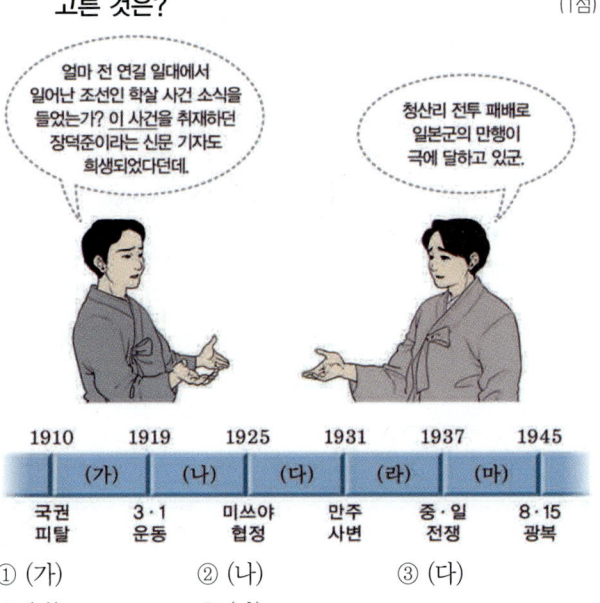

① (가)   ② (나)   ③ (다)
④ (라)   ⑤ (마)

[2019년 43회 고급 41번]

28 (가) 인물에 대한 설명으로 옳은 것은? (2점)

① 양기탁 등과 함께 신민회를 조직하였다.
② 광복에 대비하여 조선 건국 동맹을 결성하였다.
③ 봉오동 전투에서 일본군을 상대로 승리를 거두었다.
④ 독립군을 양성하기 위하여 신흥 강습소를 설립하였다.
⑤ 독립 투쟁 과정을 정리한 한국독립운동지혈사를 저술하였다.

기출문제

29 [2019년 44회 고급 43번]
밑줄 그은 '이 부대'의 활동으로 옳은 것은? (2점)

> 이 건물은 승은문으로, 총사령 지청천이 이끈 이 부대가 길림 자유군과 연합하여 만주국 군대를 격파한 쌍성보 전투의 현장입니다.

① 동북 항일 연군으로 개편되어 유격전을 전개하였다.
② 대전자령 전투에서 일본군을 상대로 승리를 거두었다.
③ 간도 참변 이후 조직을 정비하고 자유시로 이동하였다.
④ 홍범도 부대와 연합하여 청산리에서 일본군과 교전하였다.
⑤ 조선 혁명당의 군사 조직으로 남만주 지역에서 활약하였다.

30 [2021년 51회 심화 44번]
(가) 부대의 활동으로 옳은 것은? (3점)

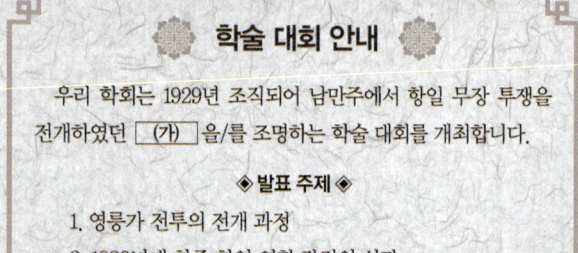

◆ 학술 대회 안내 ◆

우리 학회는 1929년 조직되어 남만주에서 항일 무장 투쟁을 전개하였던 (가) 을/를 조명하는 학술 대회를 개최합니다.

◆ 발표 주제 ◆
1. 영릉가 전투의 전개 과정
2. 1930년대 한중 항일 연합 작전의 성과
3. 총사령 양세봉에 대한 남과 북의 평가

■ 일시: 2021년 ○○월 ○○일 13:00~17:00
■ 장소: □□ 기념관 강당
■ 주최: △△ 학회

① 흥경성에서 일본군을 격퇴하였다.
② 호가장 전투에서 크게 활약하였다.
③ 대전자령 전투에서 큰 전과를 올렸다.
④ 중국 팔로군에 편제되어 항일 전선에 참여하였다.
⑤ 연합군과 함께 인도 · 미얀마 전선에서 활동하였다.

31 [2016년 31회 고급 43번]
밑줄 그은 '독립군'에 대한 설명으로 옳은 것은? (2점)

> 오후 1시경 일본군의 전초 부대가 지나간 뒤 본대가 화물 자동차를 앞세우고 대전자령의 계곡으로 들어오기 시작했다. …… 독립군은 사격과 함께 바위를 굴려 일본군을 살상하고 자동차와 우마차를 파괴하거나 운행 불능의 상태에 빠뜨리며 적을 완전히 포위하여 고립시켰다. …… 독립군과 중국 호로군 부대는 절대적으로 유리한 지형에서 조직적으로 맹공을 퍼부었기 때문에, 매복에 걸려든 일본군은 중무기와 차량 등을 버리고 도주하고자 하였으나 결국 거의 궤멸되고 말았다.

① 지청천이 총사령관으로 부대를 지휘하였다.
② 자유시 참변으로 인하여 세력이 약화되었다.
③ 청산리 전투에서 일본군에게 대승을 거두었다.
④ 중국 관내에서 결성된 최초의 한인 무장 부대였다.
⑤ 미군의 지원을 받아 국내 진공 작전을 계획하였다.

32 [2021년 52회 심화 44번]
(가), (나) 사이의 시기에 있었던 사실로 옳지 <u>않은</u> 것은? (1점)

> (가) 북간도에 주둔한 아군 7백 명은 북로 사령부 소재지인 봉오동을 향해 행군하다가 적군 3백 명을 발견하였다. 아군을 지휘하는 홍범도, 최진동 두 장군은 즉시 적을 공격하여 120여 명을 살상하고 도주하는 적을 추격하였다.
> — 『독립신문』 —

> (나) 조선 혁명군 총사령 양세봉, 참모장 김학규 등은 병력을 이끌고 중국 의용군과 합세하였다. …… 아군은 승세를 몰아 적들을 30여 리 정도 추격한 끝에 영릉가성을 점령하였다.
> — 『광복』 —

① 자유시 참변 이후 3부가 조직되었다.
② 일본군의 보복으로 간도 참변이 발생하였다.
③ 독립군 연합 부대가 청산리에서 큰 승리를 거두었다.
④ 일제가 독립군을 탄압하고자 미쓰야 협정을 체결하였다.
⑤ 스탈린에 의해 많은 한인이 중앙아시아로 강제 이주되었다.

[2020년 49회 심화 45번]

33 다음 인물의 활동으로 옳은 것은? (2점)

【이달의 독립운동가】
한국 광복군 창설의 주역
○○○ 장군

- 생몰: 1888년~1957년
- 주요 활동
  - 정의부 총사령관 역임
  - 한국 독립당 창당에 참여
  - 한국 광복군 총사령관 역임
- 서훈 내용
  건국 훈장 대통령장 추서

① 동양 척식 주식회사에 폭탄을 투척하였다.
② 대한 광복회를 조직하여 친일파를 처단하였다.
③ 쌍성보, 대전자령 전투에서 일본군을 격파하였다.
④ 대한 국민회군과 연합하여 봉오동 전투에서 승리하였다.
⑤ 민중의 직접 혁명을 주장하는 조선 혁명 선언을 집필하였다.

[2019년 44회 고급 40번]

34 (가) 군대에 대한 설명으로 옳은 것은? (1점)

이것은 대한민국 임시 정부 산하의 (가) 총사령부 건물로, 지난 3월 이곳 충칭의 옛 터에 복원되었습니다. 과거 임시 정부가 중국의 도움으로 (가) 을/를 창설하였듯이, 오늘날 이 총사령부 건물도 양국의 노력으로 세울 수 있었습니다.

① 김좌진의 지휘 아래 활동하였다.
② 자유시 참변으로 큰 타격을 입었다.
③ 미국과 연계하여 국내 진공 작전을 계획하였다.
④ 중국 관내(關內)에서 결성된 최초의 한인 무장 부대였다.
⑤ 중국 호로군과 연합 작전을 통해 항일 전쟁을 전개하였다.

[2020년 47회 심화 45번]

35 다음 선언문 발표 이후 일어난 사실로 옳은 것은? (3점)

한국 국민당, 조선 혁명당, 한국 독립당은 각각 자기 당을 해소(解消)하고 새로 한국 독립당을 창립하였음을 중외(中外) 각계에 정중히 선언한다.

동지 동포들! 우리 3당이 1당을 조직하게 된 최대 이유는 다음과 같다. 첫째, 원래 3당의 당의(黨義), 당강(黨綱), 당책(黨策)으로든지 독립운동의 의식으로든지 역사적 혁명 노선으로든지 3당 서로가 1당을 세울 만한 통일적 가능성을 충족하게 내포하였던 것이다. 둘째, 수 3년 내로 3당 통일의 예비 행동이 점차로 성숙되었던 것이다. …… 마침내 우리 민족 해방 운동의 역사적 임무를 달성하려면 각계각층의 협력 합작을 통하여 비로소 총동원될 것은 누구도 부인하지 못할 명확한 결론이므로, 가까운 장래에 각방(各方)의 정성 단결이 확립되어야 우리의 광복 대업이 속히 이루어질 것으로 믿는다.

① 김규식이 파리 강화 회의에 대표로 파견되었다.
② 참의부, 신민부, 정의부가 만주 지역에 성립되었다.
③ 윤봉길이 상하이 훙커우 공원에서 의거를 일으켰다.
④ 삼균주의에 입각한 대한민국 건국 강령이 발표되었다.
⑤ 독립 운동의 방략을 논의하기 위한 국민 대표 회의가 개최되었다.

[2017년 34회 고급 44번]

36 다음 사건에 대한 탐구 활동으로 가장 적절한 것은? (2점)

4월 29일, 새벽에 윤군과 같이 김해산의 집에 가서 마지막으로 식탁을 같이하여 아침밥을 먹었다. …… 마침내 오후 한 시쯤이 되자 곳곳에서 허다한 중국 사람들이 술렁거리는 소리가 들려왔지만, 전하는 말이 달라 정확한 상황을 확인할 수 없었다. ……

오후 두세 시경에 다음과 같은 신문 호외가 터져 나왔다.
"훙커우 공원 일본인의 경축대 위에서 대량의 폭탄이 폭발하여 거류민단장 가와바다는 즉사하고, 시라카와 대장, 시게미츠 주중 공사, 우에다 중장, 노무라 중장 등 문무 대관이 모두 중상 ……."

① 자유시 참변이 일어난 원인을 조사한다.
② 신흥 무관 학교의 설립 배경을 파악한다.
③ 복벽주의를 내세운 단체의 활동을 정리한다.
④ 김구가 조직한 한인 애국단의 활동을 살펴본다.
⑤ 중광단을 중심으로 북로 군정서가 조직된 과정을 알아본다.

기출문제

37 [2020년 47회 심화 40번]
(가) 단체의 활동으로 옳은 것은? (1점)

이 동상은 박재혁 의사의 1920년 의거를 기념하여 세운 것입니다. 그는 김원봉, 윤세주 등이 만주 지린성에서 창설한 (가) 에 가입한 후, 고서상으로 위장하여 부산 경찰서에 들어가 폭탄을 터뜨렸습니다.

① 국채 보상 운동을 적극 후원하였다.
② 조선 혁명 선언을 활동 지침으로 삼았다.
③ 청산리에서 일본군에 맞서 대승을 거두었다.
④ 구미 위원부를 설치하여 외교 활동을 전개하였다.
⑤ 만민 공동회를 개최하여 민권 신장을 추구하였다.

38 [2020년 49회 심화 41번]
(가) 지역에서 전개된 민족 운동에 대한 설명으로 옳은 것은? (2점)

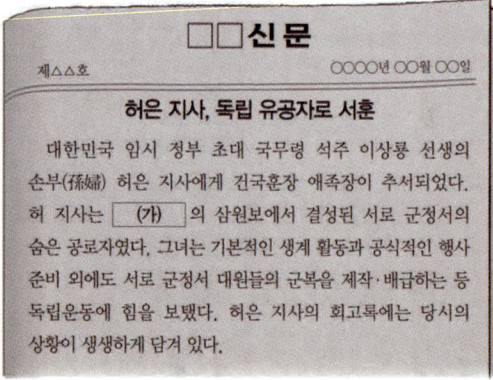

① 해조신문을 발간하여 국권 회복에 힘썼다.
② 신흥 강습소를 설립하여 독립군을 양성하였다.
③ 대한인 국민회를 조직하여 외교 활동을 펼쳤다.
④ 대조선 국민 군단을 창설하여 군사 훈련을 하였다.
⑤ 유학생들이 중심이 되어 2·8 독립 선언서를 발표하였다.

39 [2020년 47회 심화 39번]
(가)에 해당하는 지역을 지도에서 옳게 찾은 것은? (2점)

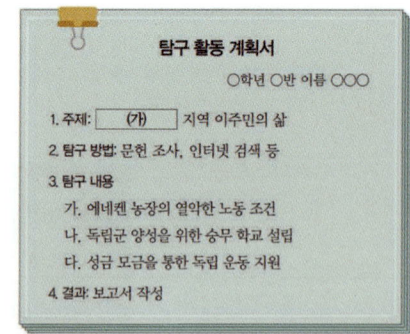

① ㉠ ② ㉡ ③ ㉢
④ ㉣ ⑤ ㉤

40 [2020년 50회 심화 43번]
(가) 단체에 대한 설명으로 옳은 것은? (2점)

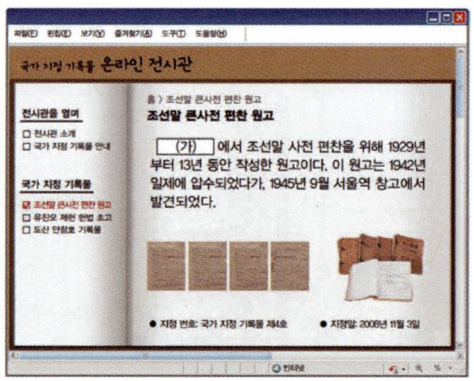

① 국어 문법서인 대한문전을 편찬하였다.
② 한글 맞춤법 통일안과 표준어를 제정하였다.
③ 우리말 음운 연구서인 언문지를 저술하였다.
④ 한글 연구를 목적으로 학부 아래에 설립되었다.
⑤ 주시경을 중심으로 국문을 정리하고 철자법을 연구하였다.

[2016년 32회 중급 39번]

41 (가) 인물에 대한 설명으로 옳은 것은? (2점)

① 진단 학회를 중심으로 활동하였다.
② 한국독립운동지혈사를 저술하였다.
③ 우리말 큰사전 편찬에 참여하였다.
④ 조선 민립 대학 기성회를 조직하였다.
⑤ 대한매일신보에 독사신론을 발표하였다.

[2020년 48회 심화 41번]

42 다음 가상 인터뷰의 주인공에 대한 설명으로 옳은 것은? (2점)

① 민족의 얼을 강조하고 조선학 운동을 추진하였다.
② 진단 학회를 설립하여 실증주의 사학을 발전시켰다.
③ 조선사 편수회에 들어가 조선사 편찬에 참여하였다.
④ 유물 사관을 바탕으로 조선사회경제사를 저술하였다.
⑤ 한국통사를 저술하고 민족주의 사학의 기초를 닦았다.

[2016년 32회 고급 39번]

43 다음 수행 평가의 보고서 제목으로 적절한 것을 〈보기〉에서 고른 것은? (2점)

수행 평가 안내
- 주제: 일제 강점기 식민 사학을 극복하기 위한 노력
- 조사 내용: 한국사의 타율성과 정체성, 당파성 등을 강조한 식민 사학을 극복하기 위한 노력을 조사하여 보고서로 제출할 것
- 분량: A4 용지 3매
- 제출 기한: 2016년 ○○월 ○○일 ○○시까지

| 보기 |
ㄱ. 이종휘, 동사를 저술하다
ㄴ. 신채호, 조선 상고사를 저술하다
ㄷ. 조선사 편수회, 조선사를 편찬하다
ㄹ. 백남운, 조선사회경제사를 저술하다

① ㄱ, ㄴ ② ㄱ, ㄷ ③ ㄴ, ㄷ
④ ㄴ, ㄹ ⑤ ㄷ, ㄹ

[2018년 40회 고급 42번]

44 (가)에 대한 설명으로 옳은 것은? (3점)

※ 학술 대회 안내 ※
우리 학회는 일제의 식민 지배 이데올로기에 대항하여 한국 역사와 문화의 독자성·주체성을 탐구한 민족 운동인 (가) 의 역사적 의의를 조명하는 학술 대회를 개최합니다.

◆ 발표 주제 ◆
- 정인보의 조선 양명학 연구와 얼 사상
- 안재홍의 조선학과 신민족주의론
- 문일평의 조선학론과 역사 대중화

■ 일시: 2018년 ○○월 ○○일 13:00~17:00
■ 장소: □□대학교 대강당
■ 주최: △△학회

① 신경향파 문학이 등장하는 배경이 되었다.
② 여유당전서 간행 사업을 계기로 전개되었다.
③ 조선사 편수회를 설치하여 조선사를 편찬하였다.
④ 모금 활동을 통한 민립 대학 설립을 목표로 하였다.
⑤ 오산 학교와 대성 학교를 설립하여 민족 교육을 실시하였다.

45 밑줄 그은 '이 종교'에 대한 설명으로 옳은 것은? (2점)

① 항일 운동 단체인 의민단을 조직하였다.
② 개벽과 신여성 등의 잡지를 발간하였다.
③ 배재 학당을 세워 신학문을 보급하였다.
④ 단군 숭배를 통해 민족 의식을 고취하였다.
⑤ 위정척사를 내세워 영남 만인소를 올렸다.

46 (가)에 들어갈 내용으로 옳은 것은? (1점)

① 저항시 그날이 오면을 발표하였습니다.
② 근대극 형식을 도입한 토월회를 조직하였습니다.
③ 단성사에서 개봉된 영화 아리랑을 제작하였습니다.
④ 고대사 연구를 바탕으로 조선상고사를 저술하였습니다.
⑤ 일제 강점기 농촌 현실을 묘사한 소설 고향을 연재하였습니다.

47 (가)~(마)에 들어갈 내용으로 옳은 것은? (2점)

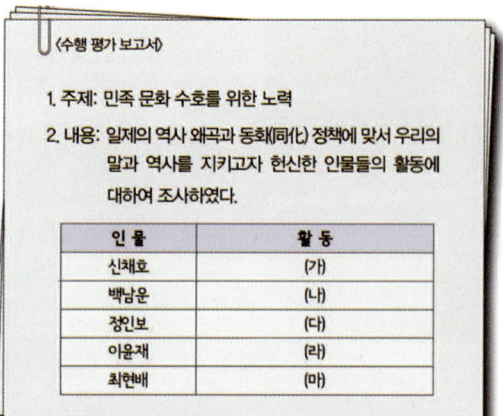

① (가) - 잡지 한글의 간행을 주도하였다.
② (나) - 한글 맞춤법 통일안 제정에 참여하였다.
③ (다) - 민족의 얼을 강조하고 조선학 운동을 추진하였다.
④ (라) - 애국심 고취를 위해 을지문덕전을 집필하였다.
⑤ (마) - 조선사회경제사에서 식민 사학의 정체성론을 반박하였다.

48 (가) 단체의 활동으로 옳은 것은? (1점)

예심 종결 결정문

주문(主文)
피고 이극로, 최현배 외 10명은 함흥 지방 법원 공판에 부친다. 피고 장지영 외 1명은 면소(免訴)한다.

이유(理由)
본 건(件) (가) 은/는 1919년 만세 소요 사건의 실례에 비추어 조선의 독립을 장래에 기약하는 데는 문화 운동에 의하여 민족정신의 환기와 실력 양성을 급무로 삼아서, 피고인 이극로를 중심으로 하여 문화 운동 중 그 기초적 중심이 되는 어문 운동의 방법을 취하여 그 이념으로써 지도 이념을 삼아 겉으로 문화 운동의 가면을 쓰고, 조선 독립을 목적한 실력 배양 단체로서 본 건이 검거되기까지 10여 년이나 오랫동안 조선 민족에 대하여 조선의 어문 운동을 전개해 왔다. ……

① 여유당전서 간행 사업을 계기로 조직되었다.
② 한글 맞춤법 통일안과 표준어를 제정하였다.
③ 국어의 이해 체계 확립을 위해 국문 연구소를 세웠다.
④ 개벽, 신여성 등의 잡지를 간행하여 민족의식을 높였다.
⑤ 인재 육성의 일환으로 민립 대학 설립 운동을 전개하였다.

[2017년 37회 고급 44번]

49 (가) 부대에 대한 설명으로 옳은 것은? (2점)

① 자유시 참변으로 큰 타격을 입었다.
② 미국과 연계하여 국내 진공 작전을 계획하였다.
③ 신흥 무관 학교를 설립하여 독립군을 양성하였다.
④ 중국 관내(關內)에서 결성된 최초의 한인 무장 부대였다.
⑤ 중국 호로군과 연합 작전을 통해 항일 전쟁을 전개하였다.

[2019년 43회 고급 44번]

50 다음 영화가 처음 개봉되었던 당시에 볼 수 있는 모습으로 가장 적절한 것은? (3점)

① 카프(KAPF)에서 활동하는 신경향파 작가
② 원각사에서 은세계 공연을 관람하는 학생
③ 육영 공원에서 영어를 가르치는 미국인 교사
④ 전차 개통식에 참여하는 한성 전기 회사 직원
⑤ 손기정 선수의 올림픽 우승 소식을 보도하는 기자

01 ④
제시된 자료에서 '토지 조사 사업'은 1910년대 무단 통치 시기인 1912~1918년에 시행된 정책이다. 무단 통치 시기인 1910년에는 회사령이 공포되어 기업을 세울 때 총독의 허가를 맡게 하였다.

오답분석
① 1938년 이후
② 1920년대
③ 1904년
⑤ 1936년

02 ④
헌병이라는 단어가 반복적으로 등장하는 것을 통해 무단 통치 시기에 시행된 법령임을 추론할 수 있다.
④ 일제는 1912년부터 1918년까지 토지 조사 사업을 실시하였다.

오답분석
①, ② 중·일 전쟁 이후의 일이다.
③ 1930년대 일제의 경제 정책이다.
⑤ 여자 정신 근로령은 1944년에 제정되었다.

03 ③
제시문에서 '사이토 마코토', '조선 통치에 대하여'의 내용을 통해 3·1 운동 이후 무단 통치에서 문화 통치로 넘어가는 시기에 작성되었음을 알 수 있다. 산미 증식 계획은 1920년에 실시되었다.

오답분석
① 1939년 ② 1912년 ④ 1936년 ⑤ 1910년

04 ③
제시된 자료에서 '중·일 전쟁'은 1937년에 일어난 전쟁이므로, 그 이후의 시기에 대한 일제의 정책을 골라야 한다. 조선 사상범 예방 구금령은 1941년에 제정되었다.

오답분석
① 1912년 ② 1910년 ④ 1911년 ⑤ 1912~1918년

05 ⑤
제시문에 나오는 '국민학교'는 1941년 소학교의 명칭이 '황국 신민의 학교'라는 의미로 바꾼 명칭이다. 그러므로 일제강점기 말의 상황에 대한 내용을 찾아야 한다. 여자 정신 근로령은 1944년에 제정되었다.

오답분석
① 1929년
② 1910년대
③ 1927년
④ 1929년

06 ④
제시문은 1910년에 제정된 『범죄 즉결례』의 내용이다. 1910년은 무단 통치 시기로, 이 시기에는 헌병 경찰 통치가 실시되었다.

오답분석
① 1883년 ② 1898년 ③ 1894년 ⑤ 1907년

07 ④
문·무관 총독 임명이 가능하고, 보통 경찰제를 실시하며, 친일적 단체를 조직하는 것을 통해 일제의 문화 통치(1920년대)라는 것을 알 수 있다. ④ 문화 통치의 실시 배경이 된 것은 1919년에 전국적으로 일어난 3·1 운동이다.

오답분석
① 브나로드 운동이 전개된 것은 1930년대이며, 일제의 문화 통치 이후이다.
② 암태도 소작 쟁의가 발생한 것은 1923년이며, 일제의 문화 통치 시기이다.
③ 광주 학생 항일 운동이 일어난 것은 1929년이며, 민족 차별 교육에 반발하여 일어났다.
⑤ 충칭에서 한국 광복군이 창설된 것은 1940년이며, 일제 문화 통치 이후이다.

08 ②
(가) 회사령(1910)
(나) 토지 조사령(1912)
(다) 국가 총동원법(1938)
(라) 소작 조정령(1932)

09 ②
제시문에서 '일반 기업들이 발흥', '허가주의' 등의 내용을 통해 (가) 법령은 1910년에 제정된 회사령임을 알 수 있다. 회사령이 제정된 시기는 무단 통치 시기로, 이 시기에는 범죄 즉결례(1910)가 제정되어 일정한 범죄나 법규 위반 행위에 대해서 재판을 거치지 않고 바로 처벌되었다.

오답분석
① 1922년 ③ 1941년 ④ 1930년대 ⑤ 1938년

10 ②
제시문에서 '조선 사상범 보호 관찰령'은 1936년에 제정되었다. ② 조선어학회 사건은 1942년에 일어났다.

오답분석
① 1927년   ③ 1926년
④ 1926년   ⑤ 1932년

11 ④
자료에서 언급한 지원병제는 중 · 일 전쟁 이후인 1938년 일제가 발표한 국가총동원제 하에 시행된 것이다. ④ 1941년 일제는 독립운동 탄압을 위하여 조선 사상범 예방 구금령을 발표하였다.

오답분석
① 조선 태형령은 무단 통치 시기인 1910년대에 시행하였다.
② 헌병 경찰제는 무단 통치 시기인 1910년대에 시행하였다.
③ 회사령은 1910년에 발표하였다.
⑤ 토지 조사 사업은 1912년부터 1918년까지 실시되었다.

12 ①
제시된 자료에서 '대동단결 선언'은 1917년에 발표되었으므로, 3 · 1 운동(1919) 이전 시기인 (가)가 정답이다.

13 ④
제시문에서 '파고다 공원', '윌슨 대통령', '고종에게 조의' 등의 내용을 통해 3 · 1 운동(1919)에 대한 내용임을 알 수 있다. 3 · 1 운동의 전개 과정에서 1919년 4월 15일 일본군은 경기도 화성 제암리에서 15세 이상의 남자들을 교회에 모이게 하여, 밖에서 문을 잠그고 무차별 사격을 가한 후 교회에 불을 지르는 등의 만행으로 23명을 학살했고 이웃 마을에 가서 6명을 살해하였다. 또한 인근의 교회와 민가 수십 호에도 불을 질렀다.

오답분석
① 형평 운동
② 광주 학생 항일 운동
③ 의열단에 대한 내용이다.
⑤ 성진회는 광주에서 조직된 학생 비밀 결사이다.

14 ①
제시문에서 임시 정부 대통령 이승만을 탄핵한다는 내용과 박은식을 임시 정부 대통령으로 선거한다는 내용을 통해 1925년의 상황임을 알 수 있다. 그러므로 1925년 이후의 대한민국 임시 정부의 활동을 골라야 한다. 대한민국 임시 정부는 1941년 조소앙의 삼균주의에 바탕을 둔 건국 강령을 발표하였다.

오답분석
② 1924년   ③ 1920년
④ 1923년   ⑤ 1919년

15 ②
제시된 지도의 (가)는 서간도, (나)는 북간도, (다)는 연해주이다. ② 서간도 삼원보에는 독립군 양성을 위해 신흥 강습소(신흥 무관 학교)를 세웠다.

오답분석
① 해조신문, 권업신문은 연해주에서 발간
③ 한인 자치기구인 경학사는 서간도에 설치
④ 대한인 국민회는 미국에서 활동
⑤ 서전서숙, 명동 학교는 북간도에 설립

16 ⑤
제시된 자료에서 '임병찬', '고종의 밀지'의 내용을 통해 (가) 단체는 1912년에 조직된 독립 의군부임을 알 수 있다. 독립 의군부는 일본 총리와 조선 총독에게 국권 반환 요구서를 보내려고 계획하던 중에 조직이 발각되어 해체되었다.

오답분석
① 신간회   ② 신민회
③ 치안 유지법(1925)은 독립 의군부가 해체된 이후에 제정되었다.
④ 대한민국 임시 정부

17 ④
제시된 자료에서 '내 살림 내 것으로'는 1920년대 일어난 물산 장려 운동의 구호이다. 1920년 8월 평양에서 조만식 등이 중심이 되어 물산 장려 운동을 시작하자, 서울 등 다른 지역에서도 자작회, 토산 애용 부인회, 금주 · 단연회 등의 많은 단체가 만들어져 활동하였다.

오답분석
① 조선 노동 총동맹은 1927년에 결성된 노동 운동 단체이다.
② 여성 운동
③ 형평 운동에 대한 내용이다.
⑤ 1907년에 설립된 국문 연구소와 물산 장려 운동은 관련이 없다.

18 ③
제시문에서 '고등 교육', '민립 대학의 설립'의 내용을 통해 민립 대학 설립 운동에 대한 내용임을 알 수 있다. 일제의 식민지 우민화 교육은 한국인에게 고등 교육의 기회를 거의 부여하지 않았다. 이러한 식민지 교육의 한계를 극복하고 한국인의 고등 교육을 담당할 대학 설립의 필요성이 대두되면서 이상재, 한용운, 이승훈 등 지식인들은 민립 대학 설립 운동을 전개하였다.

오답분석
① 여성 운동
② 3·1 운동
④ 소년 운동
⑤ 문자보급 운동

19 ③
제시문에서 '노동 정지', '국제 통상 주식회사 원산 지점' 등의 내용을 통해 원산 총파업(1929)에 대한 내용임을 유추할 수 있다. 강주룡의 고공 농성은 1932년에 일어났다.

오답분석
① 1927년
② 1923년
④ 1920년
⑤ 1923년

20 ③
'백정의 칭호가 없어지고 평민이 된 우리들'이라는 내용을 통해 형평 운동임을 알 수 있다. 형평 운동은 1923년부터 전개되었다. ③ 형평 운동은 조선 형평사의 주도로 전개되었다.

오답분석
① 통감부는 1910년까지 존재하였으므로 시기상 옳지 않다.
② 대한매일신보는 1904년부터 1910년까지 발행되었다.
④ 물산 장려 운동에 대한 설명이다.
⑤ 독립 협회에 대한 설명이다.

21 ③
자료 (가)의 산미 증식 계획이 실시된 시기는 1920년이며, (나)의 조선 농민 총동맹, 조선 노동 총동맹이 조직된 시기는 1927년이다. ③ 암태도 소작쟁의는 1923년에 발생하였다.

오답분석
① 조선 농지령은 1934년에 공포
② 국가 총동원법은 1938년에 제정
④ 함경도에서 방곡령을 실시한 것은 1890년대
⑤ 동양 척식 주식회사는 1908년에 설립

22 ②
(가)는 '순종의 인산일을 기해 추진된' 6·10 만세 운동(1926)이고, (나)는 '한·일 학생 간의 충돌에서 비롯된' 광주 학생 항일 운동(1929)이다. 6·10 만세 운동은 시위의 준비 과정에서 사회주의 계열과 민족주의 계열이 연대함으로써 민족 유일당을 결성할 수 있는 공감대를 형성하였다.

오답분석
①,③,④,⑤ 3·1운동에 대한 설명이다.

23 ③
순종 황제의 인산일에 일어난 운동은 6·10 만세 운동이다. ③ 6·10 만세 운동은 사회주의자와 민족주의자가 같이 준비하였으나, 민족주의자가 시위 전에 검거되어 사회주의자와 학생이 함께 전개하였다.

오답분석
①,⑤ 3·1 운동
②,④ 광주 학생 항일 운동

24 ④
자료는 광주 학생 항일 운동(1929) 당시의 격문이다. 1929년 10월, 전남 광주로 통학하는 열차에서 일본 남학생이 한국 여학생을 희롱한 사건을 계기로 한·일 학생 사이에 충돌이 일어났다. 경찰과 교육 당국이 일본인 학생만 두둔하자 광주 지역의 학생들은 일제의 민족 차별 중지와 식민지 교육 제도 철폐를 요구하며 총궐기하였다. 신간회는 진상조사단을 파견하고 대규모 민중 대회를 개최하려 하였으나, 일제가 신간회 간부들을 대거 검거함으로써 중단되었다(민중대회 사건). 광주 학생 항일 운동은 학생들이 앞장서고 시민, 노동자들이 참여한 3·1 운동 이후 최대 규모의 항일 민족 운동이었다.

오답분석
① 6·10 만세 운동(1926)
②,⑤ 3·1 운동(1919)
③ 형평 운동

25 ④
제시된 자료에서 '대표적인 소작 쟁의', '암태도'의 내용을 통해 밑줄 그은 '투쟁'은 암태도 소작 쟁의(1923~1924)임을 알 수 있다. 조선 농민 총동맹은 1927년에 결성되었다.

오답분석
① 1910년
② 1904년
③ 1912~1918년
⑤ 1889년

26 ⑤
제시된 자료에서 '일제 강점기 최대 규모의 사회 단체', '정우회 선언', '이상재가 회장으로 추대' 등의 내용을 통해 (가) 단체는 1927년에 조직된 신간회임을 알 수 있다. 신간회는 광주 학생 항일 운동이 확산되자 진상 조사단을 파견하고 투쟁을 더욱 발전시켜 나갔다.

오답분석
① 신민회
② 도쿄 유학생
④ 천도교 소년회에 대한 내용이다.
③ 제국신문은 신간회 창립 이전 시기인 1898~1910년에 발행되었다.

27 ②
제시된 자료에서 '조선인 학살 사건', '청산리 전투 패배로 일본군의 만행'의 내용을 통해 밑줄 그은 '이 사건'은 간도 참변(1920)에 대한 내용임을 알 수 있다.

28 ③
제시된 자료에서 '대한 독립군 총사령관'이라는 내용을 통해 (가) 인물은 홍범도임을 알 수 있다. 홍범도의 대한 독립군은 안무의 국민회군, 최진동의 군무 도독부군 등과 연합 부대를 형성하고, 일본군을 봉오동으로 유인하여 큰 승리를 거두었다(봉오동 전투, 1920. 6.).

오답분석
① 안창호 ② 여운형
④ 이회영 ⑤ 박은식

29 ②
제시된 자료에서 '총사령 지청천', '쌍성보 전투'의 내용을 통해 밑줄 그은 '이 부대'는 한국 독립군임을 알 수 있다. 한국 독립군은 북·동만주 일대에서 지청천의 지휘 아래 중국 호로군과 함께 쌍성보 전투, 동경성 전투, 대전자령 전투 등에서 큰 전과를 올렸다.

오답분석
① 조선 의용군
③ 대한 독립군단
④ 북로 군정서
⑤ 조선 혁명군

30 ①
제시된 자료에서 '영릉가 전투', '1930년대 한중 항일 연합 작전', '총사령 양세봉' 등의 내용을 통해 (가) 부대는 조선 혁명군임을 알 수 있다. 조선 혁명군은 중국 의용군과 연합하여 영릉가, 흥경성 전투에서 일본군을 격퇴하였다.

오답분석
② 조선 의용대 화북 지대
③ 한국 독립군
④ 조선 의용군
⑤ 한국 광복군

31 ①
다음 자료에서 중국 호로군과 연합 작전을 펼쳤다는 내용을 통해 밑줄 친 독립군은 한국 독립군임을 알 수 있다. ① 한국 독립군의 총사령관은 지청천이다.

오답분석
② 대한 독립군단 ③ 북로 군정서
④ 조선 의용대 ⑤ 한국 광복군

32 ⑤
제시문에서 (가)는 봉오동 전투(1920. 6.), (나)는 영릉가 전투(1932)에 대한 내용이다.
⑤ 1937년의 일이다.

오답분석
① 자유시 참변은 1921년, 3부의 조직은 1924~1925년의 일이다.
② 1921년, ③ 1920년 10월, ④ 1926년

33 ③
제시된 자료에서 '한국 독립당 창당', '한국 광복군 총사령관'의 내용을 통해 지청천에 대한 내용임을 알 수 있다. 지청천은 한국 독립군을 이끌며 쌍성보 전투, 동경성 전투, 대전자령 전투 등에서 일본군을 격파하였다.

오답분석
① 나석주 ② 박상진
④ 홍범도 ⑤ 신채호

34 ③
제시된 자료에서 '대한민국 임시 정부 산하', '충칭'의 내용을 통해 (가) 군대는 1940년에 창설된 한국 광복군임을 알 수 있다. 한국 광복군은 독립을 직접 쟁취하기 위해 미국 전략 정보국(OSS)과 협력하여 국내 진공 작전을 계획하였다.

오답분석
① 북로 군정서 ② 대한 독립군단
④ 조선 의용대 ⑤ 한국 독립군

35 ④

제시문은 김구의 한국 국민당, 지청천의 조선 혁명당, 조소앙의 한국 독립당이 모여 한국 독립당을 결성(1940)하는 내용이다. 이후 대한민국 임시 정부는 조소앙의 삼균주의를 바탕으로 대한민국 건국 강령(1941)을 발표하였다.

오답분석
① 1919년
② 참의부(1923년), 정의부·신민부(1925년)
③ 1932년
⑤ 1923년

36 ④

제시한 자료는 백범일지의 일부로 김구와 윤봉길이 의거 전 마지막 식사를 하는 장면이다. ④ 윤봉길은 김구가 조직한 한인 애국단의 소속이었다.

오답분석
① 자유시 참변은 1920년대 독립군과 소련군 사이에 지휘권 갈등으로 인해 발생하였다.
② 신흥 무관 학교는 무장 독립 투쟁을 위해 신민회가 설립한 것이다.
③ 복벽주의를 내세운 단체는 독립 의군부가 대표적이다.
⑤ 1920년대 중광단을 중심으로 독립군인 북로 군정서군이 조직되었다.

37 ②

제시된 자료에서 박재혁 의사는 의열단의 단원으로 부산 경찰서에 폭탄을 던진 인물이다. 그러므로 (가) 단체는 의열단임을 알 수 있다. 의열단은 신채호의 조선 혁명 선언(1923)을 활동 지침으로 삼았다.

오답분석
① 국채 보상 운동(1907)은 의열단의 결성 이전에 일어났다.
③ 대한 독립군, 북로 군정서
④ 대한민국 임시 정부
⑤ 독립 협회

38 ②

제시된 자료에서 '삼원보'는 남만주에 위치한 지역으로, 신민회가 한인촌을 건설하고 독립 전쟁을 준비한 지역이기도 하다. 또한 민족 교육과 군사 교육을 함께 실시하는 신흥 강습소가 설립되었다.

오답분석
① 연해주 ③ 미국 ④ 미국 하와이 ⑤ 일본

39 ⑤

제시된 자료에서 '숭무 학교'는 멕시코 이주민이 세운 한인 무관 양성학교이다.

40 ②

제시된 자료에서 '조선말 큰사전'의 내용을 통해 (가) 단체는 조선어학회임을 알 수 있다. 조선어학회는 '한글 맞춤법 통일안'과 '표준어 및 외래어 표기법 통일안'을 제정하는 등 한글 표준화에 기여하였다.

오답분석
① 유길준 ③ 유희 ④,⑤ 국문 연구소

41 ⑤

의열단의 행동 강령인 조선 혁명 선언을 작성한 것은 신채호이다. ⑤ 신채호는 대한매일신보에 독사신론을 발표하였다.

오답분석
① 이병도, 손진태
② 박은식
③ 주시경 등의 한글학자들
④ 이상재, 이승훈

42 ⑤

제시된 가상 인터뷰에서 언급된 '한국독립운동지혈사'는 박은식의 저서이다. 박은식은 민족정신으로서 '조선 국혼'을 강조했으며, 『한국통사』와 『한국독립운동지혈사』를 저술해 일제의 침략과 민족의 독립운동을 정리하였다.

오답분석
① 정인보 ② 손진태, 이병도
③ 조선사 편수회는 일제가 한국의 역사를 날조하기 위해 설치한 단체이다.
④ 백남운

43 ④

ㄴ. 신채호는 조선 상고사를 저술하여 역사를 '아'와 '비아'의 투쟁으로 보았다.
ㄹ. 백남운은 조산사회경제사를 저술하여 식민사관의 정체성론을 비판하였다.

오답분석
ㄱ. 이종휘는 조선 후기에 동사를 저술
ㄷ. 조선사 편수회는 친일 단체

44 ②

제시된 자료에 정인보, 안재홍, 문일평이 등장하는 것으로 보아 (가)는 이들이 1930년대에 추진한 조선학 운동임을 유추할 수 있다. 정인보, 안재홍, 문일평 등은 일제의 민족 문화 말살 정책에 맞서 '문화가 살면 민족은 죽지 않는다.'라는 신념 아래 조선학 운동을 전개하였다. 조선학 운동은 조선 후기의 실학자 정약용의 여유당전서 간행 사업을 계기로 본격적으로 전개되었다.

오답분석
① 신경향파 문학은 1920년대 후반에 사회주의 운동의 영향으로 등장한 프로 문학이다.
③ 조선사 편수회는 일제가 한국의 역사를 날조하기 위해 만든 어용 단체이다.
④ 민립 대학 설립 운동은 1920년대 전개되었다.
⑤ 신민회에 대한 내용이다.

45 ④

나철이 창시하였으며, 학교 설립과 무장 단체 조직을 통해 만주 항일 운동에 기여한 종교는 대종교이다. 대종교는 단군 신앙을 발전시켜 창시한 단군교를 개칭한 것으로, 민족주의 성격이 강하였다. 대종교는 나라를 빼앗긴 뒤에는 일제의 심한 탄압을 피해 근거지를 만주로 이동하여 민족 교육 운동을 전개하였을 뿐만 아니라, 중광단과 북로 군정서군을 결성하여 항일 무장 투쟁을 벌였다.

오답분석
① 천주교 ② 천도교 ③ 개신교 ⑤ 유교

46 ①

제시된 자료에서 브나로드 운동을 소재로 상록수라는 소설을 쓴 인물은 심훈이다. 심훈은 '그날이 오면'이라는 시를 발표하여 조국에 대한 사랑과 일제 식민 통치에 대한 저항 의식을 문학으로 표현하였다.

오답분석
② 토월회는 서양식 연극 활동을 하던 단체로, 심훈과 관련이 없다.
③ 나운규 ④ 신채호 ⑤ 이기영

47 ③

'조선 얼'을 강조한 정인보는 문일평, 안재홍 등과 함께 일제의 민족 문화 말살 정책에 맞서 조선학 운동을 전개하였다.

오답분석
① 주시경 ② 최현배 ④ 신채호 ⑤ 백남운

48 ②

제시문에서 '이극로', '최현배', '어문 운동' 등의 내용을 통해 (가) 단체는 조선어학회임을 알 수 있다. 조선어학회는 '한글 맞춤법 통일안'과 '표준어 및 외래어 표기법 통일안'을 제정하는 등 한글 표준화에 기여하였다.

오답분석
① 조선학 운동
③ 국문 연구소는 1907년에 설립되었다.
④ 천도교
⑤ 민립 대학 설립 기성회

49 ②

제시된 자료에서 '1940년 9월 17일에 충칭에서 대한민국 임시 정부 산하' 등을 통해 (가) 부대가 한국 광복군임을 알 수 있다. ② 대한민국 임시 정부는 미국과 연계하여 국내 진공 작전을 계획하였다. 이외에 1941년 대일 선전 포고를 하고 1943년 인도, 미얀마 전선에서 영국군과 연합 작전을 수행하였다.

오답분석
① 1920년 간도 참변이 일어난 이후 서일을 총재로 한 대한 독립군단이 자유시로 이동했는데 이들은 러시아의 내부 권력 다툼에 휘말려 1921년 자유시 참변을 겪었다.
③ 신민회는 서간도 지역의 삼원보에 신흥 무관 학교를 설립하여 독립군을 양성하였다.
④ 중국 관내에서 결성된 최초의 한인 무장 부대는 1938년 김원봉이 조직한 조선 의용대이다. 조선 의용대는 최초로 중국 국민당 정부의 지원을 받아 조직되었다.
⑤ 1930년대 초반 지청천의 한국 독립군은 중국 호로군과 연합하여 항일 전쟁을 전개하였다. 대표적인 전투로는 쌍성보, 대전자령 전투가 있다.

50 ①

제시된 자료의 '나운규'는 1926년 영화 '아리랑'을 제작한 인물이다. 카프(KAPF)는 1920년대 신경향파 작가들이 중심이 되어 결성한 단체로(1925), 1935년까지 활동하였다.

오답분석
② 원각사는 1908년에 설립되어 은세계를 공연하였다.
③ 육영 공원은 1886년에 설립되어 1894년에 폐교하였다.
④ 전차 개통식은 1899년의 일이다.
⑤ 1936년의 일이다.

PART 07

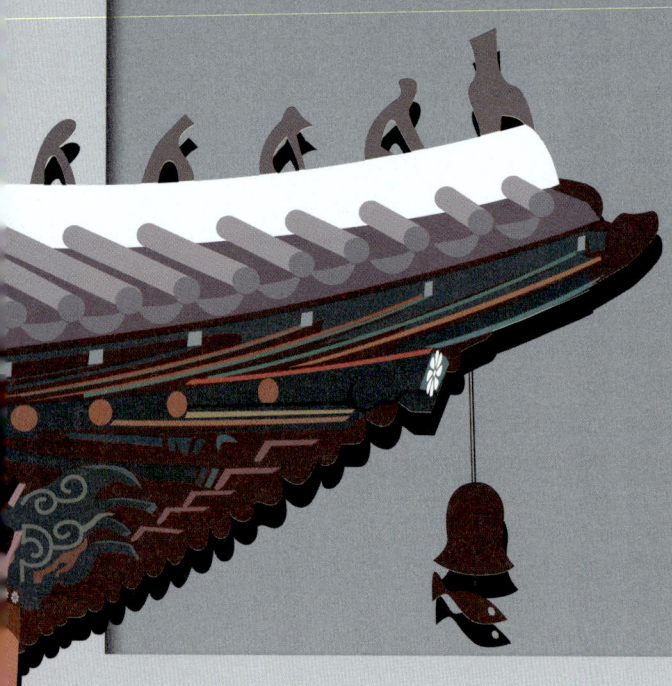

장유리
7일만에
80점 넘기기

대한민국의 발전과 현대 세계의 변화

01. 대한민국 정부 수립 ~ 6·25 전쟁

02. 대한민국의 민주화

03. 통일을 위한 노력

07 대한민국의 발전과 현대 세계의 변화

01 대한민국 정부 수립 ~ 6·25 전쟁

출제 POINT 광복~대한민국 정부 수립

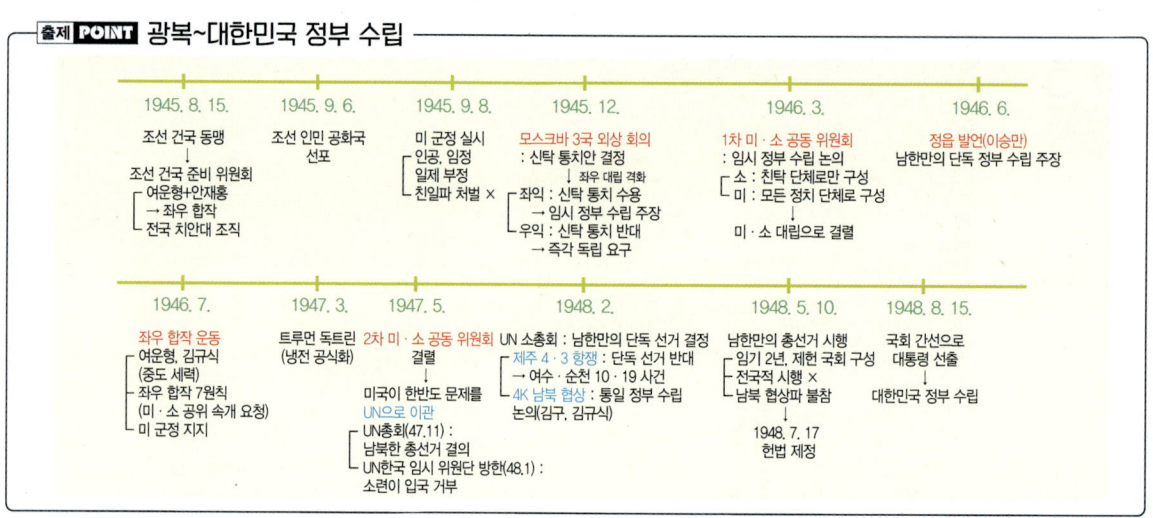

1. 광복 직후 국내 정세

조선 건국 준비 위원회	미군정 체제

• 결성 : 조선 건국 동맹에서 발전 → 광복 직후, 총독부로부터 행정권 이양
• 주도 : **여운형**(중도 좌파) + 안재홍(중도 우파)
• 활동 : 전국에 지부 설치, 치안 유지 활동 전개
• 미군정 예고 → 우익 이탈, 좌익의 주도로 조선 인민 공화국 선포(1945. 9. 6.)
	• 미군정 실시(1945. 9. 8.) : 미국이 한반도에 상륙하여 모든 통치권 장악
	  ┌ 남한 직접 통치 : 조선 인민 공화국, 충칭 임시 정부(개인 자격으로 귀국) → 일체 인정 X
	  └ 현상 유지 정책 : 총독부의 기구, 관리 그대로 유지

사료읽기 — 조선 건국 준비 위원회

1. 우리는 완전한 독립 국가의 건설을 기함.
2. 우리는 전 민족의 정치적·경제적·사회적 기본 요구를 실현할 수 있는 민주주의 정권의 수립을 기함.
3. 우리는 **일시적 과도기에 있어서 국내 질서를 자주적으로 유지**하며 대중 생활의 확보를 기함. — 조선 건국 준비 위원회 강령 —

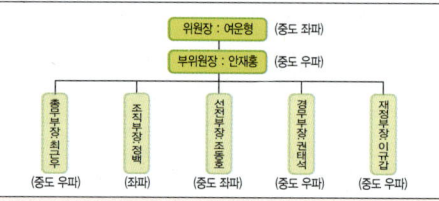

조선 건국 준비 위원회는 중도 좌파 계열의 여운형과 중도 우파 계열의 안재홍 등이 중심이 되어 결성한 좌우 합작 단체였다. 각 지역에 140여 개의 지부를 두고 치안 유지를 하고 새로운 나라의 건국을 준비하였으나, **점차 좌익 세력의 영향력이 확대됨에 따라 우익 세력의 탈퇴가 증가**하게 되었다. 이후 미군정이 예고되자 교섭력을 높이기 위해 **조선 인민 공화국을 선포**하였으나, 미군정은 인민 공화국을 부정하였다.

2. 한반도의 신탁 통치

출제 POINT 좌·우익의 구분

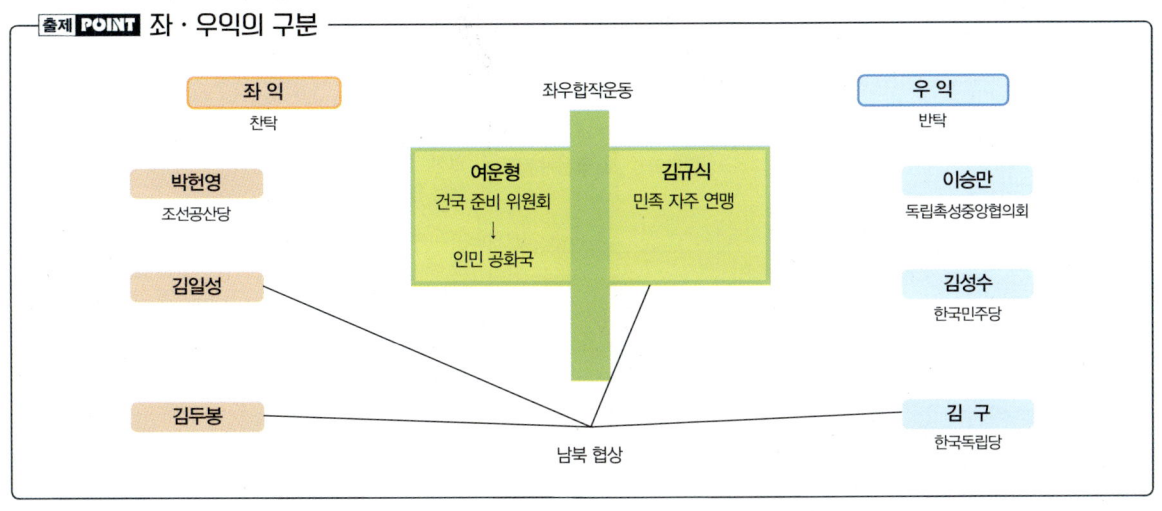

모스크바 3국 외상 회의 (1945. 12.)	• 미·영·중·소 4개국의 최대 5년 간 신탁 통치 ┐ → (좌익): 반탁 → **찬탁** • 임시 정부 수립 • 미·소 공동 위원회 설치 ┘ → (우익): **반탁**	좌우 대립 격화
1차 미·소 공동 위원회 (1946. 3.~5.)	• 임시 정부를 구성하는 방식을 둘러싼 갈등 → 2개월 걸친 회의 결렬 ┌ 미국: 반탁하는 단체도 포함 └ 소련: 반탁하는 단체는 제외	
이승만의 정읍 발언 (1946. 6.)	• 남한만의 단독 정부 수립 발언 → 분단을 막자는 중도파의 등장 무기한 휴회된 미·소 공동 위원회가 다시 열릴 기색도 보이지 않으며, 통일 정부를 고대하였으나 여의치 않게 되었다. **우리 남한만이라도 임시 정부 또는 위원회 같은 것을 조직하여** 38도선 이북에서 소련이 물러가도록 세계 여론에 호소하여야 될 것이니…	
좌우 합작 운동 (1946. 7.~ 1947. 12.)	• **여운형**(중도 좌파) + **김규식**(중도 우파) → 미군정의 지지 • 좌우 합작 위원회 결성: 좌우 합작 7원칙 발표 → 좌우 합작의 임시 정부 수립, 미·소 공동 위원회 속개 요청, 토지 개혁, 친일파 처벌 • 실패: 트루먼 독트린(1947. 3. 미국 대통령 트루먼이 냉전의 공식화 선언) 이후 미국이 지지 철회, 국내 강경 좌익·우익 참여 X, 여운형 암살	
2차 미·소 공동 위원회(1947. 5.~10.)	냉전 체제의 심화로 회의 결렬 → 미국이 한반도 문제를 UN으로 이관	모스크바 결정 전면 무효화

사료읽기 신탁 통치와 관련된 결의문의 비교

모스크바 3국 외상 회의 결정문	좌우 합작 7원칙
1. … 조선 인민의 민족 문화 발전에 필요한 모든 시책을 취할 **조선 민주주의 임시 정부를 수립**할 것이다. 3. 최고 5년 기한으로 4개국 **신탁 통치의 협약을 작성**하기 위해 미, 영, 소, 중 4국 정부가 공동 참작할 수 있도록 조선 임시 정부와 협의한 후 제출되어야 한다. 4. … 2주일 이내에 조선에 주둔하는 미·소 양군 사령부 대표로써 회의를 소집할 것이다.	1. 조선의 민주 독립을 보장한 **3상 회의 결정에 의한 남북을 통한 좌우 합작으로 민주주의 임시 정부를 수립**할 것. 2. **미·소 공동 위원회 속개를 요청**하는 공동성명을 발할 것. 3. **토지 개혁**에 있어서 몰수·유조건 몰수·체감매상 등으로 토지를 농민에게 무상으로 분여하며… 4. **친일파·민족 반역자를 처리**할 조례를 본 합작 위원회에서 입법 기구에 제안하여 입법 기구로 하여금 심의·결정하여 실시케 할 것.
모스크바 3국 외상 회의에서 **임시 정부의 수립, 미·소 공동 위원회 개최, 최고 5년 간의 신탁 통치 실시** 등의 내용이 담긴 결정을 하였다.	모스크바 결정안을 받아들이며 **좌우 합작의 임시 정부 수립, 미·소 공동 위원회 속개, 토지 개혁, 친일파 처벌**을 주장하였다.

3. UN의 결정과 대한민국 정부 수립

UN 총회 결정 (1947. 11.)	• UN 총회가 **한반도 총선거 결정** → UN 한국 임시 위원단 파견(48.1) → 소련이 입북 거부(총선거 방식을 둘러싼 갈등, (UN) 인구 비례 ⇔ (소련) 면적 비례)
UN 소총회 결정 (1948. 2.)	• 가능한 지역이라도 선거 → **남한만의 5·10 총선거 결정** 김구·김규식은 총선거 반대 → 남북 협상 제의 나는 통일된 조국을 건설하려다 38선을 베고 쓰러질지 언정, 일신의 구차한 안일을 위하여 단독 정부를 세우는 데는 협력하지 않겠다. – 김구, '삼천만 동포에게 읍고함' –
제주 4·3 사건 (1948. 4.)	• 미군 철수, 단독 선거 반대 → 좌익 세력을 중심으로 반발 → 제주 일부 선거구에서는 5·10 총선거 치르지 못함 정부 수립 이후에도 좌익들의 반란은 이어짐 여수·순천 10·19 사건 제주 4·3 사건 진압 위해 여수 주둔 군부대에 출동 명령 → 군부대 내 좌익 세력이 제주도 출동 반대, 통일 정부 수립 내세우며 봉기 → 반란군 일부는 지리산에서 빨치산 투쟁
4K 남북 협상 (1948. 4.)	• 평양에서 남북 지도자 회의 개최 (김구 + 김규식 + 김일성 + 김두봉) • 남북 제정당·사회 단체 공동 성명서 발표 → 성과 X 1. **외국 군대의 즉시 철수** 2. 외국 군대 철수 후 내전이 발생할 수 없다는 점 확인 3. 전 조선 정치 회의 구성을 통한 임시 정부 수립과 전국 총선거에 의한 **통일 국가 수립** 4. **남한 단독 선거 반대** – 남북 협상 공동 성명(요약) –
5·10 총선거 (1948. 5.)	• 5. 10일 총선거 : 임기 2년, 198명의 의원 선발 → 제헌 국회 구성 **(제주 일부 선거구 제외, 남북 협상파 불참)** • 7. 17일 제헌 헌법 공포 : 대통령 중심제, 대통령 임기 4년의 국회 간선제 (이승만 지지 기반 ↑ → 이승만 당선) ▲ 1948년 국회 선거 정당, 단체별 당선자 분포
대한민국 정부 수립(1948. 8.)	• 8. 15일 대한민국 정부 수립 공포(38도선 이북은 9. 9일 조선 민주주의 인민 공화국 수립) • 12월 UN 총회에서 대한민국을 유일한 합법 정부로 승인

4. 제헌 국회 활동

친일파 청산	• 1948. 9월 **반민족 행위 처벌법(반민법)** 제정 공포 • **반민족 행위 특별 조사 위원회(반민특위)** 구성 → 박흥식, 노덕술, 최린, 최남선, 이광수 등 구속 • 이승만 정부의 비협조, 정부와 경찰 요직에 자리 잡은 친일파의 노골적인 방해로 인해 실패 　┌ 국회 프락치 사건 → 간첩 혐의로 반민특위 위원 구속 　└ 반민법 공소 시효 단축(1950. 6. 20. → 1949. 8. 31.)
농지 개혁법	• 1949. 6월 농지 개혁법 공포 | 구분	남한	북한 | |---|---|---|
개혁안	농지 개혁법(산림, 임야 제외)	토지 개혁법(전 토지)
법령공포	1949.6.(1950.3. 개정)	1946.3.
원칙	유상 매입, 유상 분배(3정보)	무상 몰수, 무상 분배(5정보)	 • 실시가 지연되어 지주들이 토지를 미리 팔아 버림 • **지주제 폐지 → 자영농 확산에 기여** ▲ 농지 개혁 실시 전후의 면적 변화

5. 6·25 전쟁

배경	• 북한은 소련과 중국의 지원으로 군사력 강화 • **애치슨 선언 발표(1950. 1.)** : 미국의 태평양 지역 방위선에서 한국과 타이완 제외 → 남한에서 미군 철수
경과	북한군 남침(1950. 6. 25.) ↓ UN군 참전(7월)과 낙동강 전선 교착 ↓ 인천 상륙 작전(1950. 9. 15.) ↓ 국군의 압록강 진격(1950. 10. 26.) ↓ 중국군의 참전(1950. 11.) ↓ 1·4 후퇴(1951. 1. 4.) – 서울 뺏김 ↓ UN군·국군의 반격과 38도선에서 전투 교착
휴전 협정	• **소련이 UN에 휴전을 제의** → 1951. 7월부터 휴전 협상 시작 • 군사 분계선과 포로 송환 문제로 인한 대립 • 이승만의 휴전 반대 → 반공 포로 석방(1953. 6.) • 협상 시작 2년 여 만에 휴전 협정 체결(1953. 7. 27.) • **한·미 상호 방위 조약 체결**(1953. 10.)

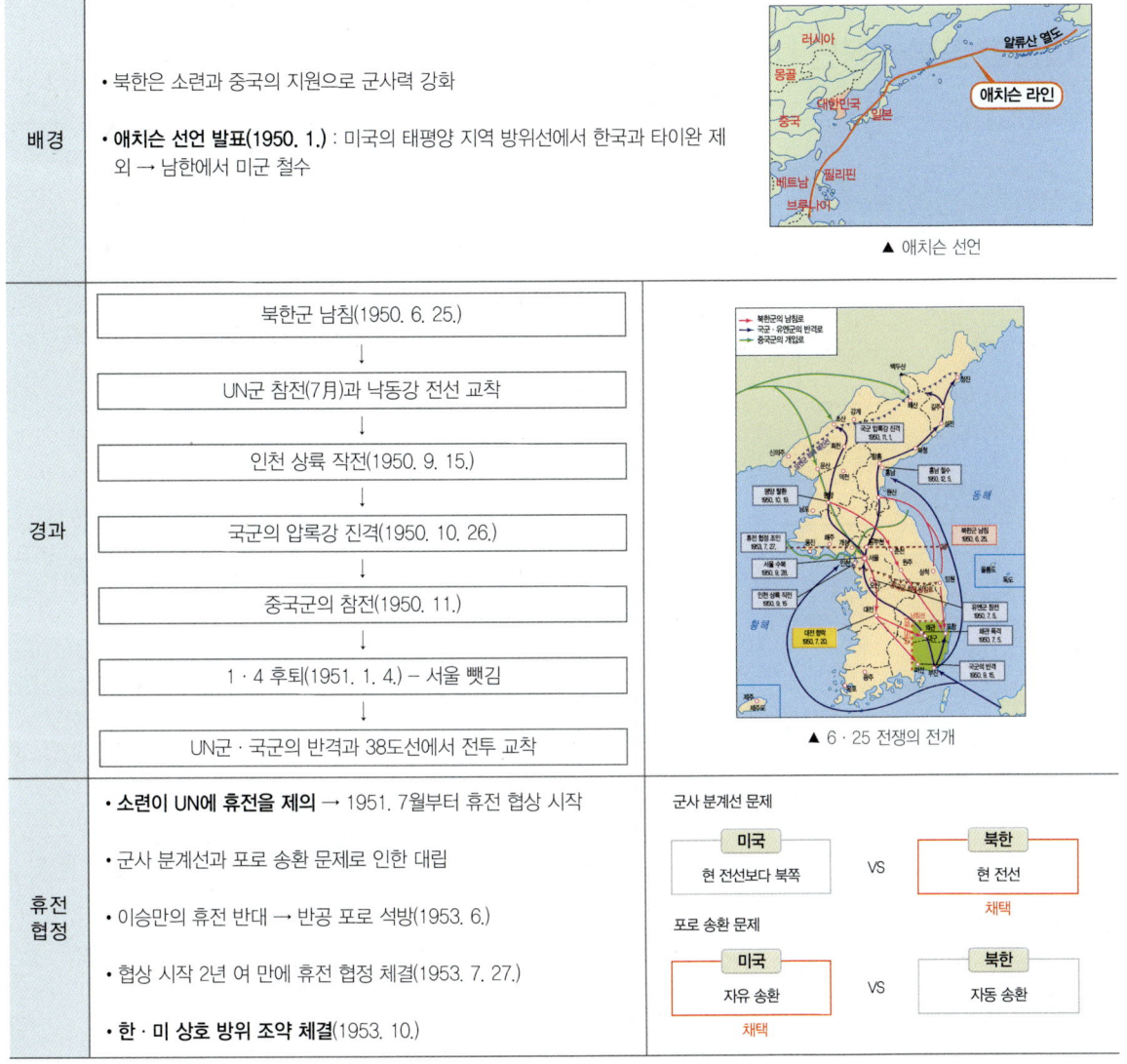

▲ 애치슨 선언

▲ 6·25 전쟁의 전개

군사 분계선 문제

미국		북한
현 전선보다 북쪽	VS	현 전선 채택

포로 송환 문제

미국		북한
자유 송환 채택	VS	자동 송환

02 대한민국의 민주화

1. 이승만 정부 ~ 장면 내각

출제 POINT 이승만 ~ 장면

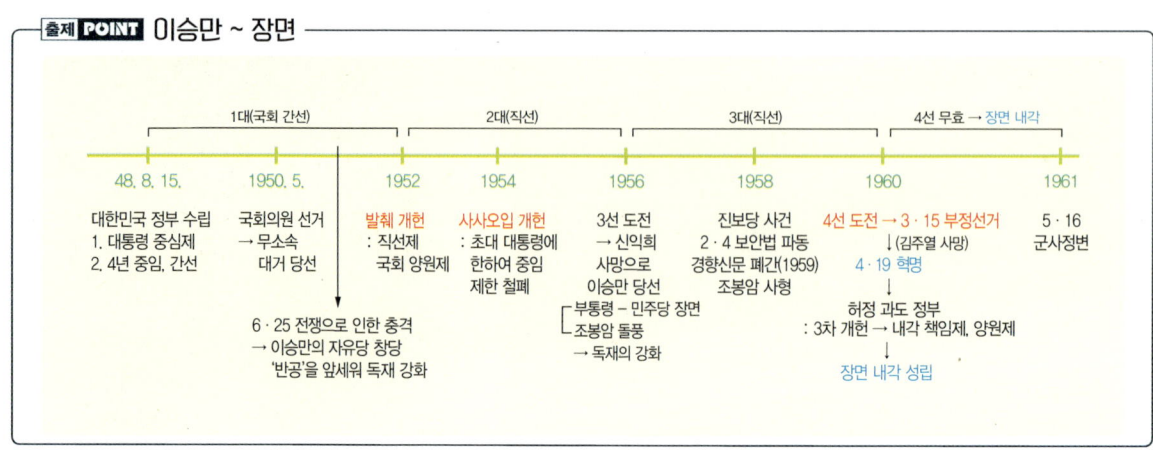

인물	시기	정치	경제 · 사회
이승만	1대 (1948-1952)	• 제헌 국회에서 간선으로 당선 • 반민족 처벌, 농지개혁법에 대한 실망 → 총선에서 무소속 대거 당선 • 52년 부산 정치 파동 → **발췌 개헌** → 대통령 직선제	• 농지 개혁법
	2대 (1952-1956)	• 53년 6·25 정전, 한·미 상호 방위 조약 체결 • 54년 **사사오입 개헌** → 초대 대통령에 한해 중임 제한 철폐	• 미국의 경제 원조 → **삼백 산업** 발달
	3대 (1956-1960)	• 3대 대통령 선거(1956) |	자유당	민주당	무소속
대통령	이승만 (당선)	신익희(死)-못살겠다 갈아보자!	조봉암 (이후 진보당 결성)
부통령	이기붕	장면(당선)		 ▲ 재판에 회부된 조봉암 • 56년 대선에서 조봉암의 돌풍과 부통령 장면 당선에 충격 → (독재 강화) 진보당 사건으로 조봉암 탄압, 경향신문 폐간 등 • 60년 대선에서 자유당 주도의 3·15 부정 선거 → 4·19 혁명 → 이승만 하야, 선거 무효화 ▲ 마산 시위 ▲ 김주열 열사의 죽음	• 58년부터 미국이 무상 원조를 유상 차관으로 전환 → 경제 불황 심화
허정 과도 정부		• **3차 개헌 : 내각 책임제, 국회 양원제** • 4대 대통령 선거 : 국회 간선으로 민주당 윤보선 당선, 장면 국무총리 지명	
장면	4대 윤보선 대통령 총리 지명	• 4차 개헌 → 부정 선거 관련자, 부정 축재자 처벌 시도 → 실패 • 경제 개발 5개년 계획 수립 → 구체적 방안 X • 민주당 구파(윤보선)와 신파(장면)의 대립, 통일 논의의 확산, 경제 불황으로 인한 혼란 → 61년 5·16 군사 정변으로 붕괴	• 언론 활동 보장 • 각종 노동조합 결성 • 경제 개혁은 부진

> 사료읽기 4·19 혁명

3·15 부정 선거 지시 비밀 지령	서울대 4월 혁명 선언문
1. **4할 사전 투표** : 투표 당일의 자연 기권표와 선거인 명부에 허위 기재한 유령 유권자 표, 금전으로 매수하여 기권하게 만든 기권표 등을 그 지역 유권자의 4할 정도씩 만들어, 투표 시작 전에 자유당 후보에게 기표하여 투표함에 미리 넣도록 할 것. 2. **3인조 또는 5인조 공개투표** : 자유당 후보에게 투표하도록 미리 공작한 유권자로 하여금 3인조 또는 5인조의 팀을 편성시켜, 그 조장이 조원의 기표상황을 확인한 후 다시 각 조원이 기표한 투표용지를 자유당 측 선거 운동원에게 제시하고 투표함에 넣도록 할 것. 3. **완장 부대 활용** : 자유당 측 유권자에게 '자유당'이란 완장을 착용시켜 투표소 부근 분위기를 자유당 일색으로 만들어 야당 성향의 유권자에게 심리적인 압박을 주어 자유당에게 투표케 할 것. 4. **야당 참관인 축출** : 민주당 측 참관인을 매수하여 투표 참관을 포기시키거나 그것이 여의치 않을 때는 적당한 구실을 만들어 투표소 밖으로 축출할 것.	**상아의 진리탑을 박차고 거리에 나선 우리**는 질풍과 같은 역사의 조류에 참여하여 지성과 진리, 자유의 정신을 뿌리고자 한다. …… 언론·출판·집회·결사 및 사상의 자유의 불빛은 전제 권력의 악랄한 발악으로 하여 깜박이던 빛조차 사라졌다. …… 영원한 민주주의를 위한 일은 자랑스럽기만 하다. 나가자! 자유의 비결은 용기일 뿐이다. 우리의 대열은 이성과 양심과 평화, 그리고 자유에의 열렬한 사랑의 대열이다. 모든 법은 우리를 보장한다.
	대학교수단 시국 선언문
	이번 **4·19 참사는 우리 학생 운동 사상 최대의 비극**이요, 이 나라의 정치적 위기를 극복하기 위한 중대 사태이다. 이에 대한 철저한 반성과 규정(糾正)이 없이는 이 민족의 불행한 운명을 도저히 만회할 길이 없다. 우리 **전국 대학교 교수은 이 비상시국에 대처**하여 양심의 호소로서 다음과 같이 우리의 소신을 선언한다.

▲ 4.19 혁명

▲ 교수들의 시위

▲ 이승만의 하야

자유당의 3·15 부정 선거와 이승만 정부의 부정부패 등으로 인해 마산, 광주, 서울 등에서 부정 선거 항의 시위가 일어났다. 이후 마산 앞바다에서 **김주열의 시신이 발견**되면서 전국적으로 시위가 확산되었다. 이후 서울 지역의 대학교수들이 시위에 참여하면서 결국 **이승만은 하야**하고 하와이로 망명하였다. 4·19 혁명은 **학생과 시민들이 중심이 된 민주주의 혁명이었으며 민주주의 발전의 중요한 토대**가 되었다는 의의가 있다. 그러나 이후 등장한 장면 내각이 10개월 만에 군사정변으로 붕괴함으로서, **미완의 혁명**이라는 평가를 받기도 하였다.

2. 박정희 정부

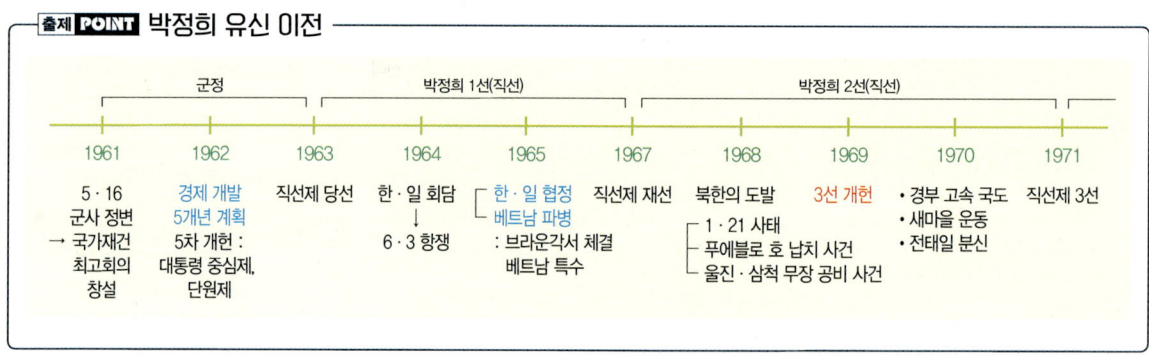

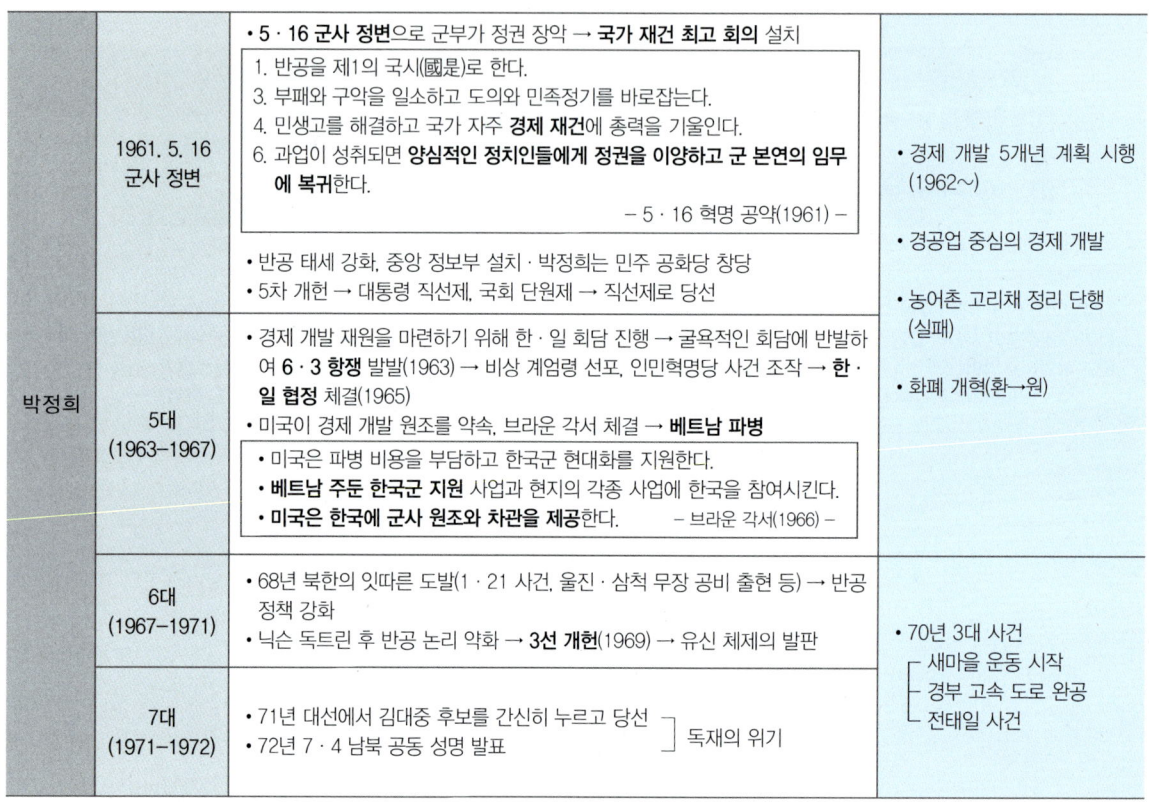

3. 유신 체제 ~ 전두환 정부

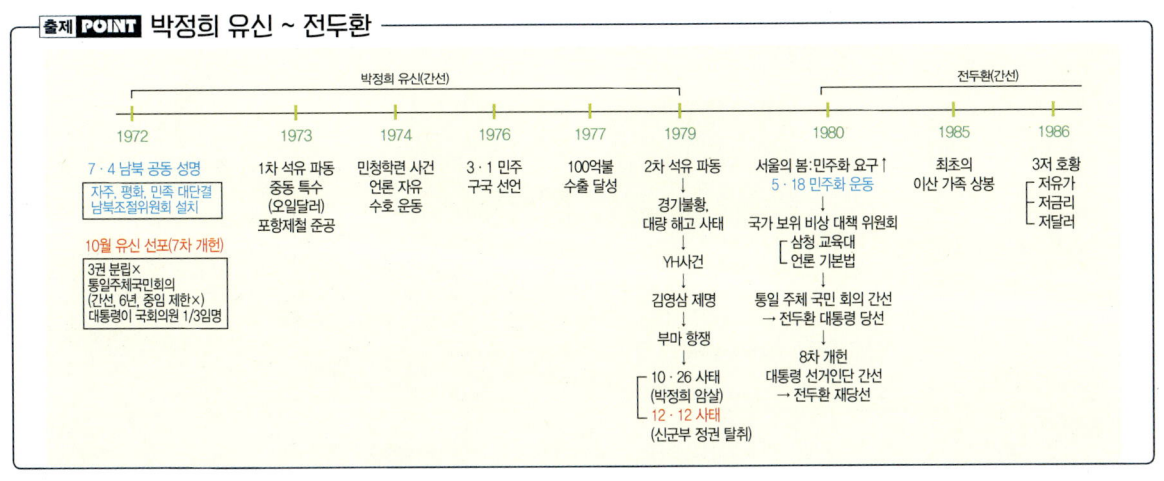

박정희	유신체제 (1972-1979)	• 10월 유신 선포 → 7차 개헌 → 임기 6년 · 중임 제한 철폐 · 통일 주체 국민 회의 창설, 국회 해산, 비상 계엄 선포, 정치활동 금지, 긴급 조치권 • 통일 주체 국민 회의 간선 통한 8대 당선 • 유신 체제 반대 투쟁 : 김대중 납치 사건(1973), 개헌청원 100만인 서명 운동, 인혁당 재건위 사건 및 민청학련 사건(1974), 3·1 민주 구국 선언 등(1976) • 통일 주체 국민 회의 간선 통한 9대 당선(1978), 유신 반대 여론 - 총선에서 신민당 대거 당선, 미국의 유신 비난 • YH 무역 사건(1979) → 신민당 총재 김영삼 탄압 → 10월 부마 항쟁 → 10·26 암살    ▲ YH 시위 ▲ 부마 항쟁 ▲ 10·26 사태 현장 검증	• 72년 제3차 경제 개발 계획 • 중공업 중심 • 73년 1차 석유파동 : 오일머니로 극복 • 77년 수출 100억불 달성 • 78년 2차 석유파동

사료읽기 유신 체제

유신 헌법	[제39조] 대통령은 통일 주체 국민 회의에서 토론 없이 무기명 투표로 선거한다. [제53조] 대통령은 천재지변 또는 중대한 재정·경제상의 위기에 처하거나, 국가의 안전 보장 또는 공공의 안녕질서가 중대한 위협을 받거나 받을 우려가 있어, 신속한 조치를 할 필요가 있다고 판단할 때에는 …… 국정 전반에 걸쳐 필요한 긴급 조치를 할 수 있다. [제54조] 대통령은 전시 사변 또는 이에 준하는 국가 비상사태에 있어서 병력으로써 군사상의 필요 또는 공공의 안녕 질서를 유지할 필요가 있을 때에는 법률이 정하는 바에 의하여 계엄을 선포할 수 있다. [제59조] 대통령은 국회를 해산할 수 있다.
긴급 조치	1. 다음 각 호의 행위를 금한다. 　(1) 유언비어를 날조, 유포하거나 사실을 왜곡하여 전파하는 행위 　(2) 집회, 시위 또는 신문, 방송, 통신 등 공중 전파 수단이나 문서, 도서, 음반 등의 표현물에 의하여 대한민국 헌법을 부정, 반대, 왜곡 또는 비방하거나 그 개정 또는 폐지를 주장, 청원, 선동 또는 선전하는 행위 　(3) 학교 당국의 지도 감독 하에 행하는 수업, 연구 또는 학교장의 사전 허가를 받았거나 기타 의례적, 비정치적 활동을 제외한 학생의 집회, 시위 또는 정치 관여 행위

박정희 정부 시기 정권 연장을 위해 1972년 유신 헌법을 제정하고, 1974~75년까지 긴급 조치를 시행하였다.

전두환	1979. 12. 12 사태	• 10·26 사태 후 통일 주체 국민 회의 간선 통해 최규하가 10대 당선 • 12·12 신군부 군사 쿠데타로 전두환이 정권 장악 → 80년 5월, 민주화 운동(서울의 봄) 확산 → 계엄령 전국 확대 • 5·18 민주화 운동(신군부 정권 퇴진 주장) 강제 진압 → 국회 해산, 국가 보위 비상 대책 위원회 수립(상임 위원장에 전두환 취임) → 최규하 사임 ▲ 광주 시내에 진입하는 계엄군　▲ 시민군 조직 우리는 왜 총을 들 수밖에 없었는가? …… 계엄 당국은 18일 오후부터 공수 부대를 대량 투입하여 시내 곳곳에서 학생, 젊은이들에게 무차별 살상을 자행하였으니! …… 협상이 올바른 방향대로 진행되면 즉각 총을 놓겠습니다. – 광주 시민 궐기문 (1980. 5. 25.) –	• 삼청 교육대 • 언론 통폐합 • 정치인 통제
	11대 (1980–1981)	• 통일 주체 국민 회의 간선을 통해 11대 당선 → 8차 개헌 → 대통령 선거인단 간선, 7년, 단임제	
	12대 (1981–1987)	• 87년 박종철 고문 치사 사건 → 직선제 쟁취와 고문 정치 규탄하는 시위 확산 → 4·13 호헌 조치(간선제 유지) 발표 • 6월 민주 항쟁(호헌 타도, 직선제 쟁취 주장) → 6·29 선언 → 여·야 합의로 9차 개헌(대통령 직선제, 5년, 단임제) ▲ 박종철 열사　▲ 이한열 열사의 죽음　▲ 6·29 선언 발표	• '정의 사회 구현'이 목표 • 학도 보국단 폐지 • 학원 자율화 • 야간 통행금지 해제 • 해외 여행 자율화 • 3저 호황 (저달러·저유가·저금리)

사료 읽기　6·29 선언

6·29 선언	첫째, **여야 합의 하에 조속히 대통령 직선제 개헌**을 하고 새 헌법에 의한 대통령 선거를 통해 88년 2월 평화적 정부 이양을 실현토록 해야겠습니다. 오늘의 이 시점에서 저는 사회적 혼란을 극복하고, 국민적 화해를 이룩하기 위하여 대통령 직선제를 택하지 않을 수 없다는 결론에 이르게 되었습니다. 국민은 나라의 주인이며, 국민의 뜻은 모든 것에 우선하는 것입니다. 둘째, **직선제 개헌**이라는 제도의 변경뿐만 아니라, 이의 민주적 실천을 위하여는 자유로운 출마와 공정한 경쟁이 보장되어 국민의 올바른 심판을 받을 수 있는 내용으로 대통령 선거법을 개정하여야 한다고 봅니다. 또한 새로운 법에 따라, 선거 운동·투개표 과정 등에 있어서 **최대한의 공명정대한 선거 관리**가 이루어져야 합니다.

4·13 호헌 조치에 반발한 **6월 민주 항쟁**이 격렬히 벌어지자 신군부는 국민들의 시위에 굴복하여 6월 29일 **대통령 직선제 개헌**을 골자로 하는 6·29 민주화 선언을 발표하였다.

4. 노태우 정부 이후

출제 POINT 노태우 ~ 김대중

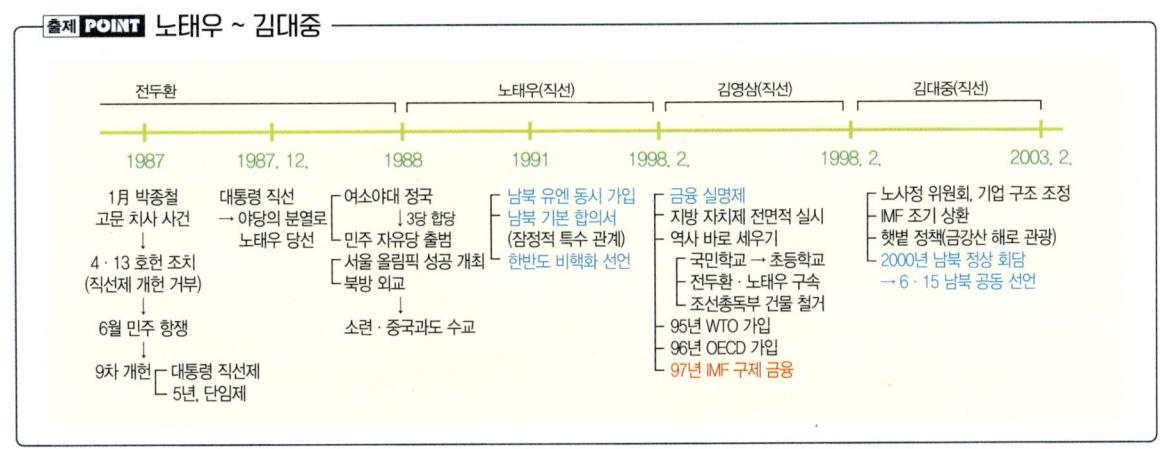

노태우	13대 (1988-1993)	• 야당(김대중, 김영삼)의 분열로 낮은 득표율, 여소 야대 정국 • 5·18 진상 조사 • 김영삼, 김종필과 3당 합당 → 민주 자유당 창당(거대 여당 탄생) • 제한적 지방 자치제(단체장을 대통령이 임명) • 88년 서울 올림픽 성공적 개최 → 동유럽권 국가들과 수교(**북방 외교**) → 90년 소련, 92년 중국과도 수교	▲ 88 서울 올림픽 개최	• ('91) **유엔 동시 가입** • ('91) **남북 기본 합의서** • ('92) **비핵화 선언**
김영삼	14대 (1993-1998)	• 문민 정부 • 지방 자치제 전면적 실시 • **금융 실명제** 실시, 공직자 윤리법 제정 • 역사 바로 세우기(전두환·노태우 반란 및 내란죄로 수감, 하나회 해체, 총독부 건물 철거, 국민학교 → 초등학교)	▲ 구속 수감된 두 전직 대통령	• ('95) WTO 가입 • ('96) OECD 가입 • ('97) IMF 구제 금융
김대중	15대 (1998-2003)	• 국민의 정부 • 선거를 통한 최초의 평화적 정권 교체 • **2000년 남북 정상 회담 → 6·15 남북 공동 선언**, 노벨 평화상 수상		• ('99) 국민 기초 생활 보장법 • (2001) IMF 전액 상환
노무현	16대 (2003-2008)	• 참여 정부 • 2007년 제2차 남북 정상 회담 → 10·4 정상 선언		개성 공단 사업의 실현 (2003)

사료 읽기 김영삼 정부의 금융 실명제

저는 이 순간 엄숙한 마음으로 헌법 제76조 1항의 규정에 의거하여, 「금융 실명 거래 및 비밀보장에 관한 대통령 긴급명령」을 반포합니다. 아울러, 헌법 제47조 3항의 규정에 따라, 대통령의 긴급명령을 심의하기 위한 임시국회 소집을 요청하고자 합니다.
금융 실명제에 대한 우리 국민의 합의와 개혁에 대한 강렬한 열망에 비추어 국회의원 여러분이 압도적인 지지로 승인해 주실 것을 믿어 의심치 않습니다.
친애하는 국민 여러분.
드디어 우리는 금융 실명제를 실시합니다. 이 시간 이후 모든 금융거래는 실명으로만 이루어집니다.
　　　(후략)

— 1993년 8월 12일 금융 실명제 실시 관련 담화문 —

출제 POINT 개헌 정리

개헌	계기	내용	결과
1차(1952)(발췌)	이승만의 집권 연장	대통령 직선제, 양원제	이승만의 재선
2차(1954)(사사오입)	이승만의 집권 연장	초대 대통령의 연임 제한 철폐	이승만의 3선
3차(1960)	4·19 혁명	내각 책임제, 국회 양원제	장면 내각 출범
4차(1960)	3·15 부정 선거 관련자 처벌	소급 입법	이후 국가 재건 최고 회의가 처벌
5차(1962)	5·16 군사 정변	대통령 중심제	박정희 정부 출범
6차(1969)(3선 개헌)	박정희의 집권 연장	대통령 재임 3선까지 허용	박정희의 3선
7차(1972)(유신)	박정희의 종신 집권	대통령 권한 강화, 간선제, 연임 제한 철폐	박정희의 유신 체제 성립
8차(1980)	5·17 비상 조치	대통령 간선제, 7년 단임제	전두환 정부 출범
9차(1987)	6·29 민주화 선언	대통령 직선제, 5년 단임제	노태우 정부 출범

출제 POINT 민주화 운동의 비교

	4·19 혁명(1960)	5·18 민주화 운동(1980)	6월 민주 항쟁(1987)
배경	• 미국의 원조 감소로 인한 경제 불황 • 이승만 정부의 부정부패 • **3·15 부정 선거**	• 12·12 사태 이후 신군부 정권 장악 • 서울의 봄 : 비상 계엄 해제와 신군부 퇴진 요구 → 5·17 비상 계엄 전국 확대	• 야당과 재야 세력 중심으로 대통령 직선제 개헌 운동
경과	3·15 마산 의거 → **김주열** 학생 시신 발견 → 대규모 시위와 경찰의 발포로 사상자 발생, 비상 계엄령 선포(4.19.) → **교수 시국 선언**(4.25.) → **이승만 하야** 성명 발표(4.26.)	비상 계엄 확대에 광주 학생과 시민들의 시위 → **계엄군**의 발포로 사상자 발생 → 학생과 시민들이 **시민군** 조직 → 시민군 진압(5.27.)	**박종철** 고문 치사 사건 → 4·13 호헌 조치 → 6·10 민주 항쟁 발생 → 이한열 학생 의식 불명 → **호헌 철폐·독재 타도·민주 헌법 쟁취** 구호로 시위 전국 확산
결과	허정 과도 내각 수립 후 헌법 개정 → 내각 책임제와 국회 양원제	국회 해산하고 국가 보위 비상 대책 위원회 설치 → 최규하 대통령 사임 → 통일 주체 국민 회의에서 전두환 대통령 선출(80.8.) → 개헌(대통령 간선제, 7년 단임) → 민주 정의당 창당 → 대통령 선거인단에서 전두환을 대통령으로 선출(80.12.)	민주 정의당 대표 노태우가 직선제 개헌 요구를 수용하는 **6·29 민주화 선언** 발표 → 여야 합의로 5년 단임의 대통령 직선제 개헌 → 야당의 분열로 여당 후보인 노태우 당선
의의	이승만 정부의 독재 권력을 타도한 민주주의 혁명	1980년대 민주화 운동의 토대	직선제 실현을 통한 민주주의의 정착
헌법 개정	**내각 책임제, 국회 양원제**	간선제, 7년 단임제	**직선제, 5년 단임제**
탄압	계엄령 선포(경찰의 발포)	계엄령 선포(계엄군의 발포)	계엄령 X

5. 경제의 발전과 현대 사회 문화의 변화

구분	미군정	이승만	장면

경제	• 쌀 공출제 폐지 → 곡물 자유 시장제 시행, 소작료를 낮춤
	• 미군정 산하 신한 공사의 귀속 농지 처리
		• **농지 개혁법**(1949.6.)
		  ┌ 유상 매입 : 지가 증권 발급
		  └ 유상 분배 : 3정보 이하, 매년 평균 생산량의 30%씩 5년간 분할 상환
		• 미국의 원조 경제
		  ┌ **삼백 산업**(밀·면·설탕) 발달
		  └ 1958년에 유상 차관 형태로 전환
			• 경제 개발 5개년 계획 수립 (추진 X)

사회	• 교육
	  ┌ 미국식 민주주의 이념과 교육제도 도입
	  └ 6-3-3학년제 도입
		• 교육 : 초등 의무 교육
		• 언론 : 경향신문 폐간(1959)
			• 국토 개발 사업 착수
			• 지방 자치제 실시(일부)
			• 공무원 공개 채용

구분	박정희	전두환

경제	• 제1,2차 경제 개발 계획(1962~1971) → **경공업 중심**
	• 경부 고속 국도 개통(1970)
	• 새마을 운동(1970)
	  ┌ 농촌 소득 증대
	  ├ 의식 개혁 운동으로 확산
	  └ 근면·자조·협동
	• 제3,4차 경제 개발 계획(1972~1981) → **중화학 공업 중심**
	• 8·3 조치(1972)
	• 창원(마산) 자유 무역 단지 조성
	• 포항 제철소 준공(1973)
	• 1차 석유 파동(1973) → 중동 진출(오일머니)로 극복
	• **수출 100억 달러 달성**(1977)
	• 2차 석유 파동(1978) → 경제 위기
		• **3저 호황**(1986~1989)
		  ┌ 저금리
		  ├ 저유가
		  └ 저달러
		⇒ 기술 집약 산업(반도체, 자동차) 성장

사회	• 국민 교육 헌장(국가주의적 교육, 1968. 12.) → 유신 체제까지 계속 이어짐
	• 도시 문제 : 광주 대단지 사건(1971)
	• 농민 운동 : 함평 고구마 피해 보상 운동(1976~1978)
	• 노동 운동
	  ┌ **전태일 분신**(1970)
	  ├ 동일 방직 사건(1978)
	  └ YH 무역 사건(1979)
	⇒ 노동 운동 본격화 : 노동조합 설립
	• 교육 : 중학교 무시험 추첨(1969), 고교 평준화(1970년대)
	• 복지 : 생활 보호법(1961), 사회 복지 사업법(1970), 의료 보험(1977)
	• 언론
	  ┌ 프레스 카드제(기자 등록제, 1974)
	  └ 언론 자유 수호 운동(동아일보 백지 광고 사건, 1975)
		• 금강산 댐 조작 사건(1986)
		• 노동자 대투쟁(1987) : 6월 민주 항쟁 이후 노동 운동이 사무직 노동자로 확대됨
		• 교육 : 과외 전면 금지(1980년대)
		• 복지 : 장애인 복지법(1981), 최저 임금법(1986), 남녀 고용 평등법(1987)
		• 언론 : 언론사통폐합

구분	노태우	김영삼	김대중	노무현
경제	• 3저 호황 종료 • 정경 유착에 따른 비자금 의혹 발생	• **금융 실명제 도입**(1993) • 우루과이 라운드 타결(1993) • 세계 무역 기구(WTO) 가입(1995) • 경제 협력 개발 기구(OECD) 가입(1996) • 외환 위기(1997) → 국제 통화 기금(IMF)의 지원금 요청	• 노사정 위원회 설치(1998) → 기업 구조 조정, 부실 기업 정리 → IMF 사태 극복(범국민 금 모으기 운동) • 신자유주의 정책을 바탕으로 한 구조 조정	• 칠레와 자유 무역 협정(FTA) 체결(2004) → 미국, 유럽 연합(EU)과 체결
사회	• 광역 및 기초 의회 의원 선거(1991) 시행 • 복지 : 국민연금제(1988), 의료 보험 전면 실시(1989)	• 민주 노총 설립(1995) : 양대 노총 체제(한국 노총, 민주 노총) • 지방 자치제 전면 실시 • 교육 : 대학 수학 능력 시험 시행(1993) • 복지 : 고용 보험(1995)	• 전교조 합법화 • 복지 : 기초 생활 보장법(1999), 국민 건강 보험 통합(2000)	• 공무원 노조(단결권, 단체 교섭권 인정, 2004) • 지방 분권 추진 • 복지 : 노인 장기 요양 보험(2008)

출제 POINT 1960, 1970년대 경제 정책의 비교

1960년대 (1·2차 경제 개발, 1962~1971)		1970년대 (3·4차 경제 개발, 1972~1981)
노동 집약적 경공업 위주		**자본 집약적 중화학 공업 위주**
• 서독에 간호사·광부 파견 • 한·일 협정, 베트남 파병으로 인한 경제 개발 재원 마련 • 포항 제철 착공(1968~1973)	(공업 구조의 변화 그래프: 중화학 공업/경공업 비율 1953년 2.1/78.9, 1962년 28.6/71.4, 1972년 37.0/63.0, 1982년 55.1/44.9, 1990년 65.9/34.1, 1994년 73.1/26.9, 1999년 78.2/21.8) 〈한국 개발 연구원, 『한국 경제 반세기 정책 자료집』; 통계청 홈페이지〉 ▲ 공업 구조의 변화	• 1차 석유 파동(1973) 이후 중동 특수 • 수출 100억불 달성(1977) • 2차 석유 파동(1978)으로 인한 경제 불황 → 정치적 위기
성과	국민 소득 증대, 고도 성장, 산업 구조의 현대화 → 한강의 기적	
문제점	• 도시와 농촌의 격차 심화 (70년 새마을 운동 시작 → 농촌에서 시작, 도시로 확산) • 지역 격차 발생 (경부축 중심의 성장, cf) 70년 경부 고속 도로 준공) • 소득 격차 발생 (노동 문제 발생, cf) 70년 **전태일** 사건, 79년 YH 무역 사건) • 수출 중심의 성장 → 대외 의존도 심화, 재벌 중심의 독점 자본 성장, 산업 간 불균형 심화	▲ 전태일

03 통일을 위한 노력

1. 북한 정권의 성립과 변천

북한의 정부 수립	• **북조선 임시 인민 위원회(위원장 김일성)** : 토지 개혁(무상 몰수·무상 분배), 주요 산업 국유화, 친일파 처벌 규정 • 북조선 인민 위원회 수립(1947. 2.) • **조선 민주주의 인민 공화국 수립(1948.9.9.)** : 수상 김일성, 부수상 박헌영
1950년대 김일성의 권력 장악과 사회주의 경제 체제 확립	• 김일성의 권력 장악 : 남로당계 숙청과 반종파(1958) 사건을 계기로 권력 독점 • 전후 경제 정책 : '중공업 우선 발전, 농업·경공업 동시 발전' 정책(사실상 중공업 우선) • 3개년 계획(1954~56) : 경제를 전쟁 이전 수준으로 복구, 농지를 협동 농장으로 전환 시작 • 5개년 계획(1957~61) : 노동 생산 촉진을 위한 천리마 운동, 3대 혁명 운동 전개 • 1차 7개년 계획(1961~67) : 소련의 경제 원조 중단, 군사비 증가로 1970년에 마무리
1960년대 유일 지배 체제의 확립과 김정일 후계 체제의 강화	• 1960년대 : 정치·국방의 자주 강조, 주체사상을 유일사상으로 체계화(김일성 개인 숭배를 합리화) • 1972년 7·4 남북 공동 성명 직후 : 사회주의 헌법 공포, 국가 주석제 도입(김일성 주석에 절대적 지위 부여) • 김정일 후계 체제의 확립 : 1970년대 중반 3대 혁명 소조 운동, 각종 속도전 등 당과 정부의 사업 주도 → 1980년 조선 노동당 대회에서 김정일 후계 체제 공식화
김정일 체제의 출범	• 1994년 김일성 사망과 유훈 통치 • 1998년 김일성 헌법 제정 : 군사 최고 기구인 국방 위원회의 위원장이 실질적 국가 지도자 역할 수행 → 김정일 체제의 공식 출범 • 사회주의 강성 대국 건설 표방, 외교와 기술 관료를 중심으로 정치·경제 발전을 위한 새로운 변화를 모색

북한의 위기	• 경제 위기 : 철저한 계획 경제, 지나친 자립 경제 정책, 과다한 국방비 지출, 에너지 및 사회 간접 시설의 부족, 식량 부족 등 → 경제난과 경제 위기 초래 • 대외적 측면 : 동유럽 사회주의 국가의 붕괴, 소련의 해체 → 정치·외교적 고립	북한 사회의 변화	• 제한적 개방 정책 : 합영법 제정(1984), 나진·선봉 자유 무역 지대 설치(1991), 외국인 투자법 제정(1992), 부분적인 시장 경제 도입 등 • 변화 모색 : 남북한의 관계 개선 → 경제 교류 확대, 금강산 관광 사업 시작

2. 남북의 통일 노력

출제 POINT 통일 정책 흐름

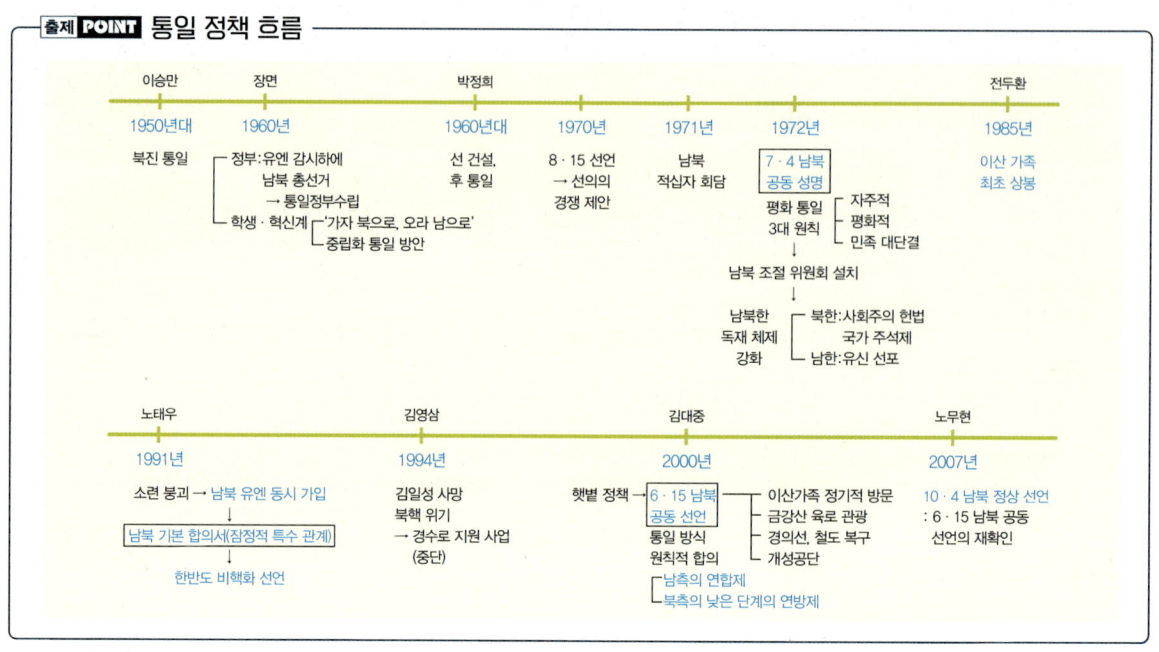

1950년대	• 6·25 전쟁으로 적개심 고조 → 이승만, 김일성은 장기 독재 강화
1960년대	• 장면 내각 : 유엔 감시 하에 남북한 총선거 실시 주장, 북한과의 대화에 소극적 • 박정희 정부 : '선 건설, 후 통일', 강력한 반공 정책, 승공 통일 주장 • 북한 : 남조선 혁명론을 바탕으로 무장 공비 남파 등 군사 도발 ▲ 장면 내각 당시 남북 협상 구호(1961)
박정희	(1972.7.) **7·4 남북 공동 성명** • 배경 : 닉슨 독트린, 냉전 체제 완화 → 남북 대화 시작(남북 적십자 회담) • 내용 : 평화 통일 3대 원칙(**자주, 평화, 민족 대단결**) → 통일에 관한 최초의 남북 합의 • 결과 : **남북 조절 위원회 설치** 　남북 독재 강화에 이용 ┬ 북 : 사회주의 헌법 국가 주석제 　　　　　　　　　　　└ 남 : 10월 유신 체제
전두환	• 이산 가족 최초 상봉 및 예술 공연단 교환 방문(1985)

노태우	• 냉전 체제 붕괴 → **남북한 유엔 동시 가입**(1991. 9.)	
	(1991.12.) **남북 기본 합의서**	• 배경 : 남북 고위급 회담 • 내용 : 남북의 관계를 대결, 경쟁이 아닌 잠정적 특수 관계라 규정. 경제 교류와 협력에 관한 기본 합의서 • 결과 : **한반도 비핵화 선언**에도 합의
김대중	• 대북 화해 협력 정책(햇볕 정책) : 정주영 방북 → 금강산 해로 관광 등 경제 협력 본격화	
	(2000.6.) **6·15 남북 공동 선언**	• 배경 : 평양에서 열린 **첫 남북 정상 회담**(2000) • 내용 : 통일 문제의 자주적 해결, 경제 협력, 남측이 제안한 연합제안과 북측이 제안한 낮은 단계의 연방제안의 공통성이 있다는 점에 합의 • 결과 : 경의선 철도 복구, **개성 공단 건설, 금강산 육로 관광, 이산가족 상봉 재개** → 노벨 평화상 수상
노무현	(2007) 10·4 남북 공동 선언	• 배경 : 햇볕 정책 계승·발전 → 개성 공단 사업 시작, 경의선–동해선 철도 연결 • 내용 : 남북 관계 발전과 평화 번영을 위한 선언 발표 • 결과 : 북핵 문제 해결을 위한 6자 회담(→ 성과 X), 북한의 1차 핵 실험

사료 읽기 남북 공동 합의문

7·4 남북 공동 성명 (1972년)	쌍방은 다음과 같은 조국 통일 원칙들에 합의를 보았다. 첫째, 통일은 외세에 의존하거나 외세의 간섭을 받음이 없이 **자주적으로** 해결하여야 한다. 둘째, 서로 상대방을 반대하는 무력행사에 의거하지 않고 **평화적으로** 실현하여야 한다. 셋째, 사상과 이념 제도의 차이를 초월하여 우선 하나의 민족으로써 **민족적 대단결**을 도모하여야 한다.	1970년대 냉전 체제가 완화되는 분위기 속에서 7·4 남북 공동 성명이 이루어졌으나, 이는 남북 각 정부의 정권 독재 강화에 이용되었다.
남북 기본 합의서 (1991년)	남과 북은 7·4 남북 공동 성명의 원칙을 재확인하고, …… 쌍방의 관계가 나라와 나라 사이의 관계가 아닌 **통일을 지향하는 과정에서 잠정적으로 형성되는 특수 관계**라는 것을 인정하고, 평화 통일을 성취하기 위한 공동의 노력을 경주할 것을 다짐하면서, 다음과 같이 합의하였다. 제1조 남과 북은 **서로 상대방의 체제를 인정하고 존중**한다. 제15조 남과 북은 민족 경제의 통일적이며 균형적인 발전과 민족 전체의 복리 향상을 도모하기 위하여 자원의 공동개발, **민족 내부 교류로서의 물자 교류, 합작 투자 등 경제 교류와 협력**을 실시한다.	노태우 정부 시기 남북 대화가 본격적으로 재개되어 1991년 9월에 UN 동시 가입, 12월에는 남북 기본 합의서, 1992년에는 한반도 비핵화에 대한 공동 선언문을 발표하였다.
6·15 남북 공동 선언 (2000년)	1. 남과 북은 나라의 통일 문제를 그 주인인 우리 민족끼리 힘을 합쳐 **자주적으로 해결**해 나가기로 하였다. 2. 남과 북은 나라의 통일을 위한 **남측의 연합제안과 북측의 낮은 단계의 연방제안이 서로 공통성이 있다고 인정**하고, 앞으로 이 방향에서 통일을 지향해 나가기로 하였다. 3. 남과 북은 올해 8.15에 즈음하여 흩어진 가족·친척 방문단을 교환하며 비전향 장기수 문제를 해결하는 등 인도적인 문제를 조속히 풀어나가기로 하였다.	2000년 6월 분단 이후 최초로 남북 정상 회담이 개최되었고, 이후 남·북한 정상은 6·15 남북 공동 선언에 합의하였다. 남북 협력 사업은 더욱 활성화되어 경의선 복원, 개성 공단 건립 등이 추진되었다.
10·4 남북 공동 선언 (2007년)	1. **6·15 공동 선언을 고수**하고 적극 구현해 나간다. 4. 현 정전 체제를 종식시키고 항구적인 평화 체제를 구축하기 위한 종전 선언을 협력해 추진하기로 하였다. 5. 경제 협력 사업을 적극 활성화하기로 하였다. • 서해 평화 협력 특별 지대를 설치하여 공동 어로 구역과 평화 수역 설정, 민간 선박의 해주 직항로 통과, 한강 하구 공동 이용 등을 추진해 나가기로 하였다. • 개성–신의주 철도와 개성–평양 고속도로를 공동으로 이용하기 위해 개보수 문제를 협의·추진하기로 하였다. 6. 역사, 언어, 교육, 과학 기술, 문화 예술, 체육 등 사회 문화 분야의 교류와 협력을 발전시켜 나가기로 하였다.	2007년 10월 평양에서 열린 남북 정상 회담에서 '남북 관계 발전과 평화 번영을 위한 선언'을 채택하여 6·15 남북 공동 선언을 구현할 구체적인 방안들을 현실화하고자 하였다.
판문점 선언 (2018년)	1. 공동 번영과 자주 통일의 미래를 앞당겨 나갈 것이다. • 우리 민족의 미래는 우리 스스로 결정한다는 민족 자주의 원칙을 확인하였다. • **10·4 선언에서 합의한 사업들을 적극 추진**해 나가며 1차적으로 동해선 및 경의선 철도와 도로들을 연결하고 활용하기 위한 대책들을 취해 나가기로 하였다. 3. 한반도의 항구적인 평화 체제 구축을 위해 협력할 것이다. • 불가침 합의를 재확인하고 엄격히 준수하기로 하였다. • 올해 종전을 선언하고, 평화 체제 구축을 위한 남·북·미 또는 남·북·미·중 회담을 적극 추진하기로 하였다. • 완전한 비핵화를 통해 핵 없는 한반도를 실현한다는 공동의 목표를 재확인하였다.	2018년 남북 정상 회담이 개최되어 한반도의 평화와 번영, 통일을 위한 판문점 선언이 발표되었다.

빈출 Keyword 333 | **7단원 : 대한민국의 발전과 현대 세계의 변화**

	Keyword	설명
1	조선 건국 준비 위원회	중도파 여운형이 주도, 미군정 예고 이후 조선 인민 공화국으로 개편
2	여운형	조선 건국 동맹, 조선 건국 준비 위원회, 조선 인민 공화국 주도. 좌우 합작 운동 펼치다 극우파에게 암살당함
3	모스크바 3국 외상 회의	미·영·중·소 최대 5년 간의 신탁 통치, 임시 정부 수립을 위한 미·소 공동 위원회 설치 결정
4	미·소 공동 위원회	임시 정부의 구성을 둘러싸고 미·소 양국의 대립으로 1, 2차 모두 결렬
5	정읍 발언	이승만이 신탁통치를 강력히 반발하며 남한만의 단독 정부 수립을 불사하겠다는 의사 표현. 좌·우익의 대립 심화
6	좌우 합작 위원회	좌·우 대립을 막고 통일 정부 수립을 위해 중도파(여운형과 김규식) 주도로 결성. 좌우 합작 7원칙 발표. 2차 공위의 속개를 요청
7	남북 협상	UN 소총회에서 남한만의 총선거가 결정. 김구·김규식·김두봉·김일성이 평양에서 만나 남한만의 단독선거를 반대한다는 공동 성명을 발표
8	5·10 총선거	1948년 5월 10일에 UN 감시 하에 첫 총선거. 제주 일부 선거구 제외, 남북 협상파 불참한 가운데 198명의 제헌 국회 의원들을 선발
9	반민족 행위 특별 조사 위원회	제헌 국회가 제정한 반민족 행위 처벌법에 근거. 반민특위가 구성되어 친일파 조사. 국회 프락치 사건과 반민특위 습격 사건으로 해체
10	농지 개혁법	1949년 6월. 3정보 이상 토지의 '유상 매입, 유상 분배'를 원칙으로 농지 개혁법 발표. 지주제 철폐
11	애치슨 선언	1950년 1월. 미 국무장관 애치슨이 발표한 미국의 극동방위선에서 남한이 제외. 남한의 군사 위기 초래
12	인천 상륙 작전	1950년 9월. 전쟁 시작 이후, 낙동강 전선으로 몰려 있던 국군이 맥아더의 인천 상륙 작전의 성공으로 북진. 서울 탈환하고 압록강까지 진격
13	1·4 후퇴	1950년 11월. 중국군의 개입으로 국군과 유엔군이 다시 밀려남. 1951년 1월 4일에 서울을 다시 뺏김
14	한·미 상호 방위 조약	휴전협상이 끝난 후인 1953년 10월에 한·미 군사 동맹을 강화하기 위한 한·미 상호 방위 조약 체결
15	삼백 산업	전쟁 이후 미국의 경제원조 증가. 밀·면·설탕의 소비재 원료 공급
16	발췌 개헌	1952년. 부산에서 야당 의원들을 탄압하고(부산 정치 파동), 여당의 기립 표결로 대통령 직선제안 통과
17	사사오입 개헌	1954년. 무리한 2차 개헌을 통해 초대 대통령에 한해 중임 제한 철폐
18	조봉암	1956년 대선에서 혁신적 이미지를 앞세워 인기 몰이. 이후 진보당을 창당하자, 이승만의 자유당 정부가 진보당은 국가보안법 위반, 조봉암에게는 간첩 혐의를 씌워 사형을 선고함
19	3·15 부정 선거	1960년 대선에서 이승만·이기붕을 당선시키기 위해 자유당 정부가 관권을 동원해 부정 선거를 저지름
20	4·19 혁명	이승만의 장기 집권, 자유당 정부의 부정부패. 3. 15 부정 선거에 대항. 김주열 열사 사건. 이승만 하야. 아시아 최초의 민주주의 시민 혁명
21	3차 개헌	4·19 혁명 이후 수립된 허정 과도 정부가 내각 책임제와 국회 양원제로 3차 개헌
22	장면	민주당의 장면 내각이 출범. 4·19혁명 이후의 다양한 민주화에 대한 요구를 반영하지 못함. 10개월 만에 붕괴
23	5·16 군사 정변	박정희가 앞장서 장면 내각을 무너뜨리고, 군부 정권을 수립

빈출 Keyword 333 — 7단원 : 대한민국의 발전과 현대 세계의 변화

	Keyword	설 명
24	국가 재건 최고 회의	경제 개발 5개년 계획 발표. 대통령 중심제로 개헌
25	한·일 협정	1965년. 미국의 한·일 수교 요청과 경제 개발 자금 마련을 위해 한·일 국교 정상화
26	6·3 항쟁	1964년. 굴욕적인 한·일 회담에 반발하는 '민주주의 장례식'
27	브라운 각서	한·미 동맹 강화와 미국의 차관 약속. 베트남 파병 약속
28	3선 개헌	1969년. 대통령의 3회 연임을 허용
29	긴급 조치권	1972년에 평화통일을 대비한다는 명분으로 10월 유신을 선포. 이후 74년에 긴급 조치권을 통해 국민의 기본권마저 제한
30	12·12 신군부 쿠데타	1979년 10·26 사태로 정치적 혼란이 계속되는 가운데, 신군부가 12·12 쿠데타를 일으켜 무력으로 정권 탈취
31	5·18 민주화 운동	신군부 정권 퇴진을 요구하는 시위가 계속되자, 전국으로 계엄령 확대. 5. 18일 광주에 계엄군을 투입하여 무차별적 살상. 광주에서는 시민군이 조직되어 계엄군과 대치. 관련 기록물이 유네스코 세계 기록 유산
32	삼청 교육대	신군부가 '사회 정화'를 이유로 하여 만든 강제 노역장. 민주화 운동 탄압에 악용
33	박종철	1987년 1월. 직선제 시위를 하던 서울대생 박종철이 고문 받다 죽음을 당함. 시위가 확산되는데도 불구, 전두환 정부는 간선제를 유지한다는 4·13 호헌 발표
34	6월 민주 항쟁	1987년 6월. 박종철·이한열 열사, 4·13 호헌 등에 분노한 시민들이 대대적인 민주화 항쟁 전개
35	6·29 선언	6월 민주 항쟁에 굴복, 여당 후보였던 노태우가 6·29 선언 발표. 이후 9차 개헌으로 대통령 직선제, 5년 단임제 확정
36	북방 외교	(노태우) 88년 서울 올림픽 개최를 계기로 공산권 국가들과 잇따라 수교. 90년 소련, 92년 중국과도 수교
37	금융 실명제	(김영삼) 전두환·노태우 정권의 은닉 재산을 밝히기 위해 금융 거래에 관한 실명제를 시행
38	IMF 구제 금융	(김영삼) 1997년 말의 외환위기로, 국가적 부도 사태를 초래
39	남북 정상 회담	(김대중, 노무현) 평양에서 김정일 국방 위원장과 만남. 평화 통일에 관련한 합의문을 발표
40	새마을 운동	(박정희) 1970년 도·농 격차를 줄이기 위해 농촌에서부터 시작한 환경 개선, 소득 증대 사업. 관련 기록물이 유네스코 세계 기록 유산
41	전태일	(박정희) 1970년 노동자들의 근로 조건 개선을 요구하던 동대문 노동자 전태일이 분신 자살. 이후 노동 운동이 격화
42	3저 호황	(전두환·노태우) 1986~88. 저금리·저달러·저유가의 경제 호황기
43	7·4 남북 공동 성명	(박정희) 평화 통일 3대 원칙(자주, 평화, 민족 대단결) 발표. 남북 분단 이후 최초의 합의문
44	남북 기본 합의서	(노태우) 남북한의 관계를 잠정적 특수 관계로 규정하고, 경제 협력에 대해 합의
45	6·15 남북 공동 선언	(김대중) 2000년 6월 남북 첫 정상회담 때 발표된 합의문. 자주적 통일을 강조하고, 남측의 연합제와 북측의 낮은 단계 연방제에 공통성이 있다는 점을 확인

기출문제

01 [2018년 38회 고급 45번]

다음 가상 인터뷰의 주인공에 대한 설명으로 옳은 것은? (3점)

선생께서는 광복에 대비하여 조선 건국 동맹을 결성하셨습니다. 광복 이후에는 어떤 활동을 하셨나요?

조선 건국 준비 위원회의 위원장을 맡아 완전한 독립 국가 건설을 위해 노력하였습니다.

① 좌우 합작 위원회의 주축이 되었다.
② 김규식과 함께 남북 협상에 참여하였다.
③ 재미 한인을 중심으로 흥사단을 설립하였다.
④ 정읍에서 남한만의 단독 정부 수립을 주장하였다.
⑤ 중국 국민당과 협력하여 조선 의용대를 창설하였다.

02 [2020년 46회 고급 47번]

다음 결의문이 채택된 시기를 연표에서 옳게 고른 것은? (2점)

총회가 당면하고 있는 한국 문제는 근본적으로 한국민 자체의 문제이며 그 자유와 독립에 관련된 문제이므로 …… 총회는 한국 대표가 한국 주재 군정 당국에 의하여 지명된 자가 아니라 한국민에 의하여 실제로 정당하게 선출된 자라는 것을 감시하기 위하여, 조속히 유엔 한국 임시 위원단을 설치하여 한국에 주재케 하고, 이 위원단에게 한국 전체를 여행·감시·협의할 수 있는 권한을 부여할 것을 결의한다.

1945.8.	1945.12.	1946.3.	1946.10.	1947.5.	1948.8.
	(가)	(나)	(다)	(라)	(마)
8·15 광복	모스크바 3국 외상 회의 개최	제1차 미소 공동 위원회 개최	좌우 합작 7원칙 발표	제2차 미소 공동 위원회 개최	대한민국 정부 수립

① (가) ② (나) ③ (다)
④ (라) ⑤ (마)

03 [2017년 37회 중급 46번]

(가)에 들어갈 사진 자료로 옳은 것은? (3점)

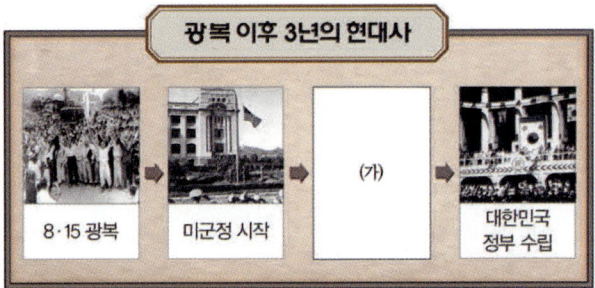

광복 이후 3년의 현대사

8·15 광복 → 미군정 시작 → (가) → 대한민국 정부 수립

①  근우회 창립

②  원산 총파업

③  좌·우 합작 위원회 활동

④  남북 학생 회담 요구 시위

⑤  반민족 행위 특별 조사 위원회 활동

기출문제

04 밑줄 그은 '위원회'에 대한 설명으로 옳은 것은? (2점)
[2017년 37회 고급 45번]

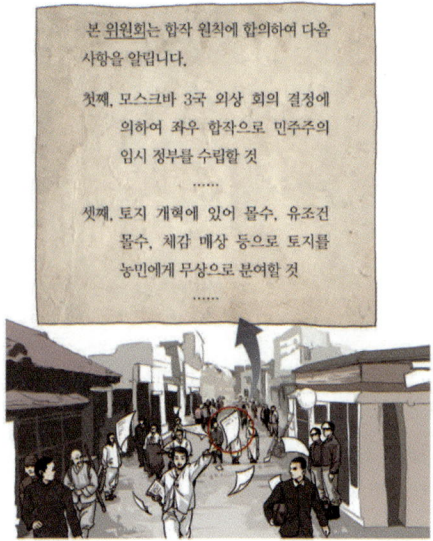

본 위원회는 합작 원칙에 합의하여 다음 사항을 알립니다.
첫째, 모스크바 3국 외상 회의 결정에 의하여 좌우 합작으로 민주주의 임시 정부를 수립할 것
셋째, 토지 개혁에 있어 몰수, 유조건 몰수, 체감 매상 등으로 토지를 농민에게 무상으로 분여할 것
……

① 통일 정부 구성을 위한 남북 협상을 추진하였다.
② 유엔 감시하에 치러진 남북한 총선거에 참여하였다.
③ 여운형, 김규식 등 중도 세력을 중심으로 결성되었다.
④ 반민족 행위 처벌을 위한 특별 조사 위원회의 활동을 방해하였다.
⑤ 귀속 재산 처리법을 제정하여 일본인들이 남기고 간 재산을 처리하였다.

05 다음 성명이 발표된 이후에 있었던 사실로 옳지 않은 것은? (3점)
[2020년 49회 심화 46번]

북위 38도 이남의 조선에는 오직 한 정부가 있을 뿐이다. …… 자천자임(自薦自任)한 관리라든가 경찰이라든가 국민 전체를 대표하였노라는 대소 회합이라든가 조선 인민 공화국이라든지 조선 인민 공화국 내각은 권위와 세력과 실재가 전혀 없는 것이다.
— 미군정 장관 육군 소장 아놀드 —

① 조선 건국 동맹이 결성되었다.
② 좌우 합작 7원칙이 발표되었다.
③ 유엔 한국 임시 위원단이 설치되었다.
④ 반민족 행위 특별 조사 위원회가 출범하였다.
⑤ 귀속 재산 처리를 위해 신한 공사가 설립되었다.

06 (가), (나) 사이의 시기에 있었던 사실로 옳은 것은? (3점)
[2020년 48회 심화 47번]

(가) 1. 조선의 민주 독립을 보장한 3상 회의 결정에 의하여 남북을 통한 좌우 합작으로 민주주의 임시 정부를 수립할 것.
3. 토지 개혁에 있어 몰수, 유조건 몰수, 체감 매상 등으로 토지를 농민에게 무상으로 나누어 주며 시가지의 기지와 큰 건물을 적정 처리하며 중요 산업을 국유화하며 …… 민주주의 건국 과업 완수에 매진할 것.

(나) 3. 외국 군대가 철퇴한 이후 하기(下記) 제 정당·단체들의 공동 명의로써 전 조선 정치 회의를 소집하여 조선 인민의 각층 각계를 대표하는 민주주의 임시 정부가 즉시 수립될 것이며 국가의 일체 정권은 정치, 경제, 문화생활의 일체 책임을 갖게 될 것이다.

① 유상 매수, 유상 분배 원칙의 농지 개혁법이 제정되었다.
② 남한만의 단독 정부 수립을 주장한 정읍 발언이 제기되었다.
③ 유엔 총회에서 인구 비례에 의한 남북 총선거가 의결되었다.
④ 여운형이 중심이 되어 조선 건국 준비 위원회를 조직하였다.
⑤ 국가보안법 개정안을 통과시킨 이른바 보안법 파동이 발생하였다.

[2016년 30회 고급 46번]

07 (가)에 들어갈 사진으로 옳지 않은 것은? (3점)

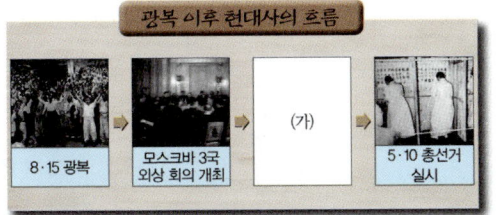

① 좌·우 합작 위원회 활동

② 제1차 미·소 공동 위원회 개최

③ 김구의 남북 협상 참석

④ 반민족 행위 특별 조사 위원회 활동

⑤ 유엔 한국 임시 위원단 방한

[2019년 42회 고급 45번]

08 밑줄 그은 '국회'에 대한 설명으로 옳은 것은? (2점)

① 민의원, 참의원의 양원으로 운영되었다.
② 한·미 자유 무역 협정(FTA)를 비준하였다.
③ 초대 대통령에 한해 중임 제한을 철폐하였다.
④ 유상 매수·유상 분배 원칙이 농지 개혁법을 제정하였다.
⑤ 의원 정수 3분의 1이 통일 주체 국민 회의에서 선출되었다.

[2018년 38회 고급 46번]

09 (가), (나) 사이의 시기에 있었던 사실로 옳은 것은? (2점)

(가) 반민족 행위 특별 조사 위원회(반민 특위)가 본격적으로 친일 청산에 나서자, 친일 경력이 있던 일부 경찰과 친일파들은 '공산당과 싸우는 애국지사를 잡아 간 반민 특위 위원은 공산당'이라며 시위를 벌였다. 대통령은 특별 담화를 발표하고, 공산당과 내통했다는 구실로 반민 특위 소속 국회의원들을 구속하였다.

(나) 자유당은 당시 대통령에 한하여 중임 제한을 적용하지 않는다는 내용을 골자로 하는 개헌을 추진하였다. 그해 11월, 개헌안은 의결 정족수에 1명이 부족하여 부결되었는데, 사사오입의 논리를 내세워 개헌안이 다시 통과된 것으로 번복하였다.

① 정부 형태가 내각 책임제로 바뀌었다.
② 장기 독재를 가능하게 한 유신 헌법이 공포되었다.
③ 평화 통일론을 주장한 진보당의 조봉암이 구속되었다.
④ 임시 수도 부산에서 대통령 직선제 개헌안이 통과되었다.
⑤ 여당 부통령 후보 당선을 위한 3·15 부정 선거가 자행되었다.

[2016년 30회 중급 46번]

10 다음 법률에 따라 시행된 정책에 대한 설명으로 옳은 것을 <보기>에서 고른 것은? (2점)

……
제5조 정부는 다음에 의하여 농지를 취득한다.
  1. 다음의 농지는 정부에 귀속한다.
    (가) 법령 및 조약에 의하여 몰수 또는 국유로 된 농지
    (나) 소유권의 명의가 분명치 않은 농지
  2. 다음의 농지는 적당한 보상으로 정부가 매수한다.
    (가) 농가 아닌 자의 농지
    (나) 자경하지 않는 자의 농지
……
제13조 분배 받은 농지에 대한 상환액 및 상환 방법은 다음에 의한다.
  1. 상환액은 당해 농지의 주생산물 생산량의 12할 5푼을 5년간 납입케 한다.
……

보기
ㄱ. 자작농이 증가하는 계기가 되었다.
ㄴ. 양전 사업을 실시하고 지계를 발급하였다.
ㄷ. 유상 매수, 유상 분배 방식으로 진행되었다.
ㄹ. 동양 척식 주식회사를 중심으로 추진되었다.

① ㄱ, ㄴ ② ㄱ, ㄷ ③ ㄴ, ㄷ
④ ㄴ, ㄹ ⑤ ㄷ, ㄹ

[2018년 39회 고급 49번]

11 밑줄 그은 '이 작전'이 실행된 시기를 연표에서 옳게 고른 것은? (3점)

친애하는 ○○○ 귀하

…… 말씀하신 대로 인천항은 많은 난점을 안고 있습니다. 이곳은 좁은 단일 수로로 대규모 함정의 진입이 불가능하고, 적이 기뢰를 매설할 경우 많은 피해가 예상됩니다. 이와 같은 어려운 조건 때문에 적군도 이 작전이 불가능하다고 판단할 것입니다. 하지만 바로 그 점이 적을 기습할 수 있는 충분한 요소라고 확신합니다. 우리는 이 작전으로 많은 인적·물적·시간적 손실을 최소화시킬 수 있을 것입니다.

1950년 6월	북한군 남침
1950년 7월	(가) 대전 함락
1950년 9월	(나) 서울 탈환
1950년 12월	(다) 흥남 철수
1951년 7월	(라) 휴전 회담 시작
1953년 7월	(마) 정전 협정 체결

① (가) ② (나) ③ (다)
④ (라) ⑤ (마)

12 (가) 전쟁에 대한 설명으로 옳지 않은 것은? (2점)

① 북한군의 남침으로 시작되었다.
② 판문점에서 휴전 협정이 체결되었다.
③ 미·소 공동 위원회가 결렬되는 원인이 되었다.
④ 중국군의 참전으로 서울을 다시 빼앗기게 되었다.
⑤ 유엔군의 인천 상륙 작전을 계기로 전세가 역전되었다.

13 밑줄 그은 '개헌안'의 시행 결과로 옳은 것은? (2점)

① 대통령 중심제가 의원 내각제로 바뀌었다.
② 통일 주체 국민 회의에서 대통령이 선출되었다.
③ 개헌 당시의 대통령에 한하여 중임 제한이 철폐되었다.
④ 선거인단이 선출하는 7년 단임의 대통령제가 실시되었다.
⑤ 우리나라 최초의 보통 선거인 5·10 총선거가 실시되었다.

14 (가) 민주화 운동에 대한 설명으로 옳은 것은? (2점)

① 한·일 국교 정상화에 반대하여 일어났다.
② 호헌 철폐와 독재 타도 등의 구호를 내세웠다.
③ 대학 교수단이 대통령 퇴진을 요구하며 시위 행진을 벌였다.
④ 3·1 민주 구국 선언을 통해 긴급 조치 철폐 등을 요구하였다.
⑤ 5년 단임의 대통령 직선제 개헌이 이루어지는 계기가 되었다.

15 다음 자료를 통해 알 수 있는 민주화 운동에 대한 설명으로 옳은 것은? (2점)

> 나는 해방 후 본국에 들어와서 우리 여러 애국 애족하는 동포들과 더불어 잘 지내왔으니 이제는 세상을 떠나도 한이 없으나, 나는 무엇이든지 국민이 원하는 것만 알면 민의를 따라서 하고자 한 것이며, 또 그렇게 하기를 원하는 것이다. ……
> 첫째는 국민이 원하면 대통령직을 사임할 것이며, 둘째는 지난번 정·부통령 선거에 많은 부정이 있었다고 하니, 선거를 다시 하도록 지시하였고, 셋째는 선거로 인연한 모든 불미스러운 것을 없애게 하기 위해서, 이미 이기붕 의장이 공직에서 완전히 물러가겠다고 결정한 것이다. ……

① 호헌 철폐와 독재 타도 등의 구호를 내세웠다.
② 전개 과정에서 시민군이 자발적으로 조직되었다.
③ 신군부의 비상 계엄 확대가 원인이 되어 일어났다.
④ 양원제 국회와 장면 내각이 출범하는 계기가 되었다.
⑤ 3·1 민주 구국 선언을 통하여 장기 독재에 저항하였다.

기출문제

16 밑줄 그은 '헌법'이 적용된 시기에 있었던 사실로 옳은 것은?   (3점)

[2020년 46회 고급 46번]

민주당의 윤보선 의원이 국회에서 208표를 얻어 대통령에 당선되었습니다. 내각 책임제를 골자로 개정된 헌법에 따라 선출된 윤보선 대통령은 국가의 원수로서 나라를 대표하고, 국무총리 지명권과 긴급 재정 처분권, 그리고 국군 통수권 등의 권한을 가지며 임기는 5년입니다.

① 반민족 행위 처벌법이 제정되었다.
② 통일 주체 국민 회의가 조직되었다.
③ 2년 임기의 국회의원이 선출되었다.
④ 조봉암을 중심으로 진보당이 창당되었다.
⑤ 국회가 민의원, 참의원의 양원으로 운영되었다.

17 (가)에 들어갈 내용으로 옳은 것은?   (2점)

[2016년 30회 고급 49번]

이 자료는 제3공화국 시기에 있었던 사실들을 보도한 신문 기사입니다. 제3공화국 시기에는 (가)

① 6·29 민주화 선언이 발표되었습니다.
② 한·미 상호 방위 조약이 체결되었습니다.
③ 서독에 광부와 간호사가 파견되었습니다.
④ 남북한 동시 유엔 가입이 이루어졌습니다.
⑤ 경제 협력 개발 기구(OECD)에 가입하였습니다.

18 다음 자료에 해당하는 민주화 운동에 대한 설명으로 옳은 것은?   (2점)

[2017년 34회 고급 49번]

80만 광주 시민의 결의

- 이번 사태의 모든 책임은 과도 정부에 있다. 과도 정부는 모든 피해를 보상하고 즉각 물러나라!
- 무력 탄압만 계속하는 명분 없는 계엄령을 즉각 해제하라!
⋮
- 정부와 언론은 이번 광주 의거를 허위 조작, 왜곡 보도하지 말라!
- 우리가 요구하는 것은 단지 피해 보상과 연행자 석방만이 아니다. 우리는 진정한 '민주 정부 수립'을 요구한다!

① 한·일 국교 정상화에 반대하여 일어났다.
② 4·13 호헌 조치에 국민들이 저항하며 시작되었다.
③ 3·15 부정 선거에 항의하는 시위에서 비롯되었다.
④ 관련 기록물이 유네스코 세계 기록유산으로 등재되었다.
⑤ 3·1 민주 구국 선언을 통해 긴급 조치 철폐 등을 요구하였다.

[2017년 35회 고급 49번]

19 (가) 민주화 운동에 대한 설명으로 옳은 것을 〈보기〉에서 고른 것은? (3점)

┤보기├
ㄱ. 계엄군의 무력 진압으로 시민들이 희생되었다.
ㄴ. 국민이 요구에 굴복하여 대통령이 하야하였다.
ㄷ. 호헌 철폐와 독재 타도 등의 구호를 내세웠다.
ㄹ. 5년 단임의 대통령 직선제 개헌을 이끌어 냈다.

① ㄱ, ㄴ ② ㄱ, ㄷ ③ ㄴ, ㄷ
④ ㄴ, ㄹ ⑤ ㄷ, ㄹ

[2019년 45회 고급 49번]

20 다음 선언문을 발표한 민주화 운동에 대한 설명으로 옳은 것은? (2점)

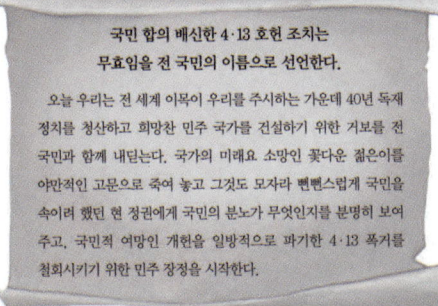

① 장면 내각이 출범하는 배경이 되었다.
② 5년 단임의 대통령 직선제 개헌을 이끌어 냈다.
③ 3·15 부정 선거에 항의하는 시위에서 시작되었다.
④ 신군부의 비상 계엄 확대가 원인이 되어 일어났다.
⑤ 3·1 민주 구국 선언을 통해 긴급 조치 철폐 등을 요구하였다.

[2016년 30회 중급 48번]

21 (가)~(다) 헌법을 시행된 순서대로 옳게 나열한 것은? (3점)

(가) 제70조 대통령의 임기는 5년으로 하며, 중임할 수 없다.

(나) 제55조 대통령과 부통령의 임기는 4년으로 한다. 단, 재선에 의하여 1차 중임할 수 있다.
……
부 칙 이 헌법 공포 당시의 대통령에 대하여는 제55조 제1항 단서의 제한을 적용하지 아니한다.

(다) 제39조 ①대통령은 통일주체국민회의에서 토론 없이 무기명투표로 선거한다.

① (가) - (나) - (다)   ② (가) - (다) - (나)
③ (나) - (가) - (다)   ④ (나) - (다) - (가)
⑤ (다) - (나) - (가)

[2017년 36회 고급 46번]

22 다음 협정이 적용된 시기 우리나라의 경제 상황으로 옳은 것은? (2점)

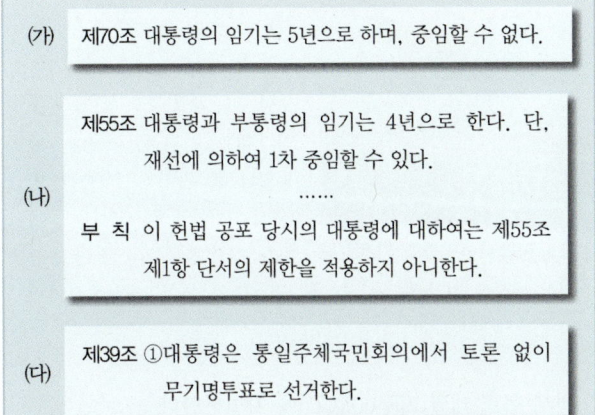

① 경부 고속 국도를 개통하였다.
② 경제 협력 개발 기구(OECD)에 가입하였다.
③ 제분·제당·면방직의 삼백 산업이 성장하였다.
④ 3저 호황으로 물가가 안정되고 수출이 증가하였다.
⑤ 대통령의 긴급 명령으로 금융 실명제를 실시하였다.

[2019년 43회 고급 48번]

23 다음 사실이 있었던 정부 시기의 경제 상황으로 옳은 것은? (2점)

포항 종합 제철 공장 제1기 준공식

연간 조강 생산량 1백 3만 톤 규모의 제철 일관공정을 갖춘 포항 종합 제철 공장 제1기 준공식이 대통령이 참석한 가운데 거행되었다. 총 공사비 1,200여억 원 (외자 700여억 원 포함)을 들여 3년 3개월 만에 완공된 이 공장에서 생산된 철강은 조선, 기계, 자동차 등 중화학 공업 분야의 원재료로 쓰이게 된다.

① 경제 협력 개발 기구(OECD)에 가입하였다.
② 제3차 경제 개발 5개년 계획이 추진되었다.
③ 한·칠레 자유 무역 협정(FTA)이 체결되었다.
④ 대통령 긴급 명령으로 금융 실명제가 실시되었다.
⑤ 3저 호황으로 물가가 안정되고 수출이 증가하였다.

[2018년 41회 고급 47번]

24 다음 기사 내용이 보도된 정부 시기의 사실로 옳은 것을 〈보기〉에서 고른 것은? (2점)

□□신문
제△△호   ○○○○년 ○○월 ○○일

야간 통행 금지 해제

오는 1월 5일 24시를 기하여, 지난 37년간 지속되어 온 야간 통행 금지가 전국적으로 해제될 예정이다. 다만 국방상 중요한 전방 지역과 후방 해안 도서 지역은 대상에서 제외되었다.
이번 야간 통행 금지의 해제로 국민 생활의 편익이 증진되고 관광과 경제 활동이 활성화될 전망이다.

| 보기 |

ㄱ. 한국 프로 야구가 6개 구단으로 출범하였다.
ㄴ. 언론의 통폐합이 강제로 단행되고 언론 기본법이 제정되었다.
ㄷ. 허례허식을 없애기 위해 법령으로 가정 의례 준칙이 제정되었다.
ㄹ. 재건 국민 운동 본부를 중심으로 혼·분식 장려 운동이 전개되었다.

① ㄱ, ㄴ   ② ㄱ, ㄷ   ③ ㄴ, ㄷ
④ ㄴ, ㄹ   ⑤ ㄷ, ㄹ

[2018년 38회 고급 49번]

25 (가), (나) 인물이 대통령으로 재임했던 시기에 있었던 사실로 옳은 것을 〈보기〉에서 고른 것은? (2점)

보기
ㄱ. (가) - 남북 기본 합의서가 채택되었다. ㄴ. (가) - 금융 실명제가 전격 시행되었다. ㄷ. (나) - 6·15 남북 공동 선언이 발표되었다. ㄹ. (나) - 미국과의 자유 무역 협정(FTA)이 체결되었다.

① ㄱ, ㄴ　② ㄱ, ㄷ　③ ㄴ, ㄷ
④ ㄴ, ㄹ　⑤ ㄷ, ㄹ

[2020년 48회 심화 48번]

26 다음 명령을 시행한 정부 시기에 있었던 사실로 옳은 것은? (2점)

> **금융실명거래 및 비밀보장에 관한 긴급재정경제명령**
>
> 제1조(목적) 이 명령은 실지명의에 의한 금융거래를 실시하고 그 비밀을 보장하여 금융거래의 정상화를 기함으로써 경제정의를 실현하고 국민경제의 건전한 발전을 도모함을 목적으로 한다.
>
> 제3조(금융실명거래) ① 금융기관은 거래자의 실지명의(이하 "실명"이라 한다)에 의하여 금융거래를 하여야 한다.
> ② 금융기관은 이 명령 시행 전에 금융거래계좌가 개설된 금융자산(이하 "기존금융자산"이라 한다)의 명의인에 대하여는 이 명령 시행 후 최초의 금융거래가 있는 때에 그 명의가 실명인지의 여부를 확인하여야 한다. ······
>
> 제5조(기존비실명자산의 실명전환의무) ① 실명에 의하지 아니하고 거래한 기존금융자산(이하 "기존비실명자산"이라 한다)의 거래자는 이 명령 시행일부터 2월(이하 "실명전환의무기간"이라 한다) 이내에 그 명의를 실명으로 전환하여야 한다. 이 경우 실명전환의무기간은 대통령령이 정하는 바에 의하여 1월의 범위 안에서 이를 연장할 수 있다. ······

① 경부 고속 도로를 준공하였다.
② 경제 협력 개발 기구(OECD)에 가입하였다.
③ 칠레와 자유 무역 협정(FTA)을 체결하였다.
④ 제1차 경제 개발 5개년 계획을 추진하였다.
⑤ 원조 물자를 가공하는 삼백 산업이 발달하였다.

[2017년 35회 중급 49번]

27 (가) 정부 시기에 있었던 사실로 옳은 것은? (3점)

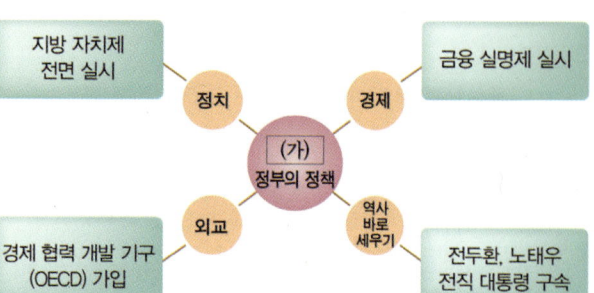

① 서독에 광부와 간호사가 파견되었다.
② 한·미 자유 무역 협정(FTA)이 체결되었다.
③ 제1차 경제 개발 5개년 계획이 추진되었다.
④ 국제 통화 기금(IMF)에 긴급 구제 금융을 요청하였다.
⑤ 미국의 원조 물자를 기반으로 삼백 산업이 성장하였다.

[2017년 34회 중급 46번]

28 (가)~(라) 시기에 있었던 사실로 옳은 것을 <보기>에서 고른 것은? (2점)

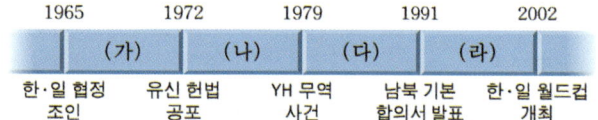

| 보기 |

ㄱ. (가) - 금융 실명제가 전격 실시되었다.
ㄴ. (나) - 연간 수출액 100억 달러가 최초로 달성되었다.
ㄷ. (다) - 원조 물자를 기반으로 삼백 산업이 성장하였다.
ㄹ. (라) - 경제 협력 개발 기구(OECD)에 가입하였다.

① ㄱ, ㄴ   ② ㄱ, ㄷ   ③ ㄴ, ㄷ
④ ㄴ, ㄹ   ⑤ ㄷ, ㄹ

[2018년 39회 고급 47번]

29 다음 자료를 발표한 정부의 통일 정책으로 옳은 것을 <보기>에서 고른 것은? (2점)

> 국민 여러분! 나는 오늘 다시 이 자리를 빌어 북괴에 대해 지금이라도 늦지 않았으니 우리의 평화 통일 제의를 하루 속히 수락하고, 무력과 폭력을 포기할 것을 거듭 촉구하면서 평화 통일만이 우리가 추구하는 통일의 길임을 다시 한 번 천명하는 바입니다. …… 특히 이번에 우리 대한 적십자사가 제의한 인도적 남북 회담은 1천만 흩어진 가족을 위해서 뿐만 아니라, 5천만 동포들의 오랜 갈증을 풀어 주는 복음의 제의로서 나는 이를 여러분과 함께 환영하며 그 성공을 빌어 마지않습니다.
> - 제26주년 광복절 경축사 중에서 -

| 보기 |

ㄱ. 남북 조절 위원회를 구성하였다.
ㄴ. 남북 기본 합의서를 채택하였다.
ㄷ. 7·4 남북 공동 성명을 발표하였다.
ㄹ. 한반도 비핵화 공동 선언에 합의하였다.

① ㄱ, ㄴ   ② ㄱ, ㄷ   ③ ㄴ, ㄷ
④ ㄴ, ㄹ   ⑤ ㄷ, ㄹ

[2020년 48회 심화 50번]

30 다음 정부 시기의 통일 노력으로 옳은 것은? (2점)

① 남북 조절 위원회를 설치하였다.
② 개성 공업 지구 조성에 합의하였다.
③ 10·4 남북 공동 선언을 발표하였다.
④ 금강산 해로 관광 사업을 시작하였다.
⑤ 한반도 비핵화 공동 선언에 서명하였다.

[2020년 46회 고급 50번]

31 다음 행사를 마련한 정부의 통일 노력으로 옳은 것은?

(3점)

> 방송 3사 공동 특별 생방송 ○○○ 대통령, 국민과의 대화
>
> 사회 복지사: 국민 기초 생활 보장법에 대해서 말씀드리겠습니다. 기초 생활 보장법 수급 대상자로 선정되어야 함에도 그렇지 못한 경우가 많습니다. …… 보완책에 대해 말씀해 주시기 바랍니다.
>
> ○○○ 대통령: 국민 기초 생활 보장법을 지난해 10월부터 [처음] 실시했는데 아무래도 문제점이 없지 않을 겁니다. …… 어떤 경우에라도 굶주리거나 자식 교육을 못 시키거나 의료 혜택을 받지 못하는 일이 없도록 하자는 것이 국민 기초 생활 보장 제도의 취지입니다.

① 10·4 남북 공동 선언을 채택하였다.
② 남북한이 한반도 비핵화 공동 선언에 서명하였다.
③ 남북 조절 위원회를 설치하여 통일 방안을 논의하였다.
④ 남북한의 교류 협력을 위한 개성 공업 지구 건설에 합의하였다.
⑤ 최초의 이산가족 고향 방문과 예술 공연단 교환을 실현하였다.

[2018년 40회 고급 50번]

32 (가)~(라)의 사건을 일어난 순서대로 옳게 나열한 것은?

(2점)

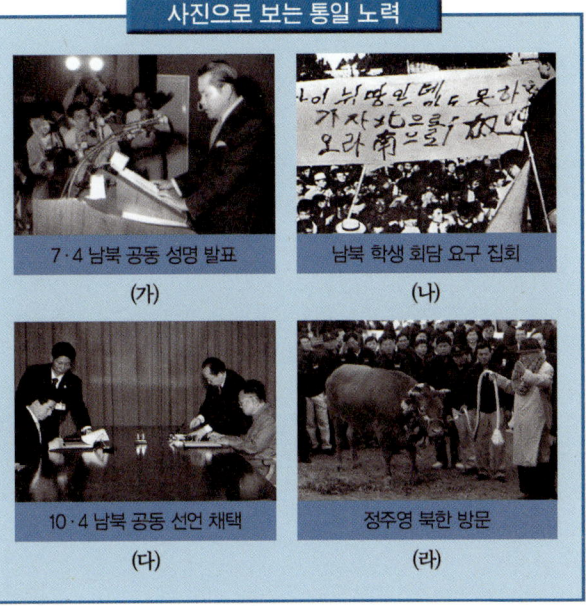

① (가) – (나) – (다) – (라)
② (가) – (다) – (라) – (나)
③ (나) – (가) – (라) – (다)
④ (나) – (라) – (가) – (다)
⑤ (다) – (라) – (나) – (가)

정답 및 해설

01 ①

제시된 자료에서 '조선 건국 동맹', '조선 건국 준비 위원회의 위원장'의 내용을 통해 가상 인터뷰의 주인공이 여운형임을 알 수 있다. 여운형은 이승만의 정읍 발언 이후 미군정의 지지를 받으며 김규식과 함께 좌우 합작 운동을 전개하였다.

오답분석
② 김구
③ 안창호
④ 이승만
⑤ 김원봉

02 ⑤

결의문에서 '유엔 한국 임시 위원단을 설치'라는 내용을 통해 유엔 총회 결의안(1947년 11월)의 내용임을 유추할 수 있다. 제1·2차 미소 공동 위원회가 결렬되자, 미국은 한반도 문제를 유엔으로 이관하였고 유엔 총회는 한반도 총선거를 결정하면서 유엔 한국 임시 위원단 파견을 결정하였다.

03 ③

1945년 8월 15일 광복을 맞이하였으나 바로 남쪽은 미군정, 북쪽은 소련의 통치하에 들어가게 되었다. 1945년 8월 15일 광복과 1948년 8월 15일 대한민국 정부 수립 사이의 사건을 골라야 한다. ③ 1947년 좌·우 합작 위원회는 좌우 합작 7원칙을 발표하는 등 활동을 전개하였다.

오답분석
① 1927년 신간회의 자매단체로 근우회가 창립되었다.
② 1929년 노동자의 생존권 확보를 위해 원산 총파업이 일어났다.
④ 장면 내각 시기인 1961년 '가자 북으로, 오라 남으로'와 같은 구호를 내세워 남북 학생 회담 요구 시위가 일어났다.
⑤ 1948년 정부 수립 이후 반민족 행위 특별 조사 위원회가 활동하여 친일파를 청산하고자 하였으나, 이승만 정부의 방해 공작으로 인해 제대로 활동하지 못하였다.

04 ③

제시된 자료의 '합작 원칙', '좌우 합작으로 민주주의 임시 정부를 수립할 것', '토지 개혁' 등을 통해 해당 자료는 좌우 합작 7원칙임과 밑줄 그은 '위원회'는 좌우 합작 위원회임을 알 수 있다. ③ 좌우 합작 위원회는 여운형, 김규식 등 중도 세력을 중심으로 결성되었다.

오답분석
① 통일 정부 구성을 위한 남북 협상을 추진한 대표적인 인물은 김구와 김규식이다.
② 1948년에 유엔 감시 하에 남북한 총선거가 치러졌고, 좌우 합작 위원회는 1946년부터 1947년까지 활동하였다.
④ 노덕술, 김태식 등의 친일 경찰은 반민족 행위 처벌을 위한 특별 조사 위원회의 활동을 방해하였다.
⑤ 제헌국회는 귀속 재산 처리법을 제정하여 일본인들이 남기고 간 재산을 처리하였다.

05 ①

제시문은 광복 이후인 1945년 10월 10일, 미군정 장관 육군 소장 아놀드가 발표한 내용으로 다소 생소한 사료이다. 그러나 제시문에 '조선 인민 공화국', '미군정'의 내용을 통해 광복 이후의 상황임을 유추할 수 있다.
① 조선 건국 동맹은 광복 이전인 1944년 10월에 결성되었다.

오답분석
② 1946년 7월, ③ 1947년 11월, ④ 1948년 9월,
⑤ 1946년 3월의 일이다.

06 ③

제시문의 (가)는 좌우 합작 7원칙 발표(1946. 10.), (나)는 남북 협상(1948. 4.)에 대한 내용이다. 2차 미소 공동 위원회(1947. 5.~10.)가 결렬된 이후 미국이 한반도 문제를 유엔으로 이관하였고, 유엔 총회는 1947년 11월 한반도 총선거를 결정하였다.

오답분석
① 1949년 6월
② 1946년 6월
④ 1945년 8월
⑤ 1958년 12월

07 ④

모스크바 3국 외상 회의는 1945년 12월에 개최되었고, 5·10 총선거는 1948년 5월에 실시되었다. (가) 시기에 좌·우 합작 위원회 조직(1946. 7.), 제1차 미·소 공동 위원회 개최(1946. 3.), 남북 협상(1948. 4.), 유엔 한국 임시 위원단 방한(1948. 1.)이 들어갈 수 있다.
④ 1948년 9월 반민족 행위 처벌법이 제정되고, 이 법에 의거하여 반민족 행위 특별 조사 위원회(반민 특위)가 구성되었다.

08 ④

제시된 자료에서 '5·10 총선'의 내용을 통해 밑줄 그은 '국회'가 제헌 국회임을 알 수 있다. 제헌 국회는 1949년 유상 매수·유상 분배(3정보) 원칙의 농지 개혁법을 공포하였다.

오답분석
① 장면 내각
② 이명박 정부
③ 이승만 정부
⑤ 박정희 정부(유신 정권)

09 ④
제시문의 (가)는 반민족 행위 특별 조사 위원회(반민 특위)의 해체(1949), (나)는 사사오입 개헌(1954)에 대한 내용이다. ④ 발췌 개헌에 대한 내용이다(1952).

오답분석
① 3차 개헌(1960)
② 유신 헌법(1972)
③ 진보당 사건(1958)
⑤ 3·15 부정 선거(1960)

10 ②
제시된 자료는 이승만 정부에서 제정된 농지 개혁법(1949)이다. 농지 개혁은 한 가구당 3정보를 소유 상한으로 하여 농민에게 농지를 배분하고, 수확량의 일정 부분을 현물로 상환하게 하는 유상 매수, 유상 분배 방식으로 추진되었다. 이로 인해 전통적인 지주소작제가 붕괴되고 토지가 없던 농민들이 토지를 소유하게 되면서 자작농이 증가하였다.

오답분석
ㄴ. 광무개혁
ㄹ. 동양 척식 주식 회사 설립(1908)

11 ②
제시문에서 밑줄 그은 '이 작전'은 인천 상륙 작전이다. 1950년 6월 25일 북한군의 남침으로 6·25 전쟁이 발발한 후, 같은 해 7월 20일 대전이 함락되었다. 그러나 1950년 9월 15일 인천 상륙 작전을 통해 9월 28일 서울을 탈환하였다.

12 ③
낙동강 전투, 1·4 후퇴와 관련된 (가)는 6·25 전쟁이다. 1950년 북한군의 남침으로 시작되었으며, 북한군은 3일 만에 서울을 점령하였으나 UN군의 인천 상륙 작전이 성공하면서 전세가 역전되었다. 중국군이 참전하면서 서울을 다시 빼앗겼고, 1951년 5월경부터 38도선 부근에서 전선이 교착 상태에 빠졌다. 2년에 걸친 휴전회담 결과 1953년 7월 판문점에서 휴전 협정이 체결되었다.
③ 미·소 공동 위원회는 1946년과 1947년에 개최

13 ③
제시문의 밑줄 그은 '개헌안'은 이승만 정부 시기에 통과된 사사오입 개헌(1954)이다. 사사오입 개헌을 통해 초대 대통령에 한해 중임 제한을 철폐하였다.

오답분석
① 3차 개헌(1960)
② 유신 헌법(1972)
④ 8차 개헌(1980)
⑤ 제헌 헌법(1948)

14 ③
제시된 자료에서 '대구의 2·28 민주 운동', '마산의 3·15 의거'의 내용을 통해 (가) 민주화 운동은 4·19 혁명임을 알 수 있다. 4·19 혁명 당시 대학 교수단은 시국 선언문을 발표하고 시위 행진을 전개하면서 이승만 대통령의 퇴진을 요구하였다.

오답분석
① 6·3 시위(1964)
②,⑤ 6월 민주 항쟁(1987)
④ 유신 체제 반대 운동(1976)

15 ④
제시문은 이승만의 하야 선언문의 내용이다. 3·15 부정 선거로 4·19 혁명이 일어나자 이승만은 결국 하야하게 되었다. 그 결과 내각 책임제와 국회 양원제를 골자로 하는 3차 개헌이 단행되었다.

오답분석
① 6월 민주 항쟁
②,③ 5·18 민주화 운동
⑤ 유신 체제 반대 운동

16 ⑤
제시된 자료에서 '내각 책임제', '윤보선 대통령'의 내용을 통해 밑줄 그은 '헌법'은 3차 개헌에 대한 내용임을 알 수 있다. 3차 개헌은 내각 책임제와 국회 양원제(민의원, 참의원)를 골자로 하는 개헌이었다.

오답분석
①,③ 제헌 국회
② 유신 정권
④ 이승만 정부

17 ③

제3공화국은 1962년부터 1972년까지의 시기의 박정희 정부를 가리킨다. 박정희 정부는 외화를 획득하고자 1966년에 서독과 특별 고용 계약을 맺고 간호사 3천 명, 탄광 광부 3천 명을 파견하였다. 독일에 파견되었던 광부와 간호사 등은 대부분 귀국하였으나 일부는 그곳에 정착하여 한인 사회를 형성하기도 하였다.

오답분석
① 6·29 민주화 선언(1987)
② 한·미 상호 방위 조약 체결(1953)
④ 남북한 동시 유엔 가입(1991)
⑤ 경제 협력 개발 기구(OECD) 가입(1996)

18 ④

광주 시민들이 계엄령 해제를 요구하며 전개한 민주화 운동은 5·18 민주화 운동이다. ④ 5·18 민주화 운동과 관련된 기록물은 유네스코 세계 기록유산으로 등재되었다.

오답분석
① 한·일 국교 정상화에 반대하여 일어난 것은 6·3 시위이다.
② 4·13 호헌 조치에 국민들이 저항하여 시작된 것은 6월 민주 항쟁이다.
③ 3·15 부정 선거에 항의하는 시위에서 비롯된 것은 4·19 혁명이다.
⑤ 3·1 민주 구국 선언을 통해 긴급 조치 철폐를 요구한 것은 박정희 정부 때 유신 반대 운동이다.

19 ⑤

제시된 삽화에서 박종철이 고문으로 사망했다는 내용을 통해 6월 민주 항쟁임을 알 수 있다.
ㄷ. 6월 민주 항쟁은 4·13 호헌 조치와 독재 정치에 대해 반발하였다.
ㄹ. 6월 민주 항쟁의 영향으로 노태우가 6·29 선언을 하였고 이는 곧 9차 개헌(5년 단임제, 직선제)으로 이어졌다.

오답분석
ㄱ. 5·18 민주화 운동에 대한 설명이다.
ㄴ. 4·19 혁명에 대한 설명이다.

20 ②

제시문에서 '4·13 호헌 조치'의 내용을 통해 6월 민주 항쟁(1987)에 대한 내용임을 알 수 있다. 6월 민주 항쟁의 결과 5년 단임의 대통령 직선제를 골자로 하는 6·29 선언이 발표되었다.

오답분석
①,③ 4·19 혁명
④ 5·18 민주화 운동
⑤ 유신 체제 반대 운동

21 ④

(가)는 9차 개헌(1987)으로 대통령 직선제와 5년 단임에 대한 내용을 담고 있다.
(나)는 사사오입 개헌(1954)으로 초대 대통령에 한하여 횟수 제한 없이 대통령에 출마할 수 있다는 내용의 개헌안이 국회 표결 결과 1표 차이로 부결되었으나, 이틀 후에 반올림(사사오입)을 내세워 통과시켰다.
(다)는 7차 개헌(1972)으로 통일 주체 국민 회의에서 대통령을 선출하였으며, 대통령의 긴급 조치권과 비상 계엄 선포권을 규정하였다.

22 ③

제시된 자료 속 한·미 원조 협정은 대한민국 정부 수립 직후 체결되었으며, 미국 정부가 한국 정부에게 경제적 원조를 약속한 것이다. ③ 제분, 제당, 면방직의 삼백 산업은 대한민국 정부 수립 직후 미국 등 외국의 경제 원조를 받아 획득한 원료를 가공하여, 상품을 만들고 그것을 국내 시장에 판매하는 형태로 이뤄졌다.

오답분석
① 경부 고속 국도가 개통된 것은 박정희 정부 시기인 1970년의 일이다.
② 경제 협력 개발 기구(OECD)에 가입한 것은 김영삼 정부 시기인 1996년의 일이다.
④ 3저 호황으로 경제적 이득을 누렸던 것은 전두환 정부 시기인 1986~1988년의 일이다.
⑤ 금융실명제가 긴급 명령의 형태로 시행된 것은 김영삼 정부 시기인 1993년의 일이다.

23 ②

제시문에서 '포항 종합 제철 공장 제1기 준공식'의 내용을 통해 박정희 정부 시기임을 알 수 있다. 포항 종합 제철 공장은 박정희 정부 시기인 1968년에 설립되었다. 박정희 정부 시기에는 제3, 4차 경제 개발 계획(1972~1981)이 추진되었다.

오답분석
①,④ 김영삼 정부
③ 노무현 정부
⑤ 전두환 정부

24 ①

제시된 자료에서 '야간 통행 금지 해제'는 전두환 정부 시기에 실시되었다.
ㄱ. 전두환 정부는 5·18 민주화 운동 이후 국민들의 정치적 관심을 다른 방향으로 돌리기 위해 프로 야구를 출범시켰다.
ㄴ. 전두환 정부는 언론을 통폐합하고 언론인을 해직하였으며 언론 기본법을 제정하여 언론의 자유를 침해하였다.

오답분석
ㄷ, ㄹ. 박정희 정부

25 ③
제시된 자료에서 (가)는 김영삼, (나)는 김대중이다.
ㄴ. 김영삼 정부는 1993년 금융 실명제를 도입하였다.
ㄷ. 김대중 정부는 2000년 6·15 남북 공동 선언을 발표하였다.

오답분석
ㄱ. 노태우 정부
ㄹ. 노무현 정부

26 ②
제시문은 김영삼 정부 시기에 시행된 금융 실명제에 대한 내용이다. 김영삼 정부는 1996년 경제 협력 개발 기구(OECD)에 가입하였다.

오답분석
①, ④ 박정희 정부
③ 노무현 정부
⑤ 이승만 정부

27 ④
지방 자치제 전면 실시, 금융 실명제 실시, 경제 협력 개발기구(OECD) 가입, 전두환·노태우 전직 대통령 구속을 통해 김영삼 정부라는 것을 알 수 있다. ④ 김영삼 정부 시기인 1997년 국제 통화 기금(IMF)에 긴급 구제 금융 요청이 이루어졌다.

오답분석
① 서독에 광부와 간호사가 파견된 것은 박정희 정부 시기이다.
② 한·미 자유 무역 협정(FTA)이 체결된 것은 노무현 정부 시기이다.
③ 제1차 경제 개발 5개년 계획이 추진된 것은 박정희 정부 시기이다.
⑤ 미국의 원조 물자를 기반으로 삼백 산업이 성장한 것은 이승만 정부이다.

28 ④
ㄴ. 박정희 정부(1977년)
ㄹ. 김영삼 정부(1996년)

오답분석
ㄱ. 김영삼 정부(1993년)
ㄷ. 이승만 정부(1950년대)

29 ②
제시문은 '제26주년 광복절 경축사'의 내용으로 보아 박정희 정부 시기인 1970년대임을 알 수 있다.
ㄱ, ㄷ. 박정희 정부는 1972년 7·4 남북 공동 성명을 발표하였고, 그 결과 남북 조절 위원회가 설치되었다.

오답분석
ㄴ, ㄹ. 노태우 정부

30 ⑤
제시된 자료에서 한국·헝가리 수교(1989), 남북한 유엔 동시 가입(1991), 한국·중국 수교(1992)는 모두 노태우 정부 시기에 추진되었다. 노태우 정부는 한반도 비핵화 선언에 합의하였다.

오답분석
① 박정희 정부
②, ④ 김대중 정부
③ 노무현 정부

31 ④
제시된 자료에서 '국민 기초 생활 보장법'은 김대중 정부 시기에 제정되었다. 김대중 정부는 남북한의 교류 협력을 위한 개성 공업 지구 건설에 합의하였고, 노무현 정부 때 본격적으로 착공되었다.

오답분석
① 노무현 정부
② 노태우 정부
③ 박정희 정부
⑤ 전두환 정부

32 ③
(나) 장면 내각(1961) → (가) 7·4 남북 공동 성명(1972) → (라) 정주영의 소떼 북한 방문(1998) → (다) 10·4 남북 공동 선언 채택(2007)

PART 08

장유리
7일만에
80점 넘기기

부 록

01. 유네스코 세계유산

02. 한반도 각지의 역사

03. 근현대 역사 인물

04. 근현대 기구 및 단체

08 부록

01 유네스코 세계유산

1. 유네스코 세계문화유산

① 해인사 장경판전(1995)
팔만대장경을 보관하고자 지어진 목판 건축물로, 매우 과학적·합리적으로 만들어져 대장경판이 온전하게 보존

② 종묘(1995)
역대 왕과 왕비의 신위를 모셔놓은 사당으로, 중심 건물인 종묘 정전은 가로가 매우 길고 건물 앞마당과 일체를 이룸

③ 석굴암과 불국사(1995)
경주 토함산에 조성된 석굴암은 높은 건축·조각술을 보여주는 걸작. '부처의 나라'라는 뜻을 지닌 불국사는 불교의 이상 세계를 표현

④ 창덕궁(1997)
경복궁의 별궁으로 지어졌으나 임진왜란 이후 정궁 역할을 담당. 전형적인 격식에서 벗어나 주변 환경과 뛰어난 조화를 이룸

⑤ 수원 화성(1997)
정조가 아버지 사도 세자의 묘 근처에 쌓은 성으로, 동서양의 군사 시설 이론을 잘 배합한 독특한 성

⑥ 고창·화순·강화 고인돌 유적(2000)
한 지역에 수백 개의 고인돌이 분포하고 있으며, 형식의 다양성과 밀집도 면에서 세계적으로 유례를 찾기 어려움

⑦ 경주 역사 유적 지구(2000)
신라 천년의 역사가 살아 숨쉬는 곳으로 조각, 탑, 궁궐지 왕릉, 산성을 비롯해 뛰어난 불교 유적과 생활 유적이 분포

⑧ 제주 화산섬과 용암 동굴(2007)
거문오름용암동굴계, 성산일출봉 응회구, 한라산의 세 구역으로 구성된 이 유산은 지질학적 특성과 발전 과정 등 지구의 역사를 잘 보여 줌

⑨ 조선왕릉(2009)
우리나라 18개 지역에 흩어져 있으며, 선조와 그 업적을 기리고 존경을 표하며 왕실의 권위를 다지는 역할을 함

⑩ 한국의 역사마을 : 하회와 양동(2010)
14~15세기에 조성된 전통 마을로, 유교를 기반으로 한 조선 시대의 사회와 문화를 잘 보여주는 사례로 꼽힘

	⑪ 남한산성(2014) 조선시대에 유사시를 대비하여 임시 수도로서 역할을 담당하도록 건설된 산성으로, 성곽 안쪽에는 당시 제작된 다양한 형태의 군사·민간·종교 시설 건축물의 증거가 존재. 한민족의 독립성과 자주성을 나타내는 상징		⑫ 백제역사유적지구(2015) 고대 백제 왕국의 후기 시대를 대표하는 유적지로, 공주시, 부여군, 익산시 3개 지역에 분포된 8개 유적지로 이루어짐. 이들 유적은 475년~660년 사이의 백제 왕국의 역사를 보여줌
	⑬ 산사, 한국의 산지승원(2018) 불교 출가자와 신자를 포함한 신앙공동체가 수행과 신앙 및 생활을 유지하고 있는 승원으로서 수행이 이루어지는 7개 사찰. 통도사, 부석사, 봉정사, 법주사, 마곡사, 선암사, 대흥사		⑭ 한국의 서원(2019) 성리학의 이념으로 설립된 조선시대 교육기관인 서원 9곳. 소수서원, 남계서원, 옥산서원, 도산서원, 필암서원, 도동서원, 병산서원, 무성서원, 돈암서원

2. 유네스코 세계기록유산

	① 조선왕조실록(1997) 세계에서 가장 상세하면서도 포괄적인 역사 기록물. 왕조실록 편찬에 학식이 높은 학자들과 필요한 모든 자원을 동원. 진실성과 신빙성이 높은 역사기록이라는 점에서 큰 의의		② 훈민정음(해례본)(1997) 한국어를 완벽하게 표기할 수 있을 뿐 아니라 배우기와 사용하기에도 편리한 문자체계로, 독창적이며 과학적이라고 인정
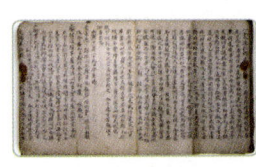	③ 승정원일기(2001) 17~20세기 초 기본적인 정책 수립의 기초자료, 특히 19세기 후반에서 20세기 초의 기록은 서구의 영향력이 당시 쇄국정책을 고수하던 조선 왕조의 문호를 어떻게 개방하였는지 잘 보여줌		④ 불조직지심체요절(하권)(2001) 고려 우왕 3년(1377)에 청주 흥덕사에서 금속 활자로 책을 인쇄. 이는 독일의 구텐베르크보다 70여년이나 앞선 것으로 1972년 유네스코가 지정한 "세계 도서의 해"에 출품되어 세계 최고(最古)의 금속 활자본으로 공인. 상권은 아직까지 발견되지 않았고, 하권만 프랑스 국립도서관에 소장
	⑤ 조선왕조 의궤(2007) 유교를 바탕으로 세워진 조선왕조의 양식에 따라 중요한 국가행사를 시행하는 데 참고자료로 사용된 문서들을 엮어 편찬. 근세에 유교 국가 간의 국제 관계를 반영		⑥ 고려대장경판 및 제경판(2007) 세계 유일의 현전 대장경판으로, 가장 정확하고 완벽한 목판 인쇄술의 진수를 보여줌
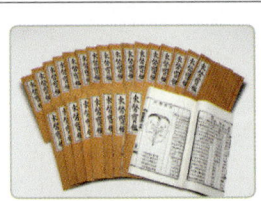	⑦ 동의보감(2009) 1613년 한국에서 집필된 의학적인 지식과 치료기술에 관한 백과사전으로, 동아시아 의학의 발전에 큰 영향	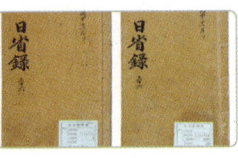	⑧ 일성록(2011) 조선 후기의 역사 기록물일 뿐 아니라 18세기에서 20세기 사이 동서양의 정치 및 문화 교류를 상세하게 기록. 당시 서양의 과학과 기술이 어떻게 국내에 전파되었는지에 대한 상세한 기록을 담고 있어 세계사를 연구하는데 귀중한 자료

	⑨ 1980년 인권기록유산 5·18 광주 민주화운동 기록물(2011) 5·18 민주화운동 기록물은 광주 민주화 운동의 발발과 진압, 그리고 이후의 진상 규명과 보상 등의 과정과 관련해 정부, 국회, 시민, 단체 그리고 미국 정부 등에서 생산한 방대한 자료를 포함하고 있는 기록물		⑩ 새마을 운동 기록물(2013) 1970년부터 1979년까지 추진한 새마을운동 과정에서 생산된 대통령의 연설문과 결재 문서, 행정 부처의 새마을사업 공문, 마을 단위의 사업서류, 새마을 지도자들의 성공사례 원고와 편지, 시민들의 편지, 새마을 교재, 관련 사진과 영상 등의 자료를 총칭
	⑪ 난중일기(2013) 전투상황에 대한 상세한 기록뿐 아니라 당시의 기후나 지형, 일반 서민들의 삶에 대한 기록도 전하고 있어 당시의 자연지형 및 환경, 서민의 생활상에 대한 중요한 연구 자료로도 활용		⑫ 한국의 유교책판(2015) 조선시대에 718종의 서책을 간행하기 위해 판각한 책판. 각각의 책판들은 단 한 질만 제작되어 오늘날까지 전해지고 있는 '유일한 원본'임
	⑬ KBS 특별 생방송 '이산가족을 찾습니다' 기록물(2015) TV를 활용한 세계 최대 규모의 이산가족 찾기 프로그램. 전쟁과 분단의 참상을 세계에 알리고, 냉전의 종식과 한반도 긴장완화에 기여하였으며, 전 국민의 참여와 공감을 이끌었다고 평가		⑭ 조선왕실 어보와 어책(2017) 어보는 조선 왕실의 의례용 도장으로, 왕과 왕후의 존호를 올릴 때나 왕비·세자·세자빈을 책봉할 때 사용. 어책은 세자와 세자빈의 책봉, 비와 빈의 직위 하사 때 내린 교서를 의미. 어보와 어책은 조선 왕실 구성원의 정통성을 상징하는 의물
	⑮ 조선통신사에 관한 기록(2017) 1607년부터 1811년까지 조선이 일본에 파견된 조선통신사와 관련한 자료를 총칭하는 것	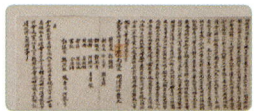	⑯ 국채 보상 운동 기록물(2017) 국채를 갚기 위하여 대한제국 국민이 벌였던 국채 보상 운동의 전 과정을 보여주는 기록물. 주요 문적 200여종을 포함하여 수기, 언론, 정부기록물까지 총 2,475건의 문건으로 이루어져 있음

02 한반도 각지의 역사

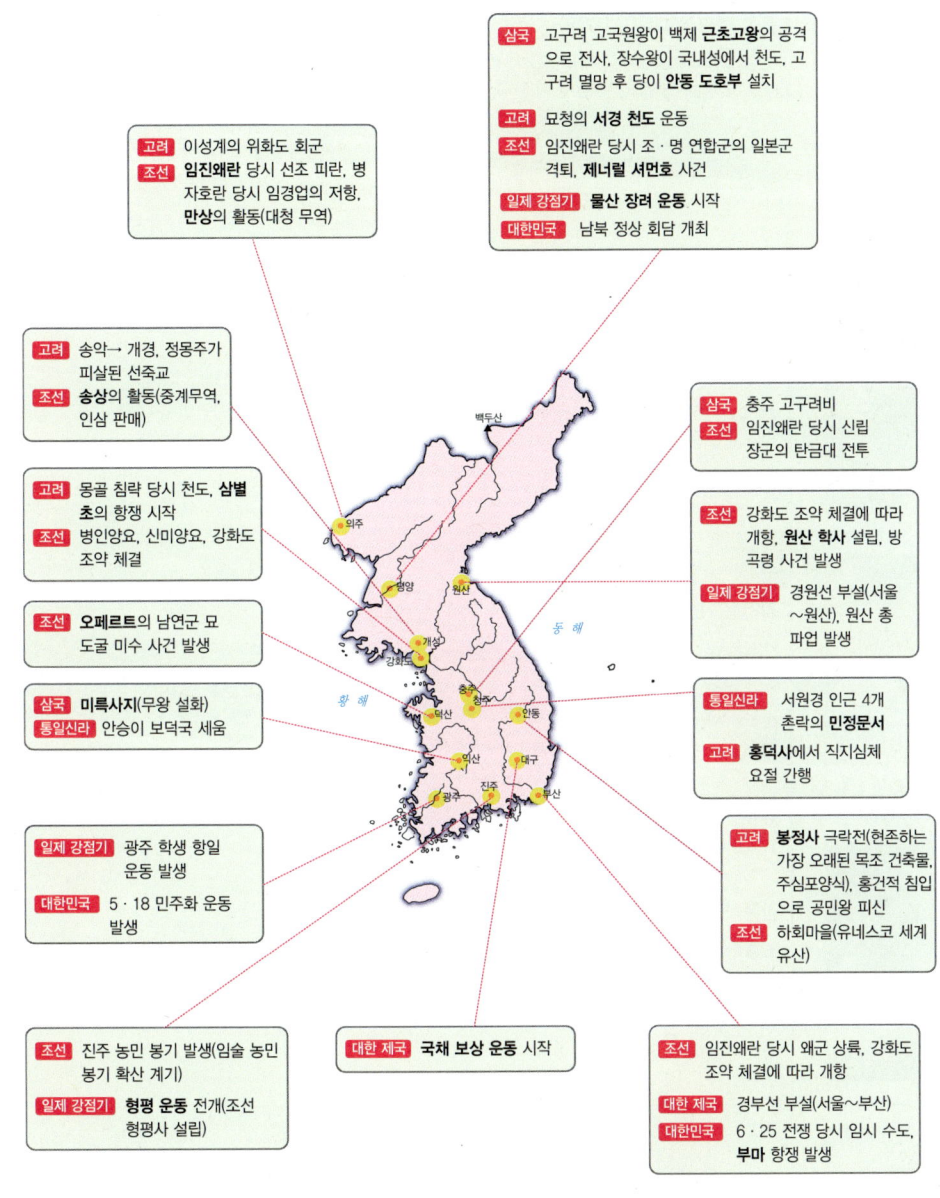

03 근현대 역사 인물

흥선 대원군(1820~1898)
[빈출 Keyword 달달달] 경복궁 중건, 호포법, 서원 철폐, 통상 수교 거부, 병인박해, 임오군란

고종의 즉위 후 국정 운영을 주도하였다. 세도 정치 타파 및 왕권 강화와 민생 안정을 위한 개혁 정치를 추진하였다. 또한 통상 수교 거부 정책을 통해 서양과 일본의 접근을 막아내었다. 그러나 1873년 고종의 친정 선언으로 권력을 잃었으며, 임오군란 때에는 청에 끌려가기도 하였다. 한편, 제1차 갑오개혁이 추진되면서 섭정을 맡기도 하였다.

양헌수(1816~1888)
[빈출 Keyword 달달달] 병인양요, 정족산성

1866년 강화도에 프랑스 군대가 쳐들어오는 병인양요가 일어나자 500명의 군대를 이끌고 정족산성에 숨어 있다가 프랑스 군대가 오자 일제히 공격해 프랑스군을 무찔렀다.

최익현(1833~1906)
[빈출 Keyword 달달달] 위정척사, 왜양일체론, 을사의병

철종 때에 관직에 진출하였으며, 지방관·언관으로 재직하면서 강직함을 보였다. 흥선 대원군의 정책(경복궁 중건, 서원 철폐)을 비판하고 강화도 조약 체결을 반대하는 상소를 올렸다. 을사늑약 체결 당시 의병을 일으켰다가 일본에 의해 쓰시마섬으로 유배당하여 그곳에서 순국하였다.

김윤식(1835~1922)
[빈출 Keyword 달달달] 영선사, 온건 개화파, 기기창, 갑오개혁

고종 때 관직에 진출하였으며, 1881년 정부의 개화 정책에 따라 영선사의 직책을 띠고 학생들을 인솔하여 청에 건너가 근대 기술을 배워오게 하였다. 온건 개화파로 민씨 세력과 더불어 친청 정책을 추진하였다.

김옥균(1851~1894)
[빈출 Keyword 달달달] 급진 개화파, 문명개화론, 차관 도입 시도, 갑신정변

박규수, 오경석, 유홍기 등에게 개화 사상을 배워 개화파로 성장하였다. 1880년대 초반 정부의 개화 정책 추진 때 일본에 건너가 근대 문물을 접하였으며, 인민 평등권 제정, 근대 기술과 제도 도입 등을 주장하였다. 일본으로부터 차관을 도입하고자 하였으나 실패하였고, 1884년 갑신정변을 일으켜 정권을 장악하고자 하였다.

김홍집(1842~1896)

[빈출 Keyword 달달달] 온건 개화파, 수신사, 조선책략, 갑오개혁, 군국기무처

1880년 2차 수신사로 일본을 다녀왔으며, 이때 황준헌의 조선책략을 국내에 들여왔다. 미국·영국·독일과의 조약 체결, 제물포 조약 체결 등에 실무자로 참여하였다. 갑신정변 후 정국을 수습하는 역할을 담당하였으며, 갑오개혁 때 군국기무처 총재 및 내각의 수반으로 각종 정책을 추진하였다.

전봉준(1855~1895)

[빈출 Keyword 달달달] 동학, 사발 통문, 고부 농민 봉기, 동학 농민 운동, 집강소, 남접

전라도 고부 군수 조병갑의 탐학에 저항하여 고부 농민 봉기를 주도하였다. 이후 백산에서 격문을 발표하고 동학 농민 운동을 일으켜, 관군을 격퇴하고 전주성을 점령하였다. 전주 화약 체결 후 집강소를 통해 폐정 개혁에 나섰으며 일본군의 침탈에 맞서 재봉기하기도 하였으나, 우금치 전투에서 패배하였다.

최재형(1860~1920)

[빈출 Keyword 달달달] 국민회, 권업회

러·일 전쟁 후 국민회를 조직하여 회장이 되고, 의병을 모집했다. 폐간되었던 「대동공보」를 재발행하고 한인 학교를 설립하였다. 1911년에는 러시아 정부의 공식적 허가를 받은 합법적 단체 권업회를 발기하였다. 1919년 독립단을 조직하고 무장투쟁을 준비했다. 이듬해 일본의 시베리아 출병 때 재러한인 의병을 총규합하여 시가전을 벌이다 순국하였다.

서재필(1864~1951)

[빈출 Keyword 달달달] 독립신문, 독립 협회

1884년 김옥균, 박영효 등과 함께 갑신정변을 일으켰으며, 정변이 실패하자 일본을 거쳐 미국으로 건너가 대학 교육까지 마쳤다. 귀국 후 1896년에 정부 지원을 받아 독립신문을 창간하였으며 독립 협회를 설립하였다. 배재 학당 강사로 청년들을 교육하기도 하였으며, 3·1 운동을 계기로 미국에서 독립 운동을 전개하기도 하였다.

이동녕(1869~1940)

[빈출 Keyword 달달달] 신민회, 신흥 무관학교, 권업회, 한국 독립당

한말의 독립운동가로 제1차 한일 협약 체결로 국권이 위축되자 전덕기 등과 계몽운동을 벌였다. 1907년에 귀국하여 안창호 등과 신민회를 조직하였다. 1910년 남만주로 건너가 이시영, 이강영과 신흥 무관 학교를 설립하였고, 1913년에는 블라디보스토크에서 권업회를 조직하였다. 1919년에는 상하이 임정 의정원 의장, 내무총장이 되었다. 1924년에는 국무총리, 1927년에는 국무위원 주석을 겸무하였고, 1928년 한국 독립당을 결성하였다. 1935년에는 한국 국민당 간부로 활약하기도 하였다.

신돌석(1878~1908)

[빈출 Keyword 달달달] 을사의병, 평민 출신 의병장

'태백산의 호랑이'라는 별명으로 널리 알려진 신돌석은 을사늑약이 체결되었을 때에 사람들을 모아 의병을 일으켰다. 그러나 정미의병 때 13도 창의군에 참여하고자 하였으나 제외되었다. 이후에도 일본군을 상대로 무장 투쟁을 벌여 국권 회복에 노력하였다.

안중근(1879~1910)

[빈출 Keyword 달달달] 하얼빈, 이토 히로부미 저격

러·일 전쟁 때 중국으로 건너갔다가 돌아와 석탄 상회를 운영하였고, 학교를 설립하기도 하였다. 1907년 연해주로 건너가 이범윤 등과 항일 무장 투쟁에 나서, 함경도 부근에서 일본군과 전투를 벌였다. 동지들을 모아 비밀 결사를 조직하였으며, 언론에서 얻은 정보에 따라 하얼빈에 도착한 이토 히로부미를 저격하였다.

안창호(1878~1938)

[빈출 Keyword 달달달] 신민회, 대성 학교, 대한인 국민회, 흥사단, 대한민국 임시 정부, 국민대표 회의, 개조파

독립 협회에 가입하여 활동하였으며, 만민 공동회 개최에도 참여하였다. 1907년 양기탁, 신채호 등과 신민회를 결성하였으며 평양에 대성학교를 설립하였다. 중국, 러시아를 거쳐 미국으로 건너가 대한인 국민회, 흥사단 등을 조직하였고, 대한민국 임시 정부의 관료로 활동하였으며, 국민대표 회의의 개최를 주장하였다.

주시경(1876~1914)

[빈출 Keyword 달달달] 국문 연구소

독립 협회에 참여하였으며, 근대 학문을 익혀 이화 학당, 융희 학교 등 여러 학교에서 강사로 활동하였다. 1907년 학부 산하에 설치된 국문 연구소의 주임 위원이 되어 국어 연구에 힘썼으며, 학문적 축적을 통해 국어 문법을 저술하였다. 또한 최현배, 권덕규, 장지영 등 일제 강점기 국어 연구자를 후학으로 키워냈다.

박은식(1859~1925)

[빈출 Keyword 달달달] 황성신문, '유교 구신론', 한국 통사, 한국 독립 운동 지혈사, 대한민국 임시 정부 대통령, '혼' 사상

유학자로 학문을 정립하였으나, 독립 협회에 가입하여 개화 사상을 받아들이기도 하였다. 황성신문의 논설 기자로 활동하였으며, 교육 운동에도 전념하였다. 국혼을 강조하는 민족주의 역사학자로 다수의 저서를 편찬하였다. 일제 강점기 국외에서 독립운동을 펼쳤으며, 대한민국 임시 정부 제2대 대통령에 선출되기도 하였다.

양기탁(1871~1938)

[빈출 Keyword 달달달] 대한매일신보, 신민회, 국채 보상 운동

독립 협회에 가입하여 활동하였으며, 보안회의 항일 운동에도 가담하였다. 영국인 베델과 함께 대한매일신보를 발행하였으며, 안창호, 이동휘 등과 신민회를 조직하였다. 일제 강점기 105인 사건으로 탄압을 받았으며, 이후 국외에서 독립운동을 펼쳤다. 대한민국 임시 정부에서 국무위원으로 활동하기도 하였다.

임병찬(1851~1916)

[빈출 Keyword 달달달] 을사의병, 독립 의군부, 복벽주의, 고종의 밀지

최익현, 민종식 등과 을사의병으로 활약하다가 일본군에 붙잡혀 대마도에서 유배 생활을 하였다. 1912년 고종의 밀명을 받아 독립 의군부를 조직하여 일제에 국권 반환 요구서를 보내고 전국적으로 의병을 일으키고자 하였다. 그러나 일제에 발각되어 뜻을 이루지 못하고 체포되었다.

이상설(1870~1917)

[빈출 Keyword 달달달] 헤이그 특사, 서전서숙, 성명회, 권업회, 대한 광복군 정부

성균관 교수, 협판(協辦) 등 관직 생활을 하였으며, 을사늑약 체결 후 북간도 용정으로 망명하여 서전서숙을 세웠다. 고종의 특사로 헤이그 만국 평화 회의에 참석하여 국권 회복을 호소하였으나 실패하였다. 연해주로 옮겨가 성명회, 권업회 등을 조직하였고, 1914년 이동휘, 이동년 등과 대한 광복군 정부를 수립하여 정통령에 선임되었다.

손병희(1861~1922)

[빈출 Keyword 달달달] 동학, 동학 농민 운동, 천도교, 3·1 운동

1880년대 초반 동학에 들어갔으며, 동학 농민 운동 2차 봉기 때 북접을 이끌고 우금치 전투 등에서 일본군과 전투를 벌였다. 최시형의 뒤를 이어 동학의 제3대 교주가 되었으며, 교내의 친일 세력에 이용당하지 않기 위해 천도교로 개칭하여 종교 운동을 유지하였다. 1919년 3·1 운동 때 민족 대표로 독립 선언서를 발표하였다.

신채호(1880~1936)

[빈출 Keyword 달달달] 대한매일신보, 독사신론, 신민회, 조선 혁명 선언, 국민대표 회의, 창조파, 민족주의 역사학, 조선상고사, 조선사 연구초

대한매일신보에 독사신론 등 역사 관련 글을 연재하였다. 일제 강점기에는 조선상고사, 조선사 연구초 등을 집필하였다. 의열단 김원봉의 요청으로 '조선 혁명 선언'을 작성하였으며, 국민대표 회의 때 창조파로 주장을 펼쳤다. 이후 무정부주의자로 항일 투쟁을 펼쳤다.

조만식(1883~1950)

[빈출 Keyword 달달달] 물산 장려 운동, 조선 물산 장려회

일본 유학을 마치고 돌아와 오산학교의 교사가 되었으며, 3·1 운동 때 옥고를 치렀다. 평양에서 조선 물산 장려회를 조직하여 물산 장려 운동을 펼쳤다. 민립 대학 설립 운동에도 참여하였으며, 민족 협동 전선 단체인 신간회에서도 활동하였다. 광복 후 평안남도에서 건국 준비 위원회를 구성하기도 하였다.

한용운(1879~1944)

[빈출 Keyword 달달달] 조선 불교 유신론, 3·1 운동, 민립 대학 설립 운동, '님의 침묵'

불교의 개혁을 주장하는 조선 불교 유신론을 발표하였다. 일제 강점기 중국으로 이동하였다가 3·1 운동 때 불교계 대표로 독립 선언서에 서명하였다. '님의 침묵' 등 다수의 근대시를 발표하였으며 신문에 소설을 연재하기도 하였다. 신간회 창립에도 참여하여 민족 운동을 펼쳤다.

나철(1863~1916)

[빈출 Keyword 달달달] 대종교, 5적 암살단

대종교의 초대 교주이자 독립운동가이다. 을사늑약이 체결된 뒤에 이철, 오기호 등과 5적 암살단을 결성하여 을사오적의 암살을 시도하였으나 거사 직전에 탄로가 나 유배형을 받았다. 그 후 특사로 풀려나 1909년 음력 1월 15일 중광절(重光節)에 대종교를 창시하고 포교를 하였다.

남자현(1872~1933)

[빈출 Keyword 달달달] 서로 군정서, 국제 연맹 조사단

경상북도 영양군에서 태어난 여성 독립운동가로, 조선 총독 암살을 기도하였다. 또한 국제 연맹 조사단에 강력한 독립 의지를 표명하는 혈서를 전달하고자 시도하였으며, 이후 만주국 주재 일본 대사 암살 계획이 발각되어 체포된 뒤 순국하였다.

백남운(1894~1979)

[빈출 Keyword 달달달] 조선사회경제사, 조선봉건사회경제사

유물 사관의 입장에서 한국사를 연구하는 사회경제사학을 발전시켜, 식민사관인 정체성론에 대항하여 한국사가 세계사의 보편적 발전 법칙에 따라 발전하였음을 강조하였다. 한국의 원시·고대사회 경제에 관한 최초의 사회경제사적 연구라 할 수 있는 「조선사회경제사」를 발간하였으며, 1937년에는 「조선사회경제사」의 속편이라 할 수 있는 「조선봉건사회경제사 상(上)」을 발간하였다.

이상재(1850~1927)

[빈출 Keyword 달달달] 독립 협회, 조선 교육회, 조선 민립 대학 기성회, 신간회

조사 시찰단의 수행원으로 일본을 다녀오면서 근대 문물을 접하였다. 서재필, 윤치호 등과 독립 협회를 조직하였으며, 만민 공동회 의장을 맡기도 하였다. 1920년대 민립 대학 설립 운동을 주도하였으며, 언론사 사장을 역임하기도 하였다. 신간회 창립 당시 초대 회장으로 선출되었으나, 얼마 지나지 않아 사망하였다.

방정환(1899~1931)

[빈출 Keyword 달달달] 3·1운동, 천도교 소년회, 어린이날, 잡지 '어린이'

손병희의 딸과 결혼하고 3·1 운동 때 독립 선언서를 배포하다가 일제의 탄압을 받았다. 일본에서 공부한 뒤 돌아와 천도교 소년회를 조직하여 소년 운동을 전개하였다. 1922년 어린이날을 제정하고 이듬해 기념식을 거행하였으며, 잡지 '어린이'를 창간하기도 하였다. 또한 동화 구연가, 동화 작가로도 활동하였다.

홍범도(1868~1943)

[빈출 Keyword 달달달] 대한 독립군, 봉오동 전투, 청산리 전투, 중앙아시아 강제 이주

1907년 의병을 일으켜 일본군에 무장 투쟁을 벌였으며, 한·일 병합 후 간도로 건너가 독립군 양성에 노력하였다. 3·1 운동 직후 대한 독립군의 지휘관이 되어 봉오동 전투, 청산리 전투에서 일본군을 격퇴하는 전과를 올렸다. 자유시 참변을 겪은 후 연해주에서 생활하다가, 다른 한인들과 함께 중앙아시아로 강제 이주당하였다.

지청천(1888~1957)

[빈출 Keyword 달달달] 신흥 무관 학교, 서로 군정서, 한국 독립군, 한국 광복군

한말 무관 학교에 들어갔으며, 일제 강점기 만주로 망명하여 신흥 무관 학교를 찾아 독립군 양성에 힘을 썼다. 서로 군정서의 간부로 활동하였으며, 자유시 참변 후 북만주에서 정의부, 국민부 등을 조직하고 한국 독립군을 지휘하였다. 또한, 한국 광복군의 총 사령으로 항일 투쟁에 나섰다. 광복 후 국회의원으로 활동하였다.

김원봉(1898~1958)

[빈출 Keyword 달달달] 의열단, 조선 혁명 간부 학교, 민족 혁명당, 조선 의용대, 대한민국 임시 정부

윤세주 등과 만주에서 의열단을 조직하고 의거 활동을 펼쳤다. 이후 무장 투쟁을 위해 황푸 군관 학교에서 교육을 받았으며 조선 혁명 간부 학교를 세웠다. 다른 독립 운동 단체와 함께 민족 혁명당을 만들었으며, 조선 의용대를 이끌었다. 1942년 대한민국 임시 정부와 한국 광복군에 합류하여 항일 투쟁을 펼쳤다.

김구(1876~1949)

[빈출 Keyword 달달달] 대한민국 임시 정부, 한인 애국단, 한국 독립당, 신탁 통치 반대 운동, 남북 협상

을미사변, 을사늑약 등을 겪으면서 항일 투쟁을 벌였고, 신민회에 몸을 담았다가 105인 사건으로 탄압을 받았다. 3·1 운동 이후 상하이로 망명하여 대한민국 임시 정부에 참여하였다. 한인 애국단을 조직하여 의거 활동을 주도하였으며, 대한민국 임시 정부 주석으로 항일 전쟁을 이끌었다. 광복 후 신탁 통치 반대 운동, 남북 협상 등을 전개하였다.

김규식(1881~1950)

[빈출 Keyword 달달달] 신한 청년당, 파리 강화 회의, 대한민국 임시 정부, 주파리 위원부, 구미 위원부, 좌우 합작 운동, 남조선 과도 입법 의원, 남북 협상

미국에서 공부하고 귀국한 후 교육 활동을 펼쳤다. 파리 강화 회의에 한국 대표로 파견되었으며, 파리 위원부, 구미 위원부 등에서 외교 독립 활동을 펼쳤다. 대한민국 임시 정부의 국무 위원과 부주석을 역임하였으며, 광복 후 신탁 통치 반대 운동, 좌우 합작 운동, 남북 협상 등에 나서 통일 정부 수립을 위해 노력하였다.

여운형(1886~1947)

[빈출 Keyword 달달달] 대한민국 임시 정부, 조선중앙일보, 조선 건국 동맹, 조선 건국 준비 위원회, 좌우 합작 운동

상하이에서 신한 청년당 조직에 참여하였으며 대한민국 임시 정부에서 활동하였다. 조선중앙일보사 사장을 맡았으며 손기정 선수의 일장기 말소 사건으로 탄압을 받았다. 광복 직전 조선 건국 동맹을 결성하였고, 광복 직후 조선 건국 준비 위원회를 조직하였다. 또한 좌우 합작 운동을 전개하여 통일 정부 수립에 노력하였다.

안재홍(1891~1965)

[빈출 Keyword 달달달] 민족주의 역사학, 신간회, 조선학 운동, 조선 건국 준비 위원회, 좌우 합작 위원회

비밀 결사 단체에 가담하여 대한민국 임시 정부의 연통부로 활동하다가 옥고를 치렀다. 조선일보 사장 등 언론계에서 활동하였으며, 신간회 임원으로 활약하였다. 민족주의 역사학을 연구하였으며, 여유당전서 간행 등 조선학 운동을 펼치기도 하였다. 광복 직후 조선 건국 준비 위원회를 구성하였으며 좌우 합작 위원회에도 참여하였다.

김성수(1891~1955)

[빈출 Keyword 달달달] 경성방직회사, 동아일보 사장, 한국 민주당

1919년 경성방직회사를 세우고, 1920년에는 동아일보를 창간했다. 광복 후에는 송진우와 함께 우익세력을 규합하여 한국 민주당을 창당하였다. 대한독립촉성국민회 부회장을 지내고, 1946년 9월 한국 민주당 당수가 되었다. 1947년 신탁통치반대투쟁위원회 부위원장. 1949년 민주국민당 최고위원을 지내고, 1950년 제2대 부통령에 당선되었으나, 이승만의 독재에 반대하여 다음 해 사임했으며, 1952년 12월 민주국민당 고문이 되었다.

조봉암(1899~1959)
[빈출 Keyword 달달달] 제헌 국회의원, 대한민국 초대 농림부 장관, 진보당 사건

3·1 운동에 참여하였으며, 1920년대 조선 공산당 활동을 하기도 하였다. 독립운동 중 일제에 검거되어 탄압 받았으며, 광복 후 공산주의 노선을 비판하며 좌우 합작 운동을 지지하였다. 제헌 국회의원에 당선되었으며, 농림부 장관 시 농지 개혁을 이끌었다. 제2, 3대 대통령 선거에 출마하였으며, 진보당 사건으로 사형당하였다.

장면(1899~1966)
[빈출 Keyword 달달달] 남조선 과도 입법 의원, 초대 주미 대사, 민주당, 4·19 혁명, 내각 책임제, 5·16 군사 정변

일제 강점기 종교계와 교육계에서 활동하였다. 광복 후 남조선 과도 입법 의원, 제헌 국회의원으로 선출되었으며, 초대 주미 대사로 임명되었다. 이승만 정부 시기 신익희, 조병옥 등과 민주당을 창당하여 정·부통령 선거에 출마하였다. 4·19 혁명을 계기로 헌법 개정이 이루어져 내각 책임제가 실시되자 국무총리가 되었다.

심훈(1901~1936)
[빈출 Keyword 달달달] 상록수, 브나로드 운동

농촌 계몽소설 『상록수』를 쓴 소설가 겸 영화인이다. 『상록수』는 브나로드 운동을 남녀 주인공의 숭고한 애정을 통해 묘사한 작품으로서 오늘날에도 널리 읽히고 있다.

전태일(1948~1970)
[빈출 Keyword 달달달] 노동 운동, 평화 시장, 근로 기준법, 분신자살

대구에서 살다가 서울에 와서 평화 시장의 재단사 등 의류 노동자로 일하였다. 평화 시장 재단사 모임인 '바보회'를 조직하고 열악한 노동 조건과 근로 기준법 위반 등의 내용으로 정부에 진정하였다. 그러나 요구가 받아들여지지 않자 분신으로 항거하여 사망하였다. 그의 활동은 이후 노동 운동, 민주화 운동에 영향을 끼쳤다.

04 근현대 기구 및 단체

연대	연도	기구 및 단체	설명
1880	1880	통리기무아문	정부의 개화 정책 추진에 따라 근대 문물 수용 등의 업무를 관장, 산하에 분야별 업무를 맡은 12사를 둠
	1883~1884	박문국	인쇄 · 출판에 관한 사무를 관장하기 위해 설치, 한성순보 발행
		기기창	무기 제조를 관장한 기기국에 부속된 근대식 무기 공장
		우정총국	우체 업무를 담당하기 위해 설치, 갑신정변 발발로 운영 중단
	1885	광혜원	미국인 알렌의 건의를 받아들여 설립한 근대식 국립 의료 기관으로 제중원으로 명칭 변경
1890	1894	교정청	동학 농민 운동 1차 봉기가 전주 화약 체결로 마무리된 후 정부가 자주적 개혁을 추진하기 위해 설치, 갑오개혁의 추진으로 폐지
		군국기무처	제1차 갑오개혁을 이끌었던 최고 입법 · 정책 결정 기구
		집강소	전주 화약 체결 후 동학 농민군이 전라도 각지에 설치, 폐정 개혁을 자주적으로 추진
	1896	독립협회	서재필의 주도로 창립된 최초의 근대적 사회 정치 단체, 자주 국권 · 자유 민권 · 자강 개혁 운동, 의회 설립 운동 등 추진
	1898	황국 중앙 총상회	서울 시전 상인들이 상권을 지키기 위해 설립, 정부에 외국 상인의 상행위 통제 및 한국 상인의 상권 보호를 요구
	1899	원수부	대한 제국 수립 후 설치된 황제 직속의 최고 군 통수 기관, 황제가 대원수, 황태자가 원수로 군권을 행사
1900	1904	보안회	일제의 황무지 개간권 요구에 저항하여 설립, 집회 등의 방법으로 개간권 철회 운동 전개
	1905	통감부	을사늑약 체결에 따라 일제가 설치한 통치 기구, 대한 제국의 외교 사무를 대행하는 것이 본래의 역할이나 국정 전반을 간섭하는 권력 기구로 변화
	1906	대한 자강회	헌정 연구회가 확대 · 개편되어 성립, 강연회 개최, 기관지 발행(월보) 등을 통해 산업과 교육의 진흥 강조, 고종 강제 퇴위 반대 운동 전개
	1907	신민회	안창호, 양기탁, 이동휘, 이동녕, 이승훈 등이 참여하여 결성된 비밀 결사, 학교 설립, 회사 운영 등 교육과 산업의 진흥을 위해 노력하는 애국 계몽 운동 전개와 더불어 항일 무장 투쟁에 대비한 국외 독립운동 기지 건설, 105인 사건으로 해체(1911)
		국채 보상 기성회	대구에서 시작된 국채보상운동에 자극받아 1907년 2월 22일 서울에서 발기한 단체로, 모금활동 등 국채보상운동을 주도하였으며, 대한매일신보를 지원함

연대	연도	기구 및 단체	설 명
1910	1910	조선 총독부	일제 강점기 일제의 식민 통치 기관, 조선 총독부의 책임자인 조선 총독은 현역 군인(대장) 중에서 임명하고 일본 '천황' 직속으로 삼아 한반도 통치의 전권을 부여함
		대한인 국민회	미국에서 조직된 한인 단체, 미주 지역 이주 한국인들의 권익 보호와 독립운동 지원 등의 활동을 펼침, 기관지로 신한민보 발행
	1911	중광단	대종교도인 서일, 양현 등이 만주로 망명하여 조직, 청년들에게 애국 교육 실시, 대종교 교리를 통한 민족의식 고취, 이후 북로 군정서로 계승, 발전
		권업회	연해주 블라디보스토크에서 결성된 독립운동 단체, 연해주 이주 한국인들에게 민족정신 고취, 교민 단결과 지위 향상 추구, 항일 독립운동 전개, 기관지로 권업신문 발행
	1912	독립 의군부	의병장 임병찬이 고종의 밀지를 받고 결성한 비밀 결사 단체로 복벽주의를 주장
	1914	대한 광복군 정부	권업회 회원들을 중심으로 연해주 블라디보스토크에서 수립, 이상설을 정통령, 이동휘를 부통령으로 선출, 항일 무장 투쟁 준비
	1915	대한 광복회	박상진의 주도로 결성된 비밀 결사 단체, 만주 무장 독립 기지 건설을 목표로 하였으며, 공화주의를 주장
	1918	신한 청년당	상하이에서 조직, 김규식, 여운형, 신채호, 장덕수 등이 참여, 김규식을 파리 강화 회의 대표로 파견, 국내외 독립운동에 당원들이 직·간접적으로 참여
	1919	대한 국민 의회	1919년 3·1 운동이 시작된 이후 결성된 임시 정부로, 이후 9월에 상하이로 통합됨
		대한민국 임시 정부	연해주 블라디보스토크의 대한 국민 의회와 상하이의 대한민국 임시 정부, 서울에 수립된 한성 정부가 통합되어 성립
		의열단	만주 길림에서 김원봉을 중심으로 조직, 소수의 단원이 일제 통치 기관 파괴 및 요인 암살 등의 의거 활동 전개, '조선 혁명 선언'을 행동 강령으로 채택, 1920년대 중반 이후 무장 독립 투쟁으로 노선 전환, 단원들이 황푸 군관 학교 입교, 1935년 민족 혁명당 결성에 참여
1920	1920	조선 물산 장려회(평양)	조만식, 오윤선, 김보애 등의 발의로 조직, 물산 장려 운동 전개(토산품 장려, 생활 개선 등)
	1921	조선어 연구회	장지영, 최두선 등을 중심으로 조직, 가갸날 제정, 기관지 '한글' 간행 등 한글 연구와 보급에 노력
	1923	조선 민립 대학 설립 기성회	이상재, 이승훈 등을 중심으로 민립 대학 설립을 추진하기 위해 결성, '한민족 1천만이 한 사람 1원씩'이라는 구호를 내걸고 모금 운동 전개
		조선 형평사	일제 강점기 백정들의 사회적 차별을 철폐할 목적으로 경상남도 진주에서 결성, 각지에 지부를 설치하고 백정 자제에 대한 교육 차별 등에 대한 저항을 전개
	1924	조선 노농 총동맹	서울에서 조직된 노농 운동 중앙 단체, 1927년 조선 농민 총동맹과 조선 노동 총동맹으로 분리
	1927	신간회	서울에서 창립한 민족 협동 전선 단체, 일제 강점기 최대 규모의 항일 사회 운동 단체, '정치·경제적 각성 촉진, 단결 공고, 기회주의 일체 부인'의 강령 채택
		근우회	신간회 여성 자매단체로, 여성의 공고한 단결과 지위 향상을 강령으로 내세움

연대	연도	기구 및 단체	설 명
1930 · 1940	1931	한인 애국단	침체된 임시 정부의 활기를 위해 1931년 상하이에서 김구가 조직한 의열 단체로, 이봉창과 윤봉길의 의거가 국내외에 큰 파문을 일으킴
		조선어학회	최현배, 이극로 등을 중심으로 조선어 연구회가 조선어학회로 발전, 한글 맞춤법 통일안과 표준어·외래어 표기법 통일안 제정, 우리말 큰사전 편찬 추진
	1935	민족 혁명당	중국 난징에서 조선 혁명당, 의열단, 한국 독립당(상하이) 등이 연합하여 결성된 독립운동 단체, 의열단 계열이 주도권을 잡으면서 조소앙 계열과 지청천 계열 등이 이탈하기도 함, 1937년 조선 민족 전선 연맹을 결성, 무장 부대로 조선 의용대 편성(1942년 일부가 대한민국 임시 정부에 합류)
	1942	조선 독립 동맹	중국 화북 지방에서 결성된 사회주의 계열 독립운동 단체, 산하에 무장 부대로 조선 의용군 편성
	1944	조선 건국 동맹	국내에서 여운형 등을 주축으로 조직된 비밀 단체, 광복 직후 조선 건국 준비 위원회로 개편됨
	1945	조선 건국 준비 위원회	광복 직후 조선 건국 동맹을 개편하여 결성, 여운형, 안재홍 등 중도 좌우 세력의 합작 형태로 출발, 각지에 지부 설치, 치안대 운영, 우익 세력 이탈 후 조선 인민 공화국 선포
		한국 민주당	광복 후 송진우, 김성수 등을 중심으로 결성된 정치 단체, 미 군정에 협조, 조선 인민 공화국 수립에 반대
		독립촉성중앙 협의회	이승만을 중심으로 한국민주당·국민당·건국동맹·조선 공산당 등 200여 개 단체 대표가 참여한 정치 단체로, 조선의 즉시 독립, 38도선 철거, 신탁통치 반대 등을 주장
	1948	반민족 행위 특별 조사 위원회	제헌국회가 제정한 반민족 행위 처벌법에 근거하여 구성, 친일 행위를 했던 관료와 경제·문화·종교계 인물 등을 조사, 국회 프락치 사건과 반민특위 습격사건으로 해체됨

수험서의 NO.1 서울고시각

편|저|자|약|력

장유리

- 연세대학교 역사교육학 석사
- (현) 공단기 공무원 출강
  자단기 한능검 인터넷강의
  스카이에듀 고등부 인터넷강의
  대치동 대입학원 다수 출강

- (전) 노량진 윌비스 공무원 출강
  강남 KG 패스원 공무원 출강
  두빛나래 공무원 인터넷강의
  태건에듀 한능검 인터넷강의
  메가스터디 고등부 인터넷강의

장유리
한국사능력
검정시험 심화
7일만에 80점넘기기

인쇄일 2022년 4월 15일
발행일 2022년 4월 20일

편저자 장유리
발행인 김용관
발행처 ㈜서울고시각
주 소 서울시 영등포구 양평로 157 투웨니퍼스트밸리 10층 1008호
대표전화 02.706.2261
상담전화 02.706.2262~6 | FAX 02.711.9921
인터넷서점·동영상강의 www.edu-market.co.kr
E-mail gosigak@gosigak.co.kr
표지디자인 이세정
편집디자인 김수진, 황인숙
편집·교정 김소정, 김상범

ISBN 978-89-526-4159-5
정 가 17,000원

저자와의
협의하에
인지생략

• 이 책에 실린 내용에 대한 저작권은 서울고시각에 있으므로 함부로 복사·복제할 수 없습니다.

유튜브 프리에듀에서 무료 시청

프리에듀
FREE EDU

"한국사능력검정" "지텔프"
초스피드 단기완성

공무원·경찰·소방
군무원·교원임용 대비

**장유리
한국사능력
검정시험
7일만에
80점 넘기기**

공무원·경찰·소방·군무원·변리사
세무사·노무사·회계사 대비

**참쉬운 이솔
G-Telp
2주완성
G-TELP
32 to 65**

※ 표지이미지는 변경될 수 있습니다.

유튜브 무료강의 ▶ YouTube 에서 프리에듀 를 검색해보세요